世界名人名传 　　| 　　主编 柳鸣九

[美] 理查德·奥尔丁顿 著

毕冰宾　何东辉 译

劳伦斯传

Biography

DAVID
HERBERT
LAWRENCE /

河南文艺出版社
·郑州·

图书在版编目(CIP)数据

劳伦斯传/(英)理查德·奥尔丁顿著;毕冰宾,何东辉译. —郑州:河南文艺出版社,2019.8
(世界名人名传/柳鸣九主编)
ISBN 978-7-5559-0570-7

Ⅰ.①劳…　Ⅱ.①理…②毕…③何…　Ⅲ.①劳伦斯(Lawrence,David Herbert 1885-1930)-传记　Ⅳ.①K835.615.6

中国版本图书馆CIP数据核字(2019)第000533号

劳伦斯传
Laolunsi Zhuan

出版发行	河南文艺出版社
本社地址	郑州市郑东新区祥盛街 27 号 C 座 5 楼
邮政编码	450018
承印单位	河南瑞之光印刷股份有限公司
经销单位	新华书店
纸张规格	890 毫米×1240 毫米　1/32
印　张	14.125
字　数	337 000
版　次	2019 年 8 月第 1 版
印　次	2019 年 8 月第 1 次印刷
定　价	59.00 元

目 录

作者的话

　　一本书要是取了个奇怪的副标题,作者就得赶快说明理由,否则人家就会疑心你是故意矫情或者故弄玄虚,以推广销路;或者,两者兼而有之。我把这本书题名为《一个天才的画像,但是……》(此版更名为《劳伦斯传》),为什么呢?首先,因为这本书只能算是一幅画像,而不是一本详尽无遗的传记。如果要写一本传记的话,那么,就我所掌握的材料而言,其篇幅就得比这书长两三倍。其次,从我所看到的有关书籍及信函中,我注意到差不多随处随地人们都喜欢用这个短语:"劳伦斯当然是个天才,但是……"在他生前,人们对他的评论有所争议时,自然免不了要用到这句话,而且着重点往往在于"但是"而不在于"天才"。劳伦斯自己自然也看到并且记住了这句话。他有异常敏锐的观察力和近乎超人的记忆力;凡是议论他的那些话恐怕很少能逃过他的眼睛或者从他的记忆中消失,他在他的《随笔选》中就写道:"在早年时期,他们总是对我说你是有天才的,其用意无非是宽慰我,因为我不具备他们所有的那种无比优越的条件。"这些年来,我们仍然可以听到这种带有照顾口气的言辞。说老实话,一个人生来有几分才气,又算得什么呢?比起其他一些人来,他们或者有个高贵的爷爷,姓名登上《缙绅录》,或者有个名牌大学的招牌，或者在无聊的评论杂志上每周写过文章；显然他们的身价就高得多了，一个天才又能值几文呢？所以，我这个副标题实际上是别人给我选的。

那么，到底什么是天才？对于那些爱吹毛求疵的人，那些性情乖戾的妇女和鼓吹平等主义的人来说，这个名词早已过时了，用不着了，不过我们要用它，他们谁能剥夺我们的权利呢？劳伦斯的第一个评论者福特·马多克斯·休弗一开始就称他为天才，直到最后他临终时，那些黄色报纸的穷哥儿们还是称他为"浸透了情欲的天才"。既然人们众口一词地把这个称号加在他的身上，看来这个词肯定是有意义的。如果说，天才的意义"主要是指精力而言"的，那么劳伦斯无可争辩地是有天才的。他成年以后短短的 20 年的生命中，他的创作生涯和经历是极其紧张而且持续不断的，虽然他也有暂时休息或转移的时候，但是他的思想源泉是从来不会枯竭的，不过人们所说"天才"的意义当然不只是指精力而言。使用这个词的范围是很宽泛的。一般说来指的是那些人：他们具有无比敏锐的感知力，对于人类某种美好事物的追求具有特别精确的才能，而不是那种机械性或者模仿性的才能。人们常说释迦牟尼是宗教的天才，亚历山大是军事的天才，莫扎特是音乐的天才，雪莱是诗歌的天才，爱迪生是发明的天才。我们不必在字面上斤斤计较，做无意义的争辩；但是我们可以认识到人们普遍使用这个词是有一定的含义的。D.H.劳伦斯是个天才，但是什么样的天才呢？这就是我希望在这本书中所能说明的。不过在一开始的时候我只能说：劳伦斯无论在生活中、在写作中都是个天才，但是……

译者序:一个精灵,一个魔鬼

　　劳伦斯这位神秘而古怪的艺术天才若能活到今天,该是百岁老翁了。

　　幸亏他早逝,否则活到耄耋之年的他会令人惨不忍睹。本是一个翩翩少年,英俊洒脱,周围淑女如云,却因着太剧烈的精神燃烧而熬煎得形销骨立,一张清秀的小生面庞在而立之年就已痛苦地堆起皱纹。难怪美国著名作家亨利·米勒在《D.H.劳伦斯的激赏》一书中悲天悯人地发出"劳伦斯,我为你哭泣"这种伤感之鸣。

　　还好,他总算英年早逝,一抔黄土掩尽四十年风流,给后人留下的除了一帧帧倜傥优雅的肖像外,还有一个个迷人的人生故事。在人们心目中,他永远年轻,他的痛苦追求探索与躁动着的一生永远闪烁着青春的异彩。从这种意义上说,天才的早逝有时却是上苍的刻意安排,为的是让他们在后人心中留下一个青春永葆的印象,于是有了普希金、济慈、雪莱、拜伦、劳伦斯……

　　劳伦斯的名字中国读者并不陌生,他的作品在 20 世纪 80 年代的中国大地上不胫而走,很快风靡了这古老的国度。殊不知,他的文学创作和他的生活是难解难分的。他把文学创作视为观照自我、投影自我、拥抱自我的生命方式与生命历程。因此，他的每一部作品都与他某一阶段的生命体验息息相关，几乎大部分作品中都有他和他的亲人与朋友的影子。更不消说，《儿子与情人》和《恋爱中的女人》这类自传性极强的作品了。以致他的小说一经发表总有朋友对号入座，愤愤然来找账，使他狼狈不堪。至于他自己，则尽情地在作品中宣泄自我体验并在写作过程中更完美地把握和塑造自我。这个过程印证了他的写作宗旨："人通过写作摆脱自己的疾患，重复并展示自己的情绪从而主宰自己的情绪。"

但创作与真实生活毕竟难以吻合。劳伦斯是生活在艺术中的人，他用艺术的尺度衡量生活，用艺术替代生活，可在现实中却处处碰壁，头破血流。于是，对他说来，生活与艺术相互颠倒。他悲叹：生活是虚假的，艺术是真实的。

就这样，上帝赐给人类这样一个造物：他是一个儿子加情人，一个精灵般超越世俗的天才艺术家，一个性爱的畸形儿，一个疯癫般狂热的"爱情牧师"。

英国当代著名作家、劳伦斯研究专家理查德·奥尔丁顿以劳伦斯式的激情和优美笔调再现了 D.H.劳伦斯悲剧的一生。这部洋洋洒洒30万言的传记，可谓字字珠玑，写活了这位神秘的怪才。它再一次形象地证实了大批评家利维斯的论断：劳伦斯是"我们时代最富创造力的天才，是英语文学中最伟大的作家之一"。

他是个天才，但是——

生活并不让他成为一个正常人。他性格软弱，温情脉脉，风流倜傥，可发起脾气来又似魔鬼一样可怕。朋友们爱他又恨他；女人们怜他、疼爱他、追求他，各色女人粉墨登场，在他生活中频繁出现，扮演着迥然不同的角色，而他却把女人当作通向上帝的一座座门扉；男人们仇恨他、妒忌他，也不乏忠诚的信徒为他两肋插刀、慷慨解囊。他一度与不少大文人如伯特兰·罗素和曼斯菲尔德及著名的剑桥-布鲁姆斯伯里文人圈子的多位精英等时因艺术观和性爱观的不同而发生激烈争吵，从中可见劳伦斯强烈的个性和思维的超群之处。他血气方刚，几乎总在跟人们争吵，言辞尖刻，爱憎分明，观点往往流于极端。经典小说《虹》遭禁后蛰居康沃尔荒地，作品难以出版，生活捉襟见肘。获得迁徙自由后他以反文化的偏激面貌出现，逃离他认为陈腐没落的英国和西欧，浪迹八方，踏遍西西里、南太平洋和南美各地，苦苦寻觅着原始的激情与神明，这种对黑暗上帝的朝圣历程无不是他心灵激情的外化。他醉卧野性的西澳大利亚崇山峻岭，生活在荡漾着原始人欲的西西里群岛的岛民中，跨越凄冷死寂的阿尔卑斯山谷，恍惚在古老的玛雅文化与阿兹台克文化的发祥地那神秘的幻境奇景中，夜游神般地沉思冥想，进行他那独特的、非人的哲学思考。这些都化作了妙笔生花的诗一般的文章，也给后人留下难解的谜。书中更为动人的是他与弗里达之间情绵绵、恨悠悠、两情长久的苦恋。劳伦斯始终以自己独特的方式爱着女人：爱到深处是无言的恨，恨到极点是热烈的爱。由此可见，他创作中绘出的一幅幅爱侣间心灵的搏斗图景在一定程度上是他私生活的折射。

劳伦斯自虐般地修行了 45 年，终于去到他那理想的极乐世界，终于客死他乡，甚至没有留下遗言将自己的骨灰运回英国入土，导致骨灰散落他乡。可能他认为自己是世界公民了吧。但愿他涅槃。

笔者有幸与同窗学友何东辉合作译出此书。承蒙吾师劳陇先生披阅数月校订，使我不由回忆起学生时代在河北大学外文系从师先生学习翻译理论与实践时朝夕相处的温馨情景。光阴荏苒，一晃十载飞逝如流星，恩师又悉心批改了我们的作业。这本作业有幸获天津人民出版社出版，可作永志纪念。感谢劳陇先生，感谢天津人民出版社文化编辑室的热情帮助。如译文仍有漏洞则全归咎于笔者才疏学浅。

毕冰宾

1988年12月1日于北京清水斋

再版补记：

本书1989年曾由天津人民出版社出版，多年过去，吾师劳陇于前几年离世，东辉远游美国，我就责无旁贷浏览了全书，根据近年的统一标准做了一些译名（包括著作书名、人物名及各种专有名称）的调整和统一工作，也对首版中的个别翻译错误或不当之处做了修改，但仍保留了当年的译者序言，以志鸿雪。在我们弱冠之年那个贫穷的时代里能有机会在老师的指导下从事名家名著的翻译工作现在看来是十分幸运和奢侈的事情。

同时要借此机会向本书作者奥尔丁顿致敬，他本身是英国现代文坛上的一员主将，著作等身，在小说、诗歌、散文等诸领域颇有建树。但身为劳伦斯生前好友，在劳伦斯逝世后他花费了大量的时间整理出版劳伦斯的作品，撰写权威性的导语，并以自己对至交的耳濡目染和深刻研究，写下了这本情理并重的文学传记。这部传记在迄今为止卷帙浩繁的劳伦斯传记中仍然有着独特的地位，对了解和理解劳伦斯仍有着独一无二的权威意义，我认为理由有三：

1.这是劳伦斯同时代著名作家写著名作家的文学传记，其本身就意义非凡，有着其他作者难以比拟的优势。从情理上说，只有出于真正的热爱、理解、同情,特别是文人之间真正的默契和认同,才有可能。这样的作品本身就是两个伟大的文学灵魂之交情的结晶,读它是在读两个大作家的心路历程。

2.既是同时代作家又是劳伦斯的好友,与传主过从甚密,但作者并没有因此堕入偶像崇拜的泥淖,对传主毫无保留地推崇,而是带着对莫逆的热爱和友情仍冷静地以客观态度审视传主的言行并做出独立的判断甚至批评。有这样的批评态度对传记作品的视角选择颇有裨益,他笔下的传主就能因此而更接近真实,而不是劳伦斯的另一个好友阿尔都斯·赫胥黎所批评的那种"神化捧杀"(destructive hagiography)。

3.作者专业的文学资质是这部优秀传记作品的保证,包括两个方面。其一是作者本身是著名的"意象派"诗歌的创始人之一,从现代主义文学在英国兴起就同劳伦斯一起开始了文学创新的实验,一起见证了现代派文学在英国从萌芽到成熟的整个过程并在自己的写作中身体力行,推动了英国现代派文学的发展。事实证明1910年代初未来派主将马里内蒂在伦敦朗诵自己的诗歌时,奥尔丁顿惊呼这种诗歌的表现形式令懵懂的英国文学界瞠目并不知所措。而之前的后期印象派画展也在伦敦引起轰动。劳伦斯恰恰在这个时候表现出对未来派的欣赏,观赏了那些后期印象派画展,深感震撼,因此部分地接受了现代主义影响,并在自己的创作中自然地采取了现代派文学的视角,使《儿子与情人》、《虹》和《恋爱中的女人》成为英国最早的现代主义小说,其后期的绘画作品更是完全的现代派手法,其画展作品与小说《查泰莱夫人的情人》的高度表现主义手法又令英国的保守势力不知所措,只能粗暴地查禁之。同样是英国文学现代派的先锋人物,奥尔丁顿的传记在对劳伦斯作品的评价上有着其难得的"开拓者"的艺术见解,因此也是劳伦斯的文学创作传记和英国文学的一些侧面的内部记录,这是其他传记作者难以望其项背的优势。其二,毫无疑问的就是,奥尔丁顿的传记取材精当,取舍有道,叙述语言有着其他作者难以超越的文学性高度,尽管在生平细节上并不详尽,但读之亦是一种悦读体验。正如作者所言,这是一幅天才的画像,而非详尽无遗的传记,否则他本可以写得比目前的篇幅长三倍。这从专业的角度印证了奥尔丁顿意象派诗人的气质:他对传主生平素材的取舍和表现也是意象派诗人式的,正如他和夫人 H.D 以及庞德发表的类似意象派宣言所说的那样,优秀的作品要素有三:处理写作素材时要直接、遣词造句非对表现"画像"绝对有益者不用、注重词组的音乐节奏。奥尔丁顿确实在这部传记里做到了素材取舍的直接和对表现"画像"无用者毅然割舍之。诗人的手段、小说作家的叙述,完成了这部作品的三部曲式结构,画龙点睛地浓缩表现了传主的一生。从某种角度上说,这和劳伦斯作品的表现主义手法又有契合,令人击节。

本书第二部和第三部第一节由毕冰宾译出,其余由何东辉译出。

毕冰宾

2012 年 1 月 6 日于北京杨林居

第一部

儿子与情人
（1885—1910）

一

　　伊斯特伍德矿区位于英国的诺丁汉郡和德比郡交界处,离诺丁汉工业城西北方大约十英里。那个地区的工厂的燃料都是由毗邻的煤矿提供的;伊斯特伍德的布林斯里煤矿就是其中的一个。直到19世纪末,布林斯里"还只有一条冷冷清清的大街,几百所简陋的房屋……矮小肮脏,盖着石板顶的砖房",所有这一切"都给人一种极其卑微、狭隘、庸俗、无比丑陋的感觉,同时却掺杂着某种宗教的尊严感"。当时正是工业革命时期,急匆匆地兴建了许许多多这一类杂乱丑陋的城镇,伊斯特伍德不过是其中的一个。对于这种肮脏丑恶的现象,尽管罗斯金数十年不断地抗议抨击,却始终不起作用。

　　但是,伊斯特伍德比起谢菲尔德来那还好一些;在谢菲尔德终年笼罩着蘑菇状的黑烟,像维苏威火山爆发一般光景,遮天蔽日,毒害着人的肺部器官。它也不像真正的黑色之乡(英格兰中部矿区)那样绵延几百乃至几千平方英里到处都是矿井,工厂的烟囱和肮脏的街道,千百万张灰青色的脸,带着痛苦、绝望和愠怒的表情。伊斯特伍德的煤田占地小,都是比较晚开发的,因而矿工的住宅区还没有真正堕落到贫民窟的地步。由于矿区小,所以和周围的田野农地划分得也不是很清楚。

劳伦斯传

有些住家还可以看到远处广阔的农村景象。这些地方和居民还没有形成完全机械化的单调生活。"在那里还有一种潜在的粗犷和不羁的气息,一种激动和冒险的精神,它们潜藏在中部地区一片漆黑的夜晚里,在星期六下午足球赛的呐喊声中。"有时矿工到周围近似荒野的农村偷猪。他们中的许多人每周都把应该养家的"血汗钱"喝啤酒挥霍掉。难怪女人们对那些小酒店恨之入骨,因为它夺走了矿工们那最后五先令或十个先令的余钱,使他们的家庭生活得不到丝毫改善;难怪每当丈夫们喝得醉醺醺昏陶陶地回到家里时,她们就怒不可遏。但是,谁又忍心责怪那些丈夫呢?对他们来说,酒店就意味着温暖、友情、欢乐和休憩,使他们在劳瘁的工作和愁苦的生活中得到片刻的解脱。这些矿工及其家属都有他们自己的宗教观念,具有严格的社会道德标准和成见。他们感觉不到矿区的丑陋面貌;他们闭关自守的生活使他们不能认识到自己集团的渺小地位,反而夸大了自己在英国经济和一般事务规则中的重要性。

19世纪70年代一个名叫约翰·亚瑟·劳伦斯的矿工和他的妻子莉迪娅——娘家姓比德萨尔——来到了伊斯特伍德。他们是1875年12月27日在诺丁汉的斯纳顿教堂结的婚。在伊斯特伍德,他们生儿育女,并在这里度过了自己的一生。

在许多方面,他们是一对不协调的夫妻。他们那位出名的儿子告诉我们说,约翰·亚瑟·劳伦斯属于最后一代没有接受国家义务教育的英国人,从来没有受过寄宿学校的驯化,刚满十岁就被送到矿井里做工,写自己的名字都感到吃力。到晚上,他会吭吭哧哧地给满心不耐烦的妻子读报;或者清晨,蹲在厨房的熊熊炉火旁,一边用餐叉烤着早餐吃的熏肉,肥油滴在他的面包上,一边吃力地读着报纸上的新闻。他整个生活完全是体力劳动,在矿上艰苦地劳作,在家里还要做无数的琐事,他喝酒、聊天,有时跟工友一起到很远的地方散步。年轻的时候,他是跳舞好手,肌肉发达的手臂、浓黑的头发、密扎扎的胡须,看起来"很有男子气概"。他是个监工,在那个时代,相当于工头或公司与矿工间的联络人。在分派给他的那采煤段里"归他指挥的矿工有三四个,他们的工资是从他得到的采煤的报酬中支付的"。可见,监工差不多是个工头,至少负有一定的责任,如果运气好,一周的收入可高达 5 英镑——真正的金镑。但这是在他刚结婚的时候,后来他整天喝酒,搞得自己萎靡不振,又因为他讥笑过管理人(他的一个老朋友提拔起来的),触犯了上司,使他再也分配不到好的采煤地段。他绝不是那种工业化的机器人,并没有受到政治思潮、新闻、广播、电影和低级庸俗的报刊的恶劣影响。他以矿井作为生活中心,每天早晨喜欢从朝露莹莹的田野上一路散步到矿井口,他喜爱并且了解动物,能够绘声绘色地讲述许多有关动物的故事。他认为祖父是法国人,所以自己只是半拉英国人。工友干活,他也干活;工友罢工,他也罢工,丝毫不考虑后果。除此之外,"他的天性是纯粹的感觉型",他竭尽全力使自己生活得充实,自得其乐,从不会因生活中的折磨而郁郁不欢。

　　他结婚时,那个姑娘莉迪娅·比德萨尔的性情和教养都和他迥然不同。她自己认为"出身于古老的家族,血统高贵,祖上是自治市的自由民,有名的无党派人士,曾经随从哈钦森上校一起作战,直到现在还是坚定的公理会教友"。大多数家庭喜欢编造这样或那样的家史以证明自己门第显赫;实际上,这种信念比事实有更大的影响。莉迪娅的父亲是舍尼斯船舶修建厂的技师兼监工,供她在一所私立小学读书,后来她在那里当过助理教师。"她博览群书,还会写诗……耽于遐想,大家公认她,非常聪颖;她最喜欢跟有学问的人一起争论有关宗教、哲学或者政治方面的问题。"即令在她有了丈夫和五个孩子之后,家务劳动极其繁重,她还要抽出时间到本地图书馆借一大堆书籍阅读。她一向自视甚高(劳伦斯青年时代的挚友杰茜·钱伯斯曾以 E.T.的署名写道:"她的自信心、对人对事的见解使我感到惊奇……她是那样自信,总觉得自己是不会错的。"),与她的丈夫和别的矿工及其家属不同,她从来不说德比郡方言,跟邻居几乎没有什么来往。她的女儿阿达·克拉克说:"她身材娇小纤细,清澈湛蓝的眼睛,看上去总是那样坚定无畏;头发呈褐色。"她的鼻子小时候扭伤过,手和脚都长得纤巧——在儿子的眼里,她有"多美的一双手"。

在遇到亚瑟·劳伦斯之前,她爱上了一个热情的年轻人。他想当牧师,却不得不违背自己的意愿学习经商,因为他父亲一定要他这样做,而他又很怕父亲。除了跟莉迪娅说说话,送给她一本《圣经》之外,他什么也不敢有所表示。后来,他当了中学教师,娶了他的女房东,而莉迪娅一直到死都珍藏着他所赠送的那本《圣经》。他们分手后的第四年,在诺丁汉的一次晚会上,她遇到了亚瑟·劳伦斯,两个人不同的气质却使他们相互吸引,一见倾心。"对这位矿工来说,她是位贵妇人,有点神秘莫测,使人着迷。""她认为他奇特非凡,从来没有见过这样的人。"她跟他很快就结了婚。但她对矿工的生活方式和习惯,对矿工家属的生活条件简直一无所知。显然她被他表面上看来似乎很富裕的生活所迷惑,上了当。

这对不合适的夫妻,经常发生争执,有时还大吵大闹,可是在 12 年中,却生了五个孩子:乔治·亚瑟、威廉·欧内斯特、爱米莉、大卫·赫伯特、阿达。随着孩子们一天天长大,他们时常惶惑不解,为什么像他们的父母这样完全不合适的人,居然会结了婚。结婚以后,由于他们彼此间不了解而产生的那种神秘魅力很快就消失了。目不识丁的矿工无法理解他妻子的高尚情趣;他那粗鲁旺盛的享乐主义生活方式不可能适应妻子狭隘而矫饰的理想主义。家庭生活刚开始的时候，他参加了戒酒会；几个月后，他每天回家前，到小酒店转一下，喝杯酒，下班前跟工友们聊一聊，后来越喝越多，说话也越来越放肆、粗野。他的妻子一生滴酒不沾，狠狠地斥责他，痛恨他嗜酒如命，在她看来，那完全是浪费钱财。深夜，她怒气冲冲地等他回家，他一回来便劈头盖脸向他一顿发作，话说得很有道理，却又非常尖刻，"使得那个醉醺醺的原来倒是感到有点抱歉的丈夫怒不可遏，变得像蛮横粗鲁的野兽"。这种"卑劣不幸的吵闹"场面多年不得平息。有时激化起来，竟互相殴打，每当遇上这样的情景，年幼的孩子们躺在床上发抖，吓得胆战心惊。他们在沃克街的房子外面有一棵很大的桉树，夜晚树枝在疾风中发出的呼啸声，与劳伦斯父母的争吵声混成一片。

房前那一块空地使孩子们对黑夜、空旷、恐怖特别敏感。这种恐惧来自大树的呼啸声和家庭纠纷所带给他们的苦恼。往往他已经熟睡很久，朦胧中听到楼下乒乒作响，于是立即惊醒过来。父亲醉醺醺地回家来了，接着便可以听他那瓮声瓮气的喊叫，母亲的厉声答话，和他用拳头捶击桌面的砰砰声，他那嗓门越来越高，竟像凶神恶煞似的吼了起来。最后，这一切都被狂风摇撼的大桉树所发出的呼啸声淹没。孩子们忐忑不安、一言不发地躺在床上，等待狂风止息，想听听父亲到底在干些什么。他也许又在殴打母亲了。漆黑的夜里，他们感到恐惧、愤怒，感到空气中充满血腥味。他们躺在床上，心被极度的痛苦撕扯着。

所有孩子对父母的记忆都经过简单化的筛汰，只留下那些印象较深的事情，其他一概付之忘却。桉树不可能夜夜呼啸，父母也不可能每晚吵闹。然而，只要认识劳伦斯的人，谁也不会怀疑这些争吵和黑夜里的恐惧对他一生所产生的重大影响。作为鲜明的对照，我们不妨看一看英国另一位作家对童年的回忆。那位作家尽管在某些方面完全不同于劳伦斯，但他的心理特征和社会观念却与劳伦斯有惊人的相似之处——他们之间有某种密切的关系和未经确认的文学影响。罗斯金在《往昔》中这样写道：

> 我从来没有听到过我的父母在任何问题上提高着嗓门说话；也没有看到他们中哪一个眼睛里流露出气愤、委屈或不满的神色。我从来没有听到过家里哪个仆人受到呵斥，甚至连一时感情用事而严词责备也不曾有过。家里一切井然有序；我从来没看见过家里出现过什么紊乱和麻烦；也没有看见过什么事是匆匆忙忙做成，随后又翻悔的。我从来不懂得什么叫作焦虑……

罗斯金和劳伦斯都不是理想的丈夫；显然，这两个极端的典型都不值得人们仿效。但劳伦斯对罗斯金有极其透彻的认识，想来他一定读过这一段话的。人们也许觉得像他这样敏感的人，在童年因家庭纠纷而有过这样痛苦的经历，他，作为一个正常的人和作家，一定会运用他的全部影响使儿童们免于受他所生动描述的那种恐惧和抑郁焦虑情绪的感染。你也许认为，他自己有这样苦痛的经历，一定会"深切地领会"到自我克制、温良恭顺、谦和宽容在社会生活，尤其在亲密的人们之间的重要意义。但是，事实恰恰相反。他虽然没有子女，却不但自己在生活中重复他父母的坏脾气，还把这种坏脾气灌输给其他准备建立家庭的人们：

要是丈夫惹妻子心烦，她就该冲他发火；要是发现他对别人献殷勤，就该当面使他难堪，跟他争个明白，使他受尽折磨，决不能忍气吞声。无论丈夫还是妻子，都不能忍气吞声，不然憋在心里会憋出病来。有气就要发出来，彻底发泄，千万不要心慈口软，无须顾忌你会给自己塑造一种什么样的形象。我们都有一种弱点，喜欢沉溺于爱情，柔情蜜意，殷勤献媚，过分亲昵，在男女关系上过于宽容，以及诸如此类的毛病……

所以，他在《无意识的幻想》中大放厥词，即使不是对别人，至少是对他自己，竭力为这种粗鲁狂暴的行为辩护，实际上他自己对此是深感羞惭的。劳伦斯对他的童年生活，以及在写作时对童年生活的看法，有截然不同的态度。在他的其他作品中不难找到许多段落，跟《无意识的幻想》中的这段引文是自相矛盾的。但是，我们在许多地方将证明，在劳伦斯身上，就跟罗斯金一样，一致性是不存在的。归根到底，一致性只能要求那些末流的批评家，而不能要求伟大的作家。劳伦斯赞赏大发脾气的习惯，但是他在他父亲身上却严词谴责；因为亚瑟·劳伦斯在煤矿冲他的上司发脾气，结果分给他的有利可图的矿坑越来越少，而他为了自我陶醉，花在啤酒上的钱却越来越多了。因此，劳伦斯把自己赞赏发脾气的话抛在脑后，对他父亲大加谴责道：

他通常对井下直接管他的小头头态度非常粗野。因此，他当监工的时期从未分到过好的矿坑。因为他总是对管采煤的顶头上司讲些不中听的蠢话。他好像是有意地得罪所有的人，怎么能指望他们照顾他呢？然而，人家不照顾他，他又唠叨不休。

后来的生活表明他给父亲扣的帽子,戴在他自己头上再合适不过了。

母亲和劳伦斯家的孩子们都感到家境十分困窘,尤其当父亲把钱喝光,剩下的 25 先令要维持全家一星期的开销,生活更是十分拮据,这是无可否认的。但是,相对地说来,在当时遭受战争创伤、处于半饥荒状态中的英格兰,他们的境况还不算很差的。他们住的房子固然很窄小,破烂不堪,但当时大多数新建的住房都是这样,或者甚至更差一些。劳伦斯出生时住的那所房子,坐落在维多利亚街,从一张最近的照片上可以看出,那屋子有一个橱窗,他母亲刚结婚的时候还在那里卖过"带花边的帽子、围裙和亚麻布"。当然,这所房子是狭窄、简陋的。但即使在现在看来也不像他姐姐的书中描写的那样夸张——"矿工之家屋顶朽烂不堪"。劳伦斯两岁至七岁时,家里住的房子大一些,还有一个花园,是一排住房最边上的一所,称为"豁口"。七岁那年全家搬进沃克街新盖的住房。这套住房有一排六个凸窗,这里有宽阔的视野,可以望见高地公园那边大片的森林。

显然,劳伦斯家的孩子们小的时候,并不总觉得自己家简陋,也并非每时每刻都因父母的纠纷而痛苦。"家就是家,不管有什么样的苦难,他们都对它怀有深切的爱恋。"在他们眼里,沃克街的房子很"惬意",厨房"很舒适"。房间里有父亲的扶手椅,母亲的摇椅,沙发上配有"漂亮的红色印花布"和坐垫,有食具柜、放着"一排排书的"书橱和一些"很漂亮的装饰品、石印油画"。客厅内摆着红木制作、马鬃填充的家具,石印油画镶在厚重的金黄色镜框里,当然壁炉上还放着一幅全家的画像。由此看来,劳伦斯一家跟成千上万体面的工人家庭没有什么两样,但孩子们却觉得他们家有某种东西"使它不同于所有的邻家"。也许这不是因为家里"没有低劣的俗气的东西",而是因为有某种难以捉摸的心理环境,家里的人习以为常因而感觉不出来,但敏感的客人却一下子就嗅出来了。杰茜·钱伯斯说劳伦斯一家有一种她从未体验过的"古怪气氛"。家里"空气紧张,好像随时可能发生不寻常的事情",使人兴奋,却又让她感到"有些不舒服"。这种特殊的紧张气氛是"一种持续的特征",它无时不在,"人们一踏进这所房子"就会感到它的存在。劳伦斯家的孩子们都感到他们是"与众不同的"。其实,哪条街上的孩子们都有这种感觉。他们自高自大具有强烈的优越感,甚至认为自己是独一无二的,并且强烈地希望别人也这样看待他们。

后来,劳伦斯一再强调他童年的生活环境卑劣丑陋,专爱写一些极端贫困的故事让朋友们难过。这种矛盾心理之所以产生,人们不妨解释为:小时候他不理解外界情况,长大成人后才认识了世界。但即使在偶尔保存下来的关于他家中攒钱的点滴描述,也足以说明他们的家境并不是极端窘迫、一贫如洗的。当时如果同现在通货膨胀的纸币和货源缺乏时的高价相比较,那会形成错觉的。我们必须记住当时的工资是用金币支付的,而生活必需品的零售价格是极其低廉的。

劳伦斯上学时每周替父亲和一起干活的工人领一次工钱。有一次他领到了17英镑11先令7便士,除去扣除的16先令6便士——5个人所得大约17英镑,亚瑟·劳伦斯很可能比别人分得要多一些。劳伦斯长大挣钱后,一次又替父亲取钱,虽然均分的总额少了一些,但据说监工还是比日班工人分得多。矿工烧煤非常便宜,而房租加上其他费用每周约5个先令。

每周分工钱时,妇女都回避,这是个不成文的规矩,当然,莉迪娅·劳伦斯总是有办法从儿子那儿打听出分到多少钱。矿工们规定了一种比例,如果他挣40先令,自己留下10先令,以此类推,挣16先令就留6便士。阿达·劳伦斯还记得父亲交给母亲的一星期生活费从未超过

35先令。5个人摊分总额为10英镑11先令,而留给她的"只有可怜的25先令",收入的减少或许得归咎于她丈夫对他那些"小当家"说的那种"无聊的蠢事"。

劳伦斯这个挣工资的人,在井下经历过许许多多的事故,因为他是个"粗心大意的对险情漫不经心的莽撞汉"。每当家里人得知他没受重伤,很快就能康复时,大家都觉得能够过一段平静日子,感到快慰,在那种日子里似乎家里反而比他上工时宽裕一些。这段时间矿井每周发给他们15先令,患病者互助会送来10先令,丧失劳动能力基金会捐送5先令,其他的监工还送上5到7先令。这样,一周的总收入可达34到36先令,又不需要供养病人,因为医院大概是免费的。显而易见,他受伤时家里的日子反而比他干活时要好过一些。难怪孩子们私下里都巴望发生这样的事故。当矿工的父亲住院的时候,"家庭异常得幸福和平"。生病却不像工伤那样能得到很高的补偿。病人得躺在家里养病,他只能得到17先令,外加一份不确定的"矿坑利润",但邻居会帮助做家务,给孩子们做饭吃,"做肉汤、鸡蛋和病人吃的松糕"。即使这样这点收入还远远不够用;所以,我们不难理解为什么劳伦斯即使在他成名以后,还对"贫穷带来的可怕的耻辱"耿耿于怀。

他们没钱买玩具,只好自己想法取乐。孩子们收到的礼物少得可怜,有人送给哪个女孩"几张明信片",给哪个大一点的男孩一把小锯或"一小块漂亮的木头",劳伦斯收到"一小管油彩或几张厚纸"。圣诞节,他们买不起圣诞树,只好把历年攒存下来的"宝贝"装饰在一株挂着浆果的冬青树上。他们的"宝贝"有"一个带翅膀的天使和光闪闪的球"。圣诞节他们总是早餐猪肉馅饼,晚餐一只鸭子——7个人吃不算多。但母亲总是想方设法在孩子们的袜子里"装满了东西,把一个糖做的小猪和碎肉饼摆在上面"。有时,不一定是圣诞节,父亲会给自己买诸如金丝雀或漂亮的手杖一类的东西——妻子只好从生活费里省出钱来替他付账。就我们所知,母亲只为自己买过一样东西,她花了5便士买了一个饰有矢车菊的花盆,花了4便士买几块紫罗兰和红雏菊根。她一共花了9便士,却使她感到非常后悔:"我真是一个铺张浪费的女人,我准知道以后会缺钱的。"母亲从来不向孩子们隐瞒缺钱的苦恼,而相反地,总要使子女们认识到家境的贫困。"她从不隐瞒自己没有足够的钱,不能让他们像自己所期望的那样穿好吃好。"

或许把贫困摆在孩子们的眼前是必要的,但家庭争吵和冲突隐秘的内幕情况一一告诉那些敏感的孩子那是不应该的。也许是他故意夸大或者凭空想象出来的,他确信出生前的几个星期父母曾经吵闹过一次。他相信那天父亲喝得酩酊大醉回到家里,和母亲争吵起来,怒气冲冲地把她推到屋外漆黑一片的小花园里,然后插上门,趴在桌子上睡着了。很久以后,母亲、钱伯斯一家在海滨度假,劳伦斯"把他父亲痛骂了一顿"。他一出房间,母亲就低下头来,带着一种奇怪的微笑,说:"我知道他为什么恨他的父亲。这事发生在他出生之前,一天晚上他把我赶出了房门。他没法不恨他父亲。"她似乎觉得这是合情合理、理所当然的事,甚至她临终前,"她还谈到她的丈夫。她恨他,不能原谅他。和他同在一个房间里,她都受不了。几件伤心事重又清晰地浮现在她的脑海里,她忍耐不住,一一向她儿子倾吐了"。

显然,劳伦斯还从他母亲那里听到关于他童年的其他事情。他的教父是公理会的牧师,后来教过他法语和德语。一天他前来拜访,坐着喝茶的时候,劳伦斯回来了,狠狠地把他妻子羞辱了一顿。他对这位牧师抱怨说,他的工作多么劳累,流了多少汗,到处是灰尘煤屑,他多么焦渴,他应该得到人们的同情和怜悯。做母亲的不断向儿子倾吐自己胸中的愁苦和失望,就这样使儿子在愤怒和耻辱中煎熬;由于他父母的纠纷,使他感情上受到创伤,从而陷入永久的自我矛盾之中。

D.H.劳伦斯出生和成长的周围环境就是这样充满了冲突、紧张、激愤、偏见和抵触。如果说这样的环境对一个艺术家、诗人和"天才"是极不适宜的,但它至少可以避免沾染中产阶级的平庸俗气。这种环境可能是很卑微的,但即使它的卑微也是不同寻常的。也许在这样的环境里,要培养一个人的性格,要教育青少年怎样和外人和平相处,怎样和亲人们亲密愉快地生活,那是最糟糕不过的了。在这种环境中只能培育爱、恨和妒的激情,完全失去自我克制的力量;绝不可能培育对别人体贴和慈爱的温情,虽说劳伦斯天性极重感情,而且非常体贴温存,但是,归根结底,诗的源泉是热烈的激情,而不是中产阶级的德行。

看来还有更隐秘更深刻的伤害给这个过于敏感的孩子带来痛苦。他父亲具有自发的一味纵欲享乐的性格,他母亲则古板拘谨、自以为是,像个清教徒。他似乎继承了,或者说,在自己的性格中吸收了父母两人尖锐矛盾的性格。她是家庭的暴君,"用母性的神圣权力统治着她的家庭。怀疑她的权威近乎亵渎神明"。她把这样的权威运用在她的儿子们,特别是在大卫·赫伯特的身上,从而占有了这些充满激情的孩子全部的爱,使他们疏远父亲,鄙视这个"平凡"的体力工人。儿子长大成人后,她一再干扰他们与情人的关系。怀疑、对自己缺乏信心的感觉困扰着大卫·赫伯特的一生,另一方面她又把自己狂妄自大的自信心强加于他,因而尽管他总是缺乏坚定信念,喜怒无常,杂念丛生,目标游移,但是谈起他那瞬息变化的性情来,腔调中总不由自主地带有激烈的武断教条的意味。

劳伦斯小的时候,身体并不强壮,他认为自己出生两周就染上了支气管炎。他的母亲记得他在婴儿时期就会"奇怪"地皱眉。"眼睛奇异地低垂着,好像要弄懂某种痛苦的事情。"4岁左右,他"体弱、沉静",是

"长着傲慢鼻子、面色苍白的小娃娃"。劳伦斯把自己刻画得更无情,说他"像影子一样跟在母亲后头摇摇晃晃地跑"。平时他"活泼好动,充满好奇心",可是,他会突然无缘无故地"坐在沙发上莫名其妙地大哭起来,一哭就没完没了。最后,母亲无法忍耐,把他连人带椅子一起抬到花园里,'扑通'一声放到地上,半开玩笑半丧气地说:'痛痛快快地哭吧,小冤家!'"。劳伦斯讲述这段往事的时候,认为这似乎表明自己对婴儿时代多少有点隐秘的怀念心情。但是在妇产科护士这类唯物主义者看来,"紧皱眉头"是由于消化不良,"小冤家"的苦恼是由于喂乳不当或是喂得不饱。他大哭的时候,父亲就发怒说:"再哭,我就揍他,揍得他不哭为止。"回忆起这两个最早的片断来他总感到苦痛,大概因为这是母亲讲给他听的,她想使他感到他当时是个何等孤独、可怜、纤弱的孩子,而她是唯一理解他、保护他的人。

另一件小时候的事,事情本身并不十分重要,讲的时候可能大加渲染,而劳伦斯却十分相信母亲的讲述,这就很有意思了。据她母亲说,当劳伦斯还是婴儿的时候,一天傍晚,她把他抱在膝上,疲倦地坐等着他父亲从小酒店回来,当他喝得醉醺醺地回到家里,一场争吵不可避免地爆发了。先是唠唠叨叨地指责、争吵,进而发展到高声叫骂,惹得他暴跳如雷,从食柜上拉下一个抽屉,猛地向母亲掷去,"抽屉的一角撞在她的额头上",伤了一大片,她差点儿晕了过去,鲜血从她的脸上滴落在婴儿的白包巾上。他清醒过来惊恐地看见一滴血"落在孩子纤弱闪亮的头发里",看着"那暗红的血滴悬浮在闪光的乌云里,然后把游丝一样的头发压了下去"。这一段痛苦的经历,无论把它看作是事实,抑或是一种象征,对于年轻的劳伦斯来说,它都标志着父母亲的最后决裂和他自己完全倒向母亲一边。相对地说,当母亲突然改变语气,说他父亲从她的钱包里把家用钱偷去买啤酒时,他却并不怎么在意,或者他根本不在意。后来,劳伦斯改变态度——他何时不变?——站到了父亲一边。想想那个人在自己家里所受到的一切,妻子的责骂,孩子们绷着脸,瞪着眼看他,目光中带着稚气的谴责,难怪他故意在众人面前显示由矿井里带回的尘土。吃饭时故意夸张自己"庸俗"和"粗野"的举止。

种种迹象表明,这位矿工并没有忘记自己所遭受的种种侮辱,在适当的时候,用自己特有的方式进行报复或者试图报复。1918年劳伦斯夫妇因间谍嫌疑被驱逐出康沃尔,到德比郡躲避了一个时期,当时老人已退休,生活很拮据,就住在附近。劳伦斯记得他父亲会修鞋,就拿出一双鞋,请他修,结果拿回以后,发现鞋底完全是用洋铁皮包起来的。还有一次儿子和儿媳散步走得很远,天黑前老人趁机在院子里燃起了一堆篝火。要不是他们及时将火扑灭,很可能要坐牢的,因为当时政府严禁点火,而人们本来就怀疑他们在给假想的敌人发信号。

随着劳伦斯家的孩子们长大成人,围绕他们选择职业的问题家庭中又展开了一场论战。亚瑟·劳伦斯坚持传统观念,叫嚣男孩应该"下矿井",女孩出去当厨娘、女仆。妻子则大不以为然。她最痛心的是自己的"优越性"没有得到应有的报偿,所以对于维多利亚时代"力求上进、不断提高"的那种教条深信不疑,而这种思想(正如她儿子所指出的)又得到公立学校教师们的全力支持。莉迪娅·劳伦斯下定决心,决不让她的孩子们靠体力劳动谋生;她最大的抱负是让他们成为所谓的白领工作者,希望所有的男孩都能"力求上进,成为生意上的能人"。当丈夫反对大儿子当职员,大叫大嚷"干吗把他绑在板凳上搞成个庸庸碌碌的人"时,她对他简直不屑一顾。她瞧不起所有伊斯特伍德在煤矿干活的小伙子,不过她更瞧不起的是正式参军的年轻人——"当大兵!"——"当普通一兵!"——"那简直是听着口令动一动的活死人!"孩子们虽然各有各的雄心,但他们与母亲在"优越性"方面颇有同感,完全赞同她的观点。

据劳伦斯说，大部分矿工的儿子，讨厌学校，巴望早点结业，"下井干活儿"。不过，小学实行义务教育，谁也无法逃避，那些孩子的母亲也并不支持学校工作，因为她们胸无大志、甘居下流。所以孩子们对被迫"啃书本"嗤之以鼻。后来劳伦斯被及时送入比奥瓦尔"寄宿学校"学习。但一入校就因为不尊重自己的教名——大卫而惹出一场是非。校长似乎偏向他那有进取心、学习踏实、成绩优异的哥哥欧内斯特，常把哥哥和他对比。不过，劳伦斯学起那些古怪的常规课程来，却是很聪颖迅捷的。12岁时，他获得了诺丁汉中学的奖学金。不管怎么说，这毕竟是他学习生涯中重要的一步。如果连高中这种起码的教育程度都不具备，他是很难成为作家的。然而，起初，对学校和学校的纪律，他是非常仇视的，他最恨用服从和惯例来约束自己。他说："我永远忘不了上学的第一天，我难过得哭了起来，我被束缚住，我上当了。"后来，他认为，奖学金给他带来了不幸。他深信，每天乘火车到诺丁汉往返跋涉，使他虚弱的身体过度劳累，而最后促使他死亡的肺病，病根就是那时候种下的。

宗教对少年时的劳伦斯的影响，远比学校教育为大。他的确说过16岁时他就"批评和超越了基督教的教义"。但是正如他所说的那样，神学教义在群众的宗教意识中显得并不重要，因为它是感情主义和伦理上野蛮强权政策的混合物。他们全家都是公理会教友，为此劳伦斯非常引以为豪，好像自信终将有一天会安排他坐在奥利弗·克伦威尔的右边似的。劳伦斯家的孩子们每礼拜日要去三次教堂，并在母亲热情的戒酒精神的感染下，他们都加入了戒酒希望唱诗班。劳伦斯小时候——不要忘记他是个非常聪颖但过于敏感的孩子——就浸润在这种强烈的宗教感情中。作为一个青年，一个成人，劳伦斯无论怎样在理智上反对宗教,宗教的影响在他身上也从来没有消失过。他在逝世前不到两年时写道,在昏暗简陋的小教堂里唱过的圣歌"对我仍然意味着比最精美的诗歌具有更为永恒的价值"。他还强调了《圣经》对他的持久影响。"人们不但把《圣经》分章逐节地日复一日、年复一年地灌入孩子们的意识中,无论你愿意不愿意,也不管你能不能理解,更有甚者,不论在走读学校,还是在主日学校,不论在家里、在希望唱诗班,还是在基督徒力行团,人们都是几十年如一日地对教义加以诠释并从道德方面加以阐述。"

这是用来进行粗浅的宗教宣传的一套综合程序。人们显然不能摆脱这种庸俗的信仰,滔滔不绝的布道,大声喊唱圣歌。尽管劳伦斯心绪不好时会嘲笑这些仪式,但对其原始色彩并不反感。"在主日学校里,我一直感激雷明顿先生,他下颌长着一圈白胡子,非常的凶,总是逼着我们唱诗!特别喜欢军乐式的圣歌。"它的巨大吸引力,在于它会使人感到在亲身经历一场对恶势力的振奋人心的战斗。当然,这里恶势力就是指的那些有钱有势骄奢淫逸之徒,以及那些以异教为文化背景的诡秘可憎的人。母亲认为福音教太低俗,因而不许孩子们去听讲道,劳伦斯只好偷偷跑去听。他听到福音教牧师在布道时,对所有其他教派人的恶行进行了更为猛烈的抨击,言词间流露出失意者的恶意妒忌,"特有的宗教派别的厚颜无耻行为",恰恰说明它"永远是一种自命不凡,崇尚强力的宗教信仰,一种黑暗的宗教势力"。

这种偏执、自负的古怪宗教似乎特别适合矿工的工作性质,他们拖着沉重的脚步上班下班,在酒店里痛饮酗酒,足球比赛时尽力呼喊。一个个矿井口冒出浓烟和水汽,一辆辆卡车叮叮当当地把来之不易的煤炭运走,冒着浓烟、臭气熏天的矿渣山一天天增高。烟雾和尘沙永远笼罩着这个肮脏昏暗的小镇。但对于儿时的劳伦斯,当他在仅有一盏微弱的电灯照明的街巷暗处和孩子们一起哄闹叫喊时,这却是一个充满激情和浪漫色彩的地方。

把一个孩子投入这种充满暴行、偏见、冲突的环境中的,无疑是命运的折磨。何况这孩子像雪莱一样神经过敏,尽管表现方式各异。他们都被命运抛在充满敌意、极不适宜的环境中,都竭力与环境抗争。雪莱由于和环境的冲突,以致他在早期创作中写了不少浅薄的作品,做出无数鲁莽和败坏风气的事,使人们感到十分困惑,甚至愤怒。劳伦斯所面临的问题则更为艰巨复杂,但在他的早期作品中并没有骇人听闻的恐怖小说和滑稽可笑的玛格丽特·尼可尔逊式的诗作,用不着我们去原谅他。根据奥尔德斯·赫胥黎的说法,劳伦斯一生中所有决定都是出于他维护自己艺术家气质的天赋意志。不论事实是否如此,谁也无法否认从他儿时就开始的这种冲突或者说一系列内心冲突,几乎赋予他以杰基尔和海德①的双重性格——既是情人又是仇敌;既是惹人喜爱者,又是恶意中伤者;既是艺术家,又是传道士——并使他具有双胎连体般的心理状态——兄弟般的仇敌。

刚步入成年时,劳伦斯曾回顾自己的童年生活,十分清楚地看到了这一切并且以其特有的正视生活的真诚态度,忠实地记录下来。他看到了过去的自己——一个14岁的中学生,一张"极其富于表情"的脸,已经像父亲一样"轮廓粗糙"。这孩子通常用活泼的蓝眼睛看事物,"充满生气、热情洋溢","他可爱的笑容会忽然绽开来"。但他还有另外"不讨人喜欢的一面"。"稍不顺心,他的脸就会拉下来,变得十分难看。这种孩子一旦感到受人误解或轻视时就会变成丑角、傻瓜。稍稍得到一点温情,就变得非常可爱。"

---

① 英国小说家斯蒂文生的小说《化身博士》中双重性格的人物。

小时候,劳伦斯更喜欢和女孩子一起玩,而不大喜欢和男孩子玩。在学校里他非常厌恶板球和足球。因为他的大哥"比他年纪大得太多",无法和他一起玩,所以,这个小兄弟"一开始就完全归入姐妹行列里"。他不喜欢老一套的有组织的游戏,但他并不是不喜欢嬉闹,也不是地道的假正经,虽然有时候他确实显出很古板的样子。他喜欢支配他的伙伴。他不爱玩那种千篇一律的竞赛游戏,却常常动脑筋想些新鲜法儿来玩儿。"他确实有创造新游戏的天才,尤其是室内游戏。"早在童年时代,他就表现出观察一切事物的敏感性,并用自己独特的气质去感染别人。当他跟姐妹们一起穿过田野或沿铁轨散步的时候,"没有一朵花、一棵树或一只鸟"逃过他敏锐的目光,每当"他看到第一株白屈菜花或最早的紫罗兰开放时,就有奇妙的惊奇之感"。

他善于从平凡的小事中汲取乐趣。哥哥威廉在伦敦做生意旗开得胜,回家过圣诞节的情景,他还记得很清楚并感到高兴,一家人沉浸在节日的欢乐气氛之中。孩子们"清扫了地方",布置冬青和槲寄生,客厅里横挂着五彩缤纷的纸链,"食柜里从来没有过这么多的食品"。母亲"做了一块了不得的大蛋糕",然后以"皇后般的雍容姿态"指点儿子怎样"用滚水烫去杏仁皮",至于为什么这种事儿会使她产生皇后般雍容华贵的感觉,就很难说清楚了。还有那桌上摆着的"大块的葡萄干蛋糕、稻米蛋糕、果酱馅饼、柠檬馅饼、碎肉饼、西班牙馅饼、乳酪蛋糕……一家人全都高兴得难以自持"。

虽然他的记述颇有小说味道,但这段经历确非虚构。他写道,三个孩子去车站接从伦敦来的哥哥,当时时间已经很晚了,劳伦斯"急得要死",想要车站站长知道"他们是在等着一位从伦敦来的人物,这事非同小可",可是"他又太胆小,不敢惊扰任何人,更不敢去向一个戴鸭舌帽的人去打听什么事"。整整挨了两个小时,哥哥才到,一露面,他首先就急于向他们谦和地解释道:"这辆大火车完全是为了他才在这个小的火车站停车的。"他们爱不迭地看着哥哥带来的礼物,包括送给母亲的一把金柄雨伞,"都高兴得发狂了",不过劳伦斯非得跟街上小伙伴们吹嘘了礼物如何丰富多样,方才感到心满意足。的确,"家就是家,不论家境怎样窘迫,他们都以自己全部的热情去爱护它"。但是这还不包括他们自我吹嘘,故意引起别人妒羡的那份乐趣。劳伦斯不由自主地溜出家去,告诉那些妒羡的左邻右舍,哥哥给了他多少糖,还有"切成片的真菠萝,像水晶一样,好看极了"。实在太好看了,他显然没有想着分给他们一点。

二

　　从 15 岁到 28 岁,对劳伦斯的生活影响最大的人除了母亲,当数杰茜·钱伯斯了。她是《白孔雀》中爱米莉、《儿子与情人》中米丽安的原型,也是劳伦斯几篇早期作品中的女主人公。杰茜以缩写 E.T 为笔名写下了记述劳伦斯青少年时代的最有趣的回忆录。颇具讽刺意味的是,这对少年男女初次结识竟是通过母亲的媒介。劳伦斯的母亲后来由于缺乏明智、出于嫉妒才如此痛恨这姑娘。为了争夺劳伦斯的爱,为了使自己在他的心目中占据首位,彼此展开了一场残酷持久的决斗。钱伯斯家的人既是《白孔雀》中"撒克斯顿"一家,又是《儿子与情人》中"利乌斯"一家。1900 年前后他们居住在海格斯(小说中的威林庄园),一个离最近的村落也有一英里之遥的偏僻的农庄。劳伦斯太太在小教堂与钱伯斯太太相遇,她把自己的烦恼委屈都对钱伯斯太太抖搂出来,感到轻松了许多。后来就谈妥带小儿子到农场吃茶点。

　　这次小小邂逅在母亲和儿子的生活中却是件非同小可的大事,由此不难想象单调刻板的日常生活对于劳伦斯以及其他类似的家庭的生趣起了多么大的限制作用。这一切劳伦斯都记得非常真切准确,甚至细微的事都没有忘记,这足以表明这次会晤在他心目中的地位。母子二人动身前,他还像情人似的,拿母亲穿的新衬衣逗趣开心。上路后,他们不时停下来,频频回顾矿井口,不胜依恋,因为那时劳伦斯还没有发觉矿井的丑陋面貌,不太厌恶它。劳伦斯常常畏葸地躲在后面,让母亲前去向陌生人问路,这典型地说明了他畏怯怕羞、不合群的性格。他记得走过的田野、树丛以至路旁野花的名称;记得初次见到那所旧式的农庄,围墙似乎"拥抱着阳光"。到门口,他看见"一个穿着脏围裙的小姑娘,大约14岁,脸色黑里透红,一头又短又黑的卷发,显得非常漂亮、活泼,她的眼睛也是漆黑的。在生人面前她很腼腆,带着一种怀疑和不大高兴的神情"。不过,他们很快就在花园里一起散步、交谈了。劳伦斯注意到她"脸上泛出美丽的红晕,态度很淡漠,甚至有点高傲"。

那姑娘记得那天看见"一个瘦小精干的女人和一个纤长的男孩"走进农舍。她害羞地躲进了厨房。她正煮着蛋,那个男孩出其不意地走进了厨房,"站在那里,用一种好奇、专注的目光,默默地打量周围的一切"。看他观察得那样仔细,那样专心,姑娘感到有点不自在。他穿着伊顿式的学生服和宽硬领;当时她还没有进学校,看着不免有点妒忌。后来,当她带他出去,看树林和远山的时候,他变得"羞怯畏缩"起来,好像又有许多新的感受。

农场的生活与矿区街道上的生活大不一样,使劳伦斯为之神往,差不多每星期三的半天休息日都要去海格斯过。起初,是农庄主钱伯斯先生出面招待他,"把他当大人似的"跟他谈话,而杰茜和兄弟们"在他面前感到不好意思,恐怕他会摆架子"。

这种友谊和亲密感与日俱增,但一度因劳伦斯生活中的其他事情而中断。他的哥哥威廉·欧内斯特当时在伦敦,全年收入120英镑,这在他们看来已是相当可观的了,而且前途还大有可为。劳伦斯太太着了"上进"的迷,一心要大卫·赫伯特步哥哥的后尘,而她一经决定的事劳伦斯是无法违抗的。一年12英镑的奖学金截止到1900年暑假，暑假一到她一定要他"查看报纸上的招工广告，找个工作"。结果，使他感受到"自我意识退缩"的苦恼，与外界的各种接触折磨着这个过分敏感的以自我为中心的男孩。上学的第一天对他是"噩梦和酷刑"。每星期父亲要他去煤矿办公室领取周薪，劳伦斯感到"像下地狱一样痛苦"，他"这种可笑的精神过敏"使母亲特别"心疼他"。

目前找工作又带来了新的痛苦；这种庸俗的事儿，简直要他的命；损毁甚或扼杀了他身上所潜藏的不自觉的艺术家的气质。这种威胁时时困扰着他。早晨一醒来，恐惧感使"他整个身心打上一个死结"，扼杀了一切欢乐和生趣。每天母亲都催促他到公共图书馆报刊阅览室去查阅报纸，当他沿着大街慢吞吞地走向图书馆时，他那病态的自我意识，使他忸怩不安。他想象每一个过往的行人都知道他要去干什么，都在暗暗地想，"这小子找不到工作，肯定是靠他母亲过活的"。毫无疑问，这是母亲告诉他，家里是靠她养活的，虽然归根结底，钱是靠丈夫劳动挣来的。最后，终于硬着头皮走进图书馆，他怕别人发现他看"招募职工"之类的广告，"心里充满着难堪和苦恼的情绪"，他假装是在浏览报纸，尽管他"明知道"在阅览室里都是些有病或失业的矿工，他们会奇怪这样小的孩子能从报纸里找点什么。

他不愿意当着别人的面，难为情地查着那广告栏找工作，只希望人们快些走开，因此他常常踱到窗前，"眼巴巴地往外看"。他感到自己"已经成为工业主义的俘虏"，并"戴着奴隶的枷锁"。有一次他正难过地在窗前站着，一辆酿酒厂的马车从街上驶过，"车夫高高在上，像个大人物神气活现地坐在那里"。一个浑头浑脑的家伙，手臂和脸都红红的，"晒着太阳都快睡着了"。看着这个四肢发达、头脑简单的汉子，他想道，"我恨不得像他那样肥胖"，"像阳光下的一条狗。我但愿我是一头猪，要么当个酒厂的车夫"。当时，他已经意识到自己非凡的天赋所带来的痛苦和烦恼，并为此感到畏惧，也许本能地预感到像他这样有天赋的人往往得不到人们的敬爱和赏识，而常常引起人们的嫉恨和仇视。

当他从这苦痛的少年幻梦中惊醒时，发现阅览室终于没有人了，便急急忙忙地，偷记下几则招工广告，然后"悄悄地溜了出来，大大地松了一口气"。

他的哥哥威廉·欧内斯特，已经是颇有成就的伦敦职员，摆出保护人的姿态，给他写了一封措辞恰当的申请书，希望这个并不十分热心的求职者能够步入工商界。这封信侥幸保存至今，上面提到申请人刚满16岁。看来1901年9月他生日一过就写了这封信，几乎马上有了工作，进入诺丁汉的哈瓦特公司，那是一家外科手术仪器和矫形器材的制造商。老板跟母亲和儿子进行了一次会晤，这使劳伦斯又一次感到自卑的痛苦；每当他在正式场合，面对着那些人，完全认识不到他真正才能时，他总感到非常苦恼。"他憎恨这个小家伙，竟把他看作乡下佬。"其实，那个人所做的只不过叫他读了一封用法文写成的信，并对他说，当指头（doigts）一词用在长筒袜上时，它的意思就不是"手指"，而是"脚趾"了。

他被雇用为办公室的小听差，周薪为8先令。在人们的印象中似乎他干这个乏味的工作干了很久，其实在诺丁汉他一共只待了三个月。他才参加工作几个星期，家里就遭了大难。精力充沛的威廉·欧内斯特在雄心勃勃的母亲的激励下，为实现自己的抱负，操劳过度，再加上恋爱的不幸，弄得身心交瘁。他突然染上了肺炎，病情因丹毒并发症而加重，母亲亲眼看着他死在他伦敦公寓的一间小卧室里。可怜的母亲如万箭钻心，痛不欲生。长期以来，她一直把全部的生活希望寄托在儿子们，尤其是欧内斯特和大卫·赫伯特身上，尽管她常常做出一副清高风雅的样子，其实她真正要求他们的还是做好营生、赚大钱。人们把她儿子的棺材抬进家，棺材很大，几乎塞满了小客厅，她的心都碎了。安葬过儿子，她整天整天地坐在那里，沉浸在对死去的儿子的哀痛回忆之中。或许她在责怪自己和自己的野心，因为是她间接地导致了儿子的死。她甚至置最宠爱的大卫·赫伯特于不顾。他苦苦哀求母亲不要丢开他不管，结果却遭到母亲的痛斥。不久后，病魔又威胁到她另一个儿子的生命，这使她从麻木的悲痛中惊醒起来。那年冬天，圣诞节前的夜晚，劳伦斯蹒跚地从诺丁汉回到家里，严重的肺炎威胁着他，使他的生命蒙上了一层阴影。这时，她才意识到不管她多么疼爱大儿子，都无法与她对小儿子的爱相比拟。"他在她心目中的重要位置，超过其他任何一个。"儿子的病使她恢复了正常的神志，她尽心尽力地护理挽救儿子的生命，经过苦痛焦急的几个星期，他逐渐痊愈了，而母亲和儿子之间的关系比以往任何时候都更亲密了。当他们一起在3月的阳光中坐着的时候，"他们是那样亲密无间"，她感到自己的生命已经永远地"扎根"于他的生命之中了。

现在不可能再赶着他去翻阅广告、找工作了。得肺炎在他已不是第一次；这一次医生肯定提醒他的父母注意他有结核病的征候。他一生中从未承认过自己有肺结核——不是说有气管炎、我的支气管毛病，就是说这种可恶的流感、重感冒，从来不说肺结核。这就是劳伦斯的性格。1901年至1902年冬季这场重病差点送掉他的命。从他对这次病危的描述中不难想象他当时的病情，他"辗转反侧，似乎有一点知觉，只觉得身子好像散裂开来似的，全身的细胞极度骚乱，濒于崩溃，意识像疯狂似的闪烁着，做垂死的挣扎"。

尽管家里很穷，他父母还是遵照医生的嘱咐允许他六个月内不去工作或上学。在文学史上，至少在英国的文学史上，有多少天才因重病和长时间的病休而获得机遇,得以从严酷的单调劳动和庸俗的、讨厌的"学校教育"中解脱出来。劳伦斯正是一例。他的写作激情大多是在与海格斯的钱伯斯一家尤其是与杰茜的亲密来往中滋生出来的。他给杰茜改了个名字,叫穆丽。

他的病刚痊愈,钱伯斯先生就驾着送牛奶的车子把他接到自己家的农场。杰茜·钱伯斯写道:"我真不知道我的父母为什么这样喜欢劳伦斯。一看到他病好了,就高兴得不得了,就像他是他们的亲生儿子一样。"劳伦斯善于赢得别人热诚的友情和喜爱,不过他的乖戾的性格却使他像恶魔一样去得罪别人,毁掉给人留下的好印象,使人反感厌恶。这也许是因为他怕那些爱他的人会占有他的感情。1902年的春天,钱伯斯先生像迎接儿子一样把劳伦斯接到家里,告诉他什么时候想来农场就来好了。他到农场去得如此频繁,以至引起了母亲的嫉妒;她愠怒地说,最好把自己的衣服收拾收拾,干脆搬到海格斯去住吧。他并不在乎母亲的话,只有在农场或者去农场的路上他才觉得快乐。他每星期六必去海格斯,从无例外。虽然他还是个孩子,可是那一家人谁也不能不受他的影响。他一走进农舍,屋里就洋溢着"节日气氛"。他不仅使大家对他抱有好感,还"有办法使大家彼此之间更加融洽"。在家里,他总帮母亲做许多家务,并且做得很出色。在海格斯,他比钱伯斯太太的亲生儿子替她做的事还多,所以钱伯斯太太感到劳伦斯是个"难得的好孩子,乐于助人、周到体贴"。劳伦斯总是抢着"替她把水倒进厨房的水锅里,整理壁炉前面,拢火,还剥洋葱头"。杰茜·钱伯斯说:"没有哪一件家务对他是枯燥乏味的,他做家务时充满了活力,把家务事变成一种艺术创作。"在那些日子里,他的"阴郁的自我"(其实是他肺病痛苦的反应)尚未表露出明显的迹象。他抱着一种恢复生机的愉悦心情,以自己的热情、活力和性格上的魅力吸引了他们全家人。

许多年以后,劳伦斯仍然非常清晰和细致地回忆起病后第一次重访海格斯农场的情况。他还记得那清新的早晨,朵朵白云"簇拥着山冈","枯黄的草地"衬托着远处湛蓝的湖水,树篱上嫩叶初绽"似翠玉一般",画眉和八哥在枝头啁啾欢跳。对于这个死里逃生的孩子来说,整个世界都变得欢快迷人,洋溢着青春和初恋的欢悦。他一看见杰茜,就立刻被她鲜花初放般的美姿所吸引,看到"她脸上的红晕,端庄的举止和那明亮的双眸",他反而感到羞怯,心慌意乱,说不出话来。只说水仙花开得好早,却没有向她问候,这不免使她感到失望。当时正是初春,可他觉得那些嫩绿色含苞初放的水仙却带着"几分寒意"。他走进那座旧式的厨房坐了下来。那里有他心爱的"麻袋改制的炉前地毯,楼梯下那个有趣的角落,在里面还有个小小的窗户,从那里,稍微弯点身子,就可以看见后园里的李树和远处可爱的山峦"。

他爱那些人们,人们也爱他。可是他们后来发现他不但对转眼流逝的生活现象有敏锐的鉴赏力,而且对于人和事物有一种奇特的"意识",往往凭着直觉去猜测别人生活和思想的隐秘。人们对于这一点就不免感到奇怪而有点儿恐惧了。他对那个姑娘与其说是用情人的眼光,不如说是用精确的艺术家的眼光在观察着。"那姑娘突然意识到他那双敏锐的蓝眼睛正在注视着自己,从头到脚地打量着自己。霎时间,她感到自己脚上的那双破靴,身上那磨损的衣服,非常难堪。她恼恨他把一切都看在眼里。"他以同样坦直和轻率的态度说他自己已经观察到钱伯斯太太是怎样"把一切事情,甚至一件家务琐事都提到宗教信仰的高度上";观察到她的粗鲁的儿子们怎样蔑视和厌恶这种福音派的虔诚,以"极其粗野和傲慢的态度嗤之以鼻"——可是儿子们还是不自觉地受到了母亲的唯心主义的影响,"常常感到内心深处有一种不安宁的情绪"。

当天下午,劳伦斯和姑娘还有她母亲一起到花园里看鹡鸰巢。他蹲着,一边看,一边以他特有的生命意识感跟母女俩生动地谈论着鸟巢,使她们感到"这鸟巢似乎也平添了生机"。他们继续往前走,沿路的一草一木都逃不过他的眼睛。看见一株早生的白屈菜,他说它像"泼洒着黄金的扇面"。杰茜觉得这一比喻十分逼真,"从此以后她看到白屈菜就感到有一种魅力吸引着她"。姑娘非常赏识他那奇妙超逸的天才以及他的敏感和激情。她的心被深深地打动了,在一种"微妙、亲密的气氛"和"彼此对自然界某些事物的共同感受"中,他们之间的爱情自然产生了。是她先爱上他的;因为"他过了很长时间之后才了解她",而且他受到他的母亲的牵制,那位做母亲的像锁链般牢牢缚住他,把他从她身边拉开。

这年夏天,他与农场这一家人的亲切交往,以及这一对少男少女之间刚刚开始的田园诗般的恋爱生活,因劳伦斯去斯凯格纳斯的姨母家串亲而中断了一个月。他的姨母在那里开了一个公寓。奇怪的是他在那里第一次看见大海的感受并没有什么记述,却从此开始了他的绘画生涯。他从斯凯格纳斯寄回几张速写。一生中他从未放下画笔,作品以临摹居多,不过在 15 岁至 20 岁这段时间里,他好像对绘画特别着迷。读者不难看出,他的作品在很大程度上是从视觉感受和造型艺术中汲取灵感的,然而他始终没有达到画家的高度造诣,甚至连基本技法也没有全面掌握。上中学时,他对机械地临摹石膏模型感到乏味。除此以外,他似乎只听过由陶瓷设计师讲的一堂课。他自己学会了装饰画屏、描绘花卉、临摹复制图画,等等。在那些日子里,他的理想好像是当画家,而不是作家。

返回伊斯特伍德之后,他立即把全部心思都放在农场的活计和那里的朋友交往方面。他"非常爱他们,他们也同样爱他"。在农场,他特别喜欢做一些力所能及的轻活;学会了挤牛奶,他特别高兴。在晒干草的季节里,他每天与钱伯斯先生和他的两个儿子一起到远在四英里以外的格里斯莱的一块租佃的农地里干活。他们带着一大筐吃的东西,要干一整天的活,所以要在地里吃饭。杰茜·钱伯斯说:"在这段时间里,从始至终,劳伦斯都显得非常快活,似乎只要活着到处走动走动,就富有惊险色彩了。他善于创造一种融洽和谐的气氛,和他一起干活的人都感到非常愉快。每个人都不由自主地被他的生气和魅力所感染。"那些感觉敏锐、深受他影响的人,总喜欢用"生气和魅力"这些名词来描述他,实际上他所产生的那种影响是无法描述的。但是,不管怎么说,劳伦斯确实是具有一种生气,或者魅力,或者其他神奇的力量的。他不仅吸引了姑娘们的注意力,而且还吸引了农场里那些鲁莽、粗野、专爱戏谑嘲弄的小伙子。钱伯斯太太甚至说,即使在天堂里她也希望挨着劳伦斯坐。她的丈夫也很赏识劳伦斯,但他更讲求实际,常说:"只要伯特①在场,干活就像玩儿一样。不用费事,他们准会一个劲儿干下去。"

年轻的劳伦斯已经闯入了更高的文化领域,这里只有杰茜一个人关心他,可以陪伴着他。在没有学校作业负担的几个月里,他开始如饥似渴地博览群书,好像生来就知道自己要当作家一样。对他们俩人来说,这个时期"是沉浸在读书的狂热之中。回忆起来我们当时几乎完全忘怀了外面的世界"。

海格斯农场和生活在那里的人们对劳伦斯产生了重大影响,深深地铭刻在他的记忆之中,这些在他的许多早期作品,特别是《白孔雀》和《儿子与情人》中都不断反映出来。而《干草垛上的爱情》中则提到

---

① 伯特(Bert)是赫伯特(Herbert)的昵称。

了过去这段生活中的一些阴暗的方面。这些东西在他的早期非常幼稚、读不上口的诗作以及《虹》的某些片断中也可以找到一些痕迹。这些回忆对他自己家庭中那种内向的、充满感情的生活以及矿井中阴暗的地下生活，起着一种矫正的作用。他的家庭生活是建立在矿井上的，所以矿区生活的影响他终生未能排解掉。这些矿业和冶金工人，在那些一贯放羊牧牛、耕种农田过惯安静定居生活的人看来，都是神秘而可怕的。在阳光下的地上居民遇到他们，产生畏怯心情，便编造出独眼巨人、土地神和地下精灵这些鬼怪故事。那些采矿的人也反过来，讲述起在露珠莹莹的田野里，仙童仙女的童话来。

劳伦斯一直未能摆脱煤矿给予他的那种神秘的感觉和魅力。对他来说，矿井就是"无意识"的象征。一切"隐秘"、"隐秘的无意识"、隐藏在地下的、人们的眼睛所看不见的诡秘的东西，在他的迷惘的象征主义思想中，起着多么大的作用啊！矿井加深了睡眠的隐秘感；这种隐秘感并不和他的在井下操作一生的父亲，而是和他的母亲结合起来。他母亲意图占有他的全部的爱，彼此保持着一种暧昧的关系，其含义必然是隐秘而不可理解的。他"爱和母亲一起睡觉"。而且，"尽管卫生学家反对，但和心爱的人一起睡觉，总能产生最最完美的温馨之感，灵魂的安全和宁静，与他人接触的舒适和睡眠交织在一起，使人的肉体和灵魂上的创伤得到全面愈合"。当威廉·欧内斯特活着的时候，劳伦斯曾经"不自觉地嫉妒着哥哥"。父亲受伤住院的时候，他兴高采烈地对母亲说："现在家里我就是男主人了。"在诺丁汉和母亲住了一天之后，他感到"十分美满"，"当他们在柔美的夜色中回到家里的时候，充满着愉悦的心情，又感到疲乏"。

他憎恨学校。学校生活和一段短暂而苦恼的就业经历没有减少却是加强了神秘的煤矿和挚爱着他的母亲对他的魅力。但是，他跑到农场去寻求解脱却具有重要的象征意义。这意味着他不自觉地奋力挣脱了赖以生存的煤矿,去寻求一种新型的爱,虽然还很脆弱,稚嫩却已生根发芽。按照事物发展的自然规律这种爱必将全面包围他,把他从母亲的怀抱中拉到情人的身边。他的母亲很快意识到正在发生的一切情况,并决心全力以赴地与之抗争。她开始讨厌他们所有这一伙人,她讨厌他们家的父母亲,讨厌他们家的儿子们(尤其是《白孔雀》中的"乔治"和《儿子与情人》中的"埃德伽"),当然,最讨厌的是杰茜。虽然他们并非有意,却正在把这个青年从他最依恋的家庭生活中拉出去,向他灌输冒险精神,教他开创富有激情的"独立生活"。

尽管劳伦斯身体虚弱,母亲又特别疼爱他,但他从小就富于冒险精神,喜欢用孩子特有的方式去"探险"!当他还很小的时候,夏末大人答应他和别的孩子一起去采黑莓,大家发觉他总会想办法比别人走得远一些,为了新的发现而感到兴奋,也为了采得更满的一筐黑莓而引以为自豪。那时,离伊斯特伍德不远的地方,有一个废弃的采石场,在《白孔雀》和《凤凰》中的一篇乌托邦小说中都有对这个采石场的描写。在他的记忆里这个采石场是个神奇莫测的地方,"十分古老和深不可测",长满了"橡树、绣球花和盘根错节的多刺树木"。空旷的土地上在不同的季节里开满了阔叶紫罗兰、雏菊、忍冬和颠茄等花草。在凹凸不平的墙上有"许多可怕的小石洞",他想象着洞里有毒蛇。这些在采石场的阴暗处的洞穴使他非常着迷,他常常提到:"阴暗处……可怕的地方……总是那么黑魆魆——你得从灌木丛下面爬进去。"

他从来不把这个世界和自己对世界的感情看作是一成不变的。你可以肯定地说,他每次骑自行车去海格斯,在来回的路上总会发现一些令人喜欢的新鲜东西,并且立即保存在他那奇妙的记忆之中。后来,孩子们悄悄长大了,劳伦斯组织了几次横跨全郡的"徒步旅行",这可是

"真正的乡村探险",他鼓动了十来个年轻人并率领他们进行这一类旅行。这些年轻人非常高兴,他们喜欢这样艰苦累人的步行,而不愿参加劳伦斯母亲和妇女协会组织的租赁大车前往麦特洛克的旅行。劳伦斯把这些旅行搞得特别富于刺激性,使参加的人久久不能忘怀。25 年之后,杰茜·钱伯斯和他的妹妹阿达写回忆录,还提到复活节去温菲尔特庄园的那场旅行,连"野餐时吃的小牛肉三明治和热乎乎的小果子面包"也记得一清二楚。尽管劳伦斯一路上不停地说话,可没有一样东西逃过他的眼睛,他总是"第一个发现小兔子、野公鸡和早开的报春花","他迈着轻快的步子,一路连蹦带跳,同时,不知疲倦地观察周围的景物,贪婪地将一切尽收眼底"。无论需要干点什么,都是劳伦斯首先倡议,并且带头去干。他们走到离伊斯特伍德还差几英里的一个路边小车站时,已临近终点,但是他们发现身上带的钱除了买火车票外只剩下几个便士了。还是劳伦斯把大家手里剩下的几个便士收集起来,决定去一户人家买了面包和黄油,使大家感到惊奇,那么几个小钱居然买到那么多吃的。杰茜·钱伯斯写道:"我们真高兴极啦。"当他把"隐秘的自我"搁置起来,情绪较好的时候,他有一种独特的使他人快活的本领。

　　还有一次郊游,一把破雨伞引起一场小小的风波。这把雨伞的象征意义和心理影响远比其实际用途更为重要。这伙年轻人三三两两地分散开来,有的单独行动。杰茜从枫树林里转出来,看见劳伦斯在路上正弯着身子盯着一把雨伞。他的神态使她感到震惊,"他弯着腰,带有某种强烈的近乎痛苦的表情"。她走回去问他是怎么回事。他说:"这是欧恩①的雨伞,要是我把它弄坏了拿回家里,母亲会气得发疯的。"原来,这把雨伞就是那把有名的"金柄雨伞"。这把伞是她死去的儿子送

---

① 欧内斯特的昵称。

　　　　　　　　　　　　　　　　　　　　　　　　　　劳伦斯传

给她的圣诞节礼物,她一直保存到死。从他的目光里姑娘看出他并没有注意到她就在他身边,可是,从那一刻起,姑娘就意识到自己爱上了他,正如他的妻子弗里达一样,当他和两个小孩玩纸船,全然没有理会她的时候,她发觉自己爱上了他。

然而,这把破雨伞还有另外一层含义,他的"痛苦"与雨伞本身毫无关系,不过是害怕他母亲会悲伤和恼怒。那时他的生活仍然以母亲为中心,正因为如此,他简直不愿意长大,甚至连胡子都不肯刮。任凭姑娘们嘲笑他下巴上参差不齐的胡须,他依然固执己见不肯刮掉。当然,部分的原因是他不愿意别人把他看作大人,因为无忧无虑的儿童生活要比诺丁汉职员生活快活得多。但是更重要的原因是他下意识中希望保持他们母子之间的密切关系和专注的爱。

不过,决定这孩子前途命运的时刻终于来到了——他的父母再也没有力量养着他,让他无所事事,逍遥自在。亚瑟·劳伦斯早已放弃了让儿子们"下井"干活的念头,而且小儿子的体质弱,不适于当矿工。另外,在他与妻子的长期争吵中他一直处在下风;他自己用劳动维持这个家庭,可谁也不把他放在眼里。实际上,最难过的是他母亲,经过无数次悔恨失望的折磨,她终于放弃了要赫伯特·劳伦斯跟他死去的哥哥欧内斯特·劳伦斯一样在"生意"上取得成就的一切奢望。劳伦斯自己也很清楚,她从来不赏识他的艺术,只是看重他的成绩,希望艺术能给他带来物质报偿。毫无报偿的艺术才能,她是丝毫不感兴趣的。所以,最后她只好叹口气,勉强地同意采取下策,在 1902 年秋天让劳伦斯和他的妹妹阿达以半教半读的身份前往伊斯特伍德的英国公学学习。一年以后,他们转到伊尔克斯顿工读教师中心,和杰茜·钱伯斯在一起。劳伦斯一直在那里工作到 1906 年。

从文化教育程度上说,劳伦斯是普及国家教育的产物。1870 年所有英国的孩子都必须接受这种义务教育。有些人以为英国政府当局之所以对他极端反感，至少部分的原因是因为他受国家的照顾爱护，却胆大妄为把自己的才能用在文学上，而没有成为一个勤勤恳恳的小学教师。当然，那时靠国家养活的半教半读的教师生活是贫乏、单调而辛苦的。每周只有两天半时间可以听课，其他两天半时间得给调皮捣蛋的孩子们上课，而且根本没什么薪水可言。在另一方面，他可以获得与同龄人的友谊，可以掌握难得的开启知识宝库的钥匙，使他感到心情激动。他甚至因为自己能取得从事专门职业的资格——虽然这种职业要求他付出的远比他所得到的更多——而感到沾沾自喜，这种感情是可以谅解的。

此外，对于家境贫寒的孩子们来说，国家资助的各级学校的贫乏和单调就像中世纪天主教和其他宗教团体一样。实际上，这可以说是逃避"工业监狱"的唯一的差强人意的办法。尽管这种制度毁掉了工人阶级的许多美德，培养出一大批胸襟狭窄的寄生虫，但只要这种制度满足了、或似乎满足了孩子们的需要，父母们也就不管其他了。劳伦斯的经历却与此相反。原来他的诺丁汉的老板人很和蔼，工作很清闲，可是他恨这种工作，身体又弄垮了。他觉得还是当小学教师更好一些。

在这一段教读生涯中，劳伦斯曾经短时期再度从事商业活动。在这一方面，他谈得很少，时间也说不准。大概是伊斯特伍德的一位猪肉商雇他每星期五晚上工作两小时，把账单核算一下，周薪为5先令。尽管劳伦斯由于强烈的优越感，非常憎恨这份工作，但为了母亲的缘故，感到应该接受这份工作。有一个星期五晚上杰茜·钱伯斯看见劳伦斯极不协调地站在猪脚和脊骨堆里，她转身便走，感到十分"羞耻"，"在那种地方见到他觉得痛苦"。这种营生他只干了几个星期，可是你想想，那繁荣的商业城——伊斯特伍德为它的唯一的诗人所提供的只是为肉商核算账单这样的职位,这确实够有讽刺意味的了。

　　17 岁的时候,劳伦斯转到伊尔克斯顿,这对他是有重要意义的。到那时为止,他好像还没有意识到自己是个"天才",具有卓越的智慧、艺术才能和过人的天赋。当他回顾自己三年当教读先生的经历时,不无凄凉地说他"教了三年矿工们的野孩子"。但在伊尔克斯顿,他第一次认识到自己的才能,这一半是因为他学习成绩的优异,一半是因为校长的勉励。校长成了他的知音,经常在其他学生的面前,宣读他的作文,并加上许多赞誉之辞。这做法用意固然是很好的,但对于像劳伦斯这样自负任性的年轻人并不是很明智的。我们知道,他所成长于其中的那个群体一直坚定不移地认为自己非常重要和正确,而他的那个家庭却更加自负和自信,甚至超出那些自以为是的邻居之上。劳伦斯深受他母亲的影响,他在记述她时曾说,"她是如此的坚决和果断……好像在她一生中从来没有过任何疑虑"。校长当众表扬了他那些稚气的作文,非但没有遏止,反而更加助长了劳伦斯的傲慢、自负的情绪,而这种傲慢自负却正是劳伦斯用以掩饰自己的信心不足、犹豫不决的一种假象。在诺丁汉大学时,学校当局为了要抑制他,故意对他的文章作了不适当的评语,为此他拒绝去听课,并轻蔑地扬言今后他将"按照他们的需要,用一些小孩子的货色去应付他们"。

　　无论国立或私立学校都不可能,或者说从来也不会培育出天赋过人的天才儿童来。它们的培养目标只是要造就一些容易就范,服从政府愚民政策的顺民罢了。如果说上面所说的学校对待他的两种方式都是不明智的,那在当时也是无法避免的。值得重视的是,即使在他早期默默无闻的时候,他所表现的才气已经远远超过了他的缺点。无论工作还是娱乐时,他总是远离众人,显得与众不同。他从少年时代就对那种深沉而敏感的女人具有一种异乎寻常的吸引力。杰茜·钱伯斯写道:"他自己的热烈的欢乐的情绪感染了我们,使我们兴奋起来。"她所谈的是劳伦斯继续组织的那些短程旅游。那时他最感兴趣的是建筑,因而常常带领一些追随者穿过乡村去参观教堂和城堡。杰茜·钱伯斯接着写道:"他不仅仅是观赏那些文物建筑,简直具有一种直接的占有感。如果看不到这些建筑就像丧失了他生命中最宝贵的时刻。"

杰茜·钱伯斯的视线穿过伊尔克斯顿坐得满满的教室,看着坐在高级班里的劳伦斯,不由自主地注意到"他那独特的,和别的年轻人全然不同的神态"。这并不是因为她爱他所以觉得他特别美,而是因为爱才使她看到了别人看不到的东西——"他的头型多美,长着两只端正的小耳朵,他的神情专注,比别人更加充满活力。"她也许比他的母亲更加同情他,所以她感到"他特别的精神敏感而脆弱",更"易于感受损害,而无力抵御"。事实正是如此,我们不要忘记,即使他后来粗暴恶毒地攻击过这个世界,那也是因为这个世界首先粗暴残虐地在他身上施加了一些无法忍受的创伤。杰茜注意到劳伦斯的头发、皮肤和"灵巧的双手",又补充说道:"可是,他还有另外一种轻快活跃的气质,似乎从他的内心深处闪耀出来。"人们从他漂亮的蓝眼睛里也可以发现这种气质。

从一开始他就对于自己的天才感到迷惑不解;他自己在周围环境的影响下不知道怎样处理他的天赋的才气。他的"独特"的自我意识和校长的夸奖、赞誉,使他产生了一种天真而自负的想法,觉得"智力高"的人有责任去"帮助其他的人"。于是,后来经过一段痛苦的经历之后他才认识到,在那样的条件下"其他的人"是并不愿意接受他的"帮助"的。但他还是下定决心要帮助别人,不管人家愿意不愿意。他已经认真地考虑过要获得一大笔财产。他对朋友吐露过自己的心愿:"我很想有一所大房子;如果母亲和我们喜欢的所有人能一起住在这样一所房子里,那该有多好,多美啊!可不是吗?"

尽管在他的理智上和实践中存在着许多阻力,可是他顽固地坚持他的计划——初步的设想是要在世界的某个地方建立"移民区",那里的居民都很爱他,而又彼此憎恨。不管这种灾难性的计划是他凭空臆造出来的,还是受罗斯金的《圣·乔治互助会》的影响,在17岁时,劳伦斯已经创造出奥尔德斯·赫胥黎所谓的"逃避现实的殖民区",他每过一段时间就提起这个话题,搅得自己和朋友们都心神不宁。他会常常匆匆忙忙拟就一张劳伦斯的移民和追随者的名单,要求或命令所有的朋友签名去西西里、佛罗里达、太平洋诸岛或新墨西哥,在那里永久定居,在说大话的洛伦佐①的统治下幸福地生活。

与此同时,母亲与情人之间虽未曾公开宣战但一直在进行暗斗。的确,那时就有许多姑娘和少妇迷上了他,常常以这样那样的借口出入劳伦斯的住所。而他对那些喋喋不休的姑娘和少妇,总是漠不关心;他这种天赋的才能对他后来的生活却大有好处。确实,"所有姑娘都愿意跟他跳舞,因为他的舞步轻松自如"。然而在他心上真正占有一席地位的却只有杰茜一个人;母亲清楚地看到这一点,所以拼命地反对他们的交往。他事后说过那时他从母亲身上汲取了"创造力和生活的热情",但是,杰茜"却使这种热情燃烧到白热化的程度"。没有她,他就不能工作,因为他"只有受到激励的时候,才有自觉性"。也许他需要的是心爱的女人的赞扬和鼓励,但他却假装,或者真正地感觉到,只有杰茜对他的作品的反应才能"激发他认识自己无意识中写出的作品"。因而,杰茜·钱伯斯就负有保持劳伦斯的艺术良知的责任,这使她感到很为难,甚至有点儿无法应付。他对她的帮助很多。是他首先发现她是一个穿

---

① 伟大的洛伦佐(Lorenzo the Magnificent)是早期基督教殉道者。此处将伟大的(magnificent)改为"说大话的"(magniloquent),有嘲讽之意。

着破靴子和脏围裙的美丽的灰姑娘①,在厨房里为粗俗无礼的兄弟们做苦工,不过她梦想的不是马车、骏马和跟王子跳舞,而是希望有个上学的机会。她感到由于文化水平低,自己被关在门外,品尝不到"人类精神享受",非常悲伤。她被"知识和美的渴望"折磨着,是劳伦斯把她从这样的痛苦中解救出来。劳伦斯利用她家里人对自己的好感,说服了他们让她走出厨房和牛奶场,回到学校,参加教师培训。

在她重返学校之前,劳伦斯已经有意或者无意地开始帮助她实现自己的愿望,给她补习法语、代数和其他考试课程。学生学得全心全意、如饥似渴,十分感人,但劳伦斯却不像一个称职的有耐心的先生。他对代数奥秘的解释虽然很有趣但实在太简单化了:"代数就是用字母表示数字。你可以不写'2'或者'6',而代之以一个'a'。"对懂代数的人来说,这是很清楚的;但对不懂代数的人,怎么成呢?劳伦斯大骂不幸的杰茜,说她在用"倒霉的灵魂"学习代数。但是许多年以后,也就是这个劳伦斯拒绝接受进化论,仅仅因为在他"胃后的太阳神经丛"里没有"感到它的存在",惊得奥尔德斯·赫胥黎目瞪口呆。有些符号他没有解释清楚,她做起题来不免要迟疑、胆怯。"他竟冲着她大声吼叫,怒气冲冲地责骂她。"连她和善的母亲也忍不住跑出来加以干涉,求他不要太难为她的女儿。可是他怎么也控制不住自己,"他冲她大发其火",有一天他甚至愤怒地把铅笔掷到了她的脸上。

她没有像野猫似的冲他喊叫,而是照《圣经》上讲的那样,默默地忍受侮辱,露出一副平静的神色,使劳伦斯"非常惭愧",也许这也是她失去他的开端。劳伦斯对自己的蛮横易怒感到羞愧,极力迫使自己表现得耐心和温文尔雅一点,可是他根本无法做到这一点。她一紧

---

① 灰姑娘(Cinderella)是童话中一个才貌尚未被发现的美丽的穷姑娘。

张——碰到这样的老师,谁能不紧张呢?——一迟疑,学得慢一些,赶不上他急性的要求,"他的怒气就像水泡似的冒出来",他总是要羞辱她,再把铅笔掷到她的脸上。尽管如此,或者正因为如此——姑娘们的心理是无法理解的!——她越发深深地迷恋着他。在这方面,他继承了他父亲反常的矛盾心理,开始回避她,故意离她远远的,跟她的兄弟们一起走。杰茜为了爱他并向他学习,默默地忍受了这一切。后来,他又渐渐地回到了她的身边。但这并不是为了她,也不是意识到了她的爱,而是"因为她在他心中唤起了剧烈的情感"。这样,慢慢地,杰茜开始不自觉地取代他那酷爱嫉妒的母亲的位置,从而对他的内心生活和良知起到了很大的作用。

劳伦斯很喜欢音乐和歌唱,常去找妹妹阿达求教。他很快学会了读歌谱,会唱好多首歌曲,其中以英国和德国的歌曲居多。一有机会他就恣意地用他的尖锐的本嗓反复哼唱这些歌曲。他总是唱民歌,后来他很讨厌,或者假装讨厌任何形式的美声音乐。奥尔德斯·赫胥黎在《旋律与对位》一书中幽默地刻画劳伦斯(作为兰比昂这个角色)固执地拒绝欣赏选自贝多芬的《庄严弥撒曲》中的赞美曲——看来赫胥黎原来认为他可能会欣赏的,这种想法显然是很不明智的。他从事教读工作的时候,趣味较为广泛,曾买了"肖邦的华尔兹舞曲,柴可夫斯基和勃拉姆斯的音乐以及布西的歌曲和歌剧选曲",让他妹妹弹奏。他就坐在妹妹的身边,无休止地要求她弹奏那些他想听的而又不会弹的曲子,直到他妹妹"几乎要哭出来"方才罢休。接着,他会让她跟自己一起唱门德尔松和鲁宾斯坦的二重唱。但他的自我意识过强,唯恐人家会说长道短,因而从不敢在众人面前演唱。

有一天他妹妹学习弹钢琴跟不上他所要求的高速,他非常恼火,决定自己学弹钢琴。在这之前,他学习写作和绘画从来不曾有意识地学过技巧、方法,也没有听过课受过什么训练,他似乎觉得学音乐也是一样的,他弹了大约 30 分钟,连一个简单练习曲谱也没弹好,"随后,只听得琴键稀里哗啦一阵乱响,接着一个满脸怒气的青年人昂首阔步地走进厨房去"。他的耐心耗尽了,再也不愿用手指头去弹"那些该死的音阶了"。也许从这时起,他就开始厌恶美声音乐,而醉心于民歌,因为唱民歌不需要音乐训练也可以唱。

劳伦斯学习绘画和写作也抱着这种过于自信的自学精神。写作这门艺术当然是适合了他的特殊天赋的,尽管他在很大程度上浪费了他的天才。他学绘画坚持的时间比学音乐要长得多,而且取得了一定的成就,因为他的自学方法中也包括临摹其他画家的作品的练习。从他为姐姐绘的 8 张图画的照片上可以看出,二十几岁的时候,他的绘画艺术有所长进,尽管还没有掌握准确绘制人体和裸体的技巧,但正因为当初打下了基础,后来他才有可能做出那些半原始派的油画和刺绣作品来。

或许人们会对劳伦斯临摹什么样的画家感兴趣,因为他总是从这些画家的作品中汲取"最大乐趣"。他给姐姐临摹了柯罗、布兰格温和格雷芬黑根的作品。作为自娱,他临摹了从格廷开始的一系列英国水彩画家的作品,临摹了意大利艺术家如弗拉·安吉利科、卡尔帕乔、皮耶罗·迪·科西莫和洛伦采蒂作品的复制品。他还临摹了许多其他艺术家的作品。在紧张的写作之余,他常常抽时间临摹几幅名画,松弛一下神经。

劳伦斯很早就萌发了读书的热情,并开始尝试写作,而艺术家的气质又使他酷爱花卉——花卉与艺术家的天赋是有某种象征意义的紧密联系——那些日子里他常去找杰茜·钱伯斯,希望在这些方面得到她的理解与共鸣。那几年他把所有自己感兴趣的作家一一介绍给杰茜,和她一起欣赏和评价。对这位青年作家有吸引力、有影响的那些作家就成了他生活中的一个重要的组成部分。由于劳伦斯出身贫寒，人们往往会认为他的文学艺术修养很贫乏。但事实并非如此，当然，对于获得的这些知识的评价纯然是相对而言的——在专家们看来极其肤浅的东西，在只读报纸的人眼里便是枯燥难懂的高深学问了。

如前所述，劳伦斯的母亲非常喜欢读书，因而他从小时候就习惯于把读书看作生活的必要部分。她和孩子们都加入了隶属于公理教会的文学会，不过到底他们只是讨论宗教方面的书籍，还是范围更广泛的书籍，那就不得而知了。值得庆幸的是杰茜·钱伯斯存有一份作家名单，记录了在他们交往最亲密的六七年间，两人一起读过的作品。

她提到一百多个作家，差不多都是英国或法国的 19 世纪作家。这也代表着那个时期大学生的读书趣味。在文学上有抱负的学生一般都热爱诗歌，借以陶冶性情。但在劳伦斯书单上所列的诗类书目却比一般所设想的要少得多。他们的主要读物是帕尔格雷夫的《英诗精华》，有一段时间劳伦斯总是把这本书揣在兜里，一有空就喜欢高声朗诵几首。书单上只稍微提了一下莎士比亚和"玄学派"诗人，看得出来他对这些诗人的了解，主要是从帕尔格雷夫所编的诗集和讲堂上得来的——至少在当时是这样的。除了《英诗精华》之外，他们还一起读了司各特、华兹华斯、雪莱、柯勒律治、彭斯、布莱克、朗法罗、丁尼生、斯文本恩、惠特曼、罗塞蒂、布朗宁和弗朗西斯、汤姆森的诗。他上学时曾读过他最崇拜的波德莱尔和魏尔兰的诗，还读了《霍勒斯和维吉尔》的几段原文。在他的《杂文》中他谈到"那些最终为人们的生活定型的可爱的诗篇——济慈和华兹华斯的颂歌，莎士比亚的一些诗作，歌德的抒情诗和魏尔兰的诗"。作为一个诗人来说，这些诗篇确实是很不够的，但这表明了他刚满 20 岁时人们所知道他读过的最有限度的诗歌。杰茜·钱伯斯特别告诉我们,就在那个时期他也读了很多其他方面的书,他在克罗伊登时读的书非常广泛。

这个书单实际上遗漏了从荷马到安德烈·谢尼埃欧洲所有最伟大的诗篇。由此可以推断出,他那时在文学方面最感兴趣的不是诗歌,而是他提到的近 40 名小说家,包括除笛福、斯莫莱特和哥尔德史密斯以外的绝大多数标准的英国小说家。大概当时人们思想保守,认为前三位作家的书不适于年轻的姑娘阅读。由于某种缘由,他强硬地禁止杰茜读《呼啸山庄》,到底为什么,我和大家一样猜不透。大概只能解释为他觉得希斯克利夫的爱情冲动调子太高,凡人无法与之抗衡。单子上还列有 19 世纪的法国作家,一些俄国作家,包括库柏和阿尔科特在内的美国作家以及塞万提斯(显然,那时候是不准读薄伽丘的)。乔治·穆尔、威尔斯、班奈特和高尔斯华绥的书一出版,他马上就读。

总的说来,在所列的哲学家、小品文作家以及伦理道德作家中,最重要的是罗斯金和卡莱尔。他们那种主观专断的口吻与他很相似,在性格和观点两方面他都与罗斯金有许多共同点,甚至连他按照个人的象征观念进行想象思维论争的痼习,也和罗斯金如出一辙。而且,我们可以补充一点,两个人都是性观念的狂热者;罗斯金主张通过节制达到净化,劳伦斯则主张通过所谓"完满"以达到净化。虽然杰茜·钱伯斯没有提到他是怎样仔细地研读这两个人的著作的,但劳伦斯的散文和小说,尤其是《虹》,表明他的确经过一段精心研读"罗斯金的时期"。此外,一次杰茜和劳伦斯一起与瓦奥莱特·亨特和福特·马多克斯·休弗(当时是《英国评论》的编辑)共进午餐时,后者对劳伦斯如此精通卡莱尔和罗斯金非常赞赏,也许是假装赞赏。

看来,他也经历过一个所谓"物质主义的阶段",他的早期作品以及和他同住在克罗伊顿的人都证明了这一点,他还读过或试读过达尔文、T.H.赫胥黎、海克尔和 J.M.罗伯逊的著作。显然,在他 21 岁左右时,他开始怀疑他自幼培养起来的正统教观念,这也是他母亲留在他身上的又一个深刻烙印。他显然要对他母亲隐瞒这一点,可杰茜还是知道了并为此感到懊恼,说怀疑主义"使他少年的朝气枯萎了"。他们两个人都因此受苦。她感到"极为痛苦,因为她所心爱的人竟然用利刃一般的智力来审查她的宗教信仰,而她一直是在这种宗教信仰中生活、行动,并维持她的生命的。但是他毫不姑息。当两人单独在一起的时候,他甚至更加残酷,好像要扼杀她的灵魂一般"。他们散步回来时,他简直有点"虐待狂"。令人惊奇的是劳伦斯完全不同于他的作品中给人们留下的崇尚教条的神秘主义者的印象。他竟然给杰茜"生动地讲述星云理论",还打算给牧师写一篇论文巧妙地宣扬不可知论,他沾沾自喜地宣称自己"不能不采取唯理论主义的立场",他还"冷静地"——显然是没有道理地要求那个可怜的姑娘拿出证据来证明上帝的存在。

杰茜回忆起劳伦斯当时是怎样猛烈地、不厌其烦地诋毁"自觉知识""头脑知识""理智"和"从头脑的顶点谈话"等观念,她记下了这一段谈话,读了实在令人惊愕:

劳伦斯:看来你好像缺乏坚强的理智。

杰茜:我想大概是的。我从来不认为自己有坚强的理智。

劳伦斯:对。对的,你纯粹是感情用事。

杰茜:好吧,感情用事又怎么样呢?

劳伦斯:你懂吗?那就意味着你完全受感情的支配。你不会思考,只会感觉。这二者有很大区别,你明白吗?

杰茜:那也许是因为我认为自己的感情比思想更可靠。

劳伦斯:是的,可你要知道,这正证明你不是理智型的人。至于我嘛，我是完全受理智支配的。

这真是一个妙不可言的悲喜剧场面。你想想，那位即将成名的作家在这里责怪杰茜不该采取那样的态度，可他后来却不遗余力地为那种态度辩护，而且自己也因此而获得声誉。同时，他又向她狂傲地吹嘘自己所采取的态度，可是后来他自己对这种态度却表示极度的轻蔑。他常常脸色煞白、怒不可遏地以尖刻的言语批评别人所抱的信念，可他此刻坚决向杰茜宣称他自己所抱的却正是这种信念——"对我来说，我是完全相信理智的。"他似乎在当时就已经养成一种习惯，谈话就是为了要造成影响，辩论就是为了争胜；正如他后来的写作往往只是为了造成影响而已。他常常会凭着自己的情绪，或者由于别人的一句话，就来个一百八十度的大转弯，从一个观点转向另一个完全相反的观点。

他往往非常傲慢地宣称自己怎么怎么样，其实恰恰是因为他内心深处充满疑虑。爱花是他的一个可爱之处，但就连对花也同样如此。杰茜·钱伯斯一生都是在花丛中度过的，她喜欢并且知道各种各样的英国野花。有时她感到惊奇，在市区长大的劳伦斯对花竟会有如此异乎寻常的了解——也许他是装出来的吧。有一次她大着胆子问他怎么老是说所有他们看见的野花的名字他全知道。他粗暴地对她说："我知道就是知道，你怎么敢问我是怎样知道的呢？"当然，他之所以恼怒正表明他并不知道，并且自己也意识到了这一点。有一次我和他在一起，他顽固地坚持，兰蓟就是琉璃苣。为了让他认识自己的错误，我故意把两种花一齐放到他的面前，他却说他觉得这种芝麻大的小事不值一提，拒绝再讨论这个问题。

他们都爱花，对花的爱好像花环一般，环绕着这对青年男女的爱情。如果她爱花爱得不比他更深，他就会感到伤心、生气。然而，他有时会发怪脾气,似乎对她心怀不满,好像有点神经不正常,她一碰花朵就引得他醋意大发。一天傍晚,杰茜拉他出去观看一簇漂亮的野玫瑰,暮色中花显得无比绚丽;她情不自禁地伸手摸了花瓣。劳伦斯立刻转过身来,把她拉走了。第二年春天,花园里开满了金色的黄水仙,杰茜蹲下来吻着盛开的花朵,赞叹这些花"绚丽动人",而他却酸溜溜地说:"什么绚丽动人! 太过分了,不过是好看罢了。"

她忍气吞声,一言未发,又弯下身子吻了吻花朵,聊以自慰。他却因此怒气冲冲地问道:

"你为什么总爱抚摸这些东西!"

"我喜欢摸它嘛。"她很难过地回答说。

"难道你喜欢的东西就非得抓在手里吗? 好像非把它的心掐出来就不甘心似的。你为什么不能自己克制一点,含蓄一点呢? 你总是虚情假意地哄骗它们的灵魂。我从来不会虚情假意——不管怎么样,我总是直来直去的。"

这简直是一派胡言! 这些问题正是批评家常常提出来质问他的。最后那句话教那个姑娘够难堪的了,实际上,根本没有什么意义。让我们看一看,这个清教徒式的年轻人反对别人抚摸花朵,吻花朵,反对别人"把它们的灵魂哄骗出来",看来他自己不会去做这种事的;不会的,他是要"直来直去的"! 然而,在此不久以后,他们采撷樱草花的时候,他自己描述他是怎样蹲下来,"一边采摘着开得最好的花朵,一边温情地说啊谈的"。他承认杰茜采花时"充满着虔诚,非常动人",但是他采的那束花"比她的更具有天然美"。他爱花,但好像花是他所独占,他对它们拥有特权似的。他想吮吸这些鲜嫩甘美的花朵。他采着采着,就吃下了几朵黄色的喇叭形的花朵。整整一章他都在描述他自己做着他反对杰茜做的事情。最后结束部分,有一段描写他如何在日光下走进花园,"抚摸"那些花朵。"他找到了紫蝴蝶花,抚摸它们肥满的咽喉和黑色的紧握的手掌!"

　　"反复多变"——蒙田先生在四个世纪以前找到了这四个字用来描绘人类怪诞而又捉摸不定的特性,现在用来说明我们所探讨的这个特别怪僻的人物性格,实在再合适不过了。劳伦斯青年时代逝去很久后,墨西哥的丹麦画家高次契曾批评说,劳伦斯"虚假而复杂",这种说法实在是很不够的。高次契用"虚假"这个词,意思是说劳伦斯虽然持有单纯的民主主义思想,但他承认有完全与此无关的各种动机、目的和生活方式,他用"复杂"一词只是说劳伦斯承认有超出他的经验之外的精微性和复杂性。但是,早在他 20 岁刚刚出头的时候,劳伦斯就已经"反复多变"了。他的性情和行为显得反复无常、自相矛盾,简直使人无法形容,难以分析。连深深爱着他的杰茜·钱伯斯也激愤地慨叹道,但愿有一天"能把他扭转过来变得前后一致吧"。所谓"一致性"是政治界和文学界那些投机取巧之徒所崇尚的德行,劳伦斯不具备这种性格,也未尝不是一件好事。真正使杰茜感到恼怒而必须要表明的是他的完全靠不住的性格;他内心深处的疑虑常常与外表的专断自负奇异地混合在一起;一会儿一个主意,喜怒无常;正像以前他的父亲那样,往往听凭自己乖戾性格的驱使,把朋友看成仇人。劳伦斯给钱伯斯一家带来了青春的热情和生气,这是无比珍贵的奉献,所以,他们一家也把他当作自己的儿子和兄弟看待。可是,突然之间他无缘无故地以"令人难以容忍的侮辱刺伤了这一家人的感情"。到底为什么?他自己也不知道。他只不过是一时感情冲动就把几个星期建立起来的深情厚谊毁于一旦。但是,即使在这种情况下,他也能够在顷刻之间把满肚子的无名恶气转化为一片柔肠。有一次他尖刻地嘲笑一个青年妇女,说她像一个"女权运动者"那样以自我为中心。话刚说出口,他忽然看到,或者自以为看到——她脸上露出"不是轻蔑,而是可怜的神气"。他马上"心肠软下来,对所有的人都变得很和蔼,转而对杰茜也温存起来了"。

这种突如其来的感情激变,大多是毫无缘由的,或者充其量不过是出于主观上的古怪念头。劳伦斯的心情波动比起通常人来无疑要强烈得多。这不是大多数人所经历的那种性格变化。40岁时的劳伦斯在许多方面跟他20岁时如出一辙。在那时候他已经脱离了家庭的狭隘范围和闭塞的伦敦文学圈子,经受了痛苦和幻灭,早已不那样天真幼稚了,但他还是那样不可思议地把各种极端矛盾的冲动和偏见汇集于一身。虽然他已经完美地创造了自己生命的韵律,使自己的生活充满了魅力,在实际事务上精明能干,甚至钱财方面也处理得很好,但是在处理人际关系上却如此的不通情理,实在令人可叹。一开始他往往会不顾一切地把什么都掏给人家;然后突然转变,把一切都要收回来;他先给人家造成一种假象,然后再苛刻地谴责"朋友"不该盲目崇拜一个自造的偶像,他崇拜自发性,以此作为借口,开脱自己不能抑制的冲动性。要和他争论问题简直毫无办法,因为他可以为了应付紧急需要随时改变自己的立场和原则;他宣称自己有权摆脱一切约束,任性而为,也不必考虑别人的情绪,但人家如果稍有指摘之词,就会惹得他大发雷霆。他肆无忌惮地用自己的非凡才能强词夺理把谬误的东西说成是正确的。当一切都无济于事的时候,他便求助于他的"阴暗的心理",或者勃然大怒,乱摔东西。他常常使人们联想起柏拉图关于人类灵魂的神话——一个驾着黑白骏马的驭夫。像劳伦斯的灵魂那样的两匹无法驾驭的马匹是很难找到的——那白马是那样的美丽,而那黑马却是那样的凶恶而倔强。驾驭者为了要用鞭子抽打别人的灵魂,却完全放弃了自己驾驭的职责。

但我们不能因此而描绘出一个过于暗淡的形象。"人死后遗臭长存。"人们往往更容易为天才的过失感到恼怒,而不能很好认识他的品质。确实,劳伦斯不管是生前还是死后都只能对同情他的人把自己最优异的品性显示出来。总会有人对他的文学个性本能地感到厌恶,正如许多人厌恶他本人一样。这里有一个令人惊诧的事例。凡是认识和喜欢劳伦斯的人无不为他那双富有活力的漂亮的深蓝的眼睛所倾倒——他的眼睛是那样的蓝,具有如此诱人的活力。人们一见到他,就会被这双眼睛吸引住。有一次,约翰·高尔斯华绥这位出名的小说家和劳伦斯共进午餐之后,在自己的日记中写道,他会晤了"那位地方上的天才作家劳伦斯",他没法喜欢那人的那双"死气沉沉的眼睛"。尽管有人说他那双眼睛是愤怒的、嘲笑的、欺骗的、牧羊神似的、魔鬼似的、欢笑的、充满灵感的,或者安详的,可是没有一个人不承认那双眼睛是最最灵活生动的。只有这位创作《福赛特世家》的大作家第一次把那双眼睛和死气沉沉联系在一起。

三

宠爱劳伦斯的伊尔克斯顿学校的校长,当众表扬他散文写得好,这种做法可以说是明智的,也可以说是不够明智的,因为这样就滋长了他那业已萌生的虚荣自负心理,然而校长亲自培养的这位杰出的弟子所取得的学术成果确实是值得骄傲的。1904 年 12 月劳伦斯参加了全国性的王家奖学金考试,结果取得了甲级第一班的好成绩。当然通过考试对一个作家的创作生活并没有什么重要意义,反而可能加重他的学习负担,产生不利影响,不过这毕竟是一种任何蠢人都能认识到的成就,是一条名正言顺地通往教师生涯的途径。对于像劳伦斯这样身处逆境的孩子,这确实是很重要的一个成就。取得这样成绩的教读小先生,只要不间断地坚持工作,能够领悟那艰难的教学方法或技术,并避免任何被视作有伤风化的行为,他的前途就有保障。

按照当时的校规劳伦斯必须继续留在伊尔克斯顿六个月。在这六个月里,他的朋友帮他准备伦敦大学的入学考试,1905 年 6 月,在他 20 岁生日的前三个月,成功地通过了这一考试。想到他过去多次学业中断,身体欠佳的情况,这一次的成功确实可以说是又一个大胜利。如果当时他愿意沿着这条途径继续走下去,顺理成章地获得荣誉学位,那么或许我们得到的是一个大卫·H.劳伦斯教授,却不得不失去一个天才的作家劳伦斯。谁知道呢?

我不大明白劳伦斯取得了这样好的考试成绩,为什么没有立即进入大学继续深造(可能是由于某项规章影响了他的前途)。第二年他以非注册教师的身份在伊斯特伍德的英语学校执教一年,也许国王奖学金的数额不够维持,我们知道他"将绝大部分收入储存起来,以备上大学时用"。挣了多少钱,他并没有说,不过肯定是多不了的。按《儿子与情人》上的说法是一个星期1英镑。1906年9月刚刚过了21岁生日的劳伦斯进入了诺丁汉大学的正规系(即师范系),开始了为期两年的学习——"正规"在这里指的是课程设置而不是指学生的性心理状态。在这里他开始攻读文学学士学位,他的一位教授和一位伊斯特伍德公理会的牧师还特别为他复习拉丁语。不幸地——也许幸运地——是那位教授劳累过度,不得不中断辅导课,因而一向容易感情冲动的劳伦斯便立即放弃了这个计划。

不难想象这个富有才华的学生是多么向往大学生活,虽说并不怀有明确目标,却热切希望从自己老师身上"学到一些东西"。他惯于对人对事怀有过高的期望,因而很快地走向其反面,大失所望,陷入悲观厌烦的境地。他随随便便地和一位绰号叫"植物学"史密斯的教师交上了朋友,大概只是由于俩人对野生植物和野花的共同兴趣;他喜欢唱歌课和英国诗歌讲座;除此之外对别的课程几乎全无兴致。他认为自己在大学里浪费了两年时间,后悔自己没有在外面取得教师证书。

为什么在步入正规高等教育的紧要关口劳伦斯裹足不前,退了下来?绝不是由于他智力低下——因为,别的不说,他无论如何总是个非常"聪明"的人——究其缘由,是因为他对此根本不感兴趣,本能地感到这不是他应走的道路。他常常直觉地意识到他必须尽力保持自己作为艺术家的创造性,而不是谋取物质利益。不过在学术方面,他还是不断取得胜利的。结业考试中取得了六项优异成绩,其中包括法语和植物学,颇为有趣而带有讽刺意味的是,英语不包括在内。经过许多年的自我训练和埋头苦干,终于获得了正式的教师资格,可那时候,他感到很难过,因为在他家乡像他这样资历浅的教师最多只有一星期30先令的收入。他拒绝接受这样低的报酬,没有教课却在海格斯农场不取报酬干农活和写作,消磨了三个月时间。直到1908年10月他才应聘去克罗伊登的戴维森路学校,当了年薪95英镑的低年级辅导教师,这一次一向精明的劳伦斯却有些失算,他似乎没有意识到,虽然薪给高一些,可是如果病残不能工作,校方不会给他任何补偿或退职金。

这时候,他只是设法谋取生计。生活是很单调无味的,可是劳伦斯极端多面化的复杂性格在这种条件下却得到进一步发展;他的思想与精力越来越多地投入创作之中。与此同时母亲和姐姐极端反对他与杰茜交往,也使他备受折磨。初恋的悲剧给他的一生打下了深深的烙印,他和杰茜初恋失败后,悲痛地写道,初次萌发的爱情"像胎儿一样被扼杀在母腹中了"。他母亲鼓励他学习绘画,大概是希望他为纺织厂设计图样赚钱,而鼓励他进入真正属于他的作家事业的却正是杰茜。如果说是杰茜将他塑造成为作家的,那未免有些夸大其词;但是,假如我们认识到在劳伦斯一生中总是要依赖一个女人,在他的每一部作品的背景里,都有一个默默无声的女性合作者,那么我们就会意识到杰茜对于他的创作起过多么大的作用。他所有的早期作品都可以清晰地看到她人格的影响。

值得指出的是劳伦斯比一般天生的作家动笔晚。这些人不管是否有天才,大多在十几岁时便开始写诗,写出大量的多多少少是模仿他人的诗作,然后在将近成年的时候,突然发生情绪剧变,毁掉了所有的早年作品,重新开始写诗,不过更多的人从此转入小说散文创作。在这个初期学习阶段偶尔也会有作品流传下来,如蒲柏和布莱克的作品中都保存着一首美妙的少年手笔;不过劳伦斯在青少年时期却把强烈的创造激情尽量地倾注到绘画中去。除去一些花卉和水果的写生外,他的绘画作品尽是临摹的作品或者不大高明的商业性图案设计。他15岁左右开始绘画,而他第一次尝试写诗却远至——用他自己的话说——"20岁的一个星期日下午"。21岁时他开始写第一部小说《白孔雀》的初稿。很显然,进入青年后的四年时间里,他一直以画笔作为表达自己感情的工具,那时他甚至还没有想到写小说。

虽然不能具体说明是在哪一个月份,但我们可以肯定就在1905年,一次和杰茜·钱伯斯散步时,劳伦斯突然问她是否有意写作。她回答说,她有生以来,无时无刻不想写作,接着反问他:"那么你呢?"值得注意的是下列回答表明最初他是想二人合作,共同从事小说创作的:

> 是的,我也在想。那么让我们干起来吧。我敢肯定只要我们一起努力,一定能干些成绩出来。我们两人谈论过许多事情,你说的那些话都可以写到书里去的。

有趣的是劳伦斯开始写作时也和很多业余作家那样带着一种不自量的口气——他说:"我肯定我写的作品比目前市场上出版的半数以上的书籍要好得多。"当然,在这一点上他碰巧说对了。不过合作的建议一提出,他却立刻感到胆怯了,过了好长一段时间他才告诉杰茜,希望能和她一起写"诗"。她表示热烈的响应;可他又马上对她说,自己心中有一种排遣不掉的恐惧感,怕被人耻笑,怕遭冷遇。他叹道:"可人家会怎么说呢?说我是个傻瓜!煤黑子的儿子还想当诗人!"她极力劝慰他说,父亲干什么行当并不妨碍他写诗。他只是沮丧地"摇摇头"。那时他对自己社会地位的低下过于敏感;实际上,这个弱点后来他始终也没有完全摆脱。尽管他那时是那样的沮丧和"困惑",可姑娘心中直觉地感到在他们两人之间"一种难于捉摸的东西"正在形成。他身上蕴藏的那种力量深深地打动了她的心:"渐渐地我对劳伦斯产生了忠诚的信念,日益巩固,不可动摇。对我来说,他的重要意义远远超出于一个普通的男人之上。尽管他一贫如洗,默默无闻,可是我感到在我面前的是一位伟人。"

我希望在这篇文章中避免文学评论,尤其是那种现在被人们称为评论的变相说教,而希望用劳伦斯自己的作品去说明他的生平历史,并尽可能地解释其复杂性格的成因。既然一位作家的全部著作就是他的终身事业,没有这些作品便无法认识作家,理解作家,那么"开始写作"的时间是至关重要的,而早期诗作对于了解其生平具有特殊的价值。可惜我们既不知道他流传下来的诗歌的最早写作日期,因为最早的两首肯定被销毁了;也不清楚现存诗歌的确切写作时间顺序。1927年至1928年间劳伦斯改写自己的诗作时曾声称已经打乱了原来的时间顺序,重新编排。我不想使读者因这些技术细节而感到头痛。我只在这里说明一点,上述讲法未必完全可靠,就像有韵诗与无韵诗的划分一样,实际上第一部分的10首"无韵体"诗至少有5首是有韵脚的。

翻阅一下初版的第一本诗集,人们不禁会惊诧——这位来自穷乡僻壤的矿工儿子除了一位女中学生的鼓励外,全然是闭门造车,居然会出乎人们的意料,创作出了独具一格、富有新意、非文学体的诗篇,他不曾仿效维多利亚时期的任何一位诗人。他完全摈弃了传统的写诗技巧,这也有它的可取之处,因为当时人们过分崇尚诗歌的技巧,总是把诗写得死气沉沉、毫无生意。或许他有些师承哈代,即便如此,那也不过是因为他唾弃了风靡一时的堆砌辞藻的手法，而以自己的亲身经历积累作为写诗素材。虽然他也创作过一些"幻想的诗篇"，但是他真正的成就在于他所写的生动的印象派诗作，用诗如实地记述了自己的经历，形成一种新型的现实主义。

　　读过他早期小说的人都不难发现小说中的一些片断又改头换面出现在诗行里，前面引述的《童年的杂音》就是一例。《盗窃樱桃的人》所表现的生活经历，在《白孔雀》和《儿子与情人》中有所表现。这首诗自然是为农场那位姑娘而作，想必是作者比较中意的，因为这几乎是他所有初期诗作中唯一没有重新改写的一首：

　　　　串串鲜红的樱桃，
　　　　垂挂在黑色的长枝条上，
　　　　像东方少女头上戴着的红钻石，
　　　　又仿如卷发下流出殷殷血滴。

　　　　晶莹的樱桃下，躺着三只死鸟，
　　　　——一只椋鸟、两只白胸的画眉；
　　　　这几个小毛贼，垂着双翅，
　　　　染满了斑斑血迹。
　　　　一个姑娘两耳挂着樱桃串
　　　　倚着草垛朝我笑。
　　　　让我品尝那鲜红的果子，
　　　　我只想知道，她眼里可含着泪珠。

　　魏尔兰派诗人称这种诗为铜版画或剪影。它的风格是比较幼稚朴

　　　　　　　　　　　　　　　　　　　　　劳伦斯传

素的;虽然最末一句似乎带有讥讽的口吻,可是并不能像道森、西蒙斯等诗人那样,使诗意更为深化。诗中为了凑韵,用了"like jewels red"(像红钻石)和"as if had bled"(好像流出血滴)等词句,并生铸了"robberling"(小蟊贼)①这样的词和"wing"(翅膀)押韵。这样拙笨的写法在道森等人的诗中也是不会有的。

要评价这首诗,要弄清其中象征的情感,还需要读一读他的小说。《白孔雀》中"西利尔"给"爱米莉"头上戴上用绣球花浆果而不是用樱桃穿成的"红宝石串",待她情绪激动起来他却说:"你的眼睛时时反映出你的灵魂,多么诚挚而令人厌烦的灵魂啊。"这样冷漠的话,使她感到寒心。显而易见,在现实生活中他恰恰就是这样使杰茜产生自觉意识而又感到苦恼的。《儿子与情人》的场景,则设计得更精巧而细致,与上述场面略有不同。这一次站在樱桃树上的是劳伦斯,他看着树下面的姑娘,想到她站在下面显得"多么纤小、多么娇柔"。他拿樱桃连连向她抛去,她一边跑一边用手接住,像孩子似的把一串串樱桃挂在耳朵上。他凝望着落日,待到太阳落山,才爬下树来,在暮色中树枝划破了衬衣。她自愿替他缝补衬衣,当手指碰到他裸露在外面的肩膀时,她说"多暖和啊"!紧接着就是一场被称为"黑色的"求欢场面,当时的读者对劳伦斯的这种写法是很反感的,因为他们读惯了用传统方法来描写这类情事,而劳伦斯试图表现的则是那种微妙的感受与激情:

"我喜欢黑暗。"他说,"但愿它再浓一点才好——美妙浓郁的黑暗。"

他似乎忘记了她是个有个性的人:对他来说此时此刻的她只

---

① 英语中只有robber(盗贼)一词,而robberling(小蟊贼)一词则是劳伦斯创造出来的。

是一个女人而已。她感到恐惧。

他背靠着松树干站在那里,把她拥在怀里。她听任他来摆布,但自觉自己所做出的奉献有些可怕。这个说话声音重浊、任性而行的男人对她是个陌生人。

他们躺在松针上,雨丝开始向他们身上飘来。接着,他的情绪来了个突变——这在劳伦斯似乎是势所必然的。他"从心里感到悲凉,十分沮丧同时又充满着柔情"。他们站起身来,手挽着手默默地走开了。他说,"真是万籁俱寂,"过了一会儿又说,"这些松树真像黑暗中的精灵:每棵树都是个精灵。在这寂静中,整个黑夜都在冥想,在沉睡;大概我们死了以后也是这样——在冥想中安睡。"

刚才姑娘"对他的兽性感到恐惧",现在却"对这种神秘感害怕起来"。面对这样一个捉摸不定、莫测高深、复杂多变的恋人,她的恐惧是合乎常情的。他既富有魅力,而又常常使人难堪;他使别人感到生气蓬勃而自己却堕入苦痛的深渊,对死亡膜拜;他是一个温柔而又残忍的恋人,既执着自信而又犹豫不定,他对她占着统治的地位,但又容易被她的敌人所左右。他具有男性心理纠结,显然对女人是极有吸引力的。他不但带有虐待狂因素,而且更多的是同性恋的成分。让我们读一下《农场里的爱》这首诗。一个男人捉住了一只兔子,尽管它"眼泪汪汪痛苦"地回头看着哀求他,他还是把它杀掉了;他走进房子,有人——男人或许是女人?——正等着他:

> 他把软绵绵的兔子扔在桌板上;
>
> 冲着我走过来:
>
> 啊:高举起剑一样的手掌抵在我胸膛!

啊：目光一闪似刀刃要我欢迎他的降临！

他用手搬我的脸转向着他。

那散发着兔皮腥臭的手指抚摸着我！

上帝啊！我堕入了他的掌握！

我不知脖子上缠着多么纤细的铁丝；

只知道听凭他摸索我生命的脉搏，

听凭他像鼬鼠一样用鼻子探寻，

起劲地嗅上几口，随后将鲜血吸吮。

    这里要说明，在海格斯地主家的禁猎地的兔子时常跑出来到处骚扰，损坏东西，气得他一家人几乎发疯。但是，在劳伦斯早期用象征手法描写性爱的作品中兔子起着非常隐晦却相当重要的作用。即使到后来写《恋爱中的女人》，书中还有一章，标题十分奇怪地叫作"兔子"。它写着两个成年男女和一个孩子把一只很大的兔子提进一个院门紧锁的院子里，它拼命挣扎，抓伤了两个大人；他们一松手，它便像"枪膛里射出的一颗子弹"，绕着院子蹿来蹿去，跳着跳着它倏地站定不动了，接着便啃起东西来。这里有一段令人费解的描写："他的脸上浮现出一丝古怪的，带着情欲的微笑。她看了他一眼，把这一切都看在眼里，晓得他和自己一样都有些动情了。一时间她感到自己受挫败，而被遏制了。"我不得不承认我一点也想不通这"色欲"在什么地方，什么东西使他们动情，为什么她又被"遏制"了，为什么这种"遏制"又只是一时间的？或许这里面包含着什么意思，但到底是什么意思呢？

    既然杰茜·钱伯斯是"他的良心"，"他要把自己写的每一件作品都拿给她看"，想来她一定看过《农场里的爱》这首诗，而这首诗并不能减少她对他身上"神秘性"的恐惧。看来她对于这一段的描写也难免感到困惑不解吧：

> 乔治正坐在炉火旁看书。我一走进门来他便抬起了眼睛，我爱他抬起头看着我的那副样子，爱他慢吞吞安详地打招呼的神情。他的眼神很美，意味深长，像是亲吻一样地意味深长。

在某种意义上乔治这个人是以杰茜的哥哥为范本创作的，他也是在磨坊水池中游泳这一场面的男主角：

> 他知道我是多么爱慕他那高贵的、洁白而丰满的体形，看到我忘记了擦身子，他笑了起来，把我拉过来，轻快地给我擦起来，好像我是个小孩子，或者不如说像一个他从不害怕，却爱恋着的女人。我软绵绵地听凭他两只手摆布。为了把我抓得更牢一点，他便用一只手臂拢住我的身子，贴到他的胸前。两个赤裸着的身体相互接触，那种甜蜜的感觉真是妙不可言。我觉得这样就满足了我灵魂深处那种微妙的难以名状的思慕渴求，他也觉得这样。我的全身都擦热了，他松开我，两对含笑的眼睛互相对视着，此时此地，我们的爱情达到完美的境地，从那以后，无论是对男人还是对女人，我再也没有体验到这样完美的爱情。

当然，我们不能把从小说中摘下来的材料对号入座，看成是人物的亲身经历；然而任何熟悉劳伦斯的写作方法的人都不会怀疑这种描写是有亲身体验的。同样地，一个没有同性恋爱倾向的人也决计写不出来。值得注意的是他对小说中的自己从不谴责他的这种"灵魂深处的

　　　　　　　　　　　劳伦斯传

思慕渴求",可是对于姑娘那方面"他却是要苛责的"。正像抚摸花朵一样——她不该摸的花朵他可以任意地抚摸,只要他愿意。她常常喜欢用双手捧着他的脸,"深沉地、仔细地"注视着他的眼睛,这样做对于一个他自以为爱恋着的女人本是十分自然的事,可是他却不愿接受她的注视,把头扭开,嘲笑她"自作多情",谴责她不该"使他超脱现实而精神化"。她时常问自己:他到底是什么样的人? 他的所思所想为什么这样令人难解,他要她做些什么? 他自己认识自己吗? 但是,有时候他们单独在一起时,彼此之间的关系往往会达到十分融洽完美的境地。"那时我们生活在另外一个世界上,"她写道,"在那个世界里感情和思想是那样的强烈,我们似乎感受到在平庸的日常生活世界以外的另一个真实的存在。"

但是他的情绪常常有"阴暗"的一面,或者粗鲁莽撞,或者盛气凌人,或者目中无人,使人无法忍受,或者悖逆情理地冲撞别人,或者无缘无故地忧郁,再不就着魔似的想死。最最异乎常情的一种心境就是他对圆满的月亮的反应。劳伦斯在后期曾经颇为认真地臆想月亮是由某种不可知的磷光体构成的,而并非一个石质的行星。他喜欢这样信口开河,故意气一气信仰唯物论的书呆子们,不过有充分的证据表明有时圆满的月亮确实对他有着强烈的感染力,而且这种感染力大多不是良好的,至少它刺激了他那可厌的"阴暗"的一面。一般来说,他对那柔和的有光晕的月亮是极为欣赏的,但是有时月光却引起他另外一种神秘的感应,使他焦躁不安,甚至产生一种奇异而惊人的狂暴意念。下面一段是他自己对这样一种情境的描写:

寂静的田野一片漆黑,沙丘后面传来大海的絮语。他们默默地走着。走着走着他猛地一怔,周身的血似乎要喷出火来,连呼吸都感到困难。一轮巨大的橙黄色的月亮从沙丘的顶上升起来,正怔怔地凝视着他们。他站在那里呆呆地望着,望着那月亮……血像火焰般凝聚在胸膛……血液中闪耀着火花……连他自己也不知道是怎么回事。

杰茜·钱伯斯为我们证实这完全是真实而并非虚构的经历。那一次她是在场的,还有另外两次发作,她也和他在一起。据她的记述,这种由圆月所激起的奇怪的癫狂情绪,显然比他自己所描述的还要可怕得多。她说似乎有什么"阴暗神秘的力量"使他渐渐地着了魔,最后"好像有个什么东西要在他身体内爆炸出来"。她接着写道:

> 我记不起他说了些什么,只记得都是些疯狂的话。看上去他心里十分痛苦,可能他的肉体也是如此……他恶狠狠训斥我,我回敬了几句,他马上责备起自己来,接着又滔滔不绝地说了一大套充满热情的话。

事实上他们出来散步之前,劳伦斯的母亲已明确表示非常不喜欢这个姑娘,劳伦斯可能心情感到沉重。但这无法解释他为什么会对圆月"着魔",尤其费解的是在杰茜面前这种令人惊骇、近似疯狂的举动又重复发生过两次。一次是在罗宾汉湾,"他的言语举止十分狂乱,至今无法记起他讲了些什么,干了些什么",她只记得他"像一头奇怪的野兽从我身边走开,嘴里不断地责骂我"。在弗拉门博罗那一次更加荒谬,更加吓人。"在苍白清冷的月光下,接连不断地跳过一块又一块白色的砾石",后来她"简直有点怀疑他是否真的是一个人"。她"委实害怕"起来,"他制造的气氛不能说是死亡,因为死亡毕竟还是生命的一个环节。他所制造的是对生命的彻底否定,似乎他自己已失去了人性"。

怎样解释这些月亮癫狂症呢?与他那些日子里患的严重的头疼症有什么关系吗?由于患头疼病他脸上总是红红的,引得粗心的人们总说他的气色多么好。按照杰茜·钱伯斯的描述,那几次发作似乎特别厉害,事实上他一生中很少能摆脱这种奇异的对圆月的特殊感应。也许生理学家或心理学家能够给予一个学术上的名称,可是如果不能确切地说明它是和什么类型的思维与行为相联系的,那就很难解答我们的疑问。

她情人身上这些缺点和毛病有时由于他的专横态度和无视他人的感情而进一步恶化,这一些固然使她很难过,但更使她苦恼的是劳伦斯的母亲对她冷漠敌视的态度以及他们母子之间不可分割的紧密联系。如果他自己不愿改变这种维系,姑娘要帮他摆脱母亲的控制显然是不可能的。事实上他往往严厉地责备她,不该使他处于一种正常人所必须做出选择的位置——母亲和妻子,到底要哪一个?显然他那时候并不需要妻子,虽然他后来觉醒而结婚之后,大肆宣传他多么需要妻子。当时他所企望的是靠着每星期30先令的收入和母亲住在一起,再学点绘画,只是有需要时随便找个情妇。

不管怎么说,劳伦斯太太对儿子情人的敌视从他们的友谊开始后不久就产生了。有一次姑娘带他去看一丛初放的玫瑰,他回家自然晚了一些。一进家门,母亲便劈头盖脸地冲他发起火来。"他跟那姑娘一接触,魂儿就让她勾走了。"她讥刺那个姑娘,说她多么的"销魂荡魄",迷住他一路送她回家。听到这些话他很"伤心",但他没像一般青年人那样理直气壮地替自己和女友辩护,只觉得"自己不能硬起心肠把母亲丢在一边"。他勉强辩了几句,有气无力地跟自己辩护,好像喜欢那位姑娘在他是一种罪过。母亲带着一副鄙夷不屑的神色抢白他道:"一点点大的毛孩子、小妞儿就搞恋爱,真叫人'恶心'。"这种话充分暴露了她的嫉妒心理和女性的占有欲。他没有跟她面对面地抗争,只是软弱无力地表白他们并没有"搞恋爱",他们在一起"只是说话,别的什么事情也没有",他母亲又插进去,挖苦地说,"天晓得搞到什么时候"。最后他还是鼓起勇气向母亲指出,妹妹和她的男朋友一起出去玩,她可没有干涉。母亲强词夺理地说:"他们可比你们两人有头脑!"他问为什么,她只得采用那种典型的劳伦斯式的遁词,说他的妹妹"不是那种心思很深的人"。这场辩论让他深探地陷入痛苦与忧虑之中,就寝之前,他吻了吻"母亲那热乎乎的前额","手在她的肩头上摩挲"。她胜利了,儿子是属于她的,显然,无论哪个姑娘要和她争夺这种权利是不会得逞的。

但是他不能,或者说,根本没有抛弃那位姑娘。他自己并不承认爱着或者曾经爱过她;这种想法也许是有道理的,因为他从来没有像她爱他那样深深地爱过她。不过要完全抛弃她,他又做不到。他得继续与她会面,得从她的身上汲取灵感,从她的个性中取得动力,因为"要是背后没有一个女人",他根本无法写作,而当时他的身边又没有别的女人。必须指出——他母亲从来不珍重他的艺术,只看重他的艺术带来的名利,这种"鼓励"方式只能扼杀艺术。

母亲与情人之间的争斗就这样持续着,劳伦斯在两者中间态度暧昧不明。"几件琐屑的小事"和他家里对她的"不大尊重的态度",使她下决心,从此不再到他家里来看他。她对他说了,可是他非常不支持她,反而大发其火,坚决表示,除了在自己家以外决不和她在任何别的地方会面;因此,她原来"最最珍视"的每星期二晚上的相会就无情地被取消了。母亲听说后,"称心适意地嗤之以鼻"。他对姑娘的敌视和

劳伦斯传

粗暴的态度通常都是由于母亲的怂恿和挑唆造成的,不过他自己是决不承认的。举例说,他有一时期常常埋怨秋天使"人们都感觉像脱离了躯壳的游魂一样"。(可是,他在自己第一部长篇小说中写道:"我出生在9月,9月是我最喜爱的月份。")由于他继续和姑娘会面、散步、谈话,母亲得知后,耿耿于怀,公开告诉别人,杰茜从自己身边"把他拉走了",而且还"得意非凡"。她大吵大嚷地责骂杰茜,"说她不像个普通女人,简直要把她的儿子全部夺过去。"母亲闹过这一场后,两人再见面时,他对杰茜态度非常残酷,可是却托词说这是因为今年春天气候不好。

种种无理的责难不但刺伤了姑娘,同样也刺伤了他自己。在回家的路上他"紧咬双唇,痛苦得难于自持,几乎到了神态恍惚的地步"。母亲为什么这样痛苦?他对杰茜为什么如此残酷?他为什么一想到母亲就会恨那姑娘?回到家里,他歇斯底里地追问母亲:"妈妈,您为什么不喜欢她?"母亲的回答透露出她的盲目的嫉妒心理,只是毫无意义地说:"不知道。我的确尽力想喜欢她,我一次又一次地作过努力。可我就是没法喜欢她——没办法。"

过了一段时间,也许是在他的催促之下,杰茜又不时到他家里来会面。一天傍晚,他们谈得很入神,没注意一块价值两便士的面包被他烤焦了。虽然从始至终还有另外一个姑娘和他们在一起,可是母亲一回到家便醋意大发,吵得天翻地覆。这一次他也发火了,替姑娘辩护,对母亲直言相告,说她对书籍和绘画没有像杰茜那样感兴趣;对此她只极其可笑地回答道:"你到我这个年纪也不会感兴趣了。"不过吵过之后,他还是妥协了,甚至矢口否认他爱过杰茜。当他跟母亲道晚安,温顺地吻她时,她却狠狠地对他下身打了一下,呜咽道,"我实在忍不下去,我可以容忍别的女人——她可不行。她简直不留余地。你知道我从来没有——从来不曾有个丈夫——根本就没有过。"正在这个关口——也许故意这样安排为了要造成戏剧效果——她的丈夫从酒馆回来了,于是父亲与儿子又差一点打了起来。

即使这些细节在他和别人的讲述中可能有所改变或重行安排,但毫无疑问,劳伦斯初恋悲剧的真实情况大致就是如此。如前所述,很久以后他自己谈起这段经历时辛辣地称之为"把胎儿扼杀在母体中"。在他自我嘲弄的自画像中有一处提到他是怎样粗暴地对待杰茜的。"她想不通为什么他乖戾反常的时候,却偏偏总是说自己是正常的。"每当他对她蛮横无理时,他自己心中很清楚,那是因为,"她爱他胜于他爱她"。

据劳伦斯自己说那是在复活节那一天,而根据杰茜·钱伯斯的说法,那是复活节后第二天。那一次她充分体验到这种恋母情结变态心理的恶性影响。颇具讽刺意味的是,前一天晚上分手时他还对她说"明天早晨我早点来"。早晨他来晚了,因为晚上跟母亲吵了一架。他姗姗到来时,对她没有"热情洋溢的表现,只觉得他自己所有的一切都不称心",他深信"自己爱得最深的是母亲"。喝茶的时候他的"情绪很坏,对什么都看不惯",拿卫理公小教堂的人们取笑。他感到自己"过于聪明和不近人情",目光"冷峻、充满了嘲弄和仇恨"。然而"对爱和温情的欲望在他是如此的强烈",过了一会儿在花园里逗弄一条哈巴狗,"和狗在一起翻滚,那种粗野的模样,其实正是爱的表现"。

不过他已事先答应过母亲,要打击那个姑娘,所以彼此之间,几乎没有什么爱的成分。关于这令人痛心的一幕,有两三种不同的说法。根据姑娘的说法,他先是转弯抹角地绕了半天圈子,然后"声音暗哑",十分尴尬地说:

"你认为我们之间这种——这种友谊是不是平衡的,是不是有点出格了?"在他的自述中他说得似乎更真切一些;因为每逢他要掩饰自己心中的惶惑不安时,总要说这样荒谬不经、毫无意义的话:"我能给你的只有友谊——友谊是我所有的一切——这是我性格上的缺陷。现在事态失去平衡,倒向了一边——我厌恶这样的一边倒。我们分手吧。"这段拙劣的倾诉没有一句是合乎真情的,他说"我厌恶一边倒",这种话简直荒谬之至。

但是他是对母亲许过愿要甩掉那姑娘,对她直言相告他们是不可能成为情人的。他笨拙而冷酷地告诉她,母亲和姐姐一直在和他吵闹,使他的处境十分尴尬——他和杰茜两人要么马上订婚,要么就"不再来往"。这真是致命的一击,凭他那点微薄的薪水和渺茫的前途,他们怎么能结婚?而且他有一种直觉的、强烈的意愿要成为艺术家,也决不容许他在这个时候结婚,作茧自缚。他接着说:"我曾扪心自问,我觉得自己决不能像丈夫爱妻子那样地爱你。也许到一定的时候,我会那样爱你的。一旦发现这种感情,我会告诉你的。你的意见呢?如果你认为爱我,告诉我,我们订婚好了。你在想什么?"但是,有哪个女人会这样地就失去了主意呢?对于他这种侮辱性的求婚,他能指望有什么样的答复呢?

事情一经了结,他感到十分欣喜快慰,因为他又回到了母亲的怀抱,"她是他生活中最牢固的纽带"。可是,爱情是这样牺牲了,他却突然发现自己对她家里的所有人都爱得"这样深挚"。他爱他们的农场,爱钱伯斯家的大儿子和他的父母,爱"那间窄小的厨房",爱杰茜"狭长低矮的客厅"和"一个个的花园"——爱她和"所有这一切"!说到底"他就是没法舍弃这些",他像以往一样常去她家的农场,只不过现在大多和杰茜的兄弟而不是和她本人在一起,甚至连钱伯斯太太他也爱,"他简直有点感激涕零,因为她不失对他的敬意"。尽管他屡次沾沾自喜地对杰茜大谈她对他,和他对她的感情如何如何,却出人意料地透露了真情,他说:"他对她之所以缺乏肉体上的爱完全是由于他自己的怪癖和任性造成的,因为他知道她爱着自己。他正像孩子一样地不懂事,但他是属于她的,因为他的灵魂需要她。"

那么她到底怎么样呢?不用说她很伤心、愤恨而又感到惶惑。他依然跑来看她,但就是在花园里和她单独散步他不愿意——肯定他是向母亲作过这样的保证的。毫不奇怪,她是"看不起这样一位诗人的,他需要的只是一条小狗和几个孩子整天无意识地陪着他转"!

劳伦斯在爱情问题上,任性而为,占尽了便宜,还要写进书里去。他爱上了母亲厌恶的姑娘,可又不敢和家庭闹翻,又舍不得抛弃姑娘,左右为难,狼狈不堪;自己感到痛苦羞惭,却把这一切统统归咎于姑娘。像他这样的年轻人世上多得很,劳伦斯并不是第一个。可是他即使感到惭愧,那感情仍然十分强烈,因此从记述的真实情况中,我们看到一个普通的爱情故事升华成为一出悲剧。

然而,他的性格多么奇特啊!虽然他处于这种感情纠纷中,使他感到羞惭,甚至有时感到卑微,但我们决不能认为他就没有远大志向了。他早已立志"要证实母亲一直是对的;把自己培养成一个坚定不移的人,他一定要有所作为,改变世界的面貌"。这样一种重大的使命感占据着他的整个心胸;他坚信他永远是正确的,这种信念使一个除了手中的笔杆以外一无所有的脆弱青年掌握起自己严峻的命运来。对于一个喜怒无常,连自己都不知道自己第二天的感情和行为会怎样变化的人来说,当时他所处的境遇是无法清理的一团乱麻。但是他对于自己的每一个感情、狂想,每一次冲动性的喜悦或较为持久的仇恨,都竭尽全力加以维护,看作是唯一的真理——一个永远正确的,负有重大使命人的真理:

"你说错了。"

"你是谁，谁有资格说我错？我是不会错的。"

虽然吵了架，伤了感情，可是目前他几乎把所有的感情都集中在母亲身上，和母亲像恋人一样高高兴兴地一起远足。有一次两人一起去参观林肯大教堂，教堂的远影从车窗中一掠而过，"在天空的衬托下显得蓝莹莹的非常壮观"，他猜想这种景象会使他母亲产生宿命和幻灭的联想，而在他自己则只是想"竭尽自己的精神力量向它狠狠地打去"。他爱她爱得超过了常态——"他要抓住她，拢住她，差不多要用锁链缚住她。他认为自己必须把她紧紧抓牢。"他为她买了她认为"非常奢侈的"午餐！为她买紫罗兰花，并劝告她说："我要人们把我们看作阔人，我们就得神气一点。像扇尾鸽一样，摆出点儿架势来！"人们也许要问这样一个天赋奇才怎么会落得这般浅薄自负呢？如果他们真正感到幸福，如果他们具有他们自负的十分之一的"优越感"，那么林肯镇上那些微不足道的居民对他们的看法又何足轻重呢？真正骄傲的人是不会炫耀自己的。

然而，就连这样幸福的日子里也笼罩着阴云。在爬一座陡峭的小山时，年迈的母亲感到心力衰竭，连话都说不出来，不得不坐下来休息。"他的心像是被火钳子夹碎了一般，只想嘶叫，怒气冲天地想砸东西。"当她恢复正常时他却极其荒谬而又满怀哀伤地脱口而出说道："人为什么不能有个年轻的母亲呢？你干吗要变老？为什么你不能走路，为什么不和我别处逛逛？"听起来滑稽可笑，却也令人惊诧。他难道不明白自己所要求的是不可能的，不容许的。他要求母亲充当自己的爱人，而作为母亲的她为什么要强迫她的儿子对她产生这种危险的、荒唐的专爱？为什么不能把他让给他所需要的年龄相当的姑娘呢？

二十几岁的时候,吸引他的不止杰茜·钱伯斯一个姑娘,这是极为自然的、正常的。举例说,有"在火车上亲吻"的姑娘、"金鱼草"姑娘,还有给他早期的小说《入侵者》留下特殊韵味、萦绕人们心头的"海伦娜"的形象。他既无法割断同母亲的联系,全身心地去爱杰茜,他也同样地无法割断同杰茜联系的纽带,去爱别的姑娘。这条纽带太牢固了,她是他的"知心朋友、情人,她属于伊斯特伍德的家和他的青春"。虽然一想到另外一位姑娘的"乳峰和肩膀"的曲线美,他会周身发热,但杰茜是他的"良心"的寄托,他"用自己的灵魂"爱着她。他无时无刻不在变化,现在又转回头来,"相信自己"和杰茜"真的是联结在一起的"。不过他又肯定他是"包在一个皮囊里的两个人"。他既需要杰茜,又不需要她,他既需要别的姑娘,而又不需要她们。或者更准确地说他需要杰茜做他的文艺女神,作为他的文学良心的主宰,但不需要她做自己的妻子甚至情妇。他需要"一个照护他的女人,但不能装在他的口袋里"。

在这场戏里有一个几乎完全被遗忘的角色,那就是劳伦斯的父亲。尽管这时孩子们可以帮助养家,家庭的经济来源毕竟还是靠他每天在矿井里工作的报酬。妻子的挑唆使他和孩子们之间形成了一条难以消除的裂痕,他则不断地诟骂她,酗酒,态度越来越粗野,以此发泄他的愤懑。他已经是五十好几的人了,体力的衰退意味着收入的减少。也许从这时起在孩子们的印象中他每星期交给家里的钱从不超过 25 个先令,靠孩子们资助和劳伦斯太太持家有术,才使他们一家过得很不错。他们原来的住宅,林恩农舍,是套布置得很惬意的"舒适住房",劳伦斯"为自己的家而自豪",认为"它与众不同",炉前地毯和坐垫"舒服暖和","上面的图案色调高雅,瓷器精巧漂亮,台布非常雅致"。

后来他在书中多次诉苦,说什么"难忍的贫困"使他受到了莫大的

"耻辱"等等,这和前面所说的情况怎样才能协调起来? 这就没法说了。要解释这一点,那只有按照劳伦斯式的逻辑,即:当他想给人们留下第一种印象时他的家是"超人一等"的;而当他想让人们得到相反印象时,他的家便是"穷苦不堪的"了。他的贫困标准是很高的。所以在《白孔雀》中他显然是怀着极为厌恶的心情描写猎场看守人小屋及家人的肮脏贫穷的,然而他在描写中提到孩子们早餐有蛋、熏肉、牛奶和果酱,午餐还会有蜜汁布丁。

值得注意的是,尽管这场生活的戏剧不断进行,尽管准备考试的任务十分繁重,可是劳伦斯仍在写作,又不断扩大自己课外阅读的范围。他当然也还在作诗,尽管现存的诗篇中确定作于 1908 年以前的不多——大概不超过 18 首。说也奇怪,虽然家里只有当矿工的父亲一个人讲地方方言,虽然母亲和老师坚持要说标准英语,可是那时他在诗里用起方言来却比标准英语更为娴熟。这里举例一段,回忆他小时候信使送来父亲受伤的消息。注意他对小时候畏怯害羞的嘲笑:

> 有人敲门,
> 母亲,下楼去看看。
> ——我想除了要饭的再没别人,
> 就说我正在忙着。
>
> 妈妈,不是要饭的,听
> 他敲得好厉害!
> ——噢,多窝囊的孩子,
> 我要揍你几下。

大声问他要什么，

我不能下来。

——是不是亚瑟·哈利迪？

——是,正是那小子。

喂,告诉你妈,

她男人在矿井里受了伤——

什么? 噢,先生,千万别那么说,

不会有这事!

　　与此同时,从 1906 年入大学时起他就断断续续地创作小说,几经易稿后终于写成了那部《白孔雀》。劳伦斯开始似乎是想按照事实写的。他曾对杰茜·钱伯斯说编排小说结构通常的办法就是"选择两对人物,把他们之间的关系写出来"。就我们看来《白孔雀》无疑就是这样写出来的,全篇故事情节都是建立在莱斯莉、雷蒂、乔治和梅格之间的关系上。这本书他写了四遍,共计 15 万字;他花了多大的气力,以多么坚韧的毅力写作这本书,由此可见一斑。尽管他谈到小说的写作技巧和结构时似乎是漫不经心的,可是实际上写起来却是极为严肃认真的。他把小说的初稿拿给杰茜看时,对她说:"我认为作家把他的一切都投入到这本书里,一本真正的书。"正因为他能做到这一点,所以他的作品才那样的生动,那样的耐人寻味,那样的与众不同,尽管它们在格调上和技巧上不是毫无瑕疵的。

　　不过他初期的短篇小说也是本着纪实的精神而写的,许多崇拜他的人都认为他对这种写法特别擅长。1907 年秋,当地一家报馆以三基尼(旧英镑)的奖金征求评选最佳短篇小说。劳伦斯想争取获奖,他以一种好玩的态度从事写作,可是实际效率却很高。他写了三篇小说,两篇具有真实感情,另一篇《快乐圣诞的前奏》则是一个庸俗的谈情说爱的故事。投稿时前两篇分别署了他和一位朋友的名字,那篇随便写的小说则记在杰茜的名下,结果这一篇却得了奖。也许那位编辑至今还不知道他上了当。《快乐圣诞的前奏》未被收入劳伦斯的选集中①,不过有可能就是后来在《儿子与情人》中描绘过的圣诞节的情景,加了一些粉饰。其余两篇,经过精心改写后题为《白色长筒袜》《彩色玻璃碎片》,全被收入《故事选》中。和所有真正的作家一样,他没有把故事建立在某种抽象的意念和情感上,而是本能地把它们建立在唤起他的想象力的某些具体的象征事物上———一片捡到的彩色玻璃碎片,母亲回顾自己年轻时候提到过的一只白色长筒袜。也许那篇小说之所以得奖是由于《儿子与情人》中的那段描写,但是那只是一幅图像,而不是一篇小说。他有一个特点,不论在小说里还是在实际生活中对于自己的成功从来不采取谦逊的态度。

———

① 最近选入了一个少量发行的版本中。

四

　　劳伦斯离开伊斯特伍德到克罗伊登（当时是伦敦的远郊区）的戴维森路学校教书时，刚满 23 岁。他自出生以后，除了几次短程旅行外，一直生活在英国中部地区。很早就渴望脱离那里狭小的生活天地。"我希望在那云影浮动的旷野山谷中，会有什么东西把我从根深蒂固的孤独生活中唤醒。"然而，他并没有认识到自己在那个穷山谷和那些人中间扎根扎得多么深，所以他也不能设想脱离了这一切会使他过于敏感的天性经受怎么样的痛苦和孤寂。到克罗伊登的第二天，他给爱人写了一封像"恐怖的哀号"似的凄凉的信。他忍受不了那个完全陌生的新环境，"像个生病的女孩子一样"，对白天和自己的工作感到极端恐惧。他不能割断旧日的感情，恐吓她说，他"会变成一种黑暗而丑恶的东西，像一只令人憎恶的鸟儿一样"。

　　对于一个 23 岁的人来说，这种想法实在够幼稚天真的了，但这也说明了他终生保持的那种忍受痛苦的坚韧力量。"拼搏——拼搏——忍受苦痛。我看，这就是你所能做的一切。"母亲曾经万般无奈，怀着激愤和怜悯的心情对他说过。说得多么真切啊，这句话可以成为他终生的座右铭。生命的每一个阶段他都在"拼搏"和"忍受"，尤其当前途渺茫的时候,他不但要与外界拼斗还要跟自己"拼斗"。谁能够估量一个"天才"所忍受的负担和痛苦啊?普罗米修斯的鸷鹰、尼索斯的血衣、致命的信天翁鸟——这一些典型正象征着像劳伦斯这样命运的人所忍受的苦痛和需要的毅力。他身上有一种疯狂的统治欲念,他全力争取,志在必得;在斗争中,为了要使生活现实和他自身相互协调,他经受了无数的痛苦和磨难。在厌倦与消沉之中,死亡,在他看来,不过是青春永存的另一种说法,不但是他所渴求的,而且是他唯一的希望。在那些日子里,劳伦斯"对于自身,对于自己的痛苦,自己的生活,完全置之不顾;简直采取一种慢性自杀的方式"。

　　甚至当他体验过生理上爱的顶点以后,仍然没有感到缓和。因为那时候对他来说"生命像是一个影子,白天是白色的影子;而黑夜、死亡、静止、不动,那似乎才是存在富有生气和紧迫感,坚持不放——那是非存在。最高的存在是溶化于黑暗之中,停留在那里,与伟大的生命合为一体"。就是这样——青年人要求心灵超越过去、现在和将来一切的挫折、悲哀和虚妄,而枉费心力。

　　很难想象劳伦斯刚到克罗伊登的样子。那时他默默无闻,写作生涯前程未定,他的爱情流入歧途,一颗心杂乱混浊,完全束缚在母亲身上。他有三张早年照片保存下来,第一张上他还只是婴儿,另一张上他是个小男孩,嘴噘得高高的,看上去好像大人让他在吮吸"橡皮奶嘴"。第三张上他大约 17 岁,正像他自己所说的那样,"像个穿硬领的小人物",一个机灵、神气活现的小家伙,只是嘴噘得很难看。下一张照片的时间一下子跳到了 1914 年,他 29 岁了,看上去与那时他本人的实际相貌差不多,虽然那双漂亮的眼睛被暗影遮住了。无论是油画、速写还是照片都无法显示那双明澈的蓝眼睛之美。这双眼睛酷似他的母亲,和他那厚厚的红头发形成鲜明的对比。

后来他显示的那种"气质"的美在 20 岁的时候还看不出来,虽然女人们肯定已经看出来了。我们现在所能找到与劳伦斯 1914 年以前的形容最近似的大概要算大卫·加尼特的描述了。他一看见劳伦斯,就被那双"非常美丽、充满活力的蓝眼睛"打动了。显而易见,人们和他晤面要是没有注意到那双美丽、灵活的眼睛,那肯定是因为他们没有抱着友好和愉悦的心情。观察他——那双眼睛是独一无二的,具有无法抵御的魅力。加尼特还写道:"劳伦斯身体瘦削,胸部和肩膀都很狭窄,但他的身材适中,行动轻快,因而使他显得比较高雅。他的前额很宽但额头不高,鼻子过短长得有点笨拙,和所有红发的人一样,他脸色显得苍白,下巴(他那时还没有蓄须)总的来说是大了一点儿,像发夹一样带着圆形——有点像菲力普二世那样的下巴(他指的大概是菲力普四世,因为菲力普二世总是蓄须的)——短硬的上髭,下嘴唇十分红润,你只要一看他的眼睛,马上就会被迷住的。这双眼睛长得特别美,富有活力,快活地闪动着。看人的时候,他的笑容更增添了脸上的光彩。"

把上面描述的印象和劳伦斯的阴暗的自画像与他在克罗伊登悲观失望的心境相对比,你就更能认识到他的变化不定、充满矛盾的内在性格。确实,加尼特记述的是他到克罗伊登四年以后的情况,那时他已离开英格兰,摆脱了教书生涯;对自己的新生活十分称心,而且知道自己已是个作家了——不过不是高尔斯华绥那一类的作家。遗憾的是初到克罗伊登的几个星期,他实在难得有高兴的时候,因为他那时还在斗争中"拼搏",因而显示出他身上一些最不令人喜欢的特性。这期间,杰茜·钱伯斯只能在假期见到他,没有什么信件来往(她只拿出了一些摘录),小说也没有写。所以我们只能看看他的诗作了。好在这个时期,诗倒写得不少。《最后的时刻》是他离家前写成的,描述他喜滋滋地躺在橡树下的草地花丛之中,仰望天空中白云缓缓,一只采过花粉的蜜蜂

嗡嗡飞过,送来一阵阵叶草的芬芳,可是接着:

> 驶往城里的火车在山谷里鸣响,
> 飞过草地传入我的耳鼓,
> 拖拉着我链索上紧缩的环节,
> 啊,奔向南方!

直到最后一刻,他还不愿离开;下面一首诗描绘早晨他在西南部的弗莱特郊区所见到的荒凉景象,诗中写道:

> 一排排红色的新屋耸立着,
> 像红色的野草丛生,
> 投射出平方形的斜影。

虽然总的来说,那里的景象比起他刚刚离开的那些凄凉、肮脏的街道来已经好得多了。

在这些诗里蕴含着他的自传的片断,其中最有趣的大概要算那些描绘新学校和他在此当教师生活的诗篇了,如:《最好的学校》《下午最后一堂课》《郊外的学校》《纪律》《惩罚者》。不妨把这些诗与《虹》中厄秀拉的教书经历对比一下,但小说是事情过了很久以后才写的,而这些诗是当时写的。从他弃教离校时校方发给他的证件上可以得知校方主事人对他"评价颇高",曾被特别委托担任自然课和艺术课教师——听上去似乎非常广博,无所不包,但事实上或许并非如此。当然,也许他们过分赞扬他了,因为他们发现他患有肺结核后,就知道国立学校是不能再让他教孩子们了。但是证件上写的也可能是真实的,因为他后来终于成为一名优秀的教师。

这种工作吃力不讨好,要认真干,就得没日没夜地费神,时时处于紧张状态。那么他对这项工作的感想如何呢?刚一开始讲课,先生和学生都有一种新鲜感,精神倒也集中,他又高兴又"激动"——这是他爱用的一个词——感到自己和这些男孩子已合为一体:

> 我感到他们紧紧依附着我,
>
> 就像葡萄藤一心要上长;
>
> 他们把我的生命和其他叶子缠绕在一起,
>
> 我的青春蕴含在他们之中,
>
> 他们的激情和我的汇合成流。

但是到下午最后一节课情况发生了多么大的变化!那群孩子早晨他那样喜欢,现在变成了"一群不服管教的猎狗"。这些调皮鬼"故意气人,把书页涂满了污迹","作业搞得一塌糊涂"。劳伦斯十分难过,垂头丧气:

"这一切都有什么用?我厌倦,看不出,对他们对我自己到底有什么好!"

他决心以后再不"为此"而耗神费力!

"他们也许能描写一条狗,也许不能,这跟我有什么干系?"

所以他终于打定主意"坐下来,等下课铃响"!他就是这样的脾气!当他觉得新鲜快活的时候,就爱孩子们,就觉得教书是一项无比美妙的工作。但当他筋疲力尽、心烦意乱的时候,当孩子们开始捣乱的时候,他就恨不得把他们都赶到地狱里去!教育到底有什么用处?他完全从自己的角度看问题,先是坦率地承认它的一切含义,愉快地接受,可是,转身就把整个责任推得一干二净，一切与己无关——这就是劳伦斯的特征！他的小说中常常透露出这种极端荒谬的滑稽心态！但往往被读者忽视。也许说得简单通俗一些，那无非是因为工作时间太长，老师和学生都感到厌烦罢了。

《纪律》这首诗几乎可以肯定是写给杰茜·钱伯斯的，这首诗与先前写的诗有很大变化。他告诉她，他"用爱"把他的心"像酒杯、像圣杯"一样捧在手上，去感化孩子们，坚信爱能征服一切，能获得一切。遗憾的是他想错了，实际上这根本行不通。于是他就用纪律去跟孩子们搏斗。他们"必须懂得不许扰乱课堂"等等。或许他想借此教训教训杰茜，因为她也该"懂得不能打扰"他。

劳伦斯当老师时写的最后一首诗《惩罚者》表明他是个严肃的法官。孩子们因受到他的责骂而哭泣。当他"两眼闪动着判官的怒火"站在那里宣判时，他那"尖刻冷酷"的言辞使他们备受折磨。然而，严厉的纪律，实施起来并不比过分强调爱的教育效果好多少；他坦率地承认没过几分钟这些孩子就忘掉一切，尽情地玩耍去了，而这位法官却在伤心地诉苦：

> ……我的头多么沉重，
> 我的心疲惫不堪，缓缓跳动，多么吃力，
> 我的精神已濒于死亡。

所以，实际上这位执行纪律者惩罚的倒是他自己。他的证明书上赞扬他"最能维持纪律"，但首先他必得和学生们搏斗，而这种对抗是他的神经受不住的。在 1910 年 6 月 21 日写给海伦·科克的一封信中，他对所发生的一切作了极其离奇的解释。信中写道：

今天我在想:我怎么能责备孩子们违反纪律呢?然而,我不但要责备他们,而且还要惩罚他们。有一次我对自己说:"我怎么能责备他们——为什么要发火?"后来,事态发展到了极端严重的地步。我就说:"怒火"带着发光的眼睛到来时,他会尽着他的性子干的。他也不会饶过我,使我从上帝的掌握中摆脱出来。他是一个带着利剑的天使,上帝派遣他来的——我是无法理解的。

用桦条笞打几个毛孩子,竟会使他发出这许多奇妙玄虚的慨叹来!

在克罗伊登学校担任助理教师工作期间,劳伦斯在《英国评论》杂志上发表了几首早期诗作,从而谦逊地进入了文学界。当时这个杂志的主编是福特·马多克斯·休弗,就是小福特。开始从事创作生涯并不像他后来那个短篇自传中写的那样轻而易举,毫不费力。他在自传中只是约略地提到圣诞节故事的发表,可是他却避而不谈早在 1908 年春天他就和杰茜·钱伯斯商量过如何发表自己的作品。当时,他告诉她,他把他的几篇作品送给一位经常给《每日新闻》撰写文章的作家看。这些作品包括他和杰茜在一起商量过,觉得不错的"文章"。不幸的是这位所谓的《每日新闻》的作者,忙得没有时间读这些文章,拖了个把月,他妻子把这些文章原封送还给劳伦斯并且说明了那个可笑缘由。我们想到他那经常怕碰钉子的病态心理,而当时给他钉子碰的又是那么一个无足轻重的小人物,自然他更加痛苦,不免要夸大其词。我们不难理解他当时的心理反应:

"我试过了,可是人家不要,我再也不试了。即使我永远发表不了一行字,我也不在乎。"

这种话只是唬人的——他当然是在乎的。他根本不了解世情;肯定他认为第一个读到他作品的人会满怀热情地引他入门,可是,他哪里知道一个真正勤奋的作家很少有时间和过剩的精力去阅读和指点初学写作的人。无论怎样,他下定决心不把自己写的东西送给别人看。过了近一年时间,他和杰茜方才开始阅读《英国评论》,在当时这份杂志比其他所有杂志都更活跃、进步。杰茜试图说服他投几篇作品,但被《每日新闻》那位作家伤透了心,余痛犹在。"我不在乎写的东西能不能发表。"他没好气地对她说,"我并不急于把我的作品登出来。我决不投稿了。再说他们也不会要的。"

谁能相信他这些蒙人的鬼话呢?显然,他像所有的青年作家一样,渴望见到自己的作品印刷成书,但他没有勇气冒风险,再碰个钉子。杰茜恳切地求他再试一试,于是他抱着悉听尊便的态度让杰茜随便挑选几首喜欢的诗,送到杂志社去:

> 可是,得给我取个笔名,但我不愿意克罗伊登人知道我在写诗。

实际上他考虑的与其说是"不愿意克罗伊登人知道"他写诗,倒不如说是害怕"D.H.劳伦斯"再一次给人家打回来。遗憾的是,杰茜·钱伯斯后来已记不清她抄写并送去发表的是哪几首诗,但肯定包括《梦》、《衰老的和新生的》和《宝宝的行动》(现在改为《宝宝赤脚跑》),还有一首教书时写的《纪律》。她把《纪律》一首列在卷首是很明智的,因为当时人人都在写"造反"诗,她揣想《纪律》这样的标题一定会引人注目。

杰茜把送去投稿的诗抄好,连同一封信一起装进信封,寄给休弗,说明劳伦斯是个小学教员,要求他如果发表这些诗,就用理查德·格里斯雷这个笔名——怪吓人的名字。格里斯雷是他们共同喜爱的一个村子,然而作为诗人的笔名也真够糟糕的!劳伦斯对此装作漠不关心,可是又忍不住问她是否已把诗稿寄出,但接着又补充说:"他们是决不会发表这些诗的。"劳伦斯一生中,总是要设法找一些借口来掩盖自己特别脆弱、容易受创伤的感情,这种借口也并不完全是假托的,往往带着一种傲慢、残忍、讥讽,或者侮辱的成分。他常用莫须有的恐惧来折磨自己。正如杰茜·钱伯斯所说,他受到别人的误解时,"常常采取傲慢的态度来掩护自己",其实,这不过是用一种假象来"掩饰自己苦恼的心情"。就在那时候她已经注意到,每当他和别人的交往中产生了什么矛盾,心情烦乱的时候——这是常有的事——他就会把痛苦和愤怒转化成为"非人性的狂暴,造成无法估计的损害"。

据休弗的回忆,杰茜·钱伯斯第一次写信时问他散文和诗歌应该寄哪一种,他回答说"两样都要",因此,她就寄给他"三首描写小学教师生活的诗"和短篇小说《菊香》。休弗只读了《菊香》的第一段,就把劳伦斯的投稿全部接受下来,并向"整个伦敦"宣告他又发现了一个天才,而且是个了不起的天才。休弗把自己说成是"一个印象派",他的回忆录里往往过分生动地显示他自己在某些方面的卓越地位,因此与事实并不完全相符。他所说的情况可能是有的,但是图书目系却如实地说明,1909 年 9 月休弗发表了劳伦斯的这首诗,其中只有一首是"小学教师"的诗。1910 年 2 月他发表了短篇小说《鹅市》,4 月又发表了六首诗,直到 1910 年 6 月——照他的说法,那篇小说在他手里已逾一年——《菊香》才得以发表。如果真如他所说的那样,特别欣赏这篇小说,因而接受了劳伦斯的全部作品,并且宣称他是"一个了不起的天才",那么为什么要等一年以后才发表这篇小说呢?

据休弗说"第二天一早"他就给杰茜·钱伯斯复了信,但到 6 月份,

劳伦斯传

她才把手稿寄来,不知为什么,他的复信,直到8月份她才收到,当时劳伦斯离家去怀特岛了。休弗的信写得十分蹊跷,说这些诗很有趣,作者无疑是有才能的,但他告诉他们说在文学生涯中时运起着很大的作用。他又说,如果劳伦斯能亲自来与休弗"面谈一下","或许可以想点办法"。他也许不像老海登赞扬年轻的莫扎特那样热心,但总比冷冰冰的一张退稿单要好得多。杰茜答复说开学后劳伦斯将去拜见他。但她一直把那封信搁着,直到回伊斯特伍德之后才对他说了。她描述当时的情景:

> "哦,我这儿有你一封信。"他飞快地看了我一眼,眯起了眼睛。"《英国评论》来的?有关诗的事吗?拿来给我看看。"我把信给了他,他的神情立即紧张起来。"你是我的幸运之神。"他喃喃地说。然后强忍着内心的激动说:"我拿去给母亲看看。"从那以后,我再也没见到过那封信。

福特讲述的劳伦斯的第一次拜会非常有趣。据他所述,这一次的鼓励使劳伦斯大为激动,立刻从极端的悲观绝望一转而成为极端的乐观主义者,想象自己已经成为一个了不起的作家,很快就会有一年2000英镑的进款——杰茜·钱伯斯后来证实了这一点。所以劳伦斯拜访休弗时不像一个新进作家那样怀着忐忑不安的心情期待着人家的称许赞扬,却像个已有成就的作家,正在考虑《英国评论》够不够条件使他进入世界名作家之林。休弗说他对《英国评论》简朴的编辑室有些不屑一顾,说:"这里不像是能赚钱的地方。""哦,"休弗说,"我们这里不赚钱,是在这里花钱。"听他这样一讲,劳伦斯说:"这就对了。这间房子也许还合你的口味,但我的口味可跟你不一样,当然,这是无关紧要的。不过,这样的房间不会使贷款人建立起信心来的。对投稿人也是一样。"

这就是休弗说的情况。也可以说,是他所说的要点,因为他的原话实在是太啰唆了,至于他说的是否真情,则另当别论。也许情况是这样的。这段经历劳伦斯自己却讲得非常简单:

> 休弗是个大好人。他出版了这首诗,还叫我去见他。就这样,杰茜轻而易举地把我送上了文学之路,就像一位公主一剪彩,就把船送下了水。

杰茜·钱伯斯寄去的稿件正是休弗欣赏的那种作品,当时他无疑是英国唯一赞助劳伦斯的编辑。福特·休弗反对 19 世纪的浪漫主义、唯心主义潮流。他家的那些亲戚多多少少有点名气,在前一个时期曾经显赫一时,所以福特在童年很不幸,受过他们的压抑。他的父亲是个很有修养的德国人,到英国来传播瓦格纳的乐章,受聘为《泰晤士报》的音乐评论员,娶了拉斐尔前派画家福特·马多克斯·布朗的女儿为妻。休弗同父异母的妹妹嫁给 D.G.罗塞蒂,因此天性谦逊的福特每隔十分钟左右就会提到"我的姨母克里斯蒂娜",和"我的姨夫加布里尔"。见到劳伦斯前后,福特正与瓦奥莱特·亨特关系很好,她的父亲是位风景画家,奥斯卡·伍尔德说他被"妙不可言的激进派"着了迷。尽管福特有这样或那样的缺点,但他不失为一个非常好心肠的人,总是热心帮助不知名的青年作者,虽然他在讲求真实性方面稍感不足。所以,前面说过,他常常自称为"印象派"以掩盖自己的缺点,可是叶芝却说"印象派"不过是个"新闻记者"而已。不管怎么说,休弗对劳伦斯,无论在身教还是言教方面,都给予很大的影响,比一般人想象的要大得多。

休弗的那些显赫一时的去世亲戚使他在文学界和当时所谓上流社会中占有一席地位;否则,只凭他自己的才能,恐怕很难达到这样的地位的。不管怎样说,他对劳伦斯总是满怀热情地运用一切影响帮助他上进。经过反复修订改写,劳伦斯将第一部小说《白孔雀》的手稿及时送交给他。据劳伦斯说,杰茜·钱伯斯对小说的每一次修改稿都赞不绝口,言外之意是妇人家没有批评眼光只会随声附和瞎捧场。可是,劳伦斯把事情说得太简单了。事实上,他在初稿中原来安排莱娣——"一个了不起的青年女子"——跟一个庸俗的正人君子乔治结婚,是杰茜·钱伯斯劝他放弃了这个构思。她还劝说他修改了第一稿中对安纳贝尔的"冷酷厌世、野蛮残忍"的描述。劳伦斯笔下创造了一系列具有象征意义的猎场看守人的形象,安纳贝尔是第一个。休弗对最后的修改稿也并不完全满意。有一次在公共汽车上他压低着嗓子对劳伦斯大声说道:"英国小说所有的缺点,这部小说全都有了。"但随即又补充说:"你有天才。"

总是称他"天才"!显然,这在当时伦敦文学界,也并不是一件好事,反而形成了一些障碍。难怪劳伦斯尖酸气愤地说道:"早年时期,他们口口声声说我是天才,言外之意无非是因为我不具备他们那种无比优越的条件,所以来宽慰宽慰我而已。"对于这样一位不曾与约瑟夫·康拉德合作过,也不曾潜心研究过繁复的修辞艺术的"天才",休弗依旧坚持自己原来的信念,给他写了一封信推荐给威廉·海纳曼。1909年12月劳伦斯把小说《白孔雀》送给海纳曼。劳伦斯告诉我们说这部小说"立即被采纳了",其实,到1910年4月这部小说还是前途未卜,直到1911年1月才付诸出版。

1909年11月,即劳伦斯第一批诗作在《英国评论》上发表的那个月,他应邀参加由瓦奥莱特·亨特举办的小型午餐集会,埃兹拉·庞德和休弗都在座。杰茜·钱伯斯非常腼腆,很怕在这样的社交活动中抛头露面,从某种意义上讲,是劳伦斯把她哄骗来的——多亏她,才把这次集会的情景细致地记述下来。劳伦斯和她远程来到肯辛顿的瓦奥莱特·亨特家里。伦敦的繁华景象使他大为振奋。他信心十足地向她夸口:"我会一年挣2000英镑的!"主人用烤牛肉、汤菜、葡萄干布丁和香槟酒款待这位文坛新星和他的女友,瓦奥莱特厚着脸皮一再祝贺杰茜"发现了一个天才"。她感到十分窘迫,因为在座宾客都认为他们当然是订了婚的,可是劳伦斯却刚刚对她讲过,要和另一位姑娘订婚,据说这个姑娘的名字叫"露易",其他一无所知。

午餐后,休弗费力地和他们一起登上开普墩山。劳伦斯刚离开他们就迫不及待地问杰茜喜欢不喜欢午餐上的香槟酒,她觉得很难为情,只好直言相告:当时她并不知道那就是香槟酒。他接着问她是否注意到休弗离开他们时,曾低声说要去拜望圣海莉尔夫人。劳伦斯十分崇敬那些有头衔的贵族。他们正谈着这件事,他喃喃自语道:"啊,那个光辉的名衔多么迷人啊。"

可是,那时候,这位确信自己"一年能挣2000英镑",并认识那些光辉贵族的天才作家,他心里真感到快活吗?并非如此,请看《白孔雀》中记述他在克罗伊登——小说中称为"诺伍德"——生活的片段,上面写着:

> 我厌恶诺伍德的流放生活,痛苦已极,我在城郊街道上一连徘徊了几个星期,就像内瑟米亚(伊斯特伍德)某些地方的阴魂附在我的身上一样。昏暗的路灯躲在光秃秃的树枝里,发出孤独的、黄色的光。我在林间草地和小溪之间摸索着一条湿漉漉黑魆魆的小路走去。有个奇怪的声音从我心底发出,呼唤着山上的小路;我又

感到树林也在等待着我，一遍又一遍地呼唤着我，我喊叫着要奔向树林，但它距我还有几英里之遥。既然我已经失去了家乡的山谷，我就不怕再失去别的任何东西了。

尽管伦敦有些使他"激动"，尽管1914年大灾难前的这个古都留给他一些美好的记忆，但事实上他从来没有喜欢过大都市。新鲜感一旦消失，他马上就厌恶起伦敦来。每每想起内瑟米亚（伊斯特伍德），就引起他的怀念之情，更多的是对那个地方，而不是那里的人。林间的草地，小溪和通往海格斯农场的山路，跟那儿的人对他有同样重要的意义，或许比人更重要。它们已牢牢地植根在他的感情深处。

在克罗伊登，各种相互矛盾的冲动和感情还是那样古怪地困扰着他。有一阵子，他自己觉得生活的大门向他敞开，梦想在文学上名利双收，因而看起来就像个心情愉快、充满活力的年轻人，对情思敏感的女人有着不可抵御的吸引力。"他显得胸怀坦荡，风度文雅，所以女人们都信赖他。"但是，女人们得小心，不要冒险呀！你看，他自己写他在克罗伊登时是怎样的："我常常被一种乖戾的心情折磨着，有时几乎要发狂了。"所谓"乖戾心情"指的是他那个没法治的坏脾气，一跟别人讲话差不多总是想跟人家抬杠，或者威吓别人；往往产生一种毫无意义的"战斗——战斗"冲动。他像他父亲一样，谁要是惹着他，他就按捺不住跟谁发脾气；他又像他母亲一样，任何一个怪念头在头脑里闪过，他就狂傲地坚持不放。他承认自己是"一个皮囊里的两个人"。他常常自相矛盾，说起话来随心所欲，信口开河，弄得杰茜·钱伯斯也"从来不把他对人对事的任何意见认真看待"。

母亲是唯一知道怎样对付他，怎样把他从"乖戾"的癖性中拯救出来的人。尽管他的"阴暗面"在母亲面前显然要收敛得多；情绪不好时，他可以对别人任性胡为,恶言恶语乱说一气,发泄气愤,在母亲面前却从来不敢。他小说里写的这段母子之间的谈话,虽属虚构,但在内在本质上却是准确无误的:

他对母亲说:"您知道,我不愿意归属于富裕的中产阶级。我最喜欢普通的人。我是属于普通人的。"

"可是要是换了别人这样讲,亲爱的孩子,你该不会哭鼻子吧。你知道你自以为比得上任何一个上流绅士的。"

"我本人是不比他们差,"他回答说,"但不是我的阶级出身,我所受的教育或我的举止。是的,我本人一点也不比他们差。"

"既然如此。为什么还要谈什么普通人呢?"

"因为人与人之间的差别不在于他们的阶级,而在于他们自身。人们从中产阶级中只能获得思想意识,而从普通人中——从他们的生活本身中,得到了温暖。你可以感受到他们的爱与憎。"

"好得很,孩子,那你干吗不去找你父亲的伙伴们谈谈?"

"他们不大一样。"

"怎么不一样? 他们就是普通人。归根结底,在普通人中,你现在到底和什么样的人混在一起? 就是和那些像中产阶级的人互相交流思想,其他的人你一概不感兴趣。"

"但是——那里有生活——"

"我相信你从米丽安那里得到的生活,决不会比任何一个有文化的姑娘——譬如说莫尔顿小姐之流——那里得到的多一点点。正是你自己才抱着势利的阶级观念。"

首先我们应该赞誉劳伦斯能坦白真诚地把自己的缺点赤裸裸地暴

露在世人面前。甚至他从母亲那里继承下来的坏习惯也直认不讳，争论的时候总要找些歪理替自己辩护，绝不认输。劳伦斯跟人辩论就是为了争胜，绝不是为了找真理。凡是认识他的人都听到过他跟别人进行如上述对话那样的谈话或争论。它铭记着他蓄意制造的种种偏见；如果不是侥幸碰上他母亲在场辛辣地批驳他几句，他随时都可以把这些偏见发挥出来。只在他临死前几个月，在伦敦的一家报纸上才发表了这些材料。那篇文章带着一种武断的不容置疑的口吻，想必给许多读者留下了深刻的印象。

他不但由于这种阶级观念而感到苦恼，还由于对自己不信仰圣公理教派的教义而徒增烦恼。有个时期母亲曾经叫他去当牧师，他像往常一样犹豫不决，拿不定主意，就试图向《圣经》问卜。他随意把《圣经》翻到哪一页，手指点到哪段文字，就照哪段文字的指示去做，如此一连三次。正如人们所料，"这些训诰起不起决定性的作用"。尽管他表面上那样固执武断，实际上他仍然处于一种游移不定的状态，于是说出了类似偈语的话："信仰不等于宗教，我认为一只乌鸦飞过天空就是宗教。"还有一次他宣称："我不相信上帝对他自己知道得那样多。上帝不知道一切事物，他本身也是一个事物。我敢肯定他不是富于感情的。"但是，如果你不能认识某一件东西，那东西有什么用呢？

不过，无论他把基督教看作什么，看作神话也好，玄学也好，还是心理学也好，基督教对他的艺术天性还是很有用的，所以他没法抛弃它，虽然他尽力想寻找其他的综合理论来代替宗教。他的头脑是用象征，而不是用观念来思维的，他的头脑建筑在感情和印象之上，因而反对抽象观念和定义。他的思维习惯是非常接近罗斯金的，然而两个人的宗教热情都是真诚的，但在正统的教徒看来他们却似乎亵渎神明。但是即便这种信念也是时断时续的。"她又看到他失去宗教信念，他坐立不安,彷徨无主。他会像个任性的孩子那样毁掉自己。他没有宗教信念,他需要的只是一时的吸引力,没有其他的东西,没有更深刻的东西。"

他把前辈的宗教信仰都抛诸脑后,却无法在信仰中断的时候使自己的心情保持平静,或者耐心地信奉那不可知论,因而他总要独出心裁创造出一些理论作为世界性的宗教,并狂热地加以宣扬,随后又以同样的狂热精神予以驳斥,或者全部抛弃。不管他自己在宗教信仰上怎样游移不定,他都会非常热情主动地劝导别人。他从克罗伊登给姐姐的信上写道:

> 得知你为失去宗教信仰而痛苦,我的悲哀是非言辞所能表达的;这样的痛苦是难以忍受的,尤其是在现在这种时候。不过,事实似乎是这样的:耶和华是犹太人观念中的上帝,但不是我们的。基督的善行是无限的,但和我们一样是要死亡的。上帝仍然是有的,但不是属于某个人的上帝:是一种巨大、发着闪光的推动力,向着一个目标(我不清楚这个目标是什么)像波涛一般地推进——他关怀的不是某个渺小的个人,而是整个人类。当我们死去时,就像雨点一样降落回到大海,我们回到广阔无垠、闪闪发亮的混沌生命之海,我们称之为上帝……人们在礼拜中无论怎样称呼他,我们都趋向于同一个上帝,因此我们必须心胸广阔。

听上去他好像刚读过《亚洲之光》似的。这似乎是很可能的,因为后来他那样强烈地唾弃佛教,在他看来,宗教和哲学都是人们的一种心理状态,而不是坚信不疑的绝对真理,它是随着人的心境的改变而改变的。在这个时期,他还没有把自己看作救世主。确实,他将要成为一位作家,世人将以一种不确定的方式倾听他,但长时期以来常常困扰他,使他感到非常苦痛的仍然是性的问题。

　　母亲和杰茜之间的摩擦无休止地折磨着他的心,使他疲惫不堪,他对其他女子的兴趣非但没使问题简单化,反而更加复杂化了。

　　劳伦斯是他那一代文人中"最调皮捣蛋的孩子",他随心所欲,信口胡诌,全然不顾社会效果和读者的情绪。他生活的年代是用伪善包裹欺骗,用缄默掩饰虚伪的时代,而最富欺骗性、最令人窒息的莫过于对肉体上性的关系的戒条了。那时的英国小说好像是阉人写给圣洁处女看的。劳伦斯在其他问题上毫不犹豫地直抒胸臆,在这个问题上亦然如此。如果我们把他在克罗伊登时期的自述看作是真实情况,那么,他那时的情绪是很反常的。

　　"性对他来说,实在太复杂了,他只能承认他从来没有对任何一个认识的女人……动过心。性欲是一种超然物外的东西,并不属女人所有。"

　　也许这种奇谈的前半部分其实并不"复杂",不过是因为这位年轻人尚未遇到他愿与其厮守终身的女子罢了。——值得注意的是尽管人们都以为他很坦率,其实,他承袭了他母亲的婚姻不可分离性这样极正统的清教徒观念;显然,不用说,他自己并没有实施他的主张。至于第二部分所讲的——性欲是超然物外的东西,并不属于女人所有,到底是什么意思? 这个疑问在他的诗中或许找得到线索。在《贞洁少年》中有这样的诗句:

　　　　旅行者,火炬,
　　　　只是虚妄
　　　　你充满情欲的光焰,
　　　　化为痛苦。

黑夜,那红彤彤的火柱,饶恕我吧,我孤立无援,

捆缚在贞操的顽石上。你

奇怪的嗓音寂然无声。

我们在旷野中呼叫。饶恕我吧,我

愿欢悦地躺在女人的山谷,

奋力追随你双重的舞步。

　　三年后他写了一首稍长一些的诗《宣言》,回顾了他青春时期和青年时代的"饥渴"。他满足了对食物的饥饿和求知的欲望,但还有那种"深藏的,贪婪的欲念……整个身体在呼喊……对女人的饥渴",他把这种性饥渴比作"那不知名的可怕的神",像那"残酷无情,力大无穷的莫洛奇火神"一样向他逼来:

然而,那饥饿向我们逼来,

我们必须要得到充分的满足,

否则,就灭亡:再没有其他的出路。

我想那就是女人,随便哪一个女人,

她只不过是我的女性的附属品。

他接着写道:

一个女人终于满足了我的饥饿,

许多女人所不能给的,有一个女人给我了,

我这就懂得了。

劳伦斯传

她必须站在我面前,像我占有的宝藏,

即使在那个时刻里,在黑暗中,我仍然

感到痛楚,贪婪,困扰,羞惭,可耻,邪恶。

一个男人就那样地被强烈的欲念所震惊,

这种震惊是一切残忍的根源。

  这只是劳伦斯对人类肉体与灵魂的一次揭露,但这首诗属于他成熟期的作品,其成就超过了在克罗伊登时期所写的任何一篇作品。因为它追忆到那个时期的情况,所以我们才在这里提及。

  现在公众对性的态度比起20世纪初已发生了巨大变化,这种转变在某种程度上,应归功于劳伦斯的影响。19世纪迫使人们谨小慎微,装假正经。毫无疑问是出于雅化男女关系、改善妇女地位的良好动机。那时的人们认为对于那种复杂、困难和必不可少的性关系,即婚姻的唯一正确的培养方式是保持"完全纯贞"的状态,也就是说完全的无知。自然很少有人能做到这一点,可能社会上大部分的人对此根本不理会;然而具体到在文学作品中表露性生活,就性论性则被认为是极其粗鄙和肮脏,说不出口的。托马斯·哈代由于他的《无名的裘德》受尽诽谤,以致他从此搁笔不写小说,以示抗议。哈夫洛克·埃利斯被控为诲淫,他的全部作品被查禁。我们必须记住这些情况,才能谈到劳伦斯和杰茜·钱伯斯那段有趣的插曲。有一次他们二人认真地讨论了G.K.切斯特顿的一篇文章,其中明确断言(或许是在开玩笑?),"凡是跟女人谈及性关系的男人都是畜生"。不管作者是否在开玩笑,这两个年轻的乡巴佬却把它看得非常认真,肯定地说,切斯特顿自己才是个畜生,他们还觉得自己这种说法过于狂妄,似乎有点大逆不道呢。

但是,对他们来讲,要提出那样一种抽象的论点并非难事,而要排除公众舆论的压力和生活环境的限制,那是另一码事了。这对于他和姑娘们都是一样的——他从来没有完全摆脱他母亲的教导,要循规蹈矩,做个正经人。他第一次去克罗伊登时 23 岁,与一对带婴儿的青年夫妇住在一起。母亲听人提到有个婴儿,就抿着嘴一本正经地说:"听到这种情况,我很高兴——婴儿会使他保持纯洁。"劳伦斯最怕母亲听到他和姑娘们的事儿,就像一个胆小的丈夫,最怕与人私通的事会传到专横而又好吃醋的妻子耳朵里去一样。他"宁肯死也不愿让母亲知道这些事儿。他感到羞惭和内疚,十分苦痛。当时,他生活中有很多事儿,他是断然不肯对母亲讲的。他已有他自己的一部分生活——他的性生活,母亲是不能参与的"。

他和杰茜做了那么长时间的密友,似乎只有两次对她谈到过性问题。难怪事过之后,他自己反省道:

> 你不认为我们对所谓贞洁的苛求有些太过分了吗? 你不认为过分的害怕和回避本身就是一种不洁净的思想表现吗?

为了达到纯正的状态,他不得不经历艰苦的奋争、种种动荡不安和痛苦的折磨。他经过很长的时间以后才发现,实际上是人们身上的"某种性反常心理",使得他们抛开了实际上"恰恰是他们需要的东西"。不过,有一个时期,人们听到他断然地说,他和杰茜之间只能有"精神联系",他得从"其他方面"获得性的满足。随后,听到一些不好的反映或者自己觉得懊悔,他又重新回到了她的身边,但是仍然感到不满足。有时"他恨她",却又"一如既往地忠实于她"。他曾讨好杰茜说:"我要不停地寻找,不找到满意的女人不罢休。"有一次他却使着性子说:"和谁结婚都没关系!"

　　显然,尽管他母亲对他施加压力,他仍然继续去看望杰茜,谈些文学以外的话题,而且他把经常伴着他的两个孩子和一只狗全都甩掉了。事过境迁,现在不可能,也不必要一一去追溯这场奇异的求爱过程中的诸多细节和波折了。实际上,他根本拿不定主意娶不娶这个姑娘,要她还是不要她。上一段末尾摘引的几句话表明有个时期,他曾经倾心于她,随后又背离了她。如果他小说里的情况可信的话,他曾经突然告诉母亲说,他打算跟杰茜分手了;听了这话(自然喽,这正是她求之不得的啊),母亲对他"异常慈爱体贴起来"。他记述与杰茜的这次谈话——再一次绝交的谈判——是违反常情的,然而却体现了他的个性特点,在内容实质上大概基本属实,值得引起我们的密切注意。我们要记得姑娘的心是真向着他的,而他近来的言行举止,也使她有充分的理由认为这个 23 岁的男子汉终会挣脱母亲的束缚的。可是他一开口,却突如其来地给了她当头一棒:

　　　　"我一直在考虑,"他说,"我们该分手了。"
　　　　"为什么?"她吃惊地喊了出来。
　　　　"因为继续下去没好处。"
　　　　"为什么没好处?"
　　　　"没什么好处。因为我不想结婚,永远不想结婚。如果我们以后不结婚,继续交往下去没什么好处。"
　　　　"可你为什么到现在才说?"
　　　　"因为我主意已定。"
　　　　"那你怎么解释这几个月来的交往和你告诉我的那些事?"
　　　　"我是迫不得已,现在我不想再继续下去了。"

"你不再需要我了?"

"我想我们还是分手吧——我不限制你,你也不限制我,我们都是自由的。"

"那么,我们这几个月来的交情怎么说呢?"

"我不知道,我过去对你讲过的那些话,我认为都是真实的。"

"那你现在为什么变心了?"

"我没变心——我还是我——只是我认为这样下去没什么好处。"

"你还没告诉我这有什么不好!"

"因为我不愿意再这样下去了——我不想结婚。"

"你别忘了你向我求过多少次婚而我没有答应!"

"这我知道,可这回是我想分手的。"

是啊,这样的场面就是在最好的情况下,也总是令人难堪和痛苦的;既然这是小说里的描述,我们不必认定它和事实经过一点不差。不过它所用词句和整个思想方式确实是典型的劳伦斯式的。这正是他的说话方式,只有他会这样地答非所问强词夺理,真会逼得人发疯的。对于这样一个任意狡辩、不可理喻的人,争辩有什么用呢? 不管他所经历的感情变化有多大,不管这些感情多么相互矛盾,他永远不变的一个原则就是,只有当时的感情是正确的。这条原则,对于作为艺术家的他是极有帮助的,但是作为一个思想家,在处理人与人的关系中,这就带来了无穷无尽的烦恼。更值得注意的是,无论对于他自己和别人的真实面目——不管它是多么的不光彩——他总是直言不讳。他从来不粉饰自己的乖戾癖性,也极少为自己辩护。当然,那是指的在小说和故事里的描写。当他用第一人称写作的时候,则俨然是一个毫无缺点的完人。

劳伦斯传

然而即使在这样大伤感情的吵闹之后，他仍无法与她彻底决裂，断绝来往。一阵情绪发作，他就极力地疏远杰茜，过些时一阵心血来潮禁不住又要向她献殷勤，搞得她心烦意乱，不知所措。即使像他吹嘘的那样要不停地寻找女人直到满足为止，那也是徒劳的。可以以《火车上的亲吻》这首诗所记述的事件为例。这首诗曾使他受到别人的非议，因为他无聊地到处宣扬，而那时候他母亲已经垂危了。

　　　　她肌肤的芬芳
　　　　留在我的鼻息里未散去；
　　　　我迷惘的面颊
　　　　还在把她重新寻觅；
　　　　同一的脉搏，
　　　　还通过这世界跳跃。

　　　　整个世界都在欢悦中
　　　　旋转
　　　　像魔鬼的舞蹈
　　　　烧毁我的知觉
　　　　理智像玩具一样飞旋。

　　　　但是我的心
　　　　在那坚固的核心；
　　　　我的心和她的心
　　　　和谐地一起搏动，
　　　　像磁石的守卫者

封闭了磁场。

顺便插一句,如果弥尔顿所说诗歌是"简朴,诉诸感官,充溢激情"的写作那个定义是正确的,那么,劳伦斯在这里确实称得上是个诗人了。但是,虽然当时他向姑娘求婚成功并宣布订婚因而为此神魂飘荡,可是,转眼之间他又给他的老情人写信议论那个姑娘了:"她是在这儿度周末,不过那并不美好。不知怎么的,我跟她单独在一起,就只想跑开。"多么热情、诚实的一位情郎!不出几星期,他又在为另外一位姑娘写诗了:

> 但是向你,我的四肢喷火
> 我的骨骼和血液中流出烈焰
> 你是大气的土壤,
> 我的钢铁的岩石,可爱的白色欲望之光,
> 你没有名字。
> 是我浮动气层的土壤,
> 我断续呼吸的本质,
> 海伦,我没法不依恋你。
> 既然你吞饮了黑暗的死亡风暴
> 既然死亡已从我的蓝眼睛中洗去,
> 我看到你,多么美丽、销魂。
> 你美丽、柔顺、强健,
> 我思慕的气息吹上你的面颊,
> 我看见自己像浮荡的清风
> 轻如鸿毛,渺不足道。

而你……

　　从这些早期诗作中不难再找出几首记述他的恋爱经历的诗篇来。这些经历几乎出于一辙，都是记述他，那位"天才"的亲身经历，然后又按照那位天才的风格进行了再创作，从而使他的同辈人觉得扰乱人心而且不成体统。其中有一首《另一位奥菲莉娅之歌》，仿效梅端迪斯的《山谷之恋》（在艺术上是失败的）。还有一首《金鱼草》因含有色情狂的成分而被过多地引用。如果要了解在这些风流事件中他怎么总是感到不满足，灰心丧气，我们就得看看《订婚者的手》这首诗，诗的结尾处出人意料地讽刺了一下：

　　　她用自己的手抓住我的部分——男人对她的部分；
　　　把双手深深地埋在胸前——这正是我的地方，
　　　她强有力地合拢了双臂，
　　　要在睡梦里紧抱着我的身体。

　　　啊，她把双手放在壁上，
　　　紧压在壁上，亲吻她那双肥大的黑手，
　　　然后散开黑发，
　　　让处女的发束如黑色的夜幕，
　　　垂落在她的周围。
　　　她坐在自己哀怨的发丝织成的黑色夜幕中做梦——
　　　只有上帝才知道她梦见什么，因为在我的心中，她
　　　仍是那个爱着我的订婚少女，
　　　珍护着少女的贞洁和我的名誉。

为什么在给海伦的诗中他告诉她,她"吞饮了黑暗的死亡风暴",她使"死亡"从他的蓝眼睛中"洗去"呢?一般青年诗人往往充满幻想,以游戏态度对待死的概念,因为死亡似乎充分象征着无限度的欲望,而在青年时代死亡似乎是太遥远而不现实的。但劳伦斯却并不是这种。在他的恋爱活动中,在他从事教事及步入作家行列的过程中,死亡曾经侵袭到他的最深切和最珍贵的爱。1910 年 8 月 24 日,劳伦斯住到莱斯特姨母家中。有一次母亲来访时,痛苦得跌倒在地上,使她不得不吐露了长期隐瞒的事实——她肋上长了"两个拳头般大小"的毒瘤。起初,劳伦斯不承认这一事实,也许他不知道这是致命的疾病,也许同他过去患肺结核时一样,在心理上不愿承认。无论怎么样,他总是含糊其词地说:"长了个瘤子之类的东西",看来并"不严重"。两个月后,他写信给出版商,恳求他提前把《白孔雀》的样书寄来:

　　　　我诚挚地盼望这本书快点寄来。我自己倒无所谓,但我希望在母亲没失去知觉前,能见到它,她实在病得严重极了。

　　他在这两个月和以后的岁月中忍受了多少苦痛,真令人不可想象。当然,如果他确实抱着"不严重"的希望的话,那么,这种希望很快就要破灭了。很可能他母亲的毒瘤根本就没法做手术,但到她透露实情的时候已经太晚了。她的儿子为了征求一位专家的意见竟花去了两个月的微薄薪水,也无济于事。没有什么办法,只能用吗啡给她减轻一点疼痛,以待天命了。这场突如其来的灾难使他茫然不知所措,在他的一生中肯定没有第二件事使他感到这样的痛苦和悲伤。在他的散文和诗歌中,一再提起患不治之症、坐以待毙的母亲。这些作品,无论是当时写的,还是过后的回忆,无不流露出他的痛苦、绝望和震惊。一位熟识他的朋友说他当时处于"可怕的悲哀之中,没有人能分担他的悲痛"。他的痛苦达到了最悲惨的境地:

> 他的悲痛好像是受着病体的折磨。他闭门不出,咬着嘴唇,喃喃地喊着"妈妈!"这一阵阵撕人心肺的哀伤,一阵阵痛楚,是那样的锥心刺骨,他几乎站都站不直了。他不知道这痛楚从何处来,也不知道为什么会这样痛楚。这和他的思想毫无关系,甚至和他本人也没有什么关系。它只是紧紧攫住他,使他不得不屈从。他整个灵魂的潮流,在冥冥之中,不断地扩展而趋于死亡;他无可奈何地随波逐流而去,一切心机与意识都化为乌有,这激流翻腾起伏奔向灭亡,把他带到从没去过的遥远的地方。

他试图表达一种难以忍受的悲痛和绝望心情。他生命的基调从欢快的、狂妄的武断自信,一下子转为悲惨的哀伤。他很快意识到那一直统治着他全部生活的奇异而无比深邃的爱从此就不复存在了。甚至当他度完假期兴冲冲地拎着衣箱走进姨母的房子时,还感到扑面而来的"一种异样感觉",感到压抑,"似乎阳光已从他身上消失,一切都是阴霾"。他丢下提包,跑进她的房间;她竭力装出往日的欢颜对他笑脸相迎,他却"只能跪在床前,用床单蒙着脸,失声痛哭,连声叫着:'母亲——母亲——母亲!'"他觉得"血液都化成了泪水",他"惊恐而痛楚"地哭泣着,"眼泪侵蚀着他身体中每一根纤维"。四分之一世纪以来他的生活已与母亲融为一体,他们相依为命,不分彼此,没有第二个女人能够代替她,因而这命运注定的生死永别之悲,在别的儿子可以通过感情转移而逐渐淡化,而对劳伦斯来说却是最残酷的毁灭性灾难。

对一个像他这样敏感,富于想象的人来说,看着最亲爱的人这样缓慢地死于这种残酷的致命的绝症,是最最使他恐惧悲怆的。如果死神是迅速而无痛苦地降临到她身上的,他也许不至于这样痛不欲生。但是在8、9、10、11这四个月里,是他每星期孤守在母亲身旁,每天每个小时都与她一起受着折磨。起初,他还抱着可能治愈和康复的希望,试图用幻想来麻醉自己;可是无论他多么爱她,终于不能不听凭命运的支配,任她走向死亡:

> 啊,我亲爱的母亲,今夜我为你颤抖,
>
> 我已失去了一切希望,永远不能
>
> 治愈你的痛苦,补偿
>
> 你一生的哀求与挫伤。
>
> 我承认今夜的我,部分已经死亡。

那个凄凉阴郁的秋天,学校每隔一周给劳伦斯一次假。他整整一天都不出母亲的房间,坐在那里,膝盖上放一块画板,机械地作着画。只有机械地临摹别人的画暂时使他从悲伤中解脱出来,他甚至可以在一种精神恍惚的状态下创作自己的画:"他机械地随手画下去,不知不觉地创造出很不错的作品来。"他总是帮助姐姐做些护理工作,尽管这样做使他很难受。有一次他不该劝母亲靠着他膀子走动一下,使她疼得昏了过去:

> 他抱起她,很快把她抱到楼下,放到她的睡榻上。她又轻又虚弱,紧闭着青紫色的嘴唇,一张脸看上去和死人一样。她睁开那双永远明亮的蓝眼睛,用祈求的目光看着他,似乎想要他宽恕自己。

劳伦斯传

他把一杯白兰地捧到她的嘴边，但她的嘴唇已经张不开了。她一直这样目不转睛、慈爱地看着他，心中只是为他难过。他表情木然，眼泪顺着面颊不停地淌下来，嘴唇发白。他们四目相对，彼此心心相印。她的眼睛是那样湛蓝——蓝得像勿忘草那样奇特！他觉得如果他们眼睛的颜色不是那样的蓝，他也许会好过一些。他的心像是要从胸膛中炸裂开来一样。

出版商给他寄来一本特别装订的小说样本，使他得以在母亲还保持着清醒的意识，热切盼望着他将来誉满世界的时候，把书放到她的手上。然而，她对这些并不十分看重。很久以前，他早已察觉到并且伤心地写过，她关心的只是他的成就，而不是他的艺术。何况在这个时候，她已深深地陷于死亡的阴影中，除了对他的爱，一切都不在她的心上。正是由于对他的爱，她才苟延残喘，不肯轻易离弃这痛苦的现世生活。他给她拍了一张照片，照片上是一个形容枯槁、行将入土的老妇人，裹着披肩和毯子，坐在花园里，腿上放着他那本小说。这本书是在杰茜的帮助下写成的，但他从她那里拿来交给了母亲。

长时期拖延的死别带来无穷的惊恐和悲痛，使劳伦斯的感情产生了强烈的逆转。现在，他不再盼着她活下去，而是巴望她死去，让她安息，使他的心情从无望的悲伤和痛苦的煎熬中解脱出来。他写了一首诗名为《悬念》，还写了一首《无尽的忧虑》，不过这时候使他忧虑的是那"无尽期的等待"等候她最后"解脱"的消息。每次看到送报的邮差骑着邮局的红色自行车从街上驶过，他的心就怦怦直跳到嗓子眼——是不是带来了报告她死讯的电报？当邮差若无其事地驶过他的大门时，他不知道心里是感到轻松，还是"因为她尚未安息而更加难过"。

和母亲在一起的时候，这种盼望解脱的欲望就更加强烈。他不忍看着她"注射吗啡后变得死灰一样的"脸,盼望她能死去。他说:"母亲,要是我非死不可,我就死吧。我是愿意死的。"也许是这样的。这些话既残酷可怕又充满爱心,可能是他在苦痛中的想象,也可能真的这样说了。在小说中,他描写他确实给她服用了过量的吗啡,使她"安息"了。但这是象征性的。在以后的写作生涯中,他一再竭力使自己相信他最终摆脱了那种爱的可怕重负。通过给她过量药剂致死的构想,他力图使自己相信自己已得到完全的解脱。他到底解脱了没有?不管怎么说,当死神终于超度了她,他只身一人站在她没有生命的尸体旁边时,他并没有解脱。对他来说,她仍然是《新娘》,这是他的告别词:

> 今夜我的爱人像少女,
> 但她已衰老。
> 散在枕头边的发辫,
> 不是金黄,
> 却是银丝织就,
> 带着神秘的凉气。
> 她像一位少女,因为她的眉毛
> 是这样平滑、美丽;
> 她的脸颊滑润,双眼紧闭,
> 她睡得这样奇异,
> 却依旧风致嫣然,她睡得这样
> 沉静,这样安谧。

劳伦斯传

第二部

结婚与战争
（1911—1919）

母亲去世了。她曾经对劳伦斯的生活产生过决定性的影响,是劳伦斯生活的动力,她的死使劳伦斯身心崩溃了。母亲生病时,劳伦斯经受了难以忍受的痛苦。当她进入了坟墓、为世人遗忘之后,劳伦斯仍然不能忘记她,仍然不能解决自己心灵上痛苦的危机,仍然不能摆脱孤独:

> 他伫立着,一动不动,紧握着拳头,一股痛苦的火焰烧遍全身。他又看到了病室,看到了母亲,看到了母亲那双眼睛……他想要一切都停止不动,那样他就可以又和母亲在一起。日子一天天、一星期一星期地过去了,可是,似乎一切都溶化了,变成了紊乱不堪的一团乱麻。他分不清时日,分不清地方。没一样东西是清晰可辨的。他时常忘却自我,记不住自己都做了些什么。

母亲死后,似乎比以前更有力地把儿子从他的第一个情人那儿拖走了。这两个人现在似乎而且很可能已经彻底分离了。她认为"他已经不再是从前那个人了",她觉得 1911 年"可能是他情绪最为低落的一年"。很可能是这样的。虽然"情绪低落"这个词对劳伦斯来说可能并不准确,要知道,这一年里他完成了《儿子与情人》的第一稿。他的心中有巨大的生命力,同时一种内在的超然力量支撑着他的生命之火。尽管他有时想熄灭它,这股力量仍然使这团火焰燃烧不熄。事实上,是在母亲病入膏肓的时候,他在火车里吻了一位姑娘;是在他考虑自戕的时候,他写出了《儿子与情人》中极为动人的几个片段。他渴望死,是想摆脱这可怕的爱情梦魇,浪漫地,"在子夜时分毫无痛苦地停止自己的生命"。有时,在绝望中,他想以死作为与她重逢的一个手段。

最终,他的致命伤痕愈合了。不过,在他整个一生中每碰到这个伤痕,他就会痛苦不堪。许多年后,当我和他谈起《儿子与情人》时——他很不喜欢谈自己的作品,这次纯属偶然——他妻子笑着插话说:"还记得吗,洛伦佐①,当你害死了你母亲,我是多么痛苦啊?!"对我来说,这个玩笑开得太可怕了,尽管劳伦斯喜欢别人直抒胸臆。我想他会像野猫似的对她大发其火,可是,他却沉默了,这沉默真让我们难受。

在克罗伊登他很孤独,他给妹妹写信,因为他"没有知心朋友"。难道他离家后真没有知心朋友吗? 不,他并不是没有朋友。就在他的同事中,至少就有两位喜欢他并且能够同情他的朋友。一位是 A.W.麦克里奥德,劳伦斯肯定喜欢他,离开学校后很久,他们还在保持通信联系。另一位是海伦·科克,劳伦斯曾给她看过他的小说《西格蒙德传奇》的手稿,后来这本书以《入侵者》为书名出版了。他的诗作在《英国评论》上发表不久,劳伦斯就开始通过休弗和瓦奥莱特·亨特结识伦敦的文学界人士。此时,劳伦斯有许多不利条件:他生长的地方离这个圈子太遥远了,另外,他缺乏自信心,可他又从母亲那儿继承了优越感和武断

———————————

① 劳伦斯的爱称。

的性情。他希望得到的太多了,他幻想自己就要进入伦敦拜伦式诗人艺术家圈子,受到像默杰①那样的波希米亚式艺术家同志般的鼓励,他的独特才能会立即受到普遍的赞赏。可是,他遇到的却是些自命不凡的人物。他们喜欢见他,是因为他们可以以庇护人的身份自居,故意装作温厚地指出他的缺陷,一面却散布流言,恶意中伤,以此作为消遣。要说那时在伊斯特伍德没有这种流言蜚语是不确实的,不过那时劳伦斯总是沉浸在美好的事物中,所以他很少在意这些。无论是在家里还是海格斯,他们有很多美好的事物可谈,从不取笑——如此这般地取笑他们的朋友、对手的缺陷或愚蠢行为。

瓦奥莱特·亨特年轻时在这一方面手段特别高明,在这个文化都市可称首屈一指。她的这种手段得得劳伦斯的赞赏。在一封信中劳伦斯装出一副老于世故的姿态借以掩饰自己的惊讶:

> 你知道,我倒是很喜欢她的——她是个真正的暗杀家。我忆起一年前听她谈到的那些朋友。你瞧,她优雅地向我刻画了这些人在她心中的形象,把他们身上的缺陷都一个个用红星标记,就像匕首扎出的窟窿一样。我向她致敬,她这种事儿干得挺有点艺术:那些被她杀害的朋友身上没有溅满鲜血。

她可能算得上是散布流言蜚语的行家里手了,文学圈子里的女人会这一手就可以为自己赢得魅力和尊严;就像绅士们在酒店里和俱乐部里赢得魅力和尊严一样。不过,亨特并不是唯一的女人,用那种优越感的光芒使这个天真的外省人感到目迷神眩。举例说,还有凯瑟琳·

---

① 默杰(Henri Murger,1822—1861),法国小说家,诗人。

曼斯菲尔德就对劳伦斯产生过影响,关于这一点,米德里顿·默里写道:"她能把劳伦斯正倾心着的人们拉过去,这对劳伦斯来说有点讽刺意味,也有些残酷,害得劳伦斯一个劲儿苦笑。在这种情况下,劳伦斯真有点怕她。"这些出身于书香门第、有着良好教养的人怎么能帮助这位工人出身的天才呢? 他们帮助他的最好的办法就是让他放弃自己正直的信念和热情。从贫民窟一步跃上文坛,他自然还保留着他的乡土习俗;到后来,他自己也成了一个出色的恶语诽谤专家。他学得非常成功,从下面多萝西·布莱特这段描述中可以看出来。布莱特是劳伦斯的热情崇拜者,她这本书是在他逝世后以书信形式写成发表的,所以从头至尾对劳伦斯的称呼都是"你"。在这本书里记述了她第一次见到劳伦斯时的情景:

> 你正襟危坐,双手垫在腿下,就跟坐在手掌上一样。我们坐着喝茶,把可怜的奥糟蹋得不像样子。我们一把一把地揪她帽子上的羽毛,后来我可怜她,说:"我们给她留一根毛吧。"你笑了,声音又尖又响。你还调皮地说:"我们只留下她尾巴上那根又脏又湿的毛,让她像一只燀过毛的可怜的母鸡!"

这位"可怜的脱毛鸡"指的就是他们的朋友和庇护人奥托琳·莫雷尔。那时,劳伦斯刚刚把他的一部诗作《爱情诗》题献给她。献词是这样写的:"谨献给奥托琳·莫雷尔,对她的高尚情怀、独具慧眼的胆识、同情心、慷慨之情和理解深表谢意。""慷慨之情"一词表明劳伦斯接受了她的经济援助,对此我深信不疑。

1911 年在克罗伊登时,劳伦斯仍然是一个天真的外省人,远远没有学会那些天之骄子的优雅风度。我有幸从雷切尔·安娜特·泰勒夫人那里得到一些回忆劳伦斯的文字。在 1910 年前后,欧尼斯特·里斯约她去见劳伦斯,从那以后,她就常见到他。她见到他的那个时期是很可以引起人们的兴趣的。那时他受到那些自命不凡的文化人的坏影响还不深,还没有被官方迫害得怒不可遏、怨恨满腔,官方也还没有断绝他的经济来源以逼他就范或保持缄默。他的一段逸文表明这位夫人的学识和美貌给他留下了深刻的印象,这位夫人的文化修养跟《英国评论》里那些人完全不同。她对他的第一个印象是他"朴实并具有感染力","他经过了艰苦的努力才获得一些文化修养",不过"他身上仍留有贫民窟的痕迹"。她还写道:

> 他喝茶时对我讲述了他的全部历史。一开始他就说他母亲对他来说是最重要的一个人。那时,"俄狄浦斯情结"(恋母情结)这个词并不广为人知,所以,他这么讲足见其诚恳。母亲全力倾注于他,赞美他,操纵他的情感,于是她用一种有机的病态的纽带拴住了儿子。劳伦斯要抚慰母亲,因为母亲受了父亲不少气。当然,爱米莉·米丽安(我想她也是默里克)鼓励他、帮助他、给了他勇气。他欠米丽安的情,这让他很不安。很明显,他觉得与高雅的瓦奥莱特·亨特相比,米丽安显得有些土气。在瓦奥莱特的一些回忆录中,我读到一些她对劳伦斯的很卑微的描述,如写劳伦斯在一次丰盛的佳肴餐桌上,面对满桌成套餐具有点不知所措。
>
> 他是个可怕的势利人,不折不扣的无赖。不过,在他早期的时候,他是个很有魅力的人,他在笨拙地寻找一条出路。他突然大笑说:"啊,我很可能醉死,就像我父亲一样。"很明显,他很冲动,很富有表现力(请记住,此时他还没有出版过一本书呢)。我的感觉是,他很可能是位天才,尽管他具有天才人物通常所有的性格上的毛

病;同时,他在精神上又是那么不稳定,可能还没给人留下什么印象他的精神就崩溃了。可是我错了。

我们又看到了一个"天才",一个"还没出过一本书"的天才。人们写了不少东西来谈论劳伦斯,说他写的书激怒了一些人,让一些人不以为然,同时也唤起了一些人的热情——这些书经历了两次大战及近40年来时局的变换和各种破坏性的洗劫,流传了下来。对这个事实,有人视而不见,也有人认为这是理所当然的。如果他不是一个伟大的作家,他这些奇特和令人痛苦的性格特征,他遭受的苦难和误解,他的冒险经历,他那不安分和暴躁的脾气秉性就要成为心理学家研究的课题,而不是传记作家的题材了。如果他一个字都没写过,他的性格也仍然会令人感兴趣的;如果他是个知名人士,他的性格可以成为心理分析学家的经典范例;但是,全世界铭记他的名字,因为他是一个伟大的文学家。

1911年1月,母亲去世几周后,劳伦斯的第一部小说《白孔雀》就问世了。劳伦斯逝世前曾写道,他"花了四年时间,奋力将《白孔雀》从我意识的最底层一点一滴地汲取出来"。这种创作方法使传统的批评家震惊,也使他们不安,他们幻想用某些一定之规来确定一部小说的价值。而对劳伦斯来说,小说写作是精神的冒险,是对无意识自我的探索——探索无意识自我中崎岖的情感紊乱状态和那种几乎是无比强韧的记忆力。他没有像批评家们认为的那样在写作前先有一个精心炮制出来的"人物",先确定一个"构思",对"行文"也没有过分的苦心经营。和杰茜·钱伯斯讨论写一本书的问题时,他只是想他要"试写一部长篇小说",他还建议她也试写一篇呢。他接着写道:

通常的计划是设计两对人,写他们关系的发展。乔治·艾略特的大部分作品都是依照这种计划写成的。可我不想要什么情节,我讨厌那东西。我一开始就写两对人。

　　这样,在他初学写作时,他就摒弃了那些根深蒂固的迂腐的小说艺术、小说做法及小说的形式。就我所知,这些在当时——甚至到现在——那些自封为批评家的人中间是很时髦的货色。那时候,人们往往重理论而轻实践。福特·休弗——发现劳伦斯的"伯乐",劳伦斯的几位文学庇护人之一及导师——总是对福楼拜那细致的情节布局推崇备至,他敬佩福楼拜小说中丰富的材料,敬佩他为了找到一个适当的词汇来精确地描述菜园地而陷在沙发中呻吟数日的精神。可事实上,休弗本人的功夫却不在这些方面。他每天早晨都即兴口授一本小说中上千个字的文稿,同时还为一家周刊撰写一篇很长的文章。

　　在某种意义上说,劳伦斯的小说当然也是些即兴之作。他的长期"搏斗"的缘由并不在于他缺少素材或语汇——文字冗长是他的致命伤——而是他苦于难以发现他的潜意识或无意识中所真正要表达的东西。劳伦斯最赞成自然冲动式的写作,他的目标是在作品中注入自己的生命活力,为表达生命的感觉,他可以牺牲一切标准。为此,他笔下的两对人看上去似乎极为原始。他推崇这种模式并且不断地重复这种模式。一部小说的主要价值在于它的可读性,如果它沉重或令人反感,那它还有什么用呢? 不管学究们如何评论,《白孔雀》在 40 年前发表时是具有可读性的,到现在仍然是这样。尽管处女作总是受到人们慷慨的赞许的,可这本对英国文学有着特殊贡献的书却没怎么受到出版界绅士们的褒誉。就是那些赞扬过这本书的人,当时也绝没有想到 40 年后它还会再版。这本书当然受到了它的赞助人休弗和瓦奥莱特·亨特的称赞,也受到了《晨报》的赞许,《文学协会》杂志和《周末评论》赐以评论文章;"自由派"的《每日新闻》则对该书进行了攻讦。

如果我们不是去欣赏而是去挑毛病的话,我们可以指出,《白孔雀》的真正毛病是表现了作者的势利。劳伦斯具有一种文学的本能,从这种本能出发,他在他最了解的人中挑选他小说中的人物。这些人都是在伊斯特伍德他最接近的人,可是,他怕别人说他是次等公民,于是他就试图让小说中的工人们在生活和言谈举止上表现得像中产阶级。不过,这本书在别的方面充分显示了劳伦斯的真情实感,所以它尽管有虚假成分,仍然流传至今。

我们早就熟悉小说中的几个人物了。"撒克斯顿一家就是钱伯斯一家,这家人在后来写成的《儿子与情人》中又出现过。爱米莉的形象是他第一次对《儿子与情人》中的'米丽安'的描述。乔治这个人物显然与他后期作品中的'埃德加'如出一辙。劳伦斯自己则是'西利尔'。"(在杰茜·钱伯斯看来,是个"大姑娘"式的人物)他还用自己母亲婚前娘家的姓给小说中的一位母亲起了一个名,叫比德萨尔,这位母亲显然就是劳伦斯自己的母亲。尽管对这位母亲的描写与小说的主题没有什么过深关系,他还是把她写成一个憎恨爱米莉的人。这本小说的奇特之处是对酗酒的恐惧和仇恨。在小说的前一部分,劳伦斯就让"他"父亲死于肝硬化,剩下"他"和母亲住在农舍里,靠"他"虚构出来的4000英镑的利息过活。乔治受到莱娣的拒绝,一气之下娶了梅格,从此他开始酗酒。研究乔治就是研究酒鬼的堕落史。那些认为劳伦斯"不能创造人物"的人请最好研究一下乔治·撒克斯顿。小说一开始,这位健美的青年农民一出现,就满不在乎地、蛮横地把一只蜂窝砸得稀巴烂,末尾写的是他酗酒成性,很迟才吃早饭——吃令人反胃的醋熘鱼。从头至尾,人物的呈现和发展都是成功的。

这本书最引人注目的特点是它那召唤自然界的魔力,这一点显然被人们忽视了。在这一点上,劳伦斯与以写阿尔卑斯山和法国大路而著名的罗斯金有着共同之处;与以写英国的小农村、小树林和小胡同而著名的理查德·杰弗里斯和哈德逊(他以写南美大草原而著名)也有共同之处;不过,劳伦斯的感觉和强烈的情感是独具一格的。这本小说中的猎场看守的葬礼那一段文字写得凄楚悲哀,春天的美好与人物的悲痛形成鲜明的对比,完全可以同哈代最优秀的作品媲美。这段文字经常被人引用。这部小说对儿童和婴儿作了亲切的研究,尽管在小说的末尾劳伦斯大声抱怨"婴儿太多了,像洪水一样"。愤世嫉俗的猎场看守形象经常在劳伦斯的小说中出现,杰茜·钱伯斯有点揶揄地说劳伦斯"对猎场看守着了迷"。劳伦斯总想写上流社会的淑女钟情于劳动者的故事,所以塑造猎场看守的形象是义不容辞的。写上流社会的淑女与司机、足病医生及男仆私奔只是为了发泄快感,他的兴趣并不在这上边。即使是一位骑师也不一定可取,可是,一位拳击家、酒吧里的演员或游泳池里的救生员却是可以接受的。但是,劳伦斯并不了解他们,所以他坚持写他熟悉的猎场看守。奇怪的是,在他创造了这位猎场看守和他的贵族老婆很久以后,他本人才和一位贵妇人私奔。

毫无疑问,对这部小说最有趣的评论是来自劳伦斯的父亲。劳伦斯太太的葬礼举行后,这位矿工按规矩是不能去酒馆喝酒的,待在家里无所事事,于是他开始读这本小说。他"费了好大的力才读了半页",儿子的书对他来说"简直是外国话"。他疑惑地问这位春风得意的作家:

"孩子,你写了这本书得到了什么?"

"50英镑,爸爸。"

"50英镑!"他大吃一惊,随后用锐利的目光看着劳伦斯,好像他是个骗子。"50英镑!你这辈子一天活都没干过就挣那么多!"劳伦斯自己对这本书的感情既强烈而又自相矛盾,这一点可以想象得出。一想到要写完这本书他就感到紧张和痛苦。1910年他在给海伦·科克的信中说："文学这桩买卖让我恶心。到头来我对自己失去了信心,我简直讨厌写作了。你不知道一看见那个内瑟米亚①手稿我是多么恶心……我恳求命运不要让我当什么作家。"对于一个"讨厌"写作的人来说,不可否认,劳伦斯在短短的20年中确实写了数目惊人的作品。

《白孔雀》出版不久,劳伦斯就陷入了一种处境,而这种处境,他命中注定将来还要不断地遇到。伊斯特伍德有一位姑娘对号入座,说书中某个角色就是她本人,她和她全家受到了这本书的损害。当人们祝贺他的书出版时,他佯装生气,一本正经地回答说他的职业是小学教师。他甚至说不发表《入侵者》了!可是,当马丁·塞克在1911年6月写信给他,希望出一本劳伦斯的短篇小说集时,他却回信说,"秋季出一卷"他的小说,会让他"兴奋至极的"。

他的第二本小说《入侵者》写成于1910年初夏,是在他创作精力旺盛时花了几个星期写成的。第一稿送给威廉·海纳曼审读,没受到什么重视,不过还是获准出版了。休弗读了这本书并且装腔作势地评论说:"这本书是一个天才的蹩脚作品。它没有章法,没有格局——艺术上糟透了,不过是一个主题的变奏罢了。另外,这本书淫……"劳伦斯对此很苦恼,他写信给海纳曼说他"决定不发表这部小说了",他"不想让人像议论《安·渥伦尼卡》②那样议论自己"。那时,稍微谈及情欲的东西都会引起惊恐。劳伦斯对《安·渥伦尼卡》像正人君子般地嗤之以鼻是有他的道理的,他不能不强调彻底禁欲这种极端腐化的准则,否则他这个助理教员就难以挣到一年一百块钱的可怜薪金了。虽然如

----

① 小说《白孔雀》中的地名。
② 英国作家乔治·威尔斯的小说。

此,他已经开始草写《儿子与情人》了,同时,他还大量地抛出诗作,充满了对失去的母亲强烈的失望和悔恨情绪。"与母亲的永别使我茫然",他写道:

> 你给我一颗火星
>
> 它来自死亡,它在
>
> 主人们的呼吸中燃烧……

另一首诗的开头是这样一句不幸的话:"自从我失去你/我就被孤寂萦绕着。"他母亲在病榻上垂死的情景不断在他心头萦绕。在"郁闷沉思的悲哀"中我们发现这样的诗行:

> 我望着这生养我的女人
>
> 躺在光影斑驳的黑暗病室里
>
> 她意志刚强
>
> 我看着她逝去……

在那痛苦的日子里,他为失去母亲悲哀,他与杰茜分手了,他一边在学校教书一边还要写新书。爱德华·加尼特给他寄来了热情洋溢的信,这让他振作了起来。加尼特是达克沃思的审稿人,他向劳伦斯索稿送往《世纪杂志》。可令人失望的是,稿子被退了。

突然,这种无尽的痛苦转成了一场危机,劳伦斯的身体彻底垮了。就在母亲逝世一年后即 1911 年 11 月,劳伦斯染上了肺炎,两个肺叶都感染了。最早是海伦·科克照顾他;后来她离开她的学校后,就由他最要好的妹妹阿达来照顾他。在他病情最严重的时候,他濒临死亡,像他希望的那样,就要与母亲相会了。在肺炎严重的时候他对妹妹说:"阿达,这时候,只要我想死我就一定会死。"这话显然会使她心慌的,看到这一点他马上接着说:"别怕,我不会说死就死的。"令人惊奇的是,不管他病情多么严重,他的生命力总是那么旺盛,他的朋友根本不相信他会死得那么年轻。当杰茜·钱伯斯得知劳伦斯在克罗伊登病入膏肓时,她仍然默默地为他整理他们小时候一起生活时的笔记,他向她要这些材料用来重写《儿子与情人》。她深信,他有那么多事情要做,他不会离开这个世界的——他亲密的朋友们都这么想。

这场病差点要了他的命,从此他身体虚弱了,总受肺结核的威胁。肺结核时好时坏,从来没有离开过他的躯体。1月份医生送他到伯恩默思进行冬季疗养,告诫他必须辞去学校的职务去过"户外生活"——似乎一个工资不足的教书匠可以花钱去埃及雇一条船在尼罗河上过冬。当然,医生这是在委婉地劝告他,患了肺结核的人是不能再进课堂教书的。现在可以看出他一开始就要求较高的工资是错误的,因为在与校方签订合同时,学校就提出付给较高的工资,就不能考虑生病时的薪给。休弗说他想直接去找教育大臣,试图替劳伦斯领取补贴;他说,学校这种做法无非是找个借口一分钱不出。

劳伦斯一下就失去了这个供他糊口的职业,为得到这份工作,他花了好长时间刻苦努力才取得教书的资格。失去这份工作,是他所有的烦恼事中最令他痛苦的一件,这按说应该让他极为沮丧吧? 其实不然,他不仅从学校里得到解脱而感到"着实松了一口气",而且感到"兴奋"。他总重复这句话:"再也不会有学生坐等他去上课了。"去伯恩默思之前,杰茜·钱伯斯去看望他,发现他"瘦得让人心疼",不过仍然精神得很,就像一团"炽烈的生命之火"。令人费解的是,他写信给加尼特抱怨说,他感到他的生命在燃烧"如同在油上四处乱窜的火苗",他想让这火"集中起来发热"。

毫无疑问,他现在是自由了,可这种自由就像失业一样可怕。他的经济前景并不乐观。尽管《白孔雀》在 1911 年 3 月已经开始第二次印刷,可这笔收入只够付他的医药费。他很感激加尼特借给他七个基尼,让他支付了一个月的疗养费。这些钱刚够让他挨到 2 月份,那时他又可以得到 50 英镑。除此之外,他只有卖不出去的手稿和他的"天才"了。他与加尼特的友谊使得他与休弗之间的关系变冷漠了。休弗没有在《英国评论》上尽力推荐劳伦斯的作品:整个 1911 年,劳伦斯在《英国评论》上只发表了两个短篇小说,一首诗也没发。这就更令人钦佩劳伦斯的胆量和精力——他还在休养的时候就开始重写《入侵者》了,劳伦斯这时还在伯恩默思啊!多少年来,劳伦斯一直是反对平庸和破除习俗的象征,很难想象这样一个人在伯恩默思那样冷静单调的环境中是怎么生活的;虽然那里,像他所抱怨的,也有"倾盆大雨"和"带着雾气的柔和天气",似乎可以调剂一下。

尽管如此,伯恩默思还是令人吃惊地使劳伦斯恢复了体力,从此他以极大的热情和勤奋从事他的专业作家生涯。1 月 3 号他给加尼特写信说他重写了《入侵者》的第一章,他认为这次比原先"好,好多了"。到 1 月 19 号,他写了 135 页,等到了 1 月 29 号,已经超过 300 页了。这本书不长,不过 7 万字,可照他这个速度重新创作,他每天一定要写2000 到 3000 字才行,这样他就没有什么自由时间了。他的创作生涯是短暂的,旅游占去了他很多时间。另外,他花在做饭和家务活上的时间和他写作的时间一样多,朋友们和他在一起时他从来都不进行写作(朋友来访对他来说是常事)。考虑到这些因素,人们简直不知道他是怎么写出那么多作品的(当然,他的作品的数量比巴尔扎克少多了,巴尔扎克只比他多活了 7 年)。劳伦斯工作时,他的注意力和精力是高度集中的,他能够奇迹般地摆脱环境的影响。在任何地方他都可以写作。小时候,他不得不和别人同在一个屋里学习,这段经历使他获得了这种可贵的能力,使他能在各种干扰下工作,在这一点上,他比大多数作家都强。在德国时,加尼特就多次见他这样工作过,我也记得,好几次我和他妻子谈笑风生,他却在一旁写什么,我原以为是一封信,结果却是一篇论文的尾篇。奥利奥里说有一次在阿诺河畔的一家书店里,劳伦斯为自己的译作《马纳蒂医生的故事》写了一篇序。他不满意别人写的序,就拆掉长条的排字校样,自己重新写起来,整个写作过程中他一点都不受书店里进进出出的人和大声大气的意大利话的影响。

这次患病使得劳伦斯与过去进行了第二次大决裂。最明显的变化是,他从各种道德戒条束缚下的刻板案牍生活转向一个作家浪迹四方的冒险生活了。这种生活同时松弛了他对逝去的母亲的怀念。那对母亲挚深的爱如此镂骨铭心,他甚至想过自戕,当他谈到他与母亲的密切关系时,他对妹妹说他想"放弃一切,一死了之",这让妹妹很伤心。还是活下去的意志取得了胜利,让他走上了自由之路。在写完一组怀念母亲的诗之后,他又写了一首题为《病人》的诗,这首诗显然是写自己在克罗伊登的病情的,并且是写于他康复之时。他仍在不断地为母亲写诗,但他时常也写其他题材的诗。20 年代在陶斯时他又写了一首诗,诗中提到过母亲。不过我相信,他最后一组为亡母写的诗是从他写母亲生病和逝世的小说时开始下笔的,那时正是 1912 年秋天,他极为痛苦的时候。杰茜·钱伯斯看到《儿子与情人》最初的稿本中写到这个痛苦事件时就突然停止了,因为"一切都停止了"。当然,如果说一切都"停止"了,那是因为母亲刚死不久,他实在不忍再回想那些彻骨伤心的情景。

他出乎意料地脱离了学校的羁绊,他自然就要离开克罗伊登,并且开始多多少少有点想出国去住一年的计划了,他早就想过这样做。同时,像往常一样,只要他不怕麻烦,存心去和别人接近,他很快就和寄宿在伯恩默思的客人们混得极熟了。对这些人来说,他有不可否认的特殊魅力。他还能像一位时髦的医生或政客一样大为走运。我就知道一位上点年纪的女人,她简直被劳伦斯进进出出时向她打招呼的仪态迷住了,竟然想出一个念头,戴上了一串琥珀项链给他看。劳伦斯眼尖,很快就看到了,还美言了她几句,这女人就像个女孩子似的羞红满面。当然,这类献媚尽管是很正常的,但还是有点让人不舒服。确实,劳伦斯一生中是善于"广交朋友"的,在伯恩默思时的经历就是一个早期的例子:

在这儿,我跟人们混在一起了,太有意思了。有时这有点让我痛苦,不过总的来说是热情愉快的。可我跟人们混得太熟了,也挺麻烦的。不过我倒是挺喜欢有点儿纠缠的。

如果此话当真,那他是幸运的,他跟他的女朋友们之间的关系可不只是"有点儿"纠缠不清的问题。首先,令人吃惊的是,他又回到了杰茜的轨道上来,这很可能不是为了什么别的缘故,只是因为他写《儿子与情人》时需要她。还有那个《入侵者》里面的"海伦娜",同时还有《车中之吻》里面的"露伊"。他在给加尼特的信中把露伊描绘成这样的人——"高挑个,皮肤黝黑,像吉卜赛人一样充满激情——好,实在太好了,对宗教很着迷。"(劳伦斯真是个天才,他能用一句话刻画一个人的全貌,达到了无以复加的地步!)可惜,这位"海伦娜"在劳伦斯离开克罗伊登后就渐渐从劳伦斯的生活中消逝了。从他给加尼特的信中可以清楚地看出,是露伊离开了劳伦斯,而不是劳伦斯离开了露伊。

劳伦斯传

劳伦斯和爱德华·加尼特建立了真挚的忘年之交。从他给这位长者写的袒露心曲的信中,我们可以看到他是一位出人意料的令人愉快、人情味儿十足的年轻人。这时,他开始嘲弄瓦奥莱特·亨特和休弗了(休弗已失去了《英国评论》的编辑职务);这时,他也开始和罢工的煤矿工人一起坐在酒馆里喝酒,他描绘酒店里的情景时写道,人们"像拼命玩九柱戏一样赌博"时,"每一秒钟里都有大把的钱出手"。我们更出乎意料地发现劳伦斯在跳舞时甚至和他妹妹的朋友们调情:

> 我妹妹发现我在告别时吻她的女朋友——那是一个多么娇好的姑娘啊,我们发疯似的亲吻,这时我妹妹进来了,她惊呆了,也气坏了。

"家伙","热情愉快","发疯似的","有点儿","你知道吗"——劳伦斯放弃这些乡土色彩的话也太慢了,就是他到了伦敦,这些东西早已从他生活中消逝之后,他仍与它们藕断丝连。他受够了苦,失去了很多,他应该享受一下生活的快乐了。可是,这种轻松愉快、悠然自得的日子并不长,太短了。当他修改着《入侵者》的第一稿校样时,他自己本人就成了一个入侵者,一辈子都担着这个罪名。在我们谈论他那戏剧性的私奔婚姻之前,最好还是先谈谈他那部被人忽视的《入侵者》,这部书具有很强的自传性。

现在,阅时已久,我们很难说威廉·海纳曼是否受了休弗的所谓《入侵者》是"天才的蹩脚作品""这本书淫"等评论的影响。要知道,在那个时候,"淫"这个词是出版商的大忌。不久前,维泽特利就因为原封不动地出版左拉和伊丽莎白时期剧作家的作品而犯下了滔天大罪,被关进了监狱,从此穷困潦倒。不管怎么说,海纳曼的助手保林对此书即使不反感,至少是不感兴趣,把它转给了加尼特和达克沃思。当然,劳伦斯这时还没有认识到,对他这样的作家来说,换一个出版商是一种错误和不幸。

这本书是写怀特岛上在一座英国古城遗址的地方一位少女和一位已婚男人之间发生的爱情故事,在那个时候这本书就算得上"太露"了。主人公西格蒙德其实就是劳伦斯本人。在书的结尾处,西格蒙德自杀了。劳伦斯本人没有自戕,又变成了另一个名叫伯恩的角色来评论西格蒙德。如果我们抛开西格蒙德家庭的结构看问题(很显然那个家庭象征着劳伦斯家那种令人不快的拘谨的家庭关系),这本书的其余大部分简直就是他的自传。我们知道,这本书的第一稿正是在那些事情发生后他的情绪高度紧张的 1910 年初夏写成的。西格蒙德的自戕可说是劳伦斯大量作品中的一个罕例或一个偶然现象,很可能是他在伯恩默思时出于母亲逝世后的失望加上去的一个情节。在此,他第一次现实地对待爱情中肉欲的冲动,视其为男女关系中基本的、根本的和美好的因素,丝毫没有"说教"及动因方面的话。劳伦斯的观点与哈夫洛克·蔼理士的《性心理学》中的科学观点及 H.G.威尔斯的《安·渥伦尼卡》中的社会学观点不同(这两部著作是很重要的开拓性著作)。对劳伦斯来说,性是神秘生命力发展的最高点,是不可知的上帝,人总要把它提到意识层面来。正是劳伦斯,他既不缄默,也不神经质,而是把自己的深切体验娓娓道出,重新表达了这个艺术上被忘却的真理。

当然,他当时的广大读者对此是毫无准备的。多少年来,在英国文学中,性一直是由苍白的象征物来表达的(法国文学则比较健康)。性被精神化了,升华了,脱离了现实,苍白地理想化了,人们的观念被扭曲了,以至任何地方一出现真实的表述马上就会被贴上"肮脏""不健康""令人厌恶"或"不必要"的标签。

我好几次说过,劳伦斯在很多方面与罗斯金相似。他俩都认为工业主义是丑恶的,对此持仇视态度。他俩都长于形象思维,在表达抽象观念时,非用象征手法不行。他们同样对自然美有很强的感受力,当然劳伦斯对自然的观察更细微,文笔也更生动些。他们同样抱有一种近于可笑的信念,认为通过写作他们就可以改变世界,基于这个信念,他们的写作风格变得狂暴武断,甚至是虚张声势,这种文风断送了他们自己。在与他们认为是错误的东西做斗争时,他们的勇气是令人敬佩的。他们都是性格不稳定的人,是情绪的奴仆。更不用说,他们总是自己陷入自我矛盾中不能自拔,在相互攻讦和毫无意义的争执中浪费了不少精力。他们两人对性问题持狂热的态度,可他们的观点又大相径庭。他们的区别在于对女人的态度上,只有他们这样相似的人才会有这样的分歧。

　　罗斯金的恋爱更是令人痛心的,对于女人,他讲了不少,说了许多动人的、赞美的甚至痴情的话,可没有什么能表明他享受过性生活的快乐。劳伦斯则相反,为了解除这种显著的人类痛苦的根源,他走向了另一个极端,单单从性的角度去考虑男女之间的关系。这种观点导致劳伦斯对但丁的《神曲》作了令人费解的评论。他认为《神曲》"不诚实",但丁竟"不写妻子和孩子"。这种对天国的批评是不恰当的,因为那里本来就没有什么婚姻也不允许结婚。

　　不管劳伦斯其他方面有多少毛病,毫无疑问他对许多女人都有巨大的吸引力,他那先天的清教徒习性愈是使他疏远女人,女人们愈是爱他。他本人注意到了这一点,对此感到悲哀,甚至对此充满了怨恨。在一封信中他不禁发问:"为什么女人们总会爱上我呢?"说这话时,他并不是痴迷不悟,而是确实感到苦恼,原因很简单:他喜欢她们,喜欢女人。当他不是在鼓吹上流社会的淑女应当弃夫而去与下层社会的情人私奔时,他甚至更执着地强调,婚姻必须终身相守,是不容破坏的。不必问他,这种自相矛盾的论点怎样才能协调起来,连他自己也从来不曾这样问过自己。他难于放过在女人面前炫示自己魅力的机会,也决不拒绝答复那些痴情女子的最荒诞和最令人啼笑皆非的信。可他认为自己的婚姻是不容破坏的,别人从他那儿得到的回答只能是一声咆哮:"少惹我!"

尽管他的观点使他陷于自相矛盾而不能自拔,但他始终坚持肉体的结合具有最高价值这一神秘的信念,毫不动摇。这种信念使人们对他产生误解,在评论解释他时,也会失之偏颇。奥尔德斯·赫胥黎曾指出:劳伦斯的性格上存在着奇特的两面性,既是神秘主义的又是物质主义的。在反对他那个时代的传统宗教观点时,他又殚精竭虑,力图找到一种接近于事实的宗教。他激烈地反对进化论(这是他的一大特点,未免有点可笑),仅仅是因为他的"太阳神经丛"感到进化论不是那么回事,可进化论对他又有着无比巨大的影响。是进化论的观点使他强烈反对基督教的所谓性不过是救世的障碍的说教;是进化论的观点使他强调性是人类进化这条链索上最基本的一环。他的另一个论点也引起了不少人的愤懑和嘲弄,那就是说,人的意识并不局限于大脑,而这个论点却在任何生理学和心理学教科书上都可以找到。令人奇怪的是,所谓"意识不是真正的自我"的教义正是佛教的基础,可是在锡兰时,劳伦斯却以十足的白人傲慢态度反对佛教。

劳伦斯年轻时所结识的女人(实际生活中的而不是小说中虚构的),大都是些精神化、理想化的人物,这些人没什么性感,是各个圈子里的时髦上流社会的淑女。他极为坦率的(而不是暧昧的)要求发生肉体关系的企图都被"道德"准则挫败了。他的早期诗歌、书信、《入侵者》及《儿子与情人》充满了正常的冲动受挫后的怨怼。甚至杰茜·钱伯斯的一些记述也赢得了劳伦斯的敌人的同情,因为,她无意中透露出,她很难对劳伦斯的冲动做出反应,她无法理解这种冲动(而劳伦斯既没有否定也没有贬低这种冲动)。

我们可以猜测,由于这样那样的清规戒律强加在这些女子身上,劳伦斯因此而受害匪浅,这一点可以从《入侵者》中看出。他试图掩盖真相,佯称书中的人物纯属虚构,这些人的经历都不是他自己的亲身经历,可这是徒劳的。事实上,只有他才能像西格蒙德那样生活,那样说话,下面一段文字就是一个例证。这位"入侵者"开始向一位姑娘求爱,为了她,他已经招惹了不少麻烦,引起了人们的极大不快:

　　她啜泣着,不管不顾地哭着,疯了似的。他想看看她的脸,这让她气得够呛。他紧紧地搂着她,她就这样被这个野蛮、盲目的家伙紧紧钳制着,他的心在怦怦直跳,向她诉说着。

　　"你是不是听别人说咱们的坏话了?我做了什么错事,说了什么坏话?告诉我,你说什么也得告诉我,海伦娜。"

　　她的抽泣声就像枯干的树叶在沙沙作响。她拼命要挣脱他的怀抱,再让他那样钳下去,她会感到窒息,会发疯的。他的大衣在蹭着她的脸,在她挣扎的时候,她可以看到他颈部的喉结在用力地动着。她在和他斗,发疯般地要挣脱他。

　　"松开我!"她叫道。"松开我,让我走!"他惊慌失措、恐惧地拥抱着她。她双手顶住他的胸口,用力把他推开了。她的脸根本没有冲着他,早已经气得不像样子。她疯狂地拼命把他推开去。

　　他的心凝住了,他不明白。她从他的怀抱里挣脱开,就坐在古墓里的地上大哭起来,浑身颤抖着缩成了一团。西格蒙德忍不住一条腿跪下去,跪在她耳边,把她的手攥在自己的手中,哀求说:

"告诉我吧,海伦娜,这是怎么回事。至少让我知道这是怎么回事,海伦娜。天啊,你这样太可怕啦!"

她颤抖着扭过身去,全身不由自主地哆嗦着。最后,她用双手捂住耳朵,不听他那语无伦次的哀告。

见她这样,西格蒙德最后不再说什么了。他静静地跪在她身边,凝视着晚霞。海伦娜的干声抽泣打破了这寂静。他被这种让人窘迫的冲突惊呆了,一时不知所措。过了一会儿,他把自己的手放在她肩上,她颤抖着躲开了。

尽管这是小说中的一个片段,也许劳伦斯重新设计了事情的结果,但是毫无疑问,这是一件千真万确的事。真是无病呻吟、无事生非的一对儿! 很明显,这女子是真诚的,尽管她盲目地要摆脱肌肤相亲的爱。只是处于一种荒诞残酷的心理条件,她才恐惧地畏缩起来。西格蒙德一点都不笨拙,也不乏思想准备和迷人的追求;这个姑娘并不是不爱,也不是自卑和自嘲。在这个异乎寻常的歇斯底里场面之前,她曾自愿与他出走,走了好几天;她曾向他做出性的进攻,"把他的头拥向自己的胸部,自己的手插在他的头发中",抚摸着他的身体,在他的亲吻中她浑身颤抖了,她甚至躺在他的怀抱里要"献出自己"。可在这决定性的时刻,她却失去了理智,要摆脱他,这是对肉体爱的恐惧引起的歇斯底里。是因为她太年轻吗? 不,她都 26 岁了。

二

　　只是在被剥夺了教书的权利以后，劳伦斯才发现自己是多么讨厌这个职业；但是有时候似乎也并不如此。后来当他谈起"戴维逊"时还流露出一种不正常的怀念情绪，就像一个人谈论他的铁窗生涯一样。"我仍然梦想我要教书，"他写道，"这是件一直魂牵梦绕的事。我不知道我是多么恨这个行当。"可是在 1912 年年初的那几个月中，他正是前途未卜的时候，不当教师后的自由对他来说既是令人陶醉的又是充满威胁的。2 月份，他的又一桩不称心的爱情结束了。他"认识了珍妮，吻别了他，在马里勒本"，他的心情很沉重。谁是珍妮？我们只从这句话中知道有这么个人，再有就是，那年底他说他"可怜她，她病得很厉害"。他仍然沉浸在对老家的怀念中，常和妹妹一起在伊斯特伍德生活。后来，他突然决定 5 月份去德国。

　　不要错误地认为劳伦斯之所以出国仅仅是为了他在结婚前遇到困难和受到诽谤。他很小的时候就渴望旅游，当然，后来的经历让他更愿意住在国外。我记不清他什么时候说过他想写一本关于各个大洲的小说，他一定说过的；事实上，他写作那些成熟的作品时，其灵感很多就来自他的游历。很可能，这种对旅游的渴望与他的不安分情绪有关，据说这种情绪又与肺结核有关。的确,他总是在不断地发现新的游览胜地(像雪莱那样),可不出几星期或几个月,他就对这些地方感到厌恶了。他总是把自己的体质不佳、情绪恶劣,归咎于恶劣的环境、天气、邻居、地方上的政治、紧迫的革命形势,以至整个宇宙的恶毒气息。

可他为什么在 1912 年去了德国呢? 在那个时候,英国的知识分子都时兴去德国,对他们来说,意大利已经过时了,而法国则已变得腐败了。至于西班牙或俄国,只有神经病才去,因为,到那种落后的专制主义国家去确实需要有护照才行。德国尽管披着闪光的盔甲,可那儿有啤酒和热心肠的人,因此它能风靡一时。对劳伦斯来说还有一个实际的原因:他的一些表亲戚在德国;他在莱斯特的姨妈嫁给了一个叫克林克瓦的德国人(他出生于莱茵河流域的瓦尔德堡)。他并不是要他的德国亲戚款待他。他对于自己能否成为一位畅销书的作家并且靠写作生活仍然没有信心——可能他发现休弗及《英国评论》没什么收入后的不快之感仍然使他耿耿于怀。不管医生怎么劝告,他很明显要设法在德国的不知名大学里当个英语讲师。也许命运的安排者认为,对于一位诗人来说,这种想法未免过于小心谨慎了,所以日后一系列奇妙莫测的事件证明,他这个稳妥而体面的打算使他永远失去了体面,"稳妥"二字也成了一个笑柄。

欧尼斯特·威克利教授当时在诺丁汉大学教书,他写的英语文学方面的文章曾经流行一时。在他的影响下,劳伦斯才想去德国当一名讲师,因为这位教授在德国有一些很有利的关系。他的妻子是德国人,这个女人对这本书来说有至为重大的意义,1912 年 4 月就在她举办的一次午餐会上,她与劳伦斯的传奇开始了。在这出戏中,什么去德国当讲师的事早已丢到爪哇国去了;要不是因为这事他们才相互认识的话,这件事早就被人们悄悄地忘掉了。

弗里达·冯·里契索芬是德国西里西亚的贵族,是菲迪南德·冯·里契索芬男爵的侄女,这位男爵曾到中国游历,回国后写过关于中国的书,还出版过中国地图,因此他很出名。她父亲冯·里契索芬男爵是个职业军人,当时正在德国境内的要塞城市麦兹占据一个重要职位。至于他这位健壮、懒惰可又生气勃勃的贵族女儿如何嫁给了诺丁汉的一位教授,一直是个搞不清的谜。毫无疑问,无论是她还是她们家都完全不了解德国人对学术的那种崇敬在英国根本就不存在的。在当时的英国,"教授"和"诗人"这种字眼儿是被人用来嘲弄和侮辱人的。可是,问题就在这里。这位雍容华贵的现代布伦希尔达①背井离乡来到英国,饱经沧桑,在诺丁汉还算整洁的郊外屈尊过上了百无聊赖的家庭生活。她看上去还算幸福,照看照看三个孩子,时不时地跟那些还算得上聪明的学生或德国客人调调情。劳伦斯就选择了她,爱上了她;尽管时有争吵,生气时也会摔盆砸碗,但是他们终生相爱,始终不渝。

　　过去几年中,他对西塞拉岛②上的人摆出一副独裁者的样子,发表些自相矛盾的教条,告诫人家如何控制性爱生活(颇有点"权威"的样子)。可他这个爱吹求疵的至善论者却和一个比自己年长好几岁已结婚的女人私奔了,一起生活了好多年,就像"一只被夺走小猫的母猫一样"怀念她的孩子们,这当中可真有点幽默呢。当然,这并不是说,人们私下议论说弗里达"对他不合适"的话有什么道理。恰恰相反,他们倒是天造地设的一对。只有像弗里达这样健康、强壮、美丽、有血性而且自信的女人才能忍受与这样的"天才"生活在一起,这种生活中尽是恼怒、神经质般的争吵、蛮横的武断、难言的自我怀疑和彻底的变态心

------

　　① 布伦希尔达(Brunkild):(德国故事诗《尼伯龙根之歌》中人物)冰岛女王,体力超人;勇士西格弗里德以神力屠龙赢得了她,却转献给冈瑟,勃艮地国王,为后。

　　② 西塞拉岛:希腊神话中女神们的岛。

理。除了母亲以外,唯一一个能控制劳伦斯的女人就是弗里达,当然她的母亲和埃尔斯姐姐在一定程度上也帮了不少忙,就是弗里达也不是总能占上风。他们的生活中颇多变幻,他要把自己的意志强加于她,这不得不真刀真枪干架才行,吵急了的时候双方还会互相摔东西。可是如果有谁说他们之间没有爱情,那他一定是疯了。除了他们俩能相互忍让,还有谁能与他或她如此相处呢?弗里达在劳伦斯去世后非常慷慨地写道,劳伦斯给她展示了"一个新世界"。一点不错。不过,那只有通过她,他才能献出一个世界来。这并不是说(像我们前面所谈到的),他只能在一个女人的支持下才能生活和工作,并不完全是这样;不过,在他结识了弗里达以后,别的女人都显得无能为力了。的确,他对她的依赖比她对他的依赖程度要大得多;她对他的影响可以在他 1912 年后写的几乎所有的作品中看到。

所有这些并不能改变这样的事实:他们在卷入这桩事情之后,都受了不少苦。在这种情况面前,不少人都会畏缩不前的——这样的人一定是很卑微、精于打小算盘、没有人味的冷血动物。在这种进退维谷的情形下,这种人是会小心翼翼、畏缩不前的。可当这两个人真正相爱后,他们甚至不顾什么法律条文和最最令人难堪的现实——她有孩子。如果他们当中有谁先采取了主动并因此而受到谴责的话,那就是弗里达,她自己承认是这样的。如果不是她多情,就没这回事了,像她这种身份的妇人,要想赶走劳伦斯,只消说几句讥诮的话就行了,可她没有这么做。从她的自白中我们可以看出,正像劳伦斯说的那样,她"没有得到满足";当然是她选择了他。她描述过他来跟她和她的孩子们散步的情景:她站在一旁看着他和孩子们一起玩耍,他们专心致志地把菊花和纸船放进小溪中去,他们这样玩着,早把她忘在一边了。"突然,我意识到我爱他,他激起了我的柔情。"不少女人都有这种体验,弗里达的体

劳伦斯传

验则是得到了真正的反应。也许是因为女人们太爱他了，所以男人们才对他恨之入骨。

"后来，"她满怀激情地写了短短的一句话，"事情发展得很快。"这是肯定的。她丈夫外出了，她毫不掩饰自己的感情，请劳伦斯与她共度良宵。劳伦斯对这个大胆而不适当的建议感到骇异，就一口回绝了。"不，"他严肃地说，"我不能在你丈夫外出的时候住在他的家中。可是你必须告诉他真相，我们要私奔，因为我爱你。"注意，这里是"因为我爱你"，不是"因为你爱我"，更不是"因为我们相爱"。离开她的孩子们，是她的一大悲剧。对这件事我们谈了好半天以后，我才试探着问她："你究竟为什么要这样做呢，弗里达？"对此她回答说："他让我这样做的。"这个回答很巧妙，也很简练，但没有说明问题。另外，她似乎把道德上的责任全推给劳伦斯了。读一读弗里达那简短的叙述和保留下来的极少量通信，我简直不能相信事情会是这么简单。

不管她对丈夫怎么说，她已经屈从于劳伦斯了，弗里达与丈夫的决裂在最初仍然是不彻底的，不仅仅是因为她在感情上和目的上仍然进退两难，还因为劳伦斯在反抗的激情减弱后，又陷入了往常那种矛盾心理中，下不了决心。确实在 1912 年 5 月 4 日他们结伴渡过英吉利海峡并且同住在麦兹的一家旅馆里。可这样也不能说明他们决定性地结合了。事情碰巧是这样的，弗里达的军人父亲正举行一个官方庆祝仪式纪念他在军队中服役 25 周年。这样，她老家的每间房子都住满了客人，这很自然地说明她为什么要去住旅馆，也正由于她父亲戎马生涯中的这件事情说明她为什么会到阿尔萨斯来。为了庆祝她那贵族父亲长寿，增添欢乐气氛，弗里达居然告诉他，她想离开她那位备受尊敬的丈夫和三个孩子，嫁给一个一文不名的英国作家，一个失业的小学教员，一个矿工的儿子。

冯·里契索芬男爵不赞同她这样做，这一点也不奇怪。弗里达写道，她父亲极力说服她，其理由是他"见过世面"。可弗里达反驳说，他"从没有见过最美好的东西"。这是可能的。不过，在她写回忆录之前，她对我说，她父亲指责她是个"返祖性动物"。我猜这句话的意思是，她倒退到了她的母性先辈的原始习性中去了。后来，她和她的英国流浪汉一起徒步穿越巴伐利亚时，这位老男爵尖刻地说她是一个"凯尔奈琳"①——在那个时候，在德国，在酒吧间里当女招待被人看作是不贞洁的。

在麦兹那段算不上很平静的田园生活被怪里怪气的军人们突然打断了。劳伦斯和弗里达坐在一条壕沟和斜坡附近的草地上时，一个爱管闲事的哨兵怀疑他是化了装的英国军官来搞间谍活动，坚持要逮捕劳伦斯，因为他们坐的地方是麦兹早已废弃不用的防御工事。说也奇怪，劳伦斯的外表看起来有点像军人，可能是因为他蓄着胡髭，总挺着腰板的缘故。不过他并不像一个军官啊。这让他们认识到了他们的情况。弗里达不得不要求她父亲利用他的影响阻止逮捕劳伦斯。她父亲在这种情况下很帮忙，不过他要求劳伦斯马上离开这座城市去找他在莱茵河流域的德国亲戚。

劳伦斯没别的办法，只得走。不过他没有直接去瓦尔德堡，而是在特里尔逗留了一段时间。这两位情人的感情已发展到了高潮。就在弗里达的父亲庆祝自己从军 25 周年纪念日的那天，劳伦斯写信给弗里达，求她与他一起离开麦兹。"我爱你，"他紧张地写道，"可我每次要说这句话时又总是难以启口。"就是对他的情人，他也觉得难以说得更殷勤一些。他还对她说，他希望他能够独立处理这桩事，并且谦虚地

---

① 原文是德文，意为"女招待"。

说:"有时候,你的意志就是我的意志。"在一封只签署"星期二"的信中(他有一种女人的习惯,写信常不写明日期),他说他"害怕"自己会"突然来一番英勇的行为"(这封信很显然是在麦兹时写的)。他还强调说:"再也不会有什么耻辱,再也不会有什么谎言了,再也不会有遁词、谎话、肮脏和恐惧了。"更有甚者,他还给她丈夫写了信。没错,他必须用这种当仁不让的态度去争取得到一切。事实上,他是在弗里达的激情冷却之前,或者在她重新考虑之前给了她一个最后通牒。就是在这种情况下,他仍然带点怨气地写道:"我爱你,上帝啊,我付出了代价。"

从那以后,很快发生了几件事。5月8日,他从特里尔平静地给她写了一封信。这封信富有劳伦斯独特的优美和真正的甜蜜之情:"我爱你,太爱了……我开始感到我是世界上的一个男子汉。我想,我是应该的,带着这种邪念等待我心中的别人的妻子。"在这同一封信中他还警告她说:"记住,你就要做我妻子了。"并对她说她那位法律上的丈夫给她的信必须要给他看。在另一封信中,他说他特别喜欢她的下颌:"你的下颌长得太美了。"那封信的结尾是很具有讽刺意味的,读来真让人心酸:"我们将永远与生活进行搏斗,所以,我们之间永远不会有斗争,我们永远会互相帮助的。"

他一直催她来与他相会,可语气总是那么游移不定:"你星期六会来吗?"不错,事实证明,他的直觉是对的。在丈夫和她自己家庭的压力下,弗里达开始动摇了,劳伦斯不得不忍受这种分离的委屈,这是众所周知的。他看到在特里尔等下去没什么用了,就乘着舒服的公共马车沿莱茵河前往瓦尔德堡。值得注意的是,在这段时间里,他从来没有提起他那时极端窘困的情况,在那样情况下,要想养活一个一生中一直过着优裕生活的女人,那简直是笑话。他只是在离开特里尔之前给爱德华·加尼特的信中透露过一点这种想法。就是在这种情况下,他只是关心他的"文学事业是否能挣扎下去"。

　　愤懑、失望以及旅行,让他没有办法从事正常的文学创作,尽管这样,他仍然写了一点小诗。他写过一首叫《贝·汉奈夫》的诗,并亲口对我们说这首诗标志着他生活中的一个新时期的开始,从此不再徒劳地想念已故的母亲,而是把这种思念化作对一个活生生的女人的爱,并且要她做他的妻子。汉奈夫是一个小小的中转站,去瓦尔德堡要在那儿等一个小时左右。是在那儿,他沉思着,在渐渐发暗的暮色中,思考着他和弗里达的"苦恼、焦躁和痛苦",然后他写道:

> 你是呼唤,我是回音,
> 你是愿望,我是实现,
> 你是黑夜,我是白昼。
> 还要怎样? 够完美了,
> 完美、完整
> 你和我,
> 还要什么——?

　　是的,这一时刻是宁静的,他们相爱了。可这并不能排除由于这桩不正常的恋爱所带来的无数困难。弗里达仍不能毫无条件地委身于他,她这样也是有她的道理的。劳伦斯开始感到不耐烦了,他给她写了一封措辞"难听"的信,不过他的自我控制能力很强,没有发出这封信。然后,他写了一封只有他才能写的信,谈起瓦尔德堡以及他的德籍表兄弟们,信中不乏幽默的情趣:"在这儿我过得很好,很受尊敬,真是一大休息。"不过他仍然不耐烦地大叫:"别让我待在这么个没人味儿的德国城市里了,我简直是束手无策了。"

现在他希望弗里达无论如何要放弃她以往的一切,而和他在慕尼黑会合,为此,他再次写信给加尼特,谦卑地问达克沃思是否能预支给他 10 英镑,加尼特应允了他的请求。劳伦斯对加尼特说他在等待弗里达的决定时,急得"火烧火燎的"。他简直要"急疯了",可弗里达那边的行动慢得就像"老黄牛,它那个大脑袋好像总在睡觉一样"。可是,他又犹豫不决、自相矛盾,就在那同一天里他写信给弗里达说:"你知道吗,我就像老骑士一样,似乎需要一段时间作准备。"他可能觉得最好还是掩饰一下自己那万分急迫的心情,于是他写道:"对我来说,和你结婚是一件大事,不能一时心血来潮,草率从事的。在我的内心深处,我知道'我该结婚了'。但我的心着实害怕,因为这是我一生中的大事——是我的生命,我有点恐惧,我要逐渐地对婚姻生活习惯起来。"注意,他说的是"我该结婚"而不是"我们该结婚"。可能,他觉得不能说"我们",因为弗里达以前已结过婚了,不过,就算她是从修道院里出来的话,他很可能仍然会写"我该结婚了"。

在 5 月 14 日的信中(这些都发生在他们离开英国后的 10 天之中)他表示很相信她会来和他会合的。他极力主张他俩应该"虔诚地等待对方",不过这一次他像一个丈夫对妻子那样谈到了"钱的问题"。看来在这一方面他们的前途并不太美妙。英国的一位朋友欠他 25 英镑,到了 8 月份——三个月以后,那人还回 24 英镑,这就是他所有的钱了,要想再得到钱就得出售他未发表的手稿。这样,他就很自然地考虑到,他们能否靠这么一点钱过活?他现在已经爱得发狂了,他甚至哀求弗里达说:"别乱花钱了吧,亲爱的,精打细算点儿,过得有条理些。"可他不知道,弗里达压根儿就做不到这几点。

读着这些写着知心话的信件,你会感到有点像偷看私信,不过这些信对于评价劳伦斯的确很重要,从中可以看出他对弗里达的一片赤诚和深深的爱恋。任何一个公平的人读了这些信件后都不会相信在这种爱中有什么廉价或低级的东西。"当我来到你身边,"他在信尾处动人地写道,"什么也不能再把我们分开了。"确实没有什么能把他们分开。在 5 月的一个星期五,劳伦斯坐上火车,长途南下,来到慕尼黑,在那儿他见到了弗里达。他们俩在伊萨河谷的布尔堡村住了一个星期,就住在村子里的驿站改建的旅店里。很可能他们的钱财只够他们过这样一个"蜜月"。与弗里达的姐姐一起住了些天后,他们就去伊金租了一座寓所住。

"英格兰啊,你的美是懦弱和驯服的!"这句话可能就是劳伦斯在这个欣喜若狂的时候写的。巴伐利亚农村那富有浪漫色彩的美丽风光陶醉了劳伦斯的灵魂,这个灵魂还是第一次逃出了那座体面而驯服的牢狱,这种体验加上这样的爱,让他幸福和自豪。毫不夸张地说,他的确是从坟墓中复活了,是在这个时候,逝去的母亲对他心灵的控制终于松弛了。幸福的爱情让他热爱整个世界,热爱粟子花儿——红的、白的,落在他们户外的早餐桌上,他几乎见什么爱什么、喜欢什么:布尔堡那条"淡淡的、绿玉色的小河","冰凉,湍急";那些弗里达熟悉可对他是陌生的人;"平静的"教堂和修道院;还有那些盛开的野花,他从来都爱这些花儿,这会儿它们"会让你高兴地大叫起来"——"淡黄色的驴蹄草在翻卷着波浪"、报春花簇簇,"就像紫红色的紫金花一样",还有"奇特的三月紫罗兰"、兰花、钓钟柳、飞燕草、紫苜蓿和山谷里的水仙。"啊,花儿,到处都盛开着,怒放着,啊,一望无际的野花儿。"

伊金这地方可以说更为迷人。在那儿,他们用每周 15 先令的租金租下四间小房子,过上了家庭生活,主要吃些黑面包、水果、鸡蛋和炸肉排。劳伦斯在那儿过得非常幸福惬意。"我太爱弗里达了。"他写道,"我真不愿意再多谈了。""弗里达真美。"他骄傲地对一个不够敬重她的人说，"你不用评论她——她比你想象的要好一百万倍。"由于有了弗里达，他才能兴高采烈地观察外部世界；由于有了弗里达，他才能说这个世界是"美好的，怎么想象也不过分"。当然，即便是在这个时候，他那"阴暗的自我"仍然没有消失，阴影还笼罩着他。在布尔堡时写的一首诗表明"第一夜是个失败的夜晚"，"我们的爱是说不清的"。就在新婚的第一周里他在狂暴与痛苦之中写了一首诗——《命运的妻子》。他那会儿刚刚对弗里达大发了一通怒气，他妒忌她的母爱，斥责她："你的母性就像一个女剑子手怒视着英格兰。"后来在一次争吵中他冲她大叫："从来没有母爱这一说。"尽管他说过，他们要和整个世界搏斗而彼此之间决不争吵，可是他们在新婚的第一周就开始吵架了。在弗里达的姐姐家(在伍尔夫拉莎奥森)，他又像往常那样渴望着湮没，渴望着"那沉重、凝滞、阒寂、令人窒息的黑暗"，这就是他的"阴暗自我"，它与劳伦斯那生动的光明自我是不可分割的一对。

这座小房子有一个阳台，弗里达这位不拘小节的人儿光着脚，只穿着睡衣在上面吃早餐，这让她的清教主义的爱人大为反感。出于对劳伦斯的忠诚，弗里达责备自己犯了"意淫"的错误(这是劳伦斯发明的一种奇怪的罪状)。事实上人们会说，谈得上"意淫"，与其说这个为了爱而抛弃一切的女人，还不如说那个写性的书籍的作家，更确切得多。劳伦斯的"意淫"比谁都多，尽管他总谴责别人；他就有这种习惯，他谴责别人的正是他自己所做的。

从这个阳台上鸟瞰下面的小村庄，可以看到冰冻的伊萨河及彼岸上那黑魆魆的森林，森林背负着"高耸如绿墙般的大山，只有山顶上的积雪在远处的蓝天下熠熠闪光"。劳伦斯感到非常幸福，他甚至给加尼特写信说他想"在国外住一辈子"。弗里达想得更远，甚至希望"走出欧洲，到不开化的某个地方去"。此时，劳伦斯诗兴大发，写诗来赞美她

的国家,也赞美她:

黄昏中,在伊萨河畔
我们徜徉着,歌声悠扬。
夜幕下,在伊萨河畔
我们爬上猎人的梯子
在冷杉树枝上摆来摆去。
我们俯瞰着沼泽地,
两条河相汇了
淡蓝的冰水撞击着
像铃声在夜空中回荡。

黄昏中,在伊萨河畔
我们看到红色的野玫瑰盛开
悬在河面上;蛙声阵阵
玫瑰吐幽香,在黄昏中闪亮
我们在玫瑰丛中亲吻,
她的脸,我的脸,相聚了,
合成一朵盛开的玫瑰。

后面的词句与结尾较前不同,也较复杂:

……在黄昏中闪亮
到处都有恐惧。我们低语:
没人知道我们。

劳伦斯传

随他去,让蛇来决定命运

在这冒着气泡的沼泽地上。

　　为什么男人们在爱情面前变得羞涩起来了呢？像玫瑰一样亲吻和爱抚该有多么美妙啊,为什么要在恐惧和毒蛇的气氛中苦熬,哦,还有,为什么要用"决定命运"和"知道我们"这样可怕的字眼儿呢?! 要知道,当劳伦斯严肃地写这种散文式的信时,他们的生活并不都是"亲吻和窃窃私语,吃醋和甜蜜的微笑"。他和弗里达一致承认,他们"斗争"过,那是一种"相爱的人之间的斗争",我们可以在他的不少诗作中听到这种斗争的回声,如:《在黑暗中》《耻辱》和《一位年轻的妻子》。不过,我们不能只注意到了这些诗就忽视了他那些充满幸福感的诗,不要忘记,这两类诗都出自同一本诗集,那诗集的书名太有挑战性了——《看,我们闯过来了》。在任何一段姻缘中,要双方相适应,都有考验和困难,特别是对这样两位充满激情的人来说更是如此:他们之中有一个是"天才",他对此有充分的意识。不错,在一首《黑暗自我》之类的诗中,他写弗里达说了这样的话:

　　　我怕你,我怕,我怕啊!

　　　你有什么东西要把我毁灭掉——!

还说:

　　　……是的,是的,你对我太残酷了。

　　　你在我胸前投下的阴影,最终会杀死我。

可弗里达自己描写他们在一起度过的第一个夏天时却说：

> 我不想见人，不想看见任何东西。我只想在劳伦斯给我的这个新世界里快乐地生活。我找到了我需要的，我现在像一条小鱼在溪流中畅游，像菊花在阳光下开放。他那么慷慨地献出自己！……

她就是这样想的，尽管"英国那边接连不断地来信"，哀求她回去和孩子们在一起，并且威胁说，她再不回去，就永远见不到孩子们了！这对他们双方来说都是苛刻的，可他们必须为此付出这种不可避免的代价。可这种沉郁与痛苦只不过片刻之间夺走了他们的欢乐——他们在山峦中，在花丛中，听青蛙歌唱，看着萤火虫"在庄稼丛中飞舞"，雌鹿在山坡上飞蹿，男人们用长把大镰刀割麦子；劳伦斯看到弗里达的欢乐——她像刚刚出浴的粉玫瑰，在撒满"紫红色"玫瑰的桌子对面欢笑着：

> ……说
> 她爱我，我吹着一只小船
> 船儿在一堆茶杯中摇摇晃晃
> 满载着甜吻，难以远航。

尽管他们名声不太好，被人视为流浪汉，仍然有人来他们这儿做客。最重要的一位要算弗里达的母亲了，尽管她并不是第一位客人。有一次，弗里达和她姐姐出去的时候，她突然来到劳伦斯这里。她坐在那儿，一直训斥了劳伦斯一个来钟头。她问他，他算老几，竟让一位绅士的女儿给他擦皮鞋、脱外衣;他为什么要和一位有身份的人的妻子私奔,为什么要像使唤丫头一样待她,而连给她买双鞋都买不起? 在这一通讽刺痛骂中,劳伦斯简直呆若木鸡,"干坐着,大气不敢喘"。等她骂够了,劳伦斯赔着小心把这位怒气冲冲的老妇人送到了火车站。事过之后,他才想起他应该如何回答她,可他当时竟一句话没说。这位老妇人很清楚应该怎样对付劳伦斯——拒绝承认他的自身价值,连珠炮似的刺痛他的要害,然后在他没有醒过味来的时候高视阔步地一走了之。她成功了,她使得劳伦斯对她毕恭毕敬,时常不断地写信送礼物以示孝敬之心。另一方面,据说在这次窘迫的会面后,她对弗里达的姐姐埃尔斯说,她觉得劳伦斯看来还是"挺可爱,挺诚恳的",这让劳伦斯大大地松了一口气,不禁喜形于色。不过,弗里达说,这句话是埃尔斯说的,很可能是劳伦斯故意把这说成是她母亲说的,是为了挽回点面子。

第二位客人是大卫·加尼特,他是按其父亲爱德华·加尼特的旨意从慕尼黑赶来探望劳伦斯夫妇的。劳伦斯自己曾说过,在一群德国人中很容易就能认出他来,因为他看上去"太像英国人了,是个彻头彻尾的英国人",加尼特也这么认为。我已经援引过加尼特对劳伦斯相貌的描述,不过,我认为加尼特过分地强调了劳伦斯平民化的一面。当然加尼特说的也是事实,无论在形体上还是在精神上,劳伦斯都有这个特点。不过最主要的方面却不是属于阶级特征。加尼特曾补充说劳伦斯"既厚颜无耻,又趾高气扬,最容易引起阶级仇恨",这话不错。不过,劳伦斯过于傲慢、过于谨慎小心也过于强调个性,他是不会"加入工会、接受失业救济金、在酒吧间里闲逛而让老婆养活自己的,也不会为一场足球打赌的"。不,绝不是这么回事。加尼特对弗里达的第一印象极佳,也很准确:

她的头部和她整个行动举止都是高贵的。她会目不转睛地盯住你,毫不惧怕地审视你。

这位年轻人(他才 20 岁)立即就被这对幸福的爱侣迷住了,他"为他们各自的魅力所倾倒",对他们很"崇拜"。当劳伦斯夫妇离开伊金前往吉勒托的梅霍芬时,他与他们同行,对他们的一切都看得清清楚楚。除了时而有些英国来信让他们不愉快以外,劳伦斯的"勇气、乐观情绪和连珠妙语"一直让大家兴高采烈。劳伦斯的勇气足以迎战任何危险和困难,而"在那个时候,他们两人都面临着极大的困难",加尼特这话说得一点都不错。

尽管加尼特还很年轻,但他仍然能够注意到劳伦斯的不少显著特征。劳伦斯有一个习惯,一直保持了好多年,那就是强迫别人同他一起玩舍拉德①,这种游戏是他的拿手好戏,他总赢,总会让人捧腹大笑。他在模仿上的天才是惊人的,搞起这种游戏来他是不会让任何人闲着的,更不会让自己有空闲的机会。有时,我们常常为一些人毫无机智、毫无乐趣的表演感到难受,可这些人却偏偏认为自己有这份天才,可是劳伦斯的表演却是地地道道的,他总是毫不留情地捕捉别人表演中的装腔作势之处。当他心怀歹意时,他这么做会让人气愤的,不过当他兴高采烈、心情舒畅时,他的残忍和卑劣的表演总是适可而止的。劳伦斯还会用自我嘲弄的办法使别人感到轻松,正像加尼特说的那样,他"无情地模仿自己","做出一些荒唐滑稽的表演来,有时表演一个羞涩腼腆的劳伦斯接受文学界名人的庇护,有时表演一个魅力十足的劳伦斯

① 舍拉德(charade):一种猜字谜的游戏,每个字的每一个音节都由人模仿表演,供大家猜测。

迷住了他的女房东,但在女房东的女儿的压力下不敢越轨,有时表演一个脾气暴躁的劳伦斯,多嘴多舌、无事生非和弗里达吵架"。

毫无疑问,加尼特注意到,劳伦斯能够在屋里别人谈笑时照样工作。在梅霍芬的那些日子里,他仍在写诗、小说和随笔,同时还在写作《儿子与情人》,可别人从来没有想到不要打扰他的文思。加尼特还发现,认识劳伦斯的人很快就会知道,劳伦斯能够停下手中的工作或谈话去做做饭、干点家务活。杰茜·钱伯斯早就注意到,和劳伦斯在一起,最乏味的家务活也会变得有意思,他对于那些单调无味的家务活如清洁、擦洗和洗餐具等都是很能干的。我们以前已经看到,他过去学会做这些事,是为了帮助他的母亲。可他的做法很独特,那就是他从来不显得烦躁不安,或者急于求成。洗餐具、煎蛋饼,任何家务活对他来说都是生活的一部分,做这些事对他来说就是享受人生。不错,他有时也喜欢有点休息。不过在他生活的大部分时间中,尽管他身体多病,同时要花费大量精力写作,他仍然喜欢做这些低贱的工作。这就是劳伦斯和广大普通人之间的明显区别:大多数凡夫俗子都不遗余力地想逃避这种生活中的最基本工作,而专门去干一些无聊和无用的事儿。

很明显,冬季一过,劳伦斯的病情大见好转。在加尼特看来,劳伦斯精神不错,情绪上也很愉悦,他"一直是欢乐和心情愉快的"。他开始为未来作一些乐观的计划,同时他变得创作力极为旺盛,每天都写出新作来。在他完成《儿子与情人》的重写稿很久以前,他就"设想写一本新的小说——纯粹写普通人——充满情趣的小说"。可他所有的著作一共才能赚几个大钱呢?不妨看一看下列事实:当他和弗里达步行从梅霍芬前往加尔达湖时,他们两人一共才有23英镑。

加尼特和一位朋友一起陪伴劳伦斯夫妇走完了第一段路程,他们沿着普菲泽约克到斯特津的路翻过了一座座山岭。这两位作家一路走一路采集植物标本,采集了大约 200 种野花作标本。他们意外地发现了一座高原上孤独的教堂,里面全是奇形怪状的还愿画。一阵倾盆大雨,使得他们不得不在干草垛里过夜,其实想睡也睡不成,淋了个透湿。夜里雨又转成了雪。最后他们终于到达了充满意大利风情的斯特津,那里"一串串黑红的葡萄悬挂在葡萄架上。烟草丰收了,一座园子里,待晒干的烟草堆成了一座座奇特的宝塔"。

就在那儿,加尼特和他们分手了,对此,他以后深表遗憾。当只剩下他们两人时,这一对情侣吵起嘴来,"吵得不亦乐乎"。他们争吵,一部分原因是为了孩子的问题,另一个原因就是他们个性太强。从劳伦斯自己的一些叙述中你可以想象出,他和弗里达是世界上唯一的一对永远像情人一样争吵不休的夫妻。不幸的是,这些并不是他们唯一的麻烦事。翻越一座山去马拉诺的时候,他们迷路了。在刺骨的寒风中他们险些遭到灭顶之灾。黑夜"肮脏漆黑",向他们压下来,把他们折腾得筋疲力尽。劳伦斯的精力和意志终于战胜了困难,他们越过了最后一道山梁,找到了一处歇脚的地方。然后,还没等缓过劲来,他们又艰难跋涉向特伦托走去,那儿的情况更糟糕。他们既没经验又穷困潦倒,住进了一家收费低的旅店,店里的卫生设备还是中世纪水平的。弗里达"非常愠郁,简直想重新铺设去天国之路";劳伦斯看到她在但丁的塑像脚下流下了痛苦和自怜的眼泪。从那以后,他们才长了一智,不再走路,而是改乘火车去了里瓦,因为他们知道,情绪不佳的主要原因是疲劳。

当时的里瓦仍然属于奥地利,尽管是在战争中,这里仍旧很整洁,也很时髦。当劳伦斯和弗里达来到这座漂亮的小镇时,发现周围全是奥地利军官和衣着讲究的妇女,再看看他们自己,他们才意识到在山中六个星期的艰苦攀登已经让他们变得和流浪乞丐差不多了。这次他们的做法与在特伦托时正好相反,他们租了一间豪华昂贵的房子。他们的饭食很俭省,所以,每当趾高气扬的女佣进屋来时,他们就得匆匆忙忙把自己的食物藏在沙发下面。后来,他们又摆了一次谱儿:弗里达的那位阔绰摩登的姐姐送给她一大箱巴黎时装,于是弗里达突然变得穿着雍容华贵起来,这和他们那种鄙弃英国习俗的流浪波希米亚人的身份极不相称,而他们每年的收入却等于零。

无论如何,他们现在到达了目的地,他们打算就靠手头仅有的50英镑在这座湖边城市过冬了——这50英镑还是向达克沃思预支的。此外,他们所有的财产是一集正在印刷中的《爱情诗》和未完成的书稿《儿子与情人》。

三

　　后来,劳伦斯和弗里达都成为经验丰富的旅行家了,不过,劳伦斯体质羸弱,可他并不注意慎重选择合适的季节到合适的地区去旅游。在选择住处方面,他们也变得内行起来,弗里达更是如此,不出几小时,她就会用毛毯、刺绣以及他们从世界各地收集来的五彩缤纷的东西把房间装饰一番,这样,她就把那些最一般的房间进行了改造,屋里的环境变得十分亲切和迷人。从流浪一开始,弗里达就讲两种语言,不过很快劳伦斯就学会了德语。他们两人还可以讲三种外语:法语、意大利语和西班牙语。他们是名副其实的旅行家,不是傻头傻脑的旅游者。不过那年秋天他们选择加尔达湖这样一个太靠北、太荒僻的地方过冬,是因为他们缺乏经验,同时也跟他们不通晓意大利语有关。劳伦斯这个人很爱面子,生怕别人嘲笑、奚落他,这样,他甚至不敢向当地居民询问房间和价格方面的事。弗里达为此很生劳伦斯的气,干脆自己去问。她向一位湖区的村民结结巴巴地问:“请——住宿——出租”(意大利语),其结果只是教这位农民把他们送上了一辆返回里瓦的汽车!

　　后来的事实证明,他们缺乏经验倒是一件好事。这六个月在这个美丽的乡村过着恬静、原始的生活,对劳伦斯的“天才”的发展是再好不过的了,而且也有利于使他们那个奇特的恋人般的斗争打出个分晓来。在那儿,他们被迫学习一种外语,从而才能够生活并且发现与工业化的英国市郊截然不同的生活方式。无论这种斯巴达式的简朴生活有多少缺点,仍然比住在英国人常去的旅店要好得多,也不那么庸俗——在那儿,他们这种不合法的关系一经传开,立刻会招来一阵风言风语。更可怕的是一些小知识分子会来教劳伦斯如何写作。在这段时间里,他们会见过两个英国人,除了他们学习的意大利语书籍和别人送来的几本书外,他们几乎不读别的什么书。就在那六个月中,劳伦斯完成了《儿子与情人》的最后定稿,这本书第一次为他赢得了声誉。同时,他还写了《虹》和《迷途少女》初稿中的相当一部分;《意大利的黄昏》的一部分;两个剧本以及相当数量的诗歌。这六个月是他生活中创作最为紧张的阶段。

是里瓦的那位拥有豪华房间的女房东帮助劳伦斯夫妇找到了他们理想的地方。她把他们送到了湖边村庄加尔尼亚诺,当时只有汽船才能到达那儿。他们住进了一座花园别墅,花园"很美,种着桃树和竹子"。别墅的一楼配有家具,专供出租,里面有一间厨房,一间起居室和两个卧室,房间"非常整洁",一个月才收房租 2 英镑 16 先令。一得到这座令人愉快的房子,他俩"为自己有了个家兴奋地拥抱起来",看到"厨房里锃亮的铜盘子",他们又兴奋了好一阵子。劳伦斯计划就在那儿开始修改《爱情诗》的校样。他们刚一搬进新居就收到爱德华·马什的迟到的信,提出将《金鱼草》收入他的下一册《乔治诗集》中。一个仅仅是"天才"的人还能有什么更多的奢求呢?

很自然,他们和别人一样,躲避生活中麻烦事的本领并不大。第一个麻烦是,漫长的夏日(长得似乎会永远是夏天一样)在 10 月初突然中断了——湖区里到处都是"雪白的羊群",葡萄熟了,藤蔓转黄了。无花果树叶火焰般地红起来,秋天来了。这时,弗里达干起清洁活煮起饭来就困难了。不过,她太幸运了,劳伦斯简直是一个经验丰富的家庭主妇样的人,而弗里达则似乎什么活都干不来。有时他正坐在桌前集中精力写他的《儿子与情人》(只有了解他的人才知道他是多么全神贯注地进行写作),突然从厨房传来一声可怕的大叫:"洛伦佐,鸽子肉烧糊了,怎么办?"这时他会立即扔下他的小说,冲过去圆满地解决问题。注意,在熟人中,都称他为"洛伦佐",他不喜欢人叫他"大卫",而"勃特"又是他的小名,也不能叫。

后来,我们都很敬佩弗里达在洗衣物方面表现出来的热情和熟练技巧。不过那个时候,她可是缺少锻炼。她讲过一件不愉快的事:

我第一次洗床单就闹了一场灾难。这些床单子太大、太潮了,潮得简直教人毫无办法。厨房地板上发了大水,桌子弄湿了,我从头到脚湿了个透。当劳伦斯看到我这份受罪的样子时大叫道:"天啊,我们的独一无二的能人要淹死了!"我得救了,擦干了全身。劳伦斯把地板擦干,不一会儿的工夫就把床单拿到花园里去晒上了。

在加尔尼亚诺,弗里达似乎没怎么干家务活。每天早晨劳伦斯8点起床,给她做早餐。而她经常要到中午才起床,让劳伦斯陪她说话。这让劳伦斯感到简直是在受罪,似乎他此时没有做自己应该做的工作一样。为了消遣,同时也出于实际需要,他们开始向一位乡村女教师学习意大利语,这位戴着黑手套的女教师很古板,对他俩管得很严。劳伦斯说他俩"像孩子一样毕恭毕敬,咿呀学语"。当然(当然!)他比弗里达学得快,也学得好;尽管如此,不知为什么这位教师反倒"喜欢弗里达,老打击我的积极性"。于是,他不能不带出一个酒瓶子来,喝点酒以示他的"大丈夫气,说明他婚后是独立自主的"。下午或黄昏的时候,他们会沿着湖边到邻村波格里亚哥去,和当地人全家一起坐在餐馆的厨房里喝点土酿红酒(六便士一升)。这些人还没有受到现代文明的影响,不知小费为何物。在这儿他们总能欣赏到美丽的湖光山色和柠檬园,园里高高的坡地上长着橄榄树和葡萄架。有时为了更好地享受一下,他们会坐上汽船到附近别的村子里去看看。

自从劳伦斯来到麦兹至今五个月中,他"几乎没看到英语的印刷品",所以,当有人送给他一本阿诺德·班奈特的新著《五镇的安娜》时,他对此深表谢意,迫不及待地读了起来。这本书给了劳伦斯很深的印象,可当他将自己的环境与这本书中描写的生活两相对比时,不禁感到奇怪。他认为班奈特不应该向丑恶和黑暗低头,我们"都应该与苦痛作一决斗"。对于这一点他很气愤地写道:

不,我不相信英格兰竟会这样龌龊卑鄙。就算一个人穷,要拿生命和名誉冒险,那又算得了什么呢?我们本该有生活、爱情、纯洁和温暖这些必需的东西的。可英格兰为什么就这么卑劣?这儿的意大利人在歌唱。他们很穷,尽管只买得起二磅黄油,一磅乳酪,可他们很健康。他们在小广场上优哉游哉地逛乐,那儿是渔船集中的地方,人们在那儿修补渔网,他们个个像皇帝一样。女人们走起路来昂首挺胸,满不在乎。男人们爱孩子——他们为自己的孩子高兴,尽管他们很穷。

头六个月,两个人从孤寂的生活中所得到的全部生活、工作、思想、观感和享乐简直是不可思议的。前面援引的这封信说明劳伦斯仍然被工业化的问题所困扰,他长期以来一直如此。这个问题总在他的生活中出现。他试图找到解决问题的办法,这种尝试曾激发他写出了最优秀的作品,也导致他陷入困境,在很多方面走向荒谬。对过去所负的责任使得他永远不能接受作家所必须要的孤独生活。他总希望被人接受,希望一些有关的人尊重他、响应他。他认为现代工业社会笼罩着复仇女神的阴影。那"使生活彻底机械化"的"可鄙目的"造就了"大批"心地冷酷、充满仇恨、带来现代暴力和战争破坏力的人,产生了冷酷无情的现代政治疯狂。劳伦斯想制止这些发生,并且乐观地相信他可以指明一条出路,造就一个更新、更美好的世界来。他的想法是没有希望得到实现的;这等于想通过对食肉蚁朗诵济慈的诗而把它们转变为素食蚁。

对于劳伦斯来说,这个总的问题是与他的个人问题密切相关的。尽管他势利,但他为自己是工人的儿子而感到骄傲(当然,由于其他原因,他也恨自己的父亲)。他爱自己故园的生活,爱街上人与人之间的交往,也爱钱伯斯家农场上那种与众不同的生活。我们知道,工业化和机器与他个人一发生关系,他就会盲目地加以反对,只要他能够,他决不会让机器统治他。他视机器的崇拜者们为仇敌,认为他们是可怕的群居动物(甚至是昆虫),谁要是想逃避,他们就会冷酷无情地对他报复。尽管如此,他总算是逃出来了,逃到了古老的班那克斯湖畔。这座湖泊与其说是天然胜景,不如说是几代人精心劳动的杰作。劳伦斯思忖着:"为什么英格兰要如此龌龊卑劣呢?它一定要是这个样子吗?"毫无疑问,他提醒过自己,你要有工业化的"富裕",你就得有机器,就得有燃料;你要想得到煤炭,你就得把自己弄脏,就得破坏自然风光;有成千上万的人看管机器,就有挫折、卑鄙和嫉妒,劳伦斯为此深表哀伤。就是在加尔达湖区,意大利人的确是在边干活边歌唱,可是,他们当中大部分人其实巴不得抛弃旧式的舒服日子,移居到冷酷无情的机器的世界中去。如果说，劳伦斯当真找到了什么办法去解决这种问题（他跟很多人一样认为这种情况等于集体自杀），那未免把他捧得太高了。其实，他所能做出的解决问题的唯一办法就是他一个人躲避起来。

很自然，他这时每天都在写他的自传体小说《儿子与情人》，这些问题当然会在他脑海里闪现。弗里达告诉我们他是非常专心致志地写这本书的，当他不得不回忆母亲生病和去世的情景时，他痛苦到了极点。按说他早就应该忘却这些，可当时他正深陷其中而不能自拔。弗里达"感到厌烦了"，于是写了一段讽刺短文，题目是《保尔·莫雷尔，母亲的宝贝儿》。令她惊奇不已的是，劳伦斯竟冷静地接受了。当然，正是弗里达给予他认识自己的线索。她告诉他，她从一位德国青年那得知了弗洛伊德的理论，那位青年是一位醉心于精神分析的人。劳伦斯立刻就明白了，这正是问题的关键所在，不仅对于他自己，而且对于许多受到性挫折和性饥饿的人来说也同样是个关键问题。谈到这本书时，他给加尼特写信说："这是成千上万的英国青年的悲剧。我觉得这也是罗斯金的不幸。"

由此可见，对他早期生活的回忆似乎唤醒了他早已抛弃的宗教神秘主义。他在《意大利的黄昏》中加进了不少大段的、与本书毫无关系的神秘主义论述，他还写了一篇题献词（后来取消了），其象征写法也是神秘主义的写法。作为一位艺术家，他厌恶这种风格；可作为一位布道者、一位预言家，对此他是无法抗拒的。每当他要表达某种抽象概念时，都是如此。与布莱克不同（他与布莱克并无多少共同点），劳伦斯既没有发明一套完整的自己的神学，也不相信自己有过什么超现实的感召。确实，他毫不介意地运用旧的象征物——不管是基督教的还是其他更古老的宗教象征物，但这只是想说明他的思想的实质——他的思想充满激情，复杂混乱，如同罗斯金一样。在这本题献词中，劳伦斯对

理念、圣父、圣子、三位一体①和女人进行了论述,其言不亚于一首赋格音乐。他得出的结论是这样的:

> 古代的恋母的儿子只是俄狄浦斯一人,而我的恋母的儿子却有成千上万。如果这样的人娶了一位妻子,这妻子是不成其为妻子的,她只是他的床席。他的生活会撕裂成两半。这样,失望的妻子就会希望得到儿子,于是她从此得到了自己的情人。

离开这些惊人之谈来看看他同时期写的信中的自嘲是很有意思的,他对朋友说:"别在乎我说什么,我是个信口雌黄的人。我好空想,这些空想往往让我着迷。我最大的信仰是,血气、肉体,比理智更聪慧。我们的理智会犯错误,但是我们的血气所感觉到的、所相信的和所讲的话永远是正确的。"这是劳伦斯的信念之一,对此他始终——也许说得更妥当一点,"几乎从来"没有动摇过。由此可见,这种信念和他那多少有些模糊的理论——"本能"的作用的理论是有关系的。他的另一个信念是与此相关的(尽管极为危险、令人生疑)信条,即一个人应该永远服从于自己的冲动,不管是怎样的冲动。下面一段话就是他的自白:

> 真正的生活方式是与自己的欲望相呼应的。并不是"我要用自己的智慧去点燃尽可能多的东西",而是"为了我的火的燃烧,我需要那种自由,我需要那个女人,我要那一磅桃子,我想睡觉,我想去酒馆享受,我今天想装得很阔气,我想吻那个姑娘,我想痛骂那个男人"。可事实正相反,这些欲望,这些捕捉不定的欲望都被

---

① 宗教中的圣父、圣子和圣灵。

忽视了,我们却在谈论什么观念。

不管他怎么谈论圣父、圣子和理念,不管他如何运用基督教的象征物,事实仍然很明显,他大大地否定了基督教的道德和信仰。他仅仅是从心理学的意义上利用了这种象征,当然这不仅无济于事,反而会引入歧途。不过,讲了一通前面那些格言警句后,他又开始嘲弄自己了:"我很像卡莱尔,人家都说他写过 50 本书阐述缄默的价值。"的确,他太像卡莱尔了,这不仅局限于他承认的那一点。尽管劳伦斯看问题尖锐,他知道不知道他是如何把这个世界看成是他自我的表现的? 一朵花,一个人,一幅风景画,一件艺术品,人与人的关系,人类历史,科学和宗教,都被他理解和解释为与自己的需要和情绪有关的东西。他果真像赫胥黎所说的那样对"神秘的他物"有所直觉吗? 对此我表示怀疑,我以为这"神秘的他物"就是他自我的投影。他是在用一种无人知晓的知识唬我们。比如,我们谁也说不清一只乌龟、一头羊或一只蝙蝠的感受是怎样的。可劳伦斯这位爱猜舍拉德字谜的人佯称他知道,并且把这种感受表现得微妙精巧时,我们都信服了。谁能说不是呢?

在与他人的关系上,他亦是如此。如果有什么东西让他不满,妨碍了他或与他过不去,他就否认这个事实。为了自己的方便,他会否认别人的真实感受。对于他生活中的一个最明显而且最令他尴尬的事实他就予以否定过——弗里达深深地爱她的孩子们,她的孩子们需要她。他要使她相信:"你并不惦记那些小东西,真的,他们也不想你。"可是,要是有谁否认他和母亲之间的爱,他会说什么呢? 对他来说,世界是有可塑性的,可以,而且必须随着他改变。弗里达对此感到不可理解,不能接受他的话(关于那些"小东西"),于是他改变了他的立场,劝她说,他可以通过写书来"为他们创造一个新的天地,别哭,你看我能不能办到吧"。当然,他太需要她了,为了把握住她,他随时有话可说,有事可做。弗里达虽然不是善于辩论的鲁珀特①,可是在一个争吵中也指出,劳伦斯出尔反尔,这次说的和一周前说的话满拧时,劳伦斯反守为攻说:

　　我为什么不能?上周我是那么想的,现在是这么想的,我为什么不能这样呢?

　　她唯一可以说的是,你并不是上帝,不管你的感觉如何改变,世界和事实并不因此而改变。

　　劳伦斯自相矛盾,否认最简单的事实,其荒谬性对一个富于构思的艺术家来说是很有价值的,但却使平庸迂腐的人大为光火,他们盛怒之下写书反驳劳伦斯。有些人想从劳伦斯那儿求得严谨的哲学体系或要求他对他自己的言论和文字阐明理由或进行图解,这都是浪费时间。关键问题不是他的观点和偏见,而是他本人,他比任何一个他的同龄人都更能够表达生命和美。至于说到矛盾,除非你是个冥顽不灵的人或是个令人生厌的精明、狡诈的野心家,否则谁能没有自相矛盾的时候呢?

　　紧张的文学创作,和弗里达好了吵、吵了又好,家务活,学意大利语,这些并不是他在加尔尼亚诺生活的全部。"我在阳光和幸福中生活,我在流亡和贫困中度日",这才是他生活的真实写照(他为此感到自豪)。他的通信朋友不多,可他时常大方地请大家来聚一聚,如果他

---

　　① 爱德华·斯坦利·鲁珀特(1799—1869),第14代德比伯爵,以辩才著称,人称"善辩的鲁珀特"(Rupert of Debate)。

们同意来的话,他们可算得上太明智了,因为在这儿,他们会看到活着是多么有意思。唯一同意前来的是一位叫哈罗德·霍普森的年轻人,他陪同劳伦斯夫妇和加尼特一起从巴伐利亚步行到奥地利,并和他们一道欢度圣诞节。

除此之外,他们生活得很孤独,他们必须提起自己的兴致来,让自己过得快活些。除了写作,作为休息,劳伦斯操起了画笔作画,他称自己的画是"两幅不同的画儿"。他和弗里达一起爬到城后的山上去采圣诞玫瑰。有一次,学校的女教师错误地报道雪花莲开了,害得劳伦斯在 1 月天里独自上山去观赏,可他看到的却是报春花和雏菊。弗里达最能与他共鸣,同他一样喜爱鲜花:

> 劳伦斯头一次发现了一株巨大的蓝色龙胆花时,我感到他似乎跟它产生了一种奇特的共鸣,似乎这龙胆花将其忧郁和本质都给了劳伦斯。他见到的任何东西对他来说都有一种新生的创造性的感觉。

即使在这个时期,他已经习惯于——他知道自己这样——毫不脸红的专横武断了。他对爱德华·加尼特说:"住在这儿,人似乎有点变了,变得有点像个权威。"这话不错。可他为什么要这样呢? 为什么要深陷到自我矛盾中不能自拔呢? 像蒙田一样,他知道自己老是飘忽不定,可他从来不能像蒙田那样在存在带来的困惑面前耸耸肩说声"我何必懂得呢?"他在天国乐园里悠然自得。他总是要懂得一切的事并且给予正确的答案。也许这就是艺术家与哲学家的分野之一吧,哲学家可以怀疑,可以无知,可艺术家却一定要生活,一定要懂得他一切的情绪和经验。

尽管如此,他仍不能摆脱他的武断主义。有些问题别人比较谨慎、带着怀疑的态度讲,而他则断然不疑地讲述。他自己很清楚,这种"以权威自居"的习惯是荒谬的,他甚至警告人们对此不要太相信,可第二次他又会彻底陷进这种习惯中去。他不会吸取教训地摆脱这种习惯,正如他不会放弃建立"朋友之家"的希望一样,尽管经验表明这种做法是灾难性的;他也不能不同他唯一爱着的女人争吵,大多数情况下这种争吵纯粹是无事生非。尽管他承认这些都是事实,可他仍然犯错误,发脾气,毁灭自己的幸福。尽管他这种武断专横和好斗的性情是出自他的特殊性格,但主要应归咎于他的早期教养和环境。同样,他还养成了一种不由分说、毫无道理地将自己不适当的建议强加于人的习惯。

阿尔卑斯南部的秋天是漫长的,不过,早晚那积雪的山峰会把寒冷的冬天降到意大利。冬天的到来,让劳伦斯这个毫无经验的北方人着实吃了一惊,吃了些苦头。12 月中旬他就"患了一次感冒",他感到很"不舒服",不得不卧床"服用托罗尼"。这使他在幸福的时刻中惊恐地想到自己肺部的魔鬼。雷雨天让他"惊愕又让他愤懑","波尔河上的恶风"卷来了飞雪。这些都出乎他的意料。他感到厌烦,感到"忧郁",他不得不通过擦地板和做橘子酱来活跃气氛。

这种"忧郁"情绪是很难驱散的,即使房东把自己在戏院包厢的钥匙给了他,让他去看看地方的滑稽戏,松散松散,也无济于事。这是有其原因的。要说劳伦斯想赚钱那是不对的,可是经验告诉他,缺钱花是很痛苦的,尽管为了不借债他会把花销减到最低限度,可他总不能不借债呀。那年冬天他不得不为钱发愁,因为他要养活弗里达,可他手头一点都不宽裕,前景也很黯淡。他的诗集并不受欢迎,订数才一百册,这更让他发愁。可如今,你要买一本他那一版的诗集,至少得花上 4 英镑才行!最让他沮丧的是爱德华·加尼特给他的一封信,信中对《儿子与情人》作了各种非难，并以"纯洁"的神圣名义要求劳伦斯进行删改。面对此等恶劣现实，他感到灰心丧气，但他仍然勇敢地声称，他宁可做一个"人们常说的住亭子间的穷诗人"，也决不退让，决不再回头去教书。接着他又急忙补充说，他倒不是对"吉辛①和恰特顿②这样的挨饿者抱有什么同情心"。他也曾想过卖文为生的主意，后来又拒绝这样做，他自豪地声称："我总感到我是赤裸裸地站在上帝面前，让圣火从我身上穿过——这是一种多么庄严的感觉啊。一个人应该这样虔诚才是。"

然后又出现了弗里达离婚的问题，律师们那些卑劣的观点很令人反感，更不用提劳伦斯根本付不起律师费的事了。通过这场奇特的战斗，他和弗里达在共同斗争中渐渐建立起了牢不可破的永久关系（尽管她总在怀念在英国的那些孩子，孩子是令她魂牵梦萦、难以忘怀的）。"我们的日子很难过，弗里达和我。"他给一位女性朋友的信中这样写道。是不容易，谁说这日子好过呢？让她"那样"离开丈夫和孩子，该有多么不容易啊。同时，让他们在国外孤独地开始共同的生活，置一切于不顾而去"深深地挖掘爱情"，这更不容易。后来，劳伦斯详细地谈到了这个来之不易的胜利时说：

　　一旦你知道了爱情是怎么一回事时，什么失望，什么绝望，全都云消雾散了。如果苍天像一只破盘子散落下来的话，它并不能中断我和弗里达的联系。我将为男女之爱终身坚持努力。

---

① 吉辛（1857—1903），英国小说家。
② 恰特顿（1752—1770），英国诗人。

从圣诞节到 3 月初,他们都在孤独地生活着,后来一位女同胞来了。很显然,有时不洗碗劳伦斯也同样感到幸福。他热烈地欢迎这位女同胞的到来,因为"谢天谢地,她把我那份家务活给干了"。他抱怨说他觉得他"煮了成车的饭食,擦洗的案板加起来已经有好几英亩那么大了"。后来这位朋友搬到山峰嵯峨处的圣戈登基奥去了,待劳伦斯的租房契约期满后,他们夫妇也去了圣戈登基奥,住在一家"违法开设"的小酒店里。关于这儿的情况,劳伦斯在《意大利的黄昏》中作了叙述。

劳伦斯怀着惋惜的心情离开了加尔尼亚诺。尽管有过忧虑,有过困难,但他们在加尔尼亚诺的生活可以说是够完美的了。如果说以前他对作家这个职业有过什么疑虑的话,现在这些疑虑由于《儿子与情人》最后完美地定稿而完全消失了——尽管加尼特对此还有微词。在加尔尼亚诺,劳伦斯的工作是既刻苦又有成就的。

他恋恋不舍地离开了怒放的鲜花,鲜花对他来说是美丽的自然界之最美好的象征。在他孤独的时候,鲜花给了他多大的慰藉啊——野生的仙客来"散发着冷香,是真正的古老的花朵,似乎盛开在费德拉①和海伦②的大地上";圣诞玫瑰那"硕大冰冷的花冠,像紫罗兰,又像木兰花"在冬日的阳光下"伫立着,纯洁得像冰镇的白酒"。早春时节,报春花开了,橄榄丛林中"开着大片端庄的白色紫罗兰,还有不少淡蓝色的花儿"。桃花开了,李花绽开了笑脸,"就像灰蒙蒙的橄榄林中蒸腾着的绯红的烟云";还有野生的一品红那浅红的花朵,蓝色的欧龙牙草,淡淡的蜜蜂兰花和深紫色的风信子,"像琥珀,又像多乳房的黛安娜③,乳

---

① 费德拉:希腊神话中的王后。她爱上了继子希波吕托斯,遭到拒绝。她害死希波吕托斯后服毒自杀了。
② 海伦:希腊神话中宙斯与丽达所生之女,因被帕里斯所拐逃而引起特洛伊战争。
③ 古罗马神话中的猎神、月神和贞洁女神。

汁充足,被阳光晒得紫黑、成熟了"。

尽管他深深地爱着这个地方,可他知道,他们必须离开这儿。春天一到,他就变得躁动不安,他早想到佛罗伦萨和罗马去了。他们在圣戈登基奥总共只住了两周,但换一换环境让劳伦斯快活多了。每天,他都坐在湖岸上荒废的柠檬园中写他的小说。他说写这本小说纯粹是为了赚几个钱,这是读阿诺德·班奈特的小说后受到启发、按照读后感来描写中原的一部小说,后来,他将它重写,题名为《迷途的姑娘》。不过大部分时间是在户外,在"山上烧炭人的棚子里或在山上的乱石堆中度过的"。《意大利的黄昏》一书中四部分特写所描述的那些人物和经历,都是他在那两周里的所见所闻。当他集中精力写短短几天中纷纭的经历时,他往往写得非常出色。

一天清晨,他独坐一隅,赏着春景。他丢下他的小说,写了一首诗,庆祝他和弗里达的胜利:

> 我们死了,我们杀戮别人
> 又被人杀死,
> 我们不再是以前的我们。
> 我们得到了新生,渴望着
> 重新开始。
>
> 多么美好啊,活着,忘却,
> 多么美好啊,感到了新生。
> 看那花丛中的小鸟儿,闹得
> 片刻不停。

他觉得整个蓝天

比不上

他窝中青灰色的鸟蛋，

我们会幸福的，

你和我，我和你。

不需要再战斗了——

至少在我们之间。

看啊，外面的世界

多么妖娆！

四

　　从加尔达湖向北迁移似乎着实有点溃败、撤退的味道。他们的行李都已打好并标明运到佛罗伦萨,可他们又突然决定向北走,而不是向南了,他们是想通过巴伐利亚回英国。为什么会有这项突然的改变呢?这又是因为弗里达想念孩子,渴望跟她的孩子们在一起。当弗里达真的拼命要得到什么时,劳伦斯很少反对过。孩子们在他们俩的生活中所起的悲剧性的重要作用无论怎么夸大都不过分。这位年轻的母亲被两边撕扯着:一边是她的孩子们,一边是这位陌生的、心怀炽烈爱情的恋人像抢劫塞班的女人们那样(见鲁本斯的画)①把她携走,她陷入了爱情与忠诚这对不可调和的矛盾中。劳伦斯过分自信地向弗里达保证说他会为她的孩子们"创造一个新天地",他这样说并不奇怪;他还给弗里达的姐姐埃尔斯写信,明显地、堂而皇之地说:"如果弗里达让孩子们受到损失,那等于是对他们诅咒;不管他们眼前这会儿失去什么,但他们会保持内心的自由和骄傲,所以,我们必须坚持下去,决不放弃孩

_____

　　① 彼德·保尔·鲁本斯(1577—1640),佛兰德斯著名画家,以大量的古代神话作自己的创作题材。他的一幅画绘的是罗马的创始人罗缪勒斯部下的年轻人在自己本族里缺少女人的情况下侵犯塞班,并抢走了那里所有的女人。

子们,我们一定要他们的,是好的东西我们都要,我们会的,会的。"

不消说,劳伦斯的这些辩解都是极其空洞而荒谬的,其中根本谈不到什么论据。但他不得不做点事儿,说点什么,找点借口,因为这时已经从英国传来风声说,如果弗里达坚持的话,她可以离婚,但是她的孩子们就要永远失去母亲,她也永远不能去看他们了。在这种威胁下,弗里达感到不知所措,她想不出什么好办法来,只想赶紧回英国,在街上站几个钟头以期见到放学后从校门里走出来的孩子。用劳伦斯的象征说法来讲,可以说这是一场狮子和独角兽为弗里达的王冠所进行的斗争,可在争斗中那顶可怜的王冠却弯折了、碾碎了。

有那么一段时间,她大概差一点就要放弃这种冒险计划,重新做一个规矩女人,回到英国去接受"宽恕"。劳伦斯似乎有什么顾虑,不愿意直接说出口来:"你不能走,我需要你,和我在一起吧。"他放不下架子承认这一点,不过他使尽了一切可能的手段去暗示这个意思,口头上却不吐露一个字。他绝不可能像他对埃尔斯的信中所说的那样,容忍另一个男人的孩子。而且,他当然也知道他是不可能得到这些孩子的。就算他们得到了孩子们,可这两个一文不名的流浪者怎么能照看三个孩子呢? 在那个时候,让劳伦斯最发愁的是钱。他的诗作失败了,至于《儿子与情人》,他还没收到校样。他甚至开始动摇又说准备再去教书了,不过不是去戴维逊那样的大型学校,而是去一家小型的私人学校。可是,以他的健康状况,哪个学校会接受他去执教呢?

他们本来是打算在巴伐利亚待一个星期的,可实际上他们却从 4 月份到 9 月份(1913 年)都住在那儿。他们住在弗里达姐夫家的一个农家宅子里,这样他们物质上的困难就算解决了。"这座小木屋坐落在一片冷杉林的一隅,这一带草坪上开满了报春花和龙胆花,从这里可以远眺积雪的阿尔卑斯山。"尽管他留住了弗里达,尽管这儿的鲜花和雪峰使他得到安慰,但劳伦斯并不感到幸福。"离开意大利真让我心都要碎了。"他给一位朋友的信中这样写道。在给另一位朋友的信中他又写道:"我要回意大利去。"在他的一生中,他在意大利住得最惬意。离开了意大利,他来到德国,对这里"拘谨和深居简出的生活"很反感,虽然,他对德国也怀着感激的心情说,这儿比"在英国时的那种使人窒息的做礼拜的感觉"毕竟要好得多了。

　　不管怎样抱怨,劳伦斯还是安下心来工作了,交替着写《迷途的姑娘》和《虹》的初稿。他为《儿子与情人》的命运担忧,但是干着急没办法,出版社的拖延让他伤透了脑筋,他气得把所有的出版商都贬为"一群该死的拖拉鬼"。当然,他更为自己的下一部小说担忧,那不是没有道理的。因为这是他的第三部小说,如果其销量不如前两本大,名望也不如以前高的话,他的前途就很难乐观了。不管他心里怎么想,表面上他显得极度自信,把那本只卖了一百本的诗集看得无足轻重,并夸海口说:"我知道,我比任何一个英国人都能够写出更了不起的东西来。"

　　在这座巴伐利亚的厄什霍森林,他很少读到现时期的英国作品。《牛虻》被他弃之一边,他不喜欢书中"性生活上的曲折";威尔斯的《马基雅维利》①让他读来觉得压抑,冗长,"我喜欢威尔斯的作品"。他写道,"他热情,是一位充满激情的雄辩家和推理大师。可是,天啊!他伤了我的心。他总像一个饥寒交迫的孩子盯着橱窗里的热猪肉那样来看待生活。"这本书使得劳伦斯开始为英国担忧,他深信,"只有重新调节男女之间的关系,让性自由地、健康地发展,英国才能摆脱它目前的衰败状况"。他谈到了柏格森②,认为他的"说服力并不太强",还认为这

---

①　马基雅维利(1469—1527),佛罗伦萨政治家和作家,提倡不择手段建立权威。

②　亨利·柏格森(1859—1941),法国著名哲学家,强调直觉和意识"绵延"及"创造进化"理论。

人无聊得很。那时,《新政治家》杂志才刚刚创刊,劳伦斯认为它像"患了麻疹"。

6 月底,他们夫妇对英国进行了一次短暂的访问,他们先来到了爱德华·加尼特在肯特的住所,加尼特把房子让给他们住。加尼特设法让劳伦斯从他的出版商那儿得到一张 50 英镑的支票,并为他挑选了一些称颂他的小说的评论文章。劳伦斯则带来了他自称"我迄今为止最优秀的短篇小说"的手稿,后来出版时起名为《普鲁士军官》。同时,等待他的是奥斯丁·哈里森(《英国评论》的新任主编)和埃兹拉·庞德给他的约稿信。最后,爱德华·马什(《乔治诗歌》的主编)给他送来了一首诗的小额稿费支票——"我称它为天上掉下的吗哪"①,劳伦斯不无嘲讽地说。

对这对无人尊重的流浪者来说,这是多么够朋友的一番厚意啊,他们俩高兴极了。这时,他们甚至已经被一些有资格的人士所认识。爱德华·马什把他们介绍给沃尔特·罗利教授、赫伯特·阿斯奎斯及辛茜娅·阿斯奎斯。他们坐在玛戈塔附近的一个山洞里和阿斯奎斯夫妇一起歌唱:"狂暴的浪涛在说什么?"在伦敦,他们结识了约翰·米德尔顿·默里和凯瑟琳·曼斯菲尔德(当时是《韵律》杂志的编辑,劳伦斯称之为"冒傻气的杂志,不过上面的民谣还挺好听"),他俩来海边看望劳伦斯夫妇。默里写下了这次会面的回忆,其中一段是这样写的:

在一个寒意料峭的傍晚,劳伦斯像一个小孩子似的在浪里钻来钻去。浪涛拍击着平缓的褐色沙滩。凯瑟琳·曼斯菲尔德是个

---

① 吗哪:《圣经》中所说古以色列人经过旷野时获得的神赐食物。转义为不期而获、让人精神振奋的东西。

出色的游泳能手,我还凑合。只有在这方面,我才比劳伦斯干得出色。在那儿,在那片荒漠的沙滩上,我们四人在阳光下裸着身子沐浴,开始挺兴致勃勃的,后来就冻得颤抖起来。回家后,我们大吃了一顿炸牛排和番茄。

劳伦斯的魅力是那样大,回忆起来,似乎连那天吃的番茄"都在闪着红光"。当时那些知名人士,即使不是全体,至少有一部分对劳伦斯的早期作品已很感兴趣。待到《儿子与情人》出版后,劳伦斯的声名大振了。确实,连他最忠实的崇拜者默里和凯瑟琳·曼斯菲尔德都断定,这本书"开始是纯粹写实的",而"其余部分则全是回忆性的,最终让人觉得内容惊人地丰富但又乏味"。这句话的意思怎么理解都可以。确实,一些书商和流动图书馆拒绝经管这本书("但愿他们在地狱里进油锅",劳伦斯这样咒他们)。但是,这不过是庸才给这位"天才"的献礼罢了。劳伦斯的书目文献编著人告诉我们,现存的第一版书籍"表明,这些书被人们翻得够烂的,显然这书被人们读了又读、传来传去、反复阅览"。两年后,在他的下一本书出版前夕,默里撰稿谈到劳伦斯的名望时说:"那时,劳伦斯显然是最有希望成功的人。他的书成了最有声望的评论家的意外收获。"劳伦斯的这把金交椅是由《儿子与情人》赢得的。

这本书最初销售情况并不景气,但它赢得了声誉,其成功的原因是什么呢?要想找原因总是容易的,可要说这些是真正的原因却不那么容易。很自然,要指出的是,这本书是英国小说中首先图解弗洛伊德的心理学理论的小说之一(如果不是第一次的话),当时弗洛伊德的理论才刚刚在英国显露端倪。依照职业批评家们的观点,这部小说违反了由亨利·詹姆斯、乔治·穆尔和约瑟夫·康拉德等设立的似乎一劳永逸的法则。不过我们可以援引一段菲利浦·海塞尔坦（即彼德·沃洛克）大约一年后所学的外行话：

"我刚读了劳伦斯的全部三部长篇小说。其深邃的洞察力和优美的语言是任何其他当代作家都不能与之比拟的。"

这是当时不少年轻人的意见。《儿子与情人》刚一与读者接触，就得到了反响和认可，其情形与后来的《尤利西斯》和《斯万之家》①一样。这本书的确新颖、精彩，一定会流传下去的。在《儿子与情人》中，作者对文字的驾驭能力几乎是富有魔力的，决无哗众取宠之嫌——他对自己要表达的东西充满了激情以至于他忘记了自己是如何付诸文字的。这本书道出了丰富的人生经验，同时，展示了一种新型独特的人格，它令人惶惑，其违反人之常情处令人愤懑，但是它又给了读者一份多么丰厚的馈赠啊。

当然，他们此次来英国并不是单单来享受《儿子与情人》的胜利果实的，很可能，他们是来搞一些"证据"以供给法庭作一场庄严的滑稽戏来允许弗里达离婚。为此要花一大笔钱才行。那件事完了以后，他们没再耽搁就离开英国了。尽管这本新的小说销售量并不大，但劳伦斯却不再谈起回学校教书的事了，很明显，他自以为一时很有保障。8月初，他们回到了杰菲教授在厄什霍森林的木屋里，未来的一年将是幸福快乐的一年。劳伦斯心情极好，甚至滂沱大雨也不会让他灰心丧气（他有时一大早起来就得穿着游泳衣绕着屋子跑作为晨浴）。

现在，至少他和弗里达之间由于意志和性格的不一致引起的争斗停息了（要不是后来外部世界的一些事情让劳伦斯恼怒万分并把他逼到了发疯的边缘的话，他俩就会一直这样相安无事下去）。不久，劳伦

---

① 法国作家普鲁斯特的代表作《追忆逝水年华》中的第一部。

斯从巴伐利亚写信说他们"已经安顿好了",过得"很舒畅"。在巴伐利亚,弗里达生活在她的亲人中间,而劳伦斯呢,竟躲在一边很有兴致地欣赏她的生日庆典。一队儿童来了,其中有"一位头戴花冠的小外甥女,几位身穿白衣服的小外甥带来一篮桃子和杏子;还有一盒盒的糖果,一瓶瓶的香水和一束束的鲜花和其他礼品"。弗里达身着巴伐利亚的农家服装接受这些礼物、听他们朗诵生日献辞,然后她"吹起了口琴"。

劳伦斯为再次离开英国感到高兴,尽管他不无怀恋地说:"我很爱我的乡亲们。"因为这样或那样的原因,他觉得英国"杂乱无章,无聊,黯淡"。在巴伐利亚的山地里(当不下雨的时候),整个世界是"那么生机勃勃"。他总是不知疲倦地眺望着阳光照耀下的遥远的高耸山峰,层峦叠嶂,"在变幻着的光线下更换着姿容"。在那儿,他常常觉得那个世界就是他的象征。可在英国他让那些道学家搞得很不好受,老觉得自己自惭形秽,不得不向那些人请罪,这都是因为他跟弗里达的关系"不正当"。跟另一个阶层的新朋友们在一起时,劳伦斯很难表现得从容自若,他们的设想和成见跟他不能合拍,他们的优越感表现为"评头论足",对这位"天才"他们不可避免地摆出一种庇护人的架势,因为他们自以为有"无可比拟的优势"。爱德华·马什甚至好心好意地给劳伦斯开了函授课,教他如何写诗。劳伦斯在回答他提出的要合辙押韵的建议时耐心地说:"我总想让情感自然而然地在诗中流露出来,不让它走样。"要做到这一点,首要的是要有感情。

因为某种原因,这时劳伦斯的诗歌创作量骤然下降了,不过他写过的那些诗都是关于弗里达的,是在他们为自己闯出天地时的一阵阵狂喜和平静中写成的:

穿过敞开的激情之门，

穿过闪烁的火焰，

疯狂的爱之火正颤抖

在疯狂的欲望之体上。

　　不幸的是，当代人的趣味是那么古板陈腐，他们让诗变成了一种腐朽的表达方式（我们希望这种情形只是暂时的）。此时，劳伦斯则用诗来表达现实中性爱的欣喜。那首美妙、洒脱的《婚姻》是赞美爱情和婚姻的一首完美的诗。《被人爱着的男人之歌》那首诗被拘谨的出版商从《看，我们闯过来了!》的第一版中删掉了，后来 1928 年出版《诗集》时，劳伦斯为此重写了一遍这同一首诗——从文学角度看，这首诗并没有什么改进，他原来写诗时的情绪也毫无改变。幸运的是，他送给弗里达这首诗的原版，她至今保存下来了：

我的归宿在她的乳间，在她乳间，

我的左右和背后是空间和恐怖，可是

我面前是温暖的力量的城市，

在她乳间。

我整日快活地忙于工作，

我不看我的背后，我怕

背后潜伏的恐怖。我坚强，

我为我的工作而欣喜。

我无须照看我的灵魂；我用

祈祷消除我的恐惧感,我只需
每晚回家,找到可爱的门
关住自己,挡住恐怖。

我只需每晚回家,把我的脸
埋在她的乳间;我一天中
干了什么好事,我的宁静
可以证明。

我的失败,我所错怪的
都无言地从她身上得到反响
我哑口无言,羞愧万分。
我希望,我的脸埋在她乳间
度过永恒的时间
我寂静的心充满安全感
我寂静的手捧托住她的乳房。

　　我不知道对那些鹦鹉学舌般地叫喊"她跟他不合适"的人来说还
需要什么证据才能把他们驳倒。仅这一首诗就可以让人得出结论,特
别要说的是,这导致他写了另一首诗《身经沧海人之歌》,成功地宣布
他对自己和对她毕生合作的事业的信心:

不是我,不是我,是风穿透了我!
美好的风吹送着时间的新方向。
如果我让它搭上我,带走我,如果

它带走我多么好!
如果我敏感、微妙,哦,纤巧,
　　是长翅膀的礼物多么好!
如果,最美好的是,我屈服于它,
　让这美好的风带走我该多么好,
　　美好的风啊⋯⋯

在这首诗中,他把自己奉献给爱情和生活,并神秘地相信,在某种意义上说,他是上帝选来表达超越自己的真理的;这些时刻对他来说是完全真实的,正如他渴求黑暗、毁灭和死亡祭礼的那些时刻同样的真实。

五

当年,徒步在欧洲旅行仍然是可能的,而且让人感到愉悦。要想看一看前人策马或步行丈量距离时的世界有哪些遗风,徒步旅行仍然是最好的办法。早在 9 月份,雪山上的冷空气已经开始吹到厄什霍森林,于是劳伦斯夫妇开始谈论他们该去南方的什么地方。他们决定,弗里达抽出时间来去看看她的父母,而劳伦斯则步行穿过瑞士去意大利,然后弗里达坐火车去意大利与他相会。看上去她似乎不愿意再像前一年那样吃苦头了。可是他身体更虚弱,却敢于冒风险。他收益不小,在战争的破坏和官方旅游管理下欧洲的风貌改观之前他多观光了几处地方。

他计划从斯果夫霍森出发,经苏黎世、卢瑟恩、埃罗洛和贝林佐纳去了科莫①,他很少坐船,大部分时间都是身背一个旅行袋步行。他发觉他并不怎么喜欢瑞士低地地区——好像"没什么特色,普普通通"。除非在山里,否则瑞士总让你"感到一般,毫无生气,平平庸庸,甚至让人难以忍受"。这种切肤之感促使他认为,"唯一的生的感觉是离开此地时的解脱感"。这样他在苏黎世没待上一两个钟头就乘上一只汽艇沿湖而下,晚

---

① 意大利北部风景区。

上他就到了加茨霍斯,在那儿"吃了一顿油煎火腿,喝了些啤酒,试图让自己适应瑞士的那种彻头彻尾冰冷的实利主义气氛"。

后来有了一个发现,这让他大感兴趣并且变得有生气了,借此他认识了一些人,他对他们很寄予同情之心。他结识了几位意大利流亡者,这些人是为了逃避征兵而躲到瑞士来的。这几位流亡者正在排练一个话剧。劳伦斯描述过几个人,他们是古赛比诺、阿尔伯托、阿尔弗莱多和他的女朋友玛琳娜,他们试图推出一台话剧,还创办了一张小报"无政府主义者"。他们满怀热望,自信这张报纸可以拯救世界。他们充满了热忱,人情味十足,怀恋自己的故乡。他们原先不过是农民,为了某种不切实际的理想来到"这个冷酷的机器世界",在工厂里当上了工人。尽管劳伦斯讨厌他们的理想,不过他还是喜欢他们,因为他们仍然生气勃勃,充满活力。

第二天是个星期六,一大早起来,他的早餐桌上有"抹黄油的面包,一块重五磅的奶酪,还有一大块新鲜的甜糕"。吃了早餐他就出门了,很快地"过河"前往卢瑟恩,在那里他就碰上了一群做礼拜的人从教堂里出来。这是"肥沃的农田上"的一座教堂。男人们穿着"宽松的黑袍子,戴着高顶礼帽,手提着雨伞,女人们衣着很丑",一个个显得呆板无生气,"在礼拜的气氛中失去了自身"。劳伦斯憎恨这些人。当他坐下照料自己起泡的脚指头时,他看到又有两个人朝他这边走来,他立即站起来从他们身边穿过去。那两人是身着黑衣的长者,可是劳伦斯说什么也"不能忍受他们那走路的架势和谈话的口吻——唠唠叨叨、俗气十足、态度虚假"。天上落下了霏霏细雨,他蹲在树下避雨,吃完了从苏黎世带来的简单食物。他感到"很高兴来到这么一处地方,没有家,没有房屋和财产,蹲在路边灌木丛中的树下,像一个孤鬼那样远离人群"。那时候劳伦斯贫穷、孤独而自由,徒步向南方走去,尽管咳嗽得半死不活,却像戈利亚人①中的最后一位大诗人那样放浪形骸、不可一世。在这样的时刻里,劳伦斯显得最可爱,人们怀着诚挚和同情的心情向往着他。

那天他又冒了一次险。他和两个矮小的老妇人一起喝茶时,佯称自己是从奥地利的克莱茨城来的,后来又怕人家发现真情就慌忙逃走了。他在一家"可憎、野蛮的小旅店"里过了一夜,星期一又越过了"可憎的里基山",在那儿他遇到了一位"迷途的法国青年"。他们互相倾慕,马上就成了好朋友,劳伦斯甚至许愿说他要同他一起去阿尔及尔。可很快劳伦斯就弄丢了他的地址,也忘了他的名字。不过他说:"他永远是我的朋友。"后来他又遇到了一位英国青年,这人自找苦吃,拼命要在有限的假期里翻越好多座山峰,"后来他就累病了"。一开始劳伦斯既同情他又羡慕他,并且在这年轻人走后对一位久坐不动的胖地主讲述年轻人的努力精神。可后来他又说:"我突然恨起他来,恨这个意志顽强的大傻瓜。他的本性是多么可憎啊,很暴虐,骄傲,像臭名昭著的红种印第安人一样能够忍受折磨。"

此时"臭名昭著"的红种印第安人,后来竟被劳伦斯理想化了。了解了这一点倒还不那么有趣,有趣的是,每时每刻、每一件小事对劳伦斯来说都是那么充满了情趣,或者说,他让每时每件事都变得充满情趣。他仍然要通过一个主要的隘口才能到意大利。他终日在阿尔卑斯山的山路上艰苦跋涉向安德玛特走去。天气越来越冷,似乎会让人的血液凝固。"峡谷"对他来说就像"深深的坟墓",雪峰"在风雪和冰水的撞击声中散发着冰冷的死亡气息"。终于在"寒冷严酷的黄昏时分",他蹒跚着来到了安德玛特。可是他太讨厌这个地方了,于是他不

①　中世纪有教养的弄臣和讽刺诗人,到处游荡,用拉丁文写讽刺诗。——译者

顾疲劳又一直向前走了很远，来到了一位寡妇的破房子门前。这个女人"像只母鸡"，是个聋子，她说什么也要给劳伦斯做一只法国白兰地煎蛋饼，劳伦斯尽管吃不起，可还是得吃。早晨，天空"晴朗，蓝湛湛的"，劳伦斯碰上了一位叫艾米尔的德国青年，就和他搭伴上路了。过了戈萨德，再往前走，穿过长长的关隘就进了意大利，来到"太阳晒干的、古老的南方山坡上"，从死亡的冬天来到了温暖的初秋。来到第一家小商店时，劳伦斯说的第一句话（用意大利语说的）就是："葡萄多少钱一斤？"

像大多数这样的徒步旅行一样，这次他最终坐上了火车，到达了米兰，在那儿他和弗里达相会，然后一起去了莱里西。他们为什么要去莱里西呢？可能是为了缅怀雪莱，也许说得更实际一点，那是因为他们听说那儿物价便宜，地方僻远。不管是因为什么吧，他们在 1913 年 9 月底到了莱里西，立刻就喜欢上了那个地方。"我们最终发现了这么一个去处，我真高兴。"劳伦斯写道，他还接着描述了他们那有四间粉红色屋子的村舍。村舍就位于莱里西那边海岬附近一片叫费阿斯捷里诺的小地方，就建在地中海边的台田上的一座大园子里，园子里种着葡萄、无花果和橄榄，远处是森林覆盖着的群山。这地方太偏僻了，没有一条与外界相连的道路，他们的用品或者用船运来或由农妇们用头顶来。他们发现这座漂亮的村舍内部脏透了。劳伦斯把背带紧紧束在身上，"硬着头皮走了进去"。可是，"上帝啊，看到漆黑的地板上流淌着绯红色——像黎明时冲破晦重的夜色的绯红的光，那是深红色的红砖，看到这红砖就足以让人高唱颂歌了"。那位叫费利斯的农妇和她的女儿艾利德来帮助做家务，可据劳伦斯说她们从来没见过刷子是什么样的。他从来没有降低过屋内清洁的标准。无论在意大利、墨西哥、澳大利亚还是英国农村，什么住处他都认为不够清洁，他非要自己"干一番"不可。这儿没有浴室,不过这倒没什么麻烦的,外边天气温暖,他们可以在海里沐浴。劳伦斯生长在内地,很怕冷水,不怎么会水,来这儿以后,尽管有时海浪汹涌危险,可他还坚持要下水洗澡。他不顾弗里达的警告,把她气坏了。弗里达试图通过嘲弄他让他注意安全,她说:"要是你当不上一个真正的诗人,你就淹死吧,淹死时会像个诗人样的。"

也许是因为中断了工作进行徒步旅行的结果,也许是受了地中海岸边沉闷的秋天的影响,也许是暂时"江郎才尽"了,他松弛下来了,不再像过去18个月中那样紧张地创作、接连不断地抛出散文和诗歌了。他说他"不怎么工作",甚至说只要他有一小笔收入,他就会"优哉游哉地闲逛,闲逛一辈子"。但是对劳伦斯来说"闲逛"总是相对的。很明显,他在一段时间内找不到什么用诗表达的东西,于是他转向搞短篇小说了(其实他早已写出了《普鲁士军官》和《肉中刺》那样优秀的作品)。如果说他采取这种方式比较悠闲的话,那是因为他又在着手写一部最长而又最雄心勃勃的长篇小说了,这项工作是在加尔尼亚诺开始的。

劳伦斯不善于给作品起名字。前面提到的两个短篇小说的标题就不太合适,最初甚至更缺乏独创性,叫什么《战友》和《家常的酒》。这说明他并不计划把他的书和故事甚至诗歌写成多少带点虚假性的"艺术作品",而是任其像"生活经验或思想冒险"一样在心中流露出来。这样做的结果是,往往他的小说已经写了一大半,而他还在恼怒地叫喊他仍然不知道这本小说是写什么的。不管怎样,他自己给小说题的名字经常是不大高明或模糊朦胧的,现有的这些小说标题则常常是别人建议的。他给第一本小说起的名字是软弱无力的,叫什么《内瑟米亚》,还是杰茜·钱伯斯给它起了一个好听点的名字叫《白孔雀》(尽管这个标题与本书内容没什么联系)。我敢说,《儿子与情人》这个标题是出版商起的,以此来代替劳伦斯自己起的那个并不出色的《保尔·莫雷尔》。在这本新的长篇小说的起名问题上亦是如此。最初的标题很不怎么样,叫《姐妹》,后来稍好一些改为《订婚戒指》,最后弗里达坚持用了《虹》这个名称(尽管"虹"与小说内容的关系不大,就像"白孔雀"与小说内容的关系一样)。如果《订婚戒指》这种叫法保留下来的话,这本书就会多少给人这样的印象:它旨在为那些无聊的人认为书中粗俗的场景进行解释和辩解。

他说在这段时间内"不怎么工作",其实不然。他在同一时间里给爱德华·加尼特的信中说:"我的确是个磨磨蹭蹭的作家——我只会爆发式地写出作品来。"人们总的一个印象是劳伦斯写作粗心大意,缺乏自我批评精神,他可以重写一部作品但从来没有修改过作品。在这一点上他应该受到批评,尽管奥尔德斯·赫胥黎很支持他。但是,如果检查一下劳伦斯的手稿的话,你会看到在很多情况下他不仅重写而且还修改甚至多次修改并在行间加写。《最后的诗》的修改稿让人很难辨清正确的诗行是哪一行。至于《虹》,问题不在于仔细修改,而在于他开了好几次头都未能写下去。似乎他写了七份不完整的手稿(超过了一千页)之后仍然找不到他认为正确的基调和步伐。好像他还未考虑成熟就动笔写,写了半天还不知所云。可是,一旦他对自己的起步满意了,确信自己踏上了正确的轨道,他会在不到六个月的时间里写完全书(这简直"不是在写"),其氛围和规模都是他作品中最能体现他的雄心的,至少有 18.5 万字。①

在费阿斯捷里诺的一段时间内,他明显地被几个不成功的开篇搞得垂头丧气,或者说他真的什么也"没写"。他感到苦恼,写信给马什说:"我现在不写什么诗了。"在给麦克劳德的信中说道:"我干不下去

---

① 该书译成中文后长达 30 万字。

了。像我和弗里达这么干可不是闹着玩的——我的灵魂都感到累了。"
就在他感到疲惫紧张的时候，爱德华·马什好心好意地给他写了信试图教他写正统的乔治时期风格的诗，这些信把他气恼了。开始，劳伦斯就耐心地回信暗示他对马什的建议感到厌烦："千万别以为我没写诗是因为你的最后一封信让我不快。其实，我很同意你说的话，不过我是要靠写散文来过活的。"

这种自鸣得意而索然无味的信件继续不断地写来，最后劳伦斯气恼地回击道：

> 读诗不是靠耳朵，而是靠敏感的灵魂。耳朵一旦养成了习惯，就变成了主宰。事实上，耳朵只是一个传声器，而诗的抑扬起伏才是主宰。如果你的耳朵变僵硬了、有点机械了，那就不要怨我的诗。你喜欢《撒马尔罕金色的旅行》是因为它适合你的耳朵，可你的感觉呢？它蜷缩了起来，沦为附属品了，真有点可怜。你说："它让我耳感舒服。"可以，不过我可不为你的耳朵写诗。

用苏格兰人的话说，要跟一个"天才"指示道路是一件糟透了的事，因为最后会发现"天才"所走的错误道路恰恰是正确的。很可能，马什正像克罗克为济慈改诗那样修改过劳伦斯的作品（当然马什的态度是比较亲切和文明得多）。不管怎样，作为一个乔治时期的后起者，劳伦斯那种粗率无礼的讲话是从无先例的；只能说是出于无知，才可加以原谅。而劳伦斯确实得到了原谅。在一个农民的婚宴上（"那儿的酒是那样的红"），劳伦斯夫妇被请去会见三位乔治风格诗人和"一位叫瓦特菲尔德"的人（他是一位画家，在萨扎那附近的一座美丽的古城堡里住）。离开了满是鱿鱼、鸡肉和农民们的欢笑的婚宴，来和这些温文尔雅的文化人见面,气氛产生了惊人的变化。"我好像一下子进入了稀薄的空气中。"劳伦斯说,"我惊慌得不知所措了。"我们不妨问一问,到底他惊慌是因为那几位诗人制造的"稀薄空气"呢,还是因为他喝哪种家酿美酒的缘故?

奇怪的是,尽管劳伦斯和弗里达的关系此时仍然是不合法律手续的,可这段时间内他们的社交活动最多。当时,有一定收入的英国人散居在欧洲各地,寻求一种能够使之栖身的文化。他们通常感到空虚无聊,对所居住的国家又无较多接触和了解,所以他们很欢迎新来乍到的英国人参加他们的社交活动。这样,尽管弗里达的离婚案被黄色报纸大加渲染,劳伦斯和弗里达的社交并没受到影响。在意大利,他们的英国邻居们有的没有听说过这桩奇闻,有的就是听说过也对此置若罔闻。弗里达倒是挺勇敢、挺直爽,她坚持要劳伦斯告诉人们真相,这样来访的人就少了。在英国,爱德华·马什等人是支持劳伦斯夫妇的,那年冬天他来意大利访问时,还屈尊光临了劳伦斯的寒舍。

马什走后的那个晚上,海边下了一场罕见的大雪。一早醒来,他们夫妇感到惊奇,不知道外面那"奇怪的白色"为何物。到窗前才看到"雪已有六英寸厚,还在细密而迷蒙地向阴郁的海面上飘洒"。自然仆人是不会来的啰,所以劳伦斯就在那个"奇异、寂静、令人压抑的费阿斯捷里诺"穿好衣服,自己把火生得旺旺的,然后洗涤盘子。放眼窗外,他看到橄榄树枝被积雪压弯了头,"整个斜坡就好像挤满了绝望的幽灵,这些幽灵统统要下到冥河①中去"。突然,积雪和寒冷使一根根树枝"嘎嘎"响着断裂开来,落在地上,连猫都为这声音和这个奇特的白色世界惊呆了。忽然艾利德和她哥哥阿兰山德罗的哀号声打破了寂静,

---

① 希腊神话中死人的灵魂要渡到冥府的必经之河。

他们是为自家的损失而哀号呢："上帝啊,上帝,先生啊,基督啊,地球毁灭了,地球毁灭了呀!"在他们兄妹演的这出戏中有个插曲让劳伦斯感到困惑或沮丧:谣传说马什和他的同伴被捕了。最后总算是皆大欢喜,马什轻而易举地逃脱了。农民们还演了一场哀悼一位税务巡视员的戏,等这人一死,他们就"开始欢快地砍树伐木",相互祝愿说:"现在我们可该暖和暖和了!"

很清楚,劳伦斯喜欢所有这一切,否则他是不会费心如此详细生动地记录下来的。他完完全全地被这些所吸引,感到打心眼儿里高兴。可是他那潜伏着的"阴暗自我"总不肯离去,有时甚至在他最高兴的时候仍然主宰着他,让他做这样令人窘迫的事,说令人窘迫的话,他简直是他情绪的奴隶,如果说他能用无可比拟的美妙语言表达幸福的情感的话,那么他也能用荒诞不经的语言毫不掩饰地表达凄切、可咒的东西。几乎在他快活地给马什写信对他讲下雪的乐趣的同时,他又给另一个人写信表达他深深的忧郁之情:"你不知道我们是在怎样苦难的境地中抗争着,我们都要窒息死了。我们是奥列斯特斯①之流以后最不幸、最愤懑同时又为命运折腾得最苦的人。"很明显"奥列斯特斯之流"唤起了他的幽默感,他灵机一动,想象着他的通信人(辛茜娅·阿斯奎斯)在床上读他的信时,会"一边读一边满意地揉搓床单,像一位老处女在灯下吃着松鼠饼、喝着茶读斯坦利②在非洲的故事一样"。

但是,当遇到真正的麻烦而不是或多或少想象出来的沮丧和忧郁时,劳伦斯是能够理智地直面现实的。他给爱德华·加尼特送去了一份《虹》的较晚一些的手稿(不是我们现在看到的定稿),加尼特对此感

---

① 希腊神话阿伽门农之子,杀其母及其情人替父报仇。
② 亨利·莫顿·斯坦利(1841—1904),英国探险家,1879年在非洲与比利时利奥波德二世一起创立自由刚果。

到失望并吹毛求疵了一番。就算那份稿子像现有的这份定稿一样好，加尼特仍然有理由感到失望。因为，在写了两部令人振奋但不够完美的小说后，劳伦斯终于创作出了《儿子与情人》这样一部优秀作品，取得了巨大成功。这部小说吸引了读者，其特点是：精确的现实与诗一般的想象融于一体，普通的生活和远大的抱负真实可信；对于性格和内心深处（但又令人完全理解的）情感的冲突的展示清晰明了，生动的描写贯穿始终。他还不到30岁。很自然，加尼特对劳伦斯的下一部小说抱有很高的期望，尤其因为劳伦斯本人对这部小说（《虹》）大吹特吹过。可现在，他发现劳伦斯抛弃了这一切去写一部严肃的几代人的家史。在这部书里，人物性格的分析退回到普通的因素上，以致很难分辨和记住书中的人物。可以想象，在这种情况下加尼特该是多么失望。这既是一部村野小说又是一部心理小说，好像是乔治·艾略特所写的一部俄罗斯式小说。

加尼特给劳伦斯写信，直率地指出他认为这部书背叛了劳伦斯的"天才"。加尼特认为，劳伦斯的实力和真正的独创精神在于他那艺术家的直觉禀赋，而不在于进行冗长的弗洛伊德式的心理分析和救世的布道。劳伦斯回信承认了这一点，不过他仍然固执地坚持自己的观点：

> 正是这一点让我最苦恼。我已经不再欣赏《儿子与情人》中创造出来的那种生动的情景了。我不太喜欢依从强烈的情绪去积累对应物并且将它们写成情节。我应该以另外的形式进行写作。

按照加尼特的观点，这本书有点矫揉造作，有点一本正经甚至有点让人厌烦，书中没有足够的欢快气氛来冲淡其中的说教。劳伦斯接受了加尼特的批评（这本书在这种状况下是不能出版的），开始了重写工作。他写作速度很快,平均每天写 3000 字①,这样到 4 月底他基本上将该书重写完毕。创作时的思考和作者天然的自我感觉使他变得不那么驯服了,他从一个谦卑的人变成了一个进攻型的人:

> 你知道我是多么愿意听你的话,采取你的建议并且照着去做,如果我同意的话。可是,你必须要有耐心并且能够理解我要干什么,那才行。我已经不是小孩子了,不会像小孩子一样变幻无常。在我内心深处,总有什么深刻的东西升上来。要想表达一种我的东西是困难的,说实在的……你对我说我是半个法国人、八分之一个伦敦佬儿,其实不然。我常常像普通人那样,有他们的庸俗和讨厌之处,像你说的伦敦佬儿。也许我像个法国人,不过从根儿上说我是一个充满激情和宗教信仰的人,我的小说一定要从我的宗教经验深处诞生。我必须坚守这一点,而且我只能那样才能写出小说来。

这些话是否深刻地表达了加尼特之流所不能掌握的信念和理想,或者,只是劳伦斯的一种遁词,为自己不再能写出《儿子与情人》那样生动、引人入胜的小说所找的牵强而难以令人信服的遁词? 那完全取决于人们对于《虹》及下一部书如何评价了。他说他"像普通人那样,有他们的庸俗和讨厌之处"的那段话很有意思。在另外一种心境下,他会对这种说法感到义愤填膺,坚决否认的。可正是他这一缺点让他的上流社会朋友感到不快,使他们因此产生隔阂,也让他的读者难以理解他。我们可以辩论一下,他到底是不是一个"充满激情和宗教信仰的

---

① 相当于汉字四千多字。

人"。他的观点是,不管他如何非正统,他对这个许多人只想从中得到物质利益的世界的确怀有一种"宗教"的感觉。他还坚持说他对性同样有一种"充满激情的宗教感",而他的敌人——那些满脑子物质欲的人则认为性是"肮脏"和"不愉快"的。劳伦斯反驳说,这种肮脏和不愉快完全是他们自己创造出来的。

正在劳伦斯跟创作的天使和魔王纠缠不休的时候,冬天在莱里西渐渐消逝了,尽管还有大暴风雪。早在2月的第二个星期,他们就走出户外到毁掉的橄榄园中去采集纤巧的地中海边上的花儿,他太喜欢这花儿了——"野生的水仙、紫色的银莲花和一些甜甜的紫罗兰"——都是西奥克里特斯①笔下的花朵。从清晨到黄昏,大海上都闪烁着蓝色的光芒;桃花开了;还有,"粉红色的杏树点缀在雾霭蒙蒙的灰色橄榄林中"。春季的一天,他们带上些食品爬上山去,从山上他们可以看到卡拉拉山,还可以眺望宽阔的峡谷和海岸线,那海岸"画出一条弯弯的曲线,让我的血液欢快地流淌"。什么都那么可爱,劳伦斯高兴得要"跳起来了"。他是多么想看到世界的美景啊。他想立即就出发,徒步,"向南走,到亚平宁山去"。为什么又不去了呢? 那是因为他这时很穷,那本令人烦恼的小说还没写完。另外,他那清教徒的良心也使他不能离去。他与自己的良心订好了契约,他要回英国去,一俟弗里达的离婚案判清了他就要跟她正式结婚。

那一天在山上他的正常意识抑制住了自己漫游世界的热望,这有着超越一切的象征意义。不错,迄今为止他写的长篇小说和短篇小说几乎都是写他青年时代在英国的成长,而对英国中部他则给予更大的

---

① 西奥克里特斯(前3—前2世纪):希腊诗人,第一个以《田园诗》著名的田园诗人,维吉尔曾模仿他的诗。

关注。但是，如果说他只是一个地区性的作家或者说他只热爱哪一个地区，那就大错而特错了，事实并非如此。这时他的直感告诉他，旧的、顽固的民族主义正在破灭，艺术，正如生活一样应该以自我为中心。他开始面向更广阔的世界，雄心勃勃地要为各个大陆都写一本书，这既出于他的爱好，也出于必要。

在 1914 年，他顶住了周游世界的冒险的诱惑，从莱里西回到了英国：当时他并没有留在那儿的打算。这一点我们可以证明是真实的，只要看看下面这一事实：他把他的好几本重要的笔记本和不少财物都留在了莱里西。几乎两年中，他一直是一个流浪中的文化人。他的地方主义倾向没有了，他也没有沾染上伦敦文学界更严重的地方主义色彩，虽然那种地方主义触及劳伦斯并损害了他，但它没有能够约束他。尽管他与弗里达之间那场奇怪的斗争还没结束，甚至最严重和可怕的斗争还在后头，但是他们认为彼此是不可分割的，这一点是毫无疑问的。他们要面临很多困难，但是世界似乎对他们敞开了大门，他们对未来充满了信心。甚至在离开伦敦之前，他们就已经愉快地计划去一趟爱尔兰，然后再去阿布鲁齐山探险。

强大的战争①风暴在六周内席卷欧洲并蔓延全球，多少代人的希望破灭了，留下了骇人听闻的仇恨、报复心理和混乱状态。劳伦斯并没有像自己期望的那样回英国只住两三个月，而是住了五年半。在这五年半中他忍受了难以名状的痛苦和灾难，被折腾得一文不名。他遭人诽谤中伤和迫害，沦为流浪汉。他狂怒地、以令人难以理解的力量与这个疯狂的世界进行搏斗，他精神上受尽了折磨和摧残，人变得愈来愈痛苦和不幸；直到后来，他终于为了躲避这一切而自愿出走，流亡他乡。

---

① 指第一次世界大战。

六

1914 年 7 月 13 日，劳伦斯和弗里达在伦敦的一家登记处正式登记结婚。弗里达是很独特的，在法律的神话中她是一个被引诱、被玷污、为社会所不齿的人，她只是卑微地寻求安全，可是她满不在乎地向警方说明过去的结婚经历，要重新做一个正正派派的女人。而劳伦斯则看不到他们登记结婚的喜剧性，最初，他很认真，甚至还有些惴惴不安。不过，他很快就恢复了幽默感，对人说他战战兢兢地度过了结婚仪式，左眼睛一直神经痛。

不知为什么劳伦斯偏偏相信这种秘密的形式是"非常体面、非常高贵的"，并且假装惊讶地说这并没有让他感到自己"换了一个人"。劳伦斯关于婚姻的忠诚和永恒的一番宏论让凯瑟琳·曼斯菲尔德很感动（她当时在场），她立即决定抛弃女人的自由，戴上订婚戒指。在这个时候，弗里达说话就把自己第一次婚姻的戒指送给了这位朋友。这件事太有讽刺意味了，不过在场的人们似乎都没有意识到，婚姻的忠诚和永恒！

很明显，关于婚姻的话题此时在他的头脑中占了很重要的位置。他的书信中有一段奇异而又有趣的话，这段话对于理解他的某种相当

永恒的情绪非常重要,我们必须把整段话都录下来:

> 你以为爱情在它得到承认的那一天就算完美了吗？不。要爱,你就得学会理解对方,超过她对自己的理解,同时也要让她理解你。这样做真是困难重重、痛苦万分,但只有这样爱才能持久。你万万不可认为你的欲望或你最根本的需要是干出色的事业,或者是让你的生活充满活力,或者甚至是给你的家庭带来物质财富。不,不是这些。你一生中最重要的需求是全部地、毫无保留地、从肉体到精神都赤裸裸地爱你的妻子,这样你的内心才会感到平静、感到安宁,不管多少事情出了差错总是这样。这种内心的平静与安宁会让你自由活动,做你自己的工作,让你成为一个真正独立的工作者。你曾问过我我的启示是什么,我并没有什么一般的启示……我刚说的就是我的启示,如果这也算启示的话。

在其他时候,劳伦斯感到自己负有传达其他启示的使命。直到最近我们才看出,这样的启示是出自一位"有着深深的宗教虔诚的人",尽管他声明过他关于婚姻的观点是带有宗教色彩的(事实上正是如此,正如前面那段话所说的)。在这里我有两点感想:首先,劳伦斯这样写,好像他完全不知道战争的现实——集体使用可怕的暴力,专横地把男人和女人分离,毫不怜悯,可能是几年,也可能是永远,什么忠诚、永恒,什么家庭团聚,战争让这些成为笑柄。其次,读者有充分的理由提问,我们如何能使劳伦斯的这些崇高的、自愿承担的高度要求与他和妻子之间经久不息、痛苦不堪的争吵协调起来呢？这些事实,是大家都知道的,他们的争吵甚至流于谩骂和殴打,弗里达甚至试图离开劳伦斯。谁也不能否认,这些事发生过,同时,劳伦斯的敌人也做了不少恶意的渲

染。唯一一个能对此种问题做出权威性解释的人是弗里达本人,她这样回答道:

> 我的确发现,他心里有我,细微、敏感地关注着我,我想任何别人也不会像他这样。沉浸在他的柔情之中,这对我来说简直是一个奇迹。

如果弗里达感到十分满足的话,我们还有什么理由抱怨呢?

现在,他开始从婚姻问题转入文学创作的问题了。必须指出的是,爱德华·加尼特是达克沃思的主要文学审稿人,所以,他对《虹》的前后两次文稿表示不满意,这对劳伦斯的前途具有重大的影响。劳伦斯怀着同样的热情为自己的书和自己的观点进行辩护。不过,他又说自己的小说"有点未来主义的味道",这似乎是臆想出来的。既然那种浸透于文学中的乔治·艾略特味正是人们要反对的,他就无所谓"未来主义味道"可谈了。加尼特的意见使得《爱情诗选》未能出版,因此达克沃思对出版《虹》也很犹豫。一气之下,劳伦斯就通过品克同意由麦修恩公司出版《虹》,并接受在他看来相当优厚的预付款 300 英镑。劳伦斯此时根本不去考虑这笔巨额预付款可能只是表明一个出版商在商业方面对他寄予希望,而并不是对他有真正的同情,而后者应该是更宝贵的。谈到这些交易时,劳伦斯说他"接受了品克的支票",然后又说麦修恩仍然会付给他 150 英镑的。我想情况可能是这样的,即品克付给了他 135 英镑——这就是说从原先的 150 英镑中再减去 10% 的佣金。附带提一提,也许是出版商,或者是劳伦斯,也许双方都对《虹》的形式感到不满意,所以劳伦斯同意再次重写这本小说,这是他第八次的修改稿,其工作是劳神的。

这时他已经开始寻找下一部书的主题了。既然他暂时还没有一部小说的主题,他就决定写一本论托马斯·哈代的书。他对爱德华·马什讲了这个意思,马什立即就送给他一套哈代全集,因为劳伦斯要写这样一部书,清楚地表明他是走上正路了。马什这样帮忙有助于劳伦斯写出一本论哈代的伟大著作,提起这事来是令人愉快的。将劳伦斯的书与极富牛津风格的莱昂内尔·约翰森的著作两相比较,人们会感到惊讶,同样的小说和诗歌在这两者身上产生的效果却是截然不同的。这本书在1936年收入《凤凰全集》之前,只发表了一章(见《书籍收藏家》季刊,1932年春)。这一章("关于六部小说和一部真正的悲剧")是唯一一篇论述或试图论述托马斯·哈代的主题思想和他的作品的文章。其他各章只是旁敲侧击地、无关紧要地谈论哈代,文章的大部分则是关于劳伦斯自己。这本书的风格在于其强烈的象征性和说教性,劳伦斯称之为"哲理性",就他的说教和预言的情绪来说倒与罗斯金的风格相似。对于研究劳伦斯独特的思维方式的学者来说,这本书是极有价值的,但其他人则会对它感到厌烦。这本书它的主题有多远? 这一点可以从一些章节的题目上猜测出来,比如:"罂粟花和凤凰","妇女参政权"和"法律、战争和穷人","抨击劳动与金钱欲相联系,抨击国家","劳动、天使和未出世的英雄","永恒的轴轮","生与死"……在一连串无休无止的离题话中,可明显地见到罗斯金及其先师卡莱尔的影响,但没有做出任何明确的结论。

　　更加显露出他的才华的作品是他的第一个短篇小说集——至少一般的读者们这样认为,此时已被达克沃思接受出版。加尼特给这部集子取名《普鲁士军官》,这个书名很应时但很容易引起人们的误解。劳伦斯对于诗人们的对立派别置之不理,成名后成为唯一的一位同时向《乔治诗集》和《意象派诗集》写稿的诗人。

整个 1914 年的 7 月中,各家报纸都在大声叫嚷"战争危机","提高警惕"。英国曾卷入欧洲战争,不过那是一个世纪前的事了,所以,直至第一次世界大战爆发的前夕,人们仍然不相信会有战争爆发。就是战争爆发以后,人们似乎还觉得这是报纸从历史书上抄下来并将其通俗化的事,根本是不真实的。在那些从来没想到自己会去打仗或受苦的人间,倒有很大的激动情绪和伪装的英雄主义,如像塔拉斯孔城的达达兰①表现的那种方式。

我自己并不相信劳伦斯对战争的开始持悲观态度,这种印象可以从他的书信和凯瑟琳·卡斯威尔和米德尔顿·默里的材料中得到证明。那年 7 月 30 日晚上,我和劳伦斯等几个人共进晚餐,席间,正如他风趣地写过的那样,我们"作了一些诗",可这些诗却没什么诗味儿,像跑了味儿的酒一样。他还不无嘲弄地对我们说,他曾和爱德华·马什共进午餐(马什当时是丘吉尔先生的私人秘书),马什"对局势深为担忧"。我记得,劳伦斯没能领会马什的暗示,他是轻描淡写并很怀疑地谈起这件事的,谈过后很快就转了话题。

很明显,劳伦斯当时不可能知道将要发生的事,一点也不知道,因为在那个生死攸关的 1914 年 8 月的周末②,他正和"其他三个人"一起徒步穿过韦斯特莫兰荒野。那三个人中有一位叫 S.S.柯特连斯基的,他是劳伦斯的终生朋友和崇拜者。在高高的荒原上,他们来到了一座长满睡莲的池塘边,劳伦斯采了一些,一边走一边把花儿绕在自己的帽子上。在路边上的一个小酒馆里,他们发现一群姑娘正在上房里饮茶"狂欢",发出一阵阵笑声来。一阵暴雨袭来,他们都蹲在一块粗犷的岩

---

① 法国大作家都德的小说《塔拉斯孔城的达达兰》中人物——一个自吹自擂的庸人的典型。

② 第一次世界大战于 1914 年 7 月底到 8 月初爆发。

石下躲避那"洪流般的雨水";然后,劳伦斯开始"模仿杂耍剧院里的节目,在雨中开起玩笑来",而"柯特连斯基则在一边哼着希伯来曲子"为他伴奏。等他们下山来到工业城巴路因福尼斯时,才知道开战的消息。刚才还在无忧无虑地嬉闹,现在却听到了这样的消息,他们都感到恐怖和痛苦。看到"士兵们在车站上吻着女人,一个女人冲着她的心上人挑战般地呐喊",他们"都快疯了"。8 月 10 日他写信给品克说:"局势如此,我们将会怎样?"他急于要知道,麦修恩是否已经在出版《虹》的协定上签了字,还说,既然他不可能返回意大利了,他想"在某个地方找一座村舍住下"。

很久以后,劳伦斯在《高兴的魔鬼》一文中谈到这次战争:"那是在8 月,我们本来拿它不当一回事的。"1914 年 9 月 5 日他又写信向品克要钱,这封信发自白金汉郡切汉姆附近,他在信中说:"这是个多么痛苦的世界呀,打这场战争,真是天大的傻事。我是出于气愤,才写论哈代这本书的。只怕这本书压根儿就跟哈代没关系。"在这本书里,提及战争的时候,他仍然表现出一种不现实的超然态度:"别再沉浸在怜悯中了,这种表面上的怜悯,实际是在怜悯自己,也别再恨德国人了,我们倒应该感谢德国人呢,他们仍然有力量冲破卷心菜的包皮。"——很难说这句话是什么意思。10 月份,他写信给哈丽雅特·蒙罗(《诗》杂志的编辑),蒙罗曾提出为"最优秀的"战争诗授奖,她与前线远隔千里,是个中立者,很可能建议劳伦斯自愿助战。我和 F.S. 弗灵特就傻乎乎地干过这种事。劳伦斯对她的建议表示轻蔑,予以拒绝:

> 我没在战区。我认为我是一个有价值的人,我不愿意为了好奇而无偿地饮德国人的子弹。

他还以同样稍带揶揄的口吻轻蔑地拒绝写战争诗投稿,他说他唯一喜欢做的事是写作"猫头鹰和波斯猫"那样的诗。当他收到《诗》杂志战争号时,他大为光火;这是势所必然,并不奇怪的。由于他的情绪的突然改变,他说那些撰稿人"油嘴滑舌、毫不虔诚",没有一个人的作品能达到"猫头鹰和波斯猫"那样高度严肃的水平。到 1914 年 11 月中旬,他写完了关于哈代的那本书的三分之二,他的胡子长起来了,肺病又犯了。他这样表达了他对战争的态度:"这场战争是可怕的。艺术家的任务是探索每一个参战者的心灵。"绝妙的建议! 可是不参加战争怎能探索参战者的心灵呢? 到了 12 月 5 日,他又改变主意了。现在,正如他在关于哈代的书中所述,他为"战争感到高兴",因为"战争戳破了通常受读者欢迎的好小说的底"——这些小说真可以说是用榴弹炮来打跳蚤。

我似乎过多地谈了一些无关紧要的细节,但是我要说明,这是因为劳伦斯即使在战争这样可怕的灾难面前仍然没有一个固定的态度。直到战争危害到他个人时,他才不能不有明确的表示。在这之前,他就像一只风标,在任何风向中都摇来晃去。当然,别的人也动摇过、犹豫过,可是严酷的经验让他们学到了东西。甚至像伯特兰·罗素这样的哲学家也说,只是到了 1914 年他才开始思考战争这个题材。一个仅仅是艺术家的人,他的犹豫不定是可以原谅的,可他对那些一时与他意见不一致的人吹毛求疵,这种行为是不能原谅的。劳伦斯站在个人经验的立场上而不是抽象的公众的善与恶的立场上思考问题,这不正是因为他属于"艺术家的类型"吗? 他用"个人的战斗者"这个词语就说明了这一点;他还说"战争阻碍了个人的行动",所以他不喜欢战争,这句更为个人主义的表白也说明了这个问题。

从米德尔顿·默里的笔记中我们得到了一些宝贵的启示,间接地

　　　　　　　　　　　　劳伦斯传

说明劳伦斯的问题。在那个冬天里,默里曾和劳伦斯做过邻居。从笔记中可看出,从 11 月到 12 月之间,他们根本就没有讨论过战争。他们大谈"这本小说",大谈悲剧的本质和劳伦斯所谓的哲学。默里发现劳伦斯的话"非常难以理解"。他当时不知道,甚至当他写他的《回忆录》时他仍然不知道,劳伦斯对他大量灌输的这一套先验的象征主义正是他正在写的评哈代的那本书内容的重复。很可能,劳伦斯没有想方设法阐明他的这种不肯定的神秘主义思想。他知道默里是牛津的毕业生,人家上过几所学校,懂得哲学术语并受过逻辑学的训练。他最怕在争论中处于劣势,他感到他必须扮演领袖和优胜者的角色,于是,他很可能觉得他愈是谈得扑朔迷离,愈是将象征主义和先验论搅得乱成一团,默里就越没有机会反驳他。他确实让默里感到迷惑不解,设想,如果连一位哲学家都不能理解一种新的哲学的话,还有谁能理解呢?

劳伦斯在这些话题上是多么的变幻无常、扑朔迷离、飘忽不定,可以从他对待上帝这个庄严概念的态度上看出来。1914 年 11 月 18 日默里记下了他和劳伦斯关于陀思妥耶夫斯基的谈话。谈话中劳伦斯激烈、武断地宣称:

> 谦卑即是死亡! 相信上帝即是死亡,根本就没什么上帝。

1915 年 1 月,劳伦斯认识了画家邓肯·葛兰特,27 日他写信给奥托琳·莫雷尔,谈到了葛兰特,信是这样写的:

> 他在追寻对上帝的阐述——如同弗拉·安吉里柯①在他的

——————————

① 弗拉·安吉里柯(1387—1455),意大利壁画家,多明我会的行乞修道士。

《最后的审判》中所做的那样——阐述人之存在的全部概念——创造,善,恶,生,死,复活,善与恶的分野及其向永恒的源头的复归。我们都在追寻上帝,对其整个体系进行阐述——其发生、发展和复归——使永恒不可改变。

他到底是在讲什么?他是相信还是不相信上帝呢?或许他的谈话只是为了哗众取宠,给人以知识渊博的印象?这样,他就等于全忘了他对默里说的话,也忘了他对奥托琳·莫雷尔说的话与对默里说的截然相反。劳伦斯的另一位挚友凯瑟琳·卡斯威尔坚持说劳伦斯是"纯真的",正如雷歇尔·泰勒指出的那样,劳伦斯既天真,而对社会问题又一无所知。这一点最明显的表现是,他认为哲学是可以即兴创作的,一个没受过哲学教育的人可以撰写严肃的哲学文章。不错,任何一位艺术家,特别是劳伦斯这样的天才,都会在他的著作里蕴含着哲理,但是一般来说,对这种哲学的解析和评论则最好留给他人去做(如果人家能够并且愿意这样做的话)。我并不否认劳伦斯有思想,他绞尽了脑汁,有时他的思考是深远的,但这与做一个哲学家不能同日而语。当然,认为他的"哲理性"作品没有价值也是错误的。但是,他这方面的最好的言论都是他直觉的产物,他的直觉几乎是一日一新的,他的性格变幻多端、总处在无尽的自相矛盾中。这些言论是一些相互间毫无关系的格言和章节,时常(虽然不是一贯地)带有象征性的;这与他曾经一度友好的罗素那种优美、周密而全面的抽象思想大相径庭。我马上就可以举出一个例子来说明劳伦斯的这种思想情况,这段话选自劳伦斯论哈代的那本书,写于那年冬天:

春天永远和男人在一起——或许会这样;对他来说,每天都是兴盛的,只要他愿意。他是一棵永远开花的树,他是一头永远发情的动物,他是一只永远歌唱的鸟儿。他手中总有过剩的东西,几乎每天都有。对他来说这不是什么春、秋、冬这些季节的问题。他是幸福的,只要这些过剩的东西变成天蓝色和金黄色并且会歌唱,只要不是负担和厌恶就行。

野生动物就像泉水一样,积聚了水源,等到春天就喷涌出来。人也是泉,可他却总在跳动,涨落,喷涌,并不一定要积聚水源等到春天才喷涌。当他的泉水一时充满了过剩的力量就会喷涌出来,像空中的盛开的鲜花一样,然后消耗尽了又降落下来。

他的节奏并不很简单。生命之愉快的小溪是秋冬时节的小鸟,列阵飞掠过收割后布满庄稼茬儿休闲的土地,发出"唰唰"的响声。到了春天,当春水注入泉源时,每只鸟儿都变成了跳动的泉水。

男人,不管幸运与否,都极少能像秋天的鸟儿那样享受悠悠的生命之溪。

这是哲学吗?我说它是诗,是优美的诗,尽管很难说它与哈代的创作、思想和生活有什么确切的关系。与哈代有没有关系其实无所谓,这些文字本身是极为优美的,完全可以独立存在。如果有人说这段文字是劳伦斯在论哈代这本书中以及他一般对幽秘探索的极其优美的范例,那么我们说在他的著作中这一类富有诗意和象征性的文字是极其丰富的。小说《虹》中就有成段成段的诸如此类的文字。

在切汉姆村舍里的生活很快又恢复了原来的老样子:劳伦斯干大部分家务活,做饭也是他的事,每当默里和凯瑟琳·曼斯菲尔德晚上来做客时,他们就玩舍拉德字谜,没完没了地大唱民歌。从默里的笔记来看,到 1914 年圣诞节前,劳伦斯的情绪开始受到战争的压抑,不过,更多的压抑来自他的病痛——他的病在北方的冬天里老犯——而不是因为他对战争有了真正的意识。不管他对朋友们都说了些什么,此间他的作品中多次提到战争时显示出的竟是那么一副事不关己、漫不经心的态度。很明显,他仍然认为战争是对其他人道德上的教训,并不是危及自己的可怖的灾祸。没错,他曾像一个免于兵役的记者那样幸灾乐祸地说这是一场"正义的战争"。

　　劳伦斯当然也感到焦虑。他谈到计划逃离这个世界到"另一个地方"去,那个地方叫"拉纳尼姆",他幻想在那儿他可以同挑选出来的几位朋友一起幸福地生活。如同其名称所揭示的那样,这压根儿就是一个幻想(就像勃朗特姐妹的"孔达尔国"一样),可他从来不承认这是个幻想。"拉纳尼姆"之梦萌发于劳伦斯早年住在伊斯特伍德的时候。我们知道,他当时就希望一年挣 2000 英镑,和他相熟的人(他们是相互排斥的)住在一大套房子里。那时,他的母亲是这个梦的中心人物,可是,母亲去世后在与弗里达幸福、激情满怀地生活在一起的头两年中,这个梦消散了。到了 1914 年年末,劳伦斯开始意识到律师威胁说要让他破产的话不是在唬他而是实话,他为之撰稿的那些杂志有的倒闭了,有的只刊载战争题材的作品。他感到,当人们不怎么需要新书时,《虹》和《普鲁士军官》的出版是不能满足他的需要的。他宣称他具有"诚实的工人的品质",不愿意不劳而获,这实际上是一个神话。在战争爆发的时候,他就已经欣然从文学基金会那里接受了 50 英镑。他本来还可以从贝洛克·朗蒂斯夫人发起的基金会那儿得到一笔钱的,不幸的是,一见面他们就不大对劲,他勉强要博得贝洛克·朗蒂斯夫人的青睐只是为了得到基金会中的那笔钱。因此,拉纳尼姆这个理想的"避难所"此时就提到特别重要的位置上;对于解决经济上的困难和逃避虽非逼近但极其可怖的战争威胁,拉纳尼姆是最好的办法。在 1 月初的日子里,劳伦斯找到了一个适当受骗人、伊斯特伍德时期的老朋友对他大谈他的拉纳尼姆的构思:

> 让我们也来谈谈我那个可爱的计划吧。我想集合二十来个人乘船出走,离开这个充满战争的龌龊世界。我们要建立一个没有金钱、有点像共产主义那样保证生活的必需、体面的小世界。这个世界的基础是,集体中的每个人都应该是清白正派的人。成立这样一个集体的前提是,它所有的成员都是善良的,而不是丑恶的。

不管这些成员多么善良、多么正派,他们得首先搬到拉纳尼姆那个地方去才行,一旦去了,他们就得有房住、有饭吃、有衣穿。怎么解决这些问题呢? 很明显,劳伦斯并没有忘记这一点。后来劳伦斯离开了切汉姆到苏塞克斯郡格里特汉村瓦伊拉·梅纳尔的房子里住下来,两周以后他给他的朋友奥托琳·莫雷尔(那出敲竹杠活剧的女主人公)写了封信。莫雷尔是一位下院议员的夫人,波特兰郡公爵的女儿,不过,她也许并不像劳伦斯想象的那么富有,在信中,劳伦斯对她说了这样一段话:

> 我希望你成为这个集体的核心人物,这个集体将开始一种新的生活——在这种生活中,唯一的财富是气质上的完整,这样,每个人都可以最大限度地完善自己的个性和深刻的愿望。但是有一点,那就是,这些满足和享受是我们大家作为一个整体来得到的。让我们一起好好相处吧。这个集体是建立在共产主义基础上的,但不是贫穷而是富有,不是谦卑而是豪迈,不是牺牲而是完全满足

肉体的一切强烈欲望,不是在天堂而是在尘世。

拉伯雷①早就幻想过这样一个集团,可没有像他那样的自信和伪善,拉伯雷提出的座右铭是:"随心所欲。"他设想的庇护人是法国国王,他设想的拉纳尼姆则是西拉米修道院。

劳伦斯从切汉姆搬到格里特汉,有一点好处是,这儿的气候稍微温和一些,房子不收租金且比以前更舒服,同时,可以分享梅纳尔的那些舒适条件;不过,劳伦斯仍在为钱的问题发愁,因为这时他还在勤奋地写作《虹》。他写信给他的代理人告急说:"请一定给我些钱,好吗?我今天已经听到狼在抓我的门了。"②可突然战争的魔爪似乎伸得更近了,一部分新闻出版界人士开始强烈反对征兵,自由党在战争的问题上要取得反对党的支持。1915 年 3 月,劳伦斯写道:

> 他们就这样结成了一个联合政府。我说不清我的心是如何的寒冷又恐怖。似乎我们都要死了。我是否告诉过你我要变的?我会变的,但愿上帝帮助我们。魔鬼会让我变的。为什么一个人会感到这么不寒而栗呢?为什么联合政府还会让我充满恐怖?有人说,他们联合是为了和平谈判,也许是这样的,因为我们大家都害怕。可最可能的是,他们联合是为了征兵。接触到死亡使我们每个人都感到寒冷和恐怖。

这段话中起作用的词是"征兵",这个词是对上面所有那些反语问

---

① 拉伯雷(1494? —1533)法国的讽刺家和幽默家,好作粗俗的、夸大的幽默讽刺。
② 这句话反串英语成语中的"Keep the wolf from the door(免受饥饿)",意为"挨饿"。

句的回答。事实上(后来的事态证明了这一点),因为他有肺病,每次检查后他都被拒绝参军;可他无论对人对己都佯装成无所谓的样子,他似乎从来都没有意识到这一点。另外,尽管他的直觉是对的,而且的确在征兵,可这事比他预料的要晚一年。因此,是征兵的威胁让他直面战争的现实。这样做,是不该受谴责的,人皆如此。不管人们如何同情人类的灾难,只有这灾难落到具体个人头上时,人们才会深切地感受到。

那么劳伦斯的态度如何呢?我们看到,在初期那些动荡不定的日子里,他的情绪是飘忽不定的,但他从来没有像他的朋友、大学生鲁勃特·布鲁克①那样,一听说欧洲大战爆发了,就感到"异常兴奋"。劳伦斯从来不是那种傻瓜。他的确讲过"正义的战争"这样伪善的话,但他更为真实的感觉则是用这样的话(早在 1915 年)来表达的,他说战争是"一把剑戟"戳破了他所有的希望。

为什么对于服兵役他感到这样"阴冷又恐怖",为什么这样反感呢?当然,尽管他有时很爱国(这种爱国的姿态几乎使人反感)、站在英国一边,可他没有道义上的勇气去参战,身体状况也不行,这样的"斗士"是会毫无顾虑地反对打仗的。不错,他不喜欢军人,他用旧式的英国人的眼光看待雇佣兵,蔑视他们,这一套是从他母亲那儿得来的。可这些都不是他害怕服兵役的真正原因。真正的事实是,他对工业机器的惧怕和恐怖感极端的严重,几乎使他发疯,这种对机器的恐惧感转移到了军事机器上。自然,几乎同所有人一样,一想到严格的军营生活和艰难困苦(极可能令人残废、致死),劳伦斯是不会感到"特别高兴"的。不过这也并不是最主要的原因;如果必要的话,他会以一个伦敦佬儿的勇敢气概直面这一切的。他所不能摆脱的是那种非理性的、近乎疯狂

---

① 鲁勃特·布鲁克(1887—1915),英国现代青年诗人,死于第一次世界大战。

的恐怖感——他害怕被某种人为的机器所攫取并按照它的模式砸得粉碎,这种命运对他来说比死亡还可怕。

我们要记住,这一切都落在一个极为敏感人的头上(也许他是一位"神经病者",如果这个字眼有什么正确的意思的话),而他前两年正经历了狂热的激动,受到些新的影响,精神上遭受了很大的损伤。后来在战争的后期曾谈到,在 1915 年时,他"肉体上、精神上和心理上都过分劳累了"。现在,劳伦斯毫不犹豫地要当一个傻瓜了(一个"天才"是决不会这样做的),他肯定是荒诞地过分估价了自己的力量,他要立即采取措施,对这个世界产生实际影响。他对弗里达许诺说他要为她的孩子们创造一个新天地,可她实际上得到的却是她的祖国与她丈夫的祖国之间的战争。但是这种意外的遭遇是容易被人忘却的;最令人难以理解的是,他竟会想象出他能对战争中的世界产生即刻的、实际的、决定性的影响。

这就成为问题了。当然,像不少作家一样,劳伦斯深信作品能产生直接的力量——他的作品。不错,圣人、思想家、宗教领袖、科学家甚至诗人可能会比挥动武器、施行暴力的人对人类世界产生的影响更大,尽管后者自以为是命运的主宰并能对"历史"负责。可那是从长远的观点看问题,要说眼前的现实,还是属于权力和暴力的。可劳伦斯却相信文字就是行动。他生活在流动的、不抵抗的意识流传的环境中,却忘记了、甚至根本不懂得人和现实的顽固性。像他的先师罗斯金和卡莱尔一样,劳伦斯养成了用虚构的观念自欺欺人的习惯。像罗斯金和卡莱尔一样,劳伦斯说起话来的口吻,好像他宣布什么应该如何,那东西就会像变戏法似的成为现实。

他强有力地抨击道:"让一种男人和女人的议会诞生吧,去谨慎地逐渐废除法律。"

好吧,让这个议会诞生吧,可是怎么个诞生法?这种"让……吧……"的句子是罗斯金最爱好的,劳伦斯从他那儿学会了这一招。同样,他像罗斯金那样把自己的心撕得粉碎从而对一些事物发表一些教条主义的命令,而对这些事物本身他也许并不理解,也根本不能控制。一到此时此刻,他就跟伯特兰·罗素产生了共鸣,在激动中随心所欲地对"局势"发一通见解。对于如何立即对1915年的世界施行社会建设,这位数学大师拟出了详细的计划,这位诗人则激动地评论一番。罗素写过这样的见解:"一个人何必要有道德呢? 因为如果一个人的行为违反了别人的意愿就会引起别人的厌恶,这对他自己也是不合适的。"劳伦斯的评语是:"不对! 不对! 不对! 不对! 不对!"这有点像《菩角之屋》①中的一个插曲,像阿依奥和罗比特进行斗争一样。劳伦斯对此很严肃,早在1915年2月初他就给罗素下了一些强迫性的命令:

> 这个国家里非得来一场革命不可。这场革命的发端将是把所有的工业和通讯媒介国有化,还有土地——一口气解决问题。那样的话,一个人不管有病,无病,或者进入老年,都可以拿到工资——如果有什么阻碍了他工作,他仍然可以拿到工资。从此我们就不怕饥饿了——我们当中的男人或女人将不会害怕饥饿,因为饥饿已经消失了。这样就实际上解决了目前的全部经济问题。

为了寻求他的革命道理,劳伦斯应罗素之邀前去剑桥大学,在三圣学院逗留。他对此行寄予了很大的、荒谬的希望。当他回来后,弗里达

---

① 英国作家米尔恩(Milne,A.A.1882—1956)的作品。他是英国最著名的儿童文学家,著有《小熊温尼·菩》等。

立刻变得兴奋起来，急迫地追问他都发生了什么事。

"嗨，"劳伦斯说，"晚上他们一边喝葡萄酒一边在屋里来回踱着步子谈什么巴尔干的局势之类的问题，其实他们对此一无所知。"

这就是剑桥，就是这样。

不幸的是，这些对事态的发展没有丝毫的影响，而劳伦斯则愈来愈被噩梦所困扰，他感到恐怖，害怕那难以名状的灾难，发疯般地意欲逃走，"去哪儿都行，哪儿都行"。

"我真希望我去了西藏或是堪察加半岛或是塔希提岛，去远方，到天涯海角去。我感到我会发疯的，因为我无处可去。"

这个时候，在许多场合，他的言行确实是要发疯的样子，让人想起他过去在圆月的影响下奇怪地"发神经"的表现。后来他从渴望逃避战争走到了反面，有时他"几乎"想去参战，就是被枪打中了他也不放枪，可是他却想在军队里可笑地当一个"公共汽车售票员"（喂，我的幸运儿们，两便士，到韦波斯）。不过这种情况不久就改变了。有一天他到沃辛去，见到了一些大兵，他们给他的印象极坏，他断言他们是一群"虱子和臭虫"，他们"迟早会有一天杀了他们的长官不可"。他的灵魂和他的想象力都因这些可怕的日子变得病态了，对劳伦斯来说，整个人类及人的所作所为都糟透了：

> 在我看来，伦敦就像一个衰老的庞大地下世界，一座衰老的沉重地狱。在灰色的街上穿梭着的车辆就像地狱中的河流在石灰岸中穿行。时尚和女人的衣着太丑了。

奇怪！在别人眼中，1915年的那种撑开的短裙子看上去特别有魅力，可劳伦斯却不这么看，正如他不无沮丧地承认的那样："我的眼睛看着如今人间的东西没一样好的；至少说，公众的东西没有好的。"可对于大自然的美和奇迹他仍然颇具慧眼：

> 农村可真美。苹果树上开满了白色的花儿，枝丫弯向绿色的草地。一早醒来，我看到窗外墙上有一只画眉鸟——不是画眉，是一只八哥，它正张开嘴巴唱歌儿呢。看着它张着嘴巴歌唱、呼叫、鸣啭然后又安静下来，那是很奇特的。它站在墙上，沉浸在悠远的沉寂中，显得那么遥远。我希望我是一只八哥，像它一样。我恨人。

他幸福的时候，生活中有许多这样的时光，可现在这样的时刻愈来愈少了，甚至在大自然中也是这样，他开始在自然界中为他的痛苦和精神困惑寻找幻觉般的象征物：

> 我又陷入了那种可怕的休眠中，我醒不过来了，我没办法抛掉它以求苏醒。你知道人与那可怕的休眠进行斗争而醒不过来时是怎么样的情况吗？整个秋天我都是这个样子——现在我又变成了这副样子。一切都像在迷梦中，墙上的八哥是个幻象，甚至苹果花亦是如此。而当我看到一条蛇在沼泽地里急速蜿蜒穿行时，我想我一定疯了。

他怕自己会变疯或实际上已经变疯了，这种恐怖感在战争年代里一直在纠缠着他。他在苏塞克斯的沼泽地区见到的那条蛇对他来说变成了一种象征物，象征着他内心里某种难言的恶念，某种可憎的、令人耻辱的罪戾，他讨厌它，可又被迫接受它并带着一丝希望要摆脱它：

谁说睡莲会在死水上摇荡而蛇不会在烂泥沼泽地边上嘶嘶作响？我必须在这条可怕的蛇面前变得谦卑起来，在它从我灵魂中秘密的草丛中抬起它扁平的头时公正地对待它。我能消灭上帝创造的东西吗？当创造的东西存在的时候我是无法消灭的，我无法杀死毒蛇，只要它的本性还存在。它的本性就在我的腹中缓慢地蠕动着，我必须剖腹自杀才能摆脱它……也许，我那毒蛇就蜷曲在我的心中。如果是这样，我只能老实地对它说："蛇啊，蛇，你就是在你自己家里。"那么，我知道，我的心就是一片沼泽。可也许我的理解会把沼泽地上的水排干，那么这蛇就会随着水的消失而死亡。事情就是如此，当沼泽地存在的时候，蛇就有它的神圣的领土。

这些迷惘的谵语出自他的题为《宁静的真相》的作品，这部作品是他在战争中断断续续写成的，经常是当他处于这种热病般的激动状态下他才写这部作品的。一种绝望感，一种压抑着的仇恨攫住了他，他对奥托琳·莫雷尔狂叫道：

我不能忍受了，不能让这疯狂越来越紧地控制我。我们在英国很快就会因为恨而变疯的。我同样也恨德国人，我真想把他们都杀死。他们为什么要让我们恨得发疯？当我们仅仅是心灵上感到悲哀和沉重时，我们为什么会被折磨得××××发疯？他们会让我们的悲哀和沉重变成怒火。可我们不想发怒，这种愤怒的疯狂是破坏性的，可我们必须发怒，我们被一逼再逼。我自己就气得发疯了。我真想杀他一二百万德国人。

　　　　　　　　　　　　　　　　劳伦斯传

从这番荒诞激烈的言辞上看,他的痛苦变得近乎荒谬了。不过,毫无疑问,在 1915 年,他的"阴暗自我"完全统治了他,他的另一个自我的一切可爱之处都被湮没了。此间发生在格里特汉的事情更令人痛心地说明了这一点。这里有必要让读者们回想到劳伦斯对母亲的怀着激情的爱,母亲的去世给他带来了难以忍受的悲哀;还要记住弗里达说的话,她从来没有想象过劳伦斯对她的爱"那样地温情脉脉,那样地体贴入微"。在格里特汉,她听说她深深爱着的父亲去世了,头几天她是在痛苦中度过的,没有把这消息告诉他。后来她终于告诉了丈夫这个消息,希望从他那儿得到同情和安抚。可他只说了一句话:"你并不希望你爸爸能永远活着,不是吗?"

七

弗里达的离婚诉讼费不算太高,只花了 150 英镑。1915 年 5 月,由于劳伦斯拒绝付钱或是由于付不起,他成了一个破产者。尽管他会用富有哲理性的观点解释说,不管说什么,干什么,弗里达花这些钱都是值得的,可当他接到传票时还是变得大为光火。正好那天他正在给伯特兰·罗素写信,于是这位数学家收到的信是一纸痛骂:

> 我没办法告诉你这让我多么仇恨整个国家体制——整个英国的制度。我希望我是个罪犯而不是一个破产者。不过,悄悄地,悄悄地,我会尽我最大的努力在他们的房基下埋一颗地雷。我对公众生活和国民生活中的这些东西恨透了,恨透了,我要毁掉它。

可是,怎么办呢? 这种通过说教来对英国进行迅速的社会改造的计划除了给计划的两位发起者带来分裂以外,毫无结果。随后劳伦斯发现他一直撰写着的"哲学"都是错的,需要重写。很难说他这次改变主意是不是因为他读了罗素给他的博奈特所著的《早期希腊哲学》一书。劳伦斯很喜欢这本书,在相当程度上受到了这本书的影响,因此,当后来别人要求他为《鸟·兽·花》的插图本提供标题时，他就从博奈特的书中选了几个，这几个标题在《凤凰全集》中是作为劳伦斯自己的创作出现的。没错，劳伦斯读了博奈特的书后就认为自己的"哲学"是不够完善的。

　　整个 1915 年夏天，劳伦斯都在不停地抛出说教、主张和对未来不幸事件的预言，这些言论主要是写给辛茜娅·阿斯奎斯和奥托琳·莫雷尔的。他多次光临过奥托琳·莫雷尔的卡辛顿庄园，这是一座美丽而古老的家族庄园。可奇怪的是，从这儿出来后劳伦斯写的一篇散文却是极其呆板的老生常谈，他从来没写过这样的散文，这是唯一的一篇。现在，尽管有时会旧病复发，他暂时已经度过了那可怕的、近于疯狂的情绪阴郁阶段，而逐渐恢复了理智。也许，值得注意的一点是，在这一阶段"哲学"写作期间，他似乎没有或者很少写诗。就在他偏离创作之前他写了另一首关于弗里达的诗，题目是《一个女人致所有的女人》：

　　　　　如果你们知道我是怎样
　　　　　在宁静中、在与这个男人的
　　　　　对称中摇摆，如果你们知道
　　　　　我的肉体怎样享受
　　　　　绝妙的快感，没什么能
　　　　　破坏它，
　　　　　你们这些女人：

　　　　　你们会妒忌我，你们会认为
　　　　　我无与伦比；这种和谐

会让你们哭泣,你们会惊讶

这个陌生人何以

处处与我共鸣。

他与众不同,他是个危险人物

没有怜悯、没有爱。

可他那独立的存在使我解脱了

给了我以宁静……

　　这首诗旨在用弗里达的口吻说话,而其中可称之为"论点"的东西是劳伦斯发出的一种特殊的吁求。"弗里达应该阻止别的女人太接近我",这就是劳伦斯用通俗的语言所要说明的情绪。事实上,他的一大部分主要通信者和热烈的崇拜者都是女人,这给人的印象是劳伦斯对女人具有一种斯万加利①般的影响。不过这些人大多是上层社会的淑女,她们善于挑剔,聪慧而敏感。劳伦斯吸引了她们是因为他是个"天才",他的优秀品质是他成为伟大艺术家的因素。她们对他感兴趣,被他吸引,并不是因为他是一个"耸人听闻的性专家",而恰恰因为他不是。奇怪的是不知为什么他在一首诗中毫不妥协地宣称"别管我的事",可能是因为他的男性朋友们取笑他有这么多女性崇拜者的缘故吧。

　　到 1915 年 8 月份,劳伦斯不能再在格里特汉住下去了,房东需要这座住宅。是什么决定了他们以后在何处居住是无法解释的,劳伦斯

---

　　①　George Dumaurier 的小说 Triby 中的主人公。他把女主角催眠并控制了她。通常指有巨大催眠力的人。

很可能认为,如果他在伦敦的话,他会更忙于事务,会见更多的人,那样他就可以把自己从最近的这种沮丧情绪中解脱出来。不管怎样,他们在伦敦北郊的汉普斯特德的拜伦别墅里租了一座小房子,弄了些家具就住了进去。做出这一选择的另一个动机可能是他希望住得离凯瑟琳·曼斯菲尔德和默里近一些,劳伦斯计划和默里进行合作。

我们是从他写给辛茜娅·阿斯奎斯的一封信(1915 年 9 月 5 日)中第一次听说这种打算的,在信中他提到"办一个小刊物",其读者是"一切关心真正的、活生生的真理的人"。根据默里的建议,这份期刊取名为《签名》,刊物只发行了三期就宣告失败了。劳伦斯给这份杂志的稿子是《皇冠》的一部分章节,十年后与其他杂文合集出了书,书名的全称是《对于豪猪之死的沉思》。应该指出的是在这本书的引言中劳伦斯回忆《签名》的一些叙述是很不准确的,这些叙述跟他创办杂志时期的书信上的说法是自相矛盾的。倒是默里的说法与事实比较接近。《皇冠》本身则是一本迷人的小册子,象征性和怪诞味十足,这种风格令人想起罗斯金的粗犷和德昆西那魂萦梦绕般的风格,甚至让人想起可怜的杰拉德笔下疯狂的奥菲拉。如果说这本书有一个主题的话,那就是精神上的死亡与再生,这种真实的体验来自时好时坏的肺病对劳伦斯的侵袭。此时此刻,对他来说,真有些像死后复活,于是他就在《皇冠》这本书里将自己的这段心理体验付诸富有想象力的文字。很久以后,几经尝试,劳伦斯终于将这本书定稿,取名为《死去了的人》。

可就在他埋头《签名》杂志的工作,探讨拯救世界的问题时,有人却在企图诽谤、压制、损害他,这些把他带回到了可怕的现实中来。任何一个杰出的人物都会不可避免地招来反对和仇恨,而劳伦斯特殊的禀赋似乎是天生要树敌的。他尖刻的语言,他的傲慢举止和固执的矛盾心态得罪了不少人。他以自己的优雅风格吸引了别人,可接着又随随便便就排斥人家甚至诋毁人家,他这种特性是令人不愉快的,招来别人的厌恶。他的作品强健有力,内涵深刻,是对拼命要躲避战争冲击的庸俗的生活和道德观念的摒弃。

我们知道,《虹》是劳伦斯长时期坚韧努力的产物——三年中他潜心写作,数易其稿。一个只是想写一本猥亵书的人是做梦也想不到去花费这样多的时间和这么大的精力的。在这部小说里,劳伦斯意欲通过布朗温一家三代人的故事来说明他的信仰——婚姻是男人和女人生活中尽善尽美的事。两性之间经过殊死的冲突、斗争和痛苦,在"真正"的婚姻中达到了一种神秘的统一和安宁。这是一部严肃的作品,过于严肃,有些时候甚至近乎冗长沉闷。正如我前面说过的那样,《结婚戒指》这个标题会比《虹》能够更好地解释这部作品并且会更有力地为其进行辩解。劳伦斯作为一位作家的各种天赋几乎都可以在这本书中看得到。尽管这是一部严肃的作品,但书中不少长长的段落和章节都具有地地道道的旧式英国的幽默,如"玛斯的婚礼"这一章就是如此。有时,小说中的人物经他一分析,似乎脱离了生活成为独立的个人而分解为激情、狂喜、愤怒、痛苦等各种原始的状态。例外的是布朗温和义女那一段较长的描写,这女孩子认为她要失去妈妈了,歇斯底里地悲怆起来,汤姆·布朗温试图安慰她。这一段描写哀婉动人,情意绵绵,当写到这孩子毫无理智的悲恸渐渐转化为长时间震颤的啜泣时,几乎令人不忍卒读。仅凭这些描写就足以表明劳伦斯是一位抒写悲情的大师。为什么当时那些评论家竟认识不到这一点? 这是个谜,也许不是。

《虹》是 9 月 30 日出版的,10 月 5 日的《每日新闻》报上就登出了书评。评者一开始还承认劳伦斯是饮誉文坛的,可是他竟置劳伦斯对于玛斯的婚礼和义女的描写而不顾,狂妄轻率地否认《虹》的"人情味、高度的想象力和幽默情趣"。对他来说,《虹》"就像斯特林堡同时用皮埃尔·路易斯和维多利亚·克罗斯女士的风格试写的小说"。他还认为劳伦斯写小说时像一位外科兽医——"他笔下的男人和女人像屠刀下的牛那样总是感到剧烈的痛苦。"他认为这部书的绝大部分"大话连篇、冗长乏味、令人作呕"。他还认为这部小说"主要是一片单调的、阳物崇拜主义的荒原",这样的书"学艺术的学生才想写呢"。他告诫"普通的读者"抛弃这本书,因为他们"一定会特别讨厌它,特别会讨厌那些类似狄德罗的《修女》的篇章"。这篇评论的标题叫《垮台》,论者的笔名是罗伯特·林德。

这种告诫是足以唤醒那些蛰伏中的追腥逐臭的猎狗的,这篇学术上的评论引来了詹姆斯·道格拉斯和克里门特·肖特对《虹》的更为耸人听闻的指责。极有讽刺意味的是一个爱尔兰人、一个苏格兰人和一个犹太人联合起来诽谤那个时代最有独创性的英格兰作家。这位"职业告密者"是谁我一直未能得知,不过劳伦斯认为是"霍顿先生和清教徒联盟",到底是谁暂且不管它。不幸的是,当这桩案子被法庭审理时,竟没有被告及其辩护人出现,也没人试图向更高的法庭申诉。原先这本书的出版商对这本小说感兴趣只是因为它可以被用来进行商业投机,现在一看形势不好,为了尽快脱手以减少损失便低三下四地赔不是,收回了这本书并且同意将其销毁。劳伦斯对此一无所知,只是一位朋友发现这本书的广告突然停止了以后才把事情的经过告诉他。

法庭的诉讼由《每日邮报》刊载,报道的大标题是《一部黄色小说被销毁——黄过左拉》。据《泰晤士报》说,一位叫玛斯克特的人在法庭上说《虹》"是一部用一种艺术性和机敏的语言装潢起来的充满猥亵的思想观点和行为的小说"。迪金森法官命令销毁这本书,说它明显地触犯了法律,令人厌恶,为此麦修恩被罚款十基尼。迪金森法官为德高望重的麦修恩先生"因出版这本书而有损声誉"表示遗憾。

那些不属于文学这个小小的世界的人（几乎可以说是整个人类），听到有一本书被禁这样的小事，是不会意识到这对一个作者来说是怎样的灾难。一般的态度（除去疯狂者以外）是："算了，这事做得不聪明，对作者来说是件倒霉的事儿，不过那是他自己找的，以后就该多加小心了。不管怎么说，没人会因为这事就小看他了。""我们的好朋友倒了霉，那也并不是使人太难过的事。"要不，报纸还能怎么样呢？可是，这本书被销毁的判决根本没有通知作者，更不要说讯问了。法官连一点适当的调查工作都没有做。在其他案件中，普通士兵的供词都不算证词，可在这个案子中记者们的话竟被接受了。惯于进行烦琐求证的法官平日里学究气十足，为了损人利己，最善于吹毛求疵作一些毫无意义的区分，可是此时却不去区分地下出版社粗制滥造的猥亵十足的庸俗作品与一部偶然惹怒了蠢材统治集团的查德班兹①的严肃作品之间的区别了。结果是劳伦斯欠了他的出版商一笔款项；三年的写作付诸东流，一分钱也得不到；他失去了自己的版权；他被公开污蔑为"黄色"作家；他被搞得声名狼藉，出版商和杂志好长时间内都拒绝刊登他的作品。他为牛津大学出版社写了一部欧洲历史的书，出版时用的却是假名。

那些"不公正的"法律诉讼（默里以委婉的语气这样说）对劳伦斯的震惊太大了，无论怎么估计都不会过分。林德评论中说过的维多利亚·克罗斯女士跟劳伦斯相去甚远。人们惯于假装正经，可劳伦斯却不会以玩世的态度去利用这一弱点，他是一位"极端虔诚的人"；他在1915年作为开拓者提出的意见，如今绝大部分文明世界的人都已视为

---

① 查德班兹（Chadbands），狄更斯小说《凄凉之屋》中的人物，是某个说不清的教会中的牧师，一个贪婪、油滑、不学无术的流氓，宗教伪善者的典型。

理所当然的了。劳伦斯对当时局势的评论是很有特色的：

> 我并不怎么动摇；我早就不那么容易动摇了。我只是要诅咒他们所有的人，用我的身心、我的根、我的枝丫和叶子，诅咒他们一辈子。

"只是"这个字眼用得很妙。

如果说劳伦斯对于因此案损失的钱不在乎，是不对的，没有人比他更知道赤贫的滋味了，他的经历太苦了。使他愤恨的是公众的侮辱。

很快一群知识分子站出来作了苍白的哀诉，可他们什么有效的事情都没有干。在当时的情况下，什么努力都没用。菲利普·莫雷尔和唐纳德·卡斯威尔(凯瑟琳·卡斯威尔的丈夫，他是有资格出席高级法庭的律师)建议向更高的法庭起诉，控告记者们犯有诽谤罪。如果劳伦斯跟富翁或显要人物拉上了关系，这些起诉和控告就可能成功；可就他这样一个人，是没有记者或法官敢为他说话的。他们都知道他是个除了"天才"以外一无所有的穷汉子，劳伦斯怎么能置身于花费昂贵、拖延旷久的法律诉讼中去呢？

菲利普·莫雷尔在议会上提出了一个问题，得到的回答是遁词和搪塞。阿诺德·班奈特和梅·辛克莱以个人的名义写了抗议信，可是由于没有联合的行动，所以作家协会看来无能为力。人们也向亨利·詹姆斯这位英国籍的美国人、文学权威发出了呼吁，但是干预这件不得群众支持的案子是费力不讨好的事，所以詹姆斯也没有回音。事实上，这位大文学家早就在一贯正确的《泰晤士报文学副刊》专栏上对劳伦斯颇有微词。这位美国权威、鉴赏家在谈到他认为是"现代小说"的作品时，"洒脱"地宣称，班奈特和威尔斯"实际上已经开动了航船，我们在船上欣赏《罗克塞公爵夫人》①的作者摇着橹,欣赏着《狂欢节》《恐怖街》甚至《儿子与情人》所成功地表现出的纪实性,可是不管我们怎么寻找劳伦斯先生,我们必须承认,他都在模模糊糊的末尾"。

很难说我们更应该赞赏哪一方——是赞赏那种贬低劳伦斯抬高沃波尔的评论呢?还是赞赏那航船中模糊的末尾上劳伦斯的优美文体呢?

如果说劳伦斯曾经希望过什么有效的行动为他辩护的话,这种希望很快就破灭了。在失望中他又一次想到了逃避,移民去美国。他急需一笔钱,朋友们都友好地解囊,或相借或相赠——爱德华·马什出了20英镑,菲利普·莫雷尔夫妇出30英镑,代理人品克贷给他40英镑,肖·伯纳出了5英镑。我并不认为劳伦斯这时有什么感恩戴德的想法——为什么要感激呢?受了那么大的凌辱得到的却是这样微不足道的补偿。不管怎么样,他现在是一个心眼儿要移民去美国,他写信给马什说:"我身心交瘁了,我要是再不走我就会死的。"确实,就他的健康情况来看,北方的每一个冬天对他的生命都是一个可怕的威胁。

出于某种原因,这时劳伦斯把他那乌托邦式的拉纳尼姆的地点定在佛罗里达州的迈尔斯堡。这可能是因为菲利普·赫塞尔廷的朋友德里厄斯在佛罗里达州管理一座废弃的种植园;不过劳伦斯的一封信中却提到,一位不知名的美国人愿意给在迈尔斯堡的朋友写信向他们介绍劳伦斯。也许这两个方面的原因都有。他曾经计划乘船先到"巴巴多斯"(像大多数美国人一样,劳伦斯拼写错了这个旧殖民地的名字),然后再到佛罗里达,这是一项很复杂的计划。选择了迈尔斯堡作为这位一文不名的流亡者的避难地,这再一次证明了劳伦斯对世界的"天真

---

① 是英国作家休·沃波尔(1884—1941)的小说。

劳伦斯传

无知"。不错,迈尔斯堡的确是一座迷人、韵味非凡的城市,可来这儿的主要是一些百万富翁,他们是来墨西哥湾钓鱼的——同时看行情调整物价。另外,夏季里佛罗里达的酷热气候同北方的严寒一样对劳伦斯的肺病有害。

像往常一样,这次劳伦斯提出要他的朋友们(包括鲁莽但还顶用的奥尔德斯·赫胥黎和菲利普·赫塞尔廷)一起走,这足见其整个计划是荒诞不经的。这个计划之荒诞还在于,劳伦斯对现实的不了解:在战争期间,旅游许可证只发给国家工作人员。劳伦斯的最大特点是,他一觉得哪个地方令他不愉快,他就要"永远"离开那儿。此时指的是汉普斯特德;他在还没有什么把握的时候就迫不及待地放弃了租契,卖了家具。这样折腾一通才让他恢复了理智,恢复了他那流浪汉的自由。"谢天谢地",他"自由了",(暂时)用不着去为拯救这个充满敌意的世界而奋斗了:

> 发够了愁了——我再也不发愁了,只需好好活着。我再也不为这个世界悲哀、烦恼了。我再也用不着为这个世界承担责任了,随它去吧。

这样,在 1915 年 12 月他下决心(尽管他并没有实践自己的诺言)放弃了自封的人类救星的任务。可实际上,一遇到什么社会问题他总是情不自禁地要发布一通"法令"。那年的圣诞节他是和家人一起在中部地区过的,一方面是要遵守老的风俗习惯,另一方面是向老熟人们证明他并没有垂头丧气,并没有接受法律对他本人和他的书的诽谤。在那儿住了不到两天,他就发现自己跟哥哥在矿工问题上存在着"激烈的分歧",他哥哥是一个"激进的新教教徒",劳伦斯在恐惧和厌恶中对此敬而远之：

　　这些人——我很爱他们，他们的生活对我很有影响——他们的头脑对问题的理解太可怕了，只想到工业主义，只想到工资、金钱和机器。他们就不能想点别的。他们集体的思维所想的也不过就这些。这就说明了为什么将来会有某种像行会社会主义的东西出现在我们的生活中，这种社会主义把问题降低到最低的条件上——一点都不比现在这些高多少，只能更低。不过我想事情应该降到最低条件上，只是，啊，上帝啊，我不想卷进去。

　　一想到那不可避免的未来(他已清楚地预见到)，他的内心就充满了悲哀和失望。所以，他离开了不可救药的工业化中部地区和寄生的伦敦来到康沃尔后，大大地松了一口气。小说家 J.D.贝雷斯福德向劳伦斯夫妇免费提供自己在圣·玛琳的住所，他自己只在夏天住在那里。同往常一样，每当顺利地搬到一个新的、有趣的地方，特别是离开城市以后，他都会心情舒畅，欣喜万分，并讲一通感恩的话："好了，在康沃尔好多了。总算离开了英格兰——伦敦的英格兰，谢天谢地。"
　　一安顿下来他就兴致勃勃地给朋友们写信，信中不乏赞美和希望的文字。在给辛茜娅·阿斯奎斯的信中，他赞美贝雷斯福德的住房：

　　……一座漂亮的古旧房屋，屋子又大又敞亮，这里是多么幽静啊——除了轻微的海涛声和风声以外什么声音也没有。住在这儿，就像住在英格兰的窗口上，眺望远方的世界。这是我向外界迈出的第一步，是走向新生活的第一步。一个人非有爱的自由不可，只是爱和创造，为了得到幸福。

劳伦斯传

给凯瑟琳·曼斯菲尔德的信写得比较有挑战性,强调他对伦敦和伦敦的文人的厌恶,再一次否认他会为拯救世界做出进一步的努力。这封信中的"杰克"当然指的是约翰·米德尔顿·默里:

> 我不再打扰这个世界,不再打扰别人了。我够了。我现在只想找一个能活得幸福的好去处。如果你和杰克愿意来就来——什么时候想来就来;我们聚在一块儿会快乐的——再也没有问题、争辩,再也用不着想办法为世界做点什么了。世界完了,消逝了,就像皇家咖啡馆里昨夜的灯火一样熄灭了——永远消失了。这里有一个新的世界,这里的空气是清洁的,除新生的人以外再也没别的什么人了:我自己和弗里达再也不回伦敦了,也不重返世界了,我亲爱的凯瑟琳——它消失了,就像昨夜皇家咖啡馆里的灯火一样消失了。

雄辩、富有正气,这样的信容易写,但要照信上说的去做就难了。信刚刚发出,两位皇家咖啡馆的常客就来与劳伦斯夫妇聚会了,先是菲利普·赫塞尔廷,然后米歇尔·阿伦来小住了一段时间。我们知道,劳伦斯习惯上总是一到一个新地方和弗里达欢聚,就迫切地邀请人们来和他们聚一聚。可一旦人家接受了邀请来了,他又会跟人家争吵不休,朋友从此成为敌人,这是劳伦斯的怪癖,他的性格就是这样,总也改不了。他从来没有意识到这样做是在浪费诚意,这样的缺点是可悲的。菲利普·赫塞尔廷羡慕劳伦斯的作品,这一点可以清楚地从已经列举的一封信中看出。可是,劳伦斯在此犯了一个大错误:他单凭赫塞尔廷对他文学成就上的羡慕就认为这位受过不同的教育、持有不同的观点、性格与他不一致、天赋也与他截然不同的人可以跟劳伦斯这样最容易动怒的诗人和睦相处在同一个屋顶下。

赫塞尔廷是值得称赞的,他还那么年轻(他刚够成年),竟比劳伦斯的其他朋友们更深切地理解肺病是如何毁灭性地影响了劳伦斯的生活;不过,赫塞尔廷似乎没有意识到,他来陪伴劳伦斯给劳伦斯所带来的激动以及不可避免的争吵是会伤害一个过于敏感的人的,特别是在诉讼案件的震惊仍让他心有余悸的时候。当然,赫塞尔廷来访的时候,劳伦斯正病得不轻。梅特兰特·雷德福德医生(劳伦斯的诗友欧内斯特和多里·雷德福德夫妇的儿子)于 1916 年 2 月来到康沃尔为劳伦斯检查身体。可对别人谈起医生的诊断时,劳伦斯总是要掩盖真相。其实这时他的肺已经染上了结核病,可他却遮遮掩掩,不向别人承认这一事实。关于雷德福德医生的诊断和建议,劳伦斯是这样告诉别人的:

> 他说神经受到压迫,内部的壁膜都感染上长期性的炎症,他让我一定要安静,注意保暖,心绪保持平静。真有意思,我左半边感到麻木——我的左手几乎什么都握不住了。

他说的"左半边感到麻木"似乎表明,《虹》一案让他神经受到了震惊,医生的建议是给予一般的肺结核患者的。劳伦斯总是接受医生的建议,可他总是忽视这些建议。不知道梅特兰特·雷德福德是否警告过赫塞尔廷,劳伦斯的病情很严重,惹他发火对他的健康是危险的。不过可以肯定说,赫塞尔廷到康沃尔来,其用心是良苦的:他准备自己出钱出版《虹》(如果有足够的订户的话)。他选择了 600 位对文学和自由感兴趣的人,向他们发出了通知,可只收到了 30 份令人满意的回信。在这种情况下,出版计划被放弃了,包括劳伦斯的一篇关于同性恋的论文,也让赫塞尔廷毫不客气地毁掉了(论文的标题很奇特,叫《山羊和指南针》)。

尽管劳伦斯的直觉很敏锐,可他常常意识不到他伤害了别人,意识不到别人私下里对他的议论要比表面上刻薄得多,因为人家出于较好的教养,表面上是不会如此表露自己的看法的。他对所有的人都用专横武断或直言不讳的侮辱口吻说话,这种习性似乎属于一种原始社会阶段的人,而不是他实际生活中的那个社会阶段的人,与此同时,他从来没意识到,人们表面上把他的话当耳旁风、不加评议,可实际上人家注意到了这些话并做出了判断,因此就不能对他原谅了。就这样,在赫塞尔廷已经不把劳伦斯当作朋友看待好久以后,劳伦斯还在充满柔情地给人家写信呢。甚至在1916年1月初,劳伦斯在信中还若无其事地写道:"赫塞尔廷一直和我们在一起,我们在一块儿过得挺好的。"可几乎在同一天,赫塞尔廷给德里厄斯的信上却是这样讲劳伦斯的:

> 他是一位伟大的艺术家,不过他的见解和观点却是生硬的、独断的,我发现他的艺术准则与我的性格毫不符合。他似乎过于超现实了,过于急切地要求以一种超现实的方式进行理解,而不注意纯粹个性化的、分析的和内省的艺术。他的观点与他的成就不太一致。即便如此,他仍不失为一个伟大而有魅力的人物,他对崭新的、清洁和自由自在的生活所抱有的激情是非常美好的。

不幸的是,尽管劳伦斯竭力要人家到他的"避难所"来,可赫塞尔廷和阿伦怀着对他极端尊敬的心情来了以后,他又一个劲儿地疏远他们,在送他们离开康沃尔的时候,那气氛跟迎接他们时截然相反。米歇尔·阿伦为了出一出自己的怨气,在《新时代》上写了一篇短文,文中讲到,一个作家的作品写得过于漂亮反倒无法发表。赫塞尔廷显然怒气更大,这一点可从他在 1916 年 4 月给德里厄斯的信中看出:

> 劳伦斯是一位优秀的艺术家,一位严格但是可怕地扭曲了的思想家。要跟他建立私人关系是不可能的——他的行为是一剂微妙、置人于死地的毒药。我发现了他的真相,他的事说起来可是一言难尽……这个人一准是有点疯了,他差点搞得我进退维谷——真的,很可能他是存心这样做。不过,当我写文章谴责他或当着他的面指责他时,他只会说:"我求你到了伦敦别谈论我"——很明显,他有负疚感,这种负疚感对他触动极大呢。

赫塞尔廷所说的"进退维谷"肯定指的是婚姻方面的,劳伦斯夫妇有个坏毛病,那就是常在他们的年轻朋友中乱点鸳鸯谱。

尽管有各种各样的困难和误解,劳伦斯仍然英勇地继续进行他的文学创作。在圣·麦林,"漆黑坚硬的石头可怕极了","海水泛着沉郁冷酷的光芒",劳伦斯就在这儿把他的诗作汇集成《爱情诗集》,这些诗原来是写在笔记本上的,丢在了费阿斯捷里诺,还是英国在那儿的领事馆帮他找回来的,同时他还在看《意大利的黄昏》的校样,这部书充满了美感,可出版后《泰晤士报文学副刊》却对此傲慢地对待,其做法很不聪明。

劳伦斯此时已开始酝酿另外一本书的写作,这是一本美国文学论文集。贝雷斯福德有一本赫尔曼·麦尔维尔的《莫比·迪克》,当时此书已经不时髦了,几乎被人遗忘了。他们这些人中除了劳伦斯外都不觉得它怎么样,只有劳伦斯发现它"非常奇特,非常有趣"。《莫比·迪克》激发了劳伦斯对美国的兴趣,于是他开始一遍又一遍地读美国的书籍。麦尔维尔深深地打动了劳伦斯，似乎他向劳伦斯展示了自己的心怀。在劳伦斯评论《莫比·迪克》的文章中，有些段落与其说适用于麦尔维尔倒不如说更适用于劳伦斯本人，下面这一段就是例子：

没有人比他更滑稽、更笨拙、更富有说教味了，趣味粗俗。他说教，滔滔不绝，那是因为他对自己没有把握。他常常滔滔不绝地说教，但他还不成熟。作为艺术家的他比作为一个人的他要伟大得多。他本人是一个很令人生厌的新英格兰人，一个合乎道德标准的神秘超验主义类型的人。不过，他是一位深刻、伟大的艺术家，尽管他是个极爱说教的人……当他忘记了自己的听众，向我们讲他对世界的纯粹的鉴赏时，他的话是绝妙的，他的著作让你的灵魂肃然起敬。

的确，如果不知道这段话是写谁的，人们会轻易地认为这是对劳伦斯的一针见血的总结。可文中讲到了"新英格兰人"又讲了不少新英格兰的道德，人们很容易把这看作是一种比喻。在继续分析麦尔维尔的时候，劳伦斯突然对麦尔维尔的说教感到气愤，于是斥责麦尔维尔是一头驴子，不停地"叫、叫、叫"。在此，人们禁不住联想起劳伦斯的格言即批评家的批评总是在暴露自己，那么"滔滔不绝"讲的是否正是他本人的一个令人遗憾的缺点呢？

尽管阿伦和赫塞尔廷跟他疏远了，可劳伦斯仍然继续一边频繁地和朋友们接触一边又不断地失去朋友。人家刚一离开，他就写信给葛托勒说他仇恨人类，恨透了，可不久他又坚持要求葛托勒和柯特连斯基来和他一起居住。以后他又高兴地邀请一位公爵的女儿奥托琳·莫雷尔和伊薇·洛（她后来嫁给了一位叫里特维诺夫的苏联政委）。1916

年 3 月,他离开了圣·麦林,来到北康沃尔赞诺地区的高特利杰森这个更为遥远的地方,搬来之后就催默里和凯瑟琳·曼斯菲尔德来跟他会合,发出邀请时还说已经请了赫塞尔廷,作为一种引诱。劳伦斯不提赫塞尔廷的恼火,这种做法倒是很审慎得体的,因为他前次放弃了《签名》的出版计划,采纳赫塞尔廷的计划而得罪了默里。就这样,劳伦斯总是不断地在出花样,从而破坏了他自身的宁静,医生要他"安静、注意保暖、心绪保持平静"的嘱咐早让他忘到脑后去了。当他严肃地给默里写信说"我没有做买卖的天才"时,我们相信他并没有什么自嘲的意味。可他又大叫:"我一有点心烦意乱就要颤抖、就要恶心。请对我温柔一点吧。"这里却显示了他的自怜和对温柔的需求。

　　新的住处、赞诺地区的高特利杰森,是很宜人的。劳伦斯在那儿住了 18 个月,要不是命运作梗,要不是谍报机关和军队给他捣乱,他会在那儿住到战争结束的。那儿有一座座小小的村舍,房屋坐南朝北。"高沼地上杂草丛生,远处是一望无际的大海。"那里离潘斯七英里,"到处都是鹅卵石和金雀花……羊群欢乐地蹦蹦跳跳,可爱极了,海鸥在与渡鸦战斗着,有时又会和岸上的狐狸和海上的船只进行打斗。"劳伦斯夫妇租了一座两居室的村舍,每年租金 5 英镑。这是一座"花岗岩的牢房",非得改造改造才能变成一个"可爱的住所"。劳伦斯夫妇把"哲学"思考丢到一边,怀着热望开始修整房屋的工作。他们先把屋子彻底地清扫了一遍,然后往墙上刷了一层粉红色。劳伦斯既是个能工巧匠又是个艺术家,他自己做了一个食具柜和一个衣橱,涂成高贵的蓝色。楼上的卧室里有"一孔深深嵌进墙里去的大窗户,正对着海面,而另一扇窗户则正对着满是金雀花和花岗岩石的山坡";他们在墙上挂上一幅刺绣,床上铺上了一个"鲜艳漂亮的床罩"——都是奥托琳·莫雷尔送的礼品。劳伦斯读了《修昔底德》①一书(也是奥托琳·莫雷尔送的),读后竟然对这本政治家的教科书充满了钦佩之情——"多么了不起,多么高尚的作者,文风简洁、直率,是完整的文化和广泛的意识的产物。我越读越敬佩这种真正第一流的尊严和自我责任感。"

由此可见,劳伦斯的身心健康都有所恢复了。北方冬天对他肺部的折磨减轻了,他时而会放弃那拯救灵魂的文学,似乎忘记了那些雇佣文人和小官吏给他带来的屈辱。因此,特别使人遗憾的是,那个拉纳尼姆的海市蜃楼仍然萦绕在他心头;他渴望有外来的新伙伴,谁也劝不醒他。他不顾最近的几次失败,给默里夫妇发去一封封加急信,当时默里夫妇正住在法国南部沿海地区的班多尔。他给他们绘了一幅村庄的平面图,敦促他们说:"你们一定要来,咱们在这儿住上好长好长一阵子,这里生活费用极低。"从这封信中,默里和凯瑟琳·曼斯菲尔德得到的印象是他非常孤独,非常需要他们。于是他们离开了生活得非常快活的班多尔去看劳伦斯,这一举动与其说是出自自愿倒不如说是出于一种责任感。一听说默里夫妇决定要来,劳伦斯写道:

好,一切都好了。我们再也不吵闹了,让我们定个永久的君子协定吧。我是你们的兄弟,我们之间是血脉兄弟关系。告诉凯瑟琳不要太挑剔了。

就这样,默里夫妇践约在"4月初寒冷、灰蒙蒙的一天"来了,凯瑟琳·曼斯菲尔德神情郁悒地坐在一辆农家马车上,"身下堆满了各种家什"。当时有一种不祥的预兆:确实,这样四个人怎么能在这种孤独的

---

① 修昔底德(前471?—前400?),希腊历史学家。

环境中亲密相处而没有摩擦呢？对拉纳尼姆认真的候选人忽视了这一点；拉纳尼姆不会是一个自由自在的文人共和国，而是一个在独一无二的大卫王统治下的专制独裁国家。

毫无疑问，这些年里，在劳伦斯为数不多的男性朋友中，他最喜欢默里。后来劳伦斯对默里的恨之入骨则更表明他以前是如何深深地爱默里。可劳伦斯曲解了这种友爱，这让默里难以接受。此时，劳伦斯正被"血脉兄弟"的想法搞得晕头转向，可能读了麦尔维尔书中对伊斯梅尔和奎奎格①之间的关系描写后这种欲念更强烈了。于是，照他的习惯，他开始竭力强调这种主张，并且在《恋爱中的女人》中通过杰拉德与伯金的关系来阐明这种主见。他这样做，却丝毫也不考虑朋友的感受，当时，默里正作为一个文学批评家崭露头角，可劳伦斯却似乎从来没想过，隐居康沃尔对于他这样的作家很有益处，可对于一位想在知识界大显身手的人来说却恰恰相反。同样，他从来没有问过自己的朋友，这种粗俗的异想天开的"血脉兄弟"对人家是否有任何吸引力。

那么他对凯瑟琳·曼斯菲尔德怎么样呢？实际情况是，在同代人中，劳伦斯基本欣赏的都是些没什么大名气的作家，对他们的评价也不怎么样。当一些编辑主动要发表默里的作品时，劳伦斯似乎感到一种莫大的惊讶。我很难发现什么证据证明劳伦斯欣赏凯瑟琳·曼斯菲尔德。《恋爱中的女人》一书表明劳伦斯对曼斯菲尔德的一些缺点（他认为是这样）感到恼火——轻率地用三言两语打发人、解决问题，她大惊小怪、有犯幼稚病的倾向，不过对她的文学天赋劳伦斯还是有点欣赏的。可曼斯菲尔德就不搞劳伦斯的那一手。劳伦斯那种狂暴、奇特的

---

① 长篇小说《白鲸》（另译《莫比·迪克》，麦尔维尔著）中的主人公伊斯梅尔与土著人奎奎格在小客栈里相遇并成了莫逆之交。

情绪加上他的"天才"把他本人搞得焦头烂额,对他周围的人影响也很大,这种情绪肯定招人厌恶。在此,他表露出的天才则是以牺牲她的天才为代价的。看她1916年5月从赞诺发出的一封信是怎么说的吧:

> 今天风雨交加,烟雾弥漫,什么也看不清。一切景物都是湿漉漉的。楼的地板上摆满了接雨水的水罐子。屋里除了一个康沃尔使女外,就我一个人了……默里和劳伦斯背着帆布包冒雨去了圣·伊夫斯,而弗里达又在她自己的屋里。屋里静极了,只听得风声、雨声和炉火的"噼啪"声在声嘶力竭地响着。

她还说,写完信她要躺下,一边抽着烟一边构思一篇关于马赛的小说。此时,在那阴冷潮湿的孤独环境中,只要想一想马赛就会勾起她对地中海的怀念——5月的地中海,正是阳光灿烂、夜莺歌唱、蓓蕾初绽的时候。默里说她"非常不愉快,从此她终生都讨厌康沃尔这个地方"。不过默里这种说法与曼斯菲尔德1919年给弗吉尼亚·伍尔芙的信中所言不符,在信中她承认这个地方有"不少不尽如人意的地方",不过"这儿有种什么东西……让你向往这个地方"。她信的结尾是这样写的:"……这房屋像一只船。我没法说了,它太让我着迷了。"很明显,尽管这儿阴冷潮湿,但把他们从这儿赶走的并不是这阴冷潮湿的天气,而是劳伦斯。

默里把所有的椅子都涂成黑色,这种丧礼的颜色表露了他潜意识中的不满,是一种象征。劳伦斯不顾这种不祥的预兆和默里的躲避,仍然毫无休止地强调他那套神秘的"血脉兄弟"感觉论,并要强加于他的朋友。可劳伦斯很快就感到了默里本能的犹豫和反感。劳伦斯的努力受到了挫折,于是在格里特汉时那种近乎疯狂的神经性又复发了。他做了一些噩梦,在梦中大叫:"杰克要杀死我了!"这叫声让周围的人胆战心惊。有时"一阵怒火发作起来"会让别人"发抖、目瞪口呆"。更可怕、令人心神不宁的是,劳伦斯一发作起来先是显出一副不认人的样子,而第二天他"又会对大家比以往任何时候都更友好,更亲爱"。他习惯用这种方式向大家表示歉意——他太高傲,从来不会坦率地向人道歉,可他又从来没有设法控制自己不发作,他"不相信人有自控能力"。

那么这两个截然相反的自我哪个是他的本来面目呢?他敏感,对别人的批评和干涉非常反感,可他却希望别人对他恶毒粗暴的发作视若无睹,这怎么可能呢?有时,一位朋友表现粗鲁可恨还可以原谅,可他怎么能原谅自己呢?这种不协调状态似乎从来没有使他感到不安。

危机到来了——劳伦斯试图强迫默里按日耳曼人的做法歃血为盟时,他们闹翻了。默里拒绝了劳伦斯,这下可把劳伦斯激怒了,他痛骂默里:"我恨你的爱。我讨厌这玩意儿。你是一只下流的虱子,吸走了我的生命。"

这话在某种程度上说是对的,只是他说得过火了,过于让人不舒服。有些人,特别是知识分子,往往习惯于消耗劳伦斯的生命力,却丝毫意识不到他们是如何依赖着劳伦斯过活的。发生诸如此类的争吵后,默里夫妇只好离开他。他们这样做了,康沃尔的雨冲垮了又一个倒塌的拉纳尼姆的精神废墟。

八

　　就这样，劳伦斯夫妇又开始了孤独的生活。劳伦斯受挫之后又气又痛苦，精神上垮了。可是在 1916 年的夏天里等待他的是什么呢？以后的三年是赤贫，精神上痛苦的三年，他得同世界无休止地"斗争、斗争"；他母亲过去早就为他这一点担忧。当他凭直觉感到默里夫妇要离他而去时，他写信给凯瑟琳·卡斯威尔说："奇怪，几乎所有的东西都离开了我，我所知道的世界和人都像蜡烛一样消逝了。"尽管如此，他仍然自称他感到"基本上还是幸福和自由的"。

　　突然一个消息传来，令他烦恼不已：他这个年龄段的已婚男人必须体检当兵去，他立刻就写信给辛茜娅·阿斯奎斯，请她想办法躲过这一关，不过这时他的情绪跟一年多以前惊恐地考虑前景时大不一样了。那时，他疯狂地抗议，那样子近乎丧失理智。现在，他变成了一个快活、玩世不恭的宿命论者。"'及时行乐'是我现今的格言，纯粹快活的宿命论。"对这样一位丈夫仍在前线，父亲仍然是战时内阁头目的女人，劳伦斯写下了这样一段话，看来他并不够敏感、也不够圆滑：

　　　　用不着对生活过于严肃了，至少对外界的社会生活是这样。

作为社会的人,我变成了一个旁观者看一场你撞我我撞你的危险滑稽戏。作为个人,特别是我,只能保持缄默,以苦笑对之。可是如果我被拉进这场碰碰撞撞的社会生活的活剧中去丧失了生气甚至自由的话,我会感到极大的愤慨。

考虑到这段时间的短暂,考虑到那足以压垮他的官司、疾病以及各种杂事和情绪上的烦恼,我们会觉得他在征兵前(1916 年 7 月 28 日)几乎全部完成了又一部新小说《恋爱中的女人》的确是一个奇迹。当默里夫妇来康沃尔时,他已经开始写了,因为他说:"我正写另一部小说——这部书真让我劳神。这世界在爆裂,它的外部正陷于杂乱无章之中。不过这是另外一回事,一个人灵魂中仍然有一种不可破坏的秩序。"5 月中旬,他告诉品克说,他已经"完成了《虹》的续集的一半,不过这续集跟《虹》可不尽相似"。就这样,到 6 月份这本书"几乎完成"了,显然那是这本书的第一稿了,不过,后来他又把全书重写了一遍,这本小说直到 1921 年才在美国出版。

小说家们习惯上喜欢自己那些受到最粗暴待遇的作品,所以劳伦斯就最喜欢(或他说过他最喜欢)《虹》和《恋爱中的女人》,这个事实与其说证明了文学批评的正确性不如说证明了劳伦斯个人的喜爱。自从《虹》发表以来,劳伦斯和外界都尝到了耸人听闻和痛苦不堪的经历,可这部新的小说却载满了战前布朗温世家的剩余品。全书的大部分都被用来塑造劳伦斯最珍爱的两对人——伯金、厄秀拉和杰拉德、戈珍。伯金和厄秀拉很明显就是劳伦斯和弗里达,而另外一对则是默里和凯瑟琳·曼斯菲尔德——尽管劳伦斯为了虚构小说的目的做了不少改变,他旨在塑造的就是他们两个人。他们被卷进了小说,尽管卷得不深,但他们毕竟是被卷进了这场可恶的讽刺喜剧中去了,书中所有的人物都是 1915 年他的同一批"朋友"的讽刺画。

我们姑且称它是一本报复甚至是复仇的书好了。戈珍抛弃了杰拉德投向了一位饶舌的德国籍犹太人的怀抱,于是杰拉德在绝望中死在阿尔卑斯山的冰川里。说这本书是讲恋爱中的女人,倒不如说书中除了伯金和厄秀拉以外人人都怀着恨意,甚至伯金和厄秀拉也有地地道道地大吵大闹的时候。也许这本书在劳伦斯夫妇离开英国以后出版是个万幸。想象一下奥托琳·莫雷尔读到书中的赫麦妮就是她自己时,她会高兴吗?

> 厄秀拉不喜欢赫麦妮那张阴沉着的长脸。这张脸有点像一张呆笨但又带有未经开化的自尊的马脸。

好奇的人可以把他这番描述与奥古斯都·约翰为她画的像进行一下比较。不管是真是假,在这一特定的事例上,这种描述对她这样一个不寻常的英国女人来说却是很真实的。不管是真是假,任何一个人都可以看出劳伦斯是如何得罪了这个受害者,特别是因为她一直把劳伦斯当作被她庇护的人而给予帮助的。劳伦斯得罪的另一位受害者是他的朋友伯特兰·罗素。在这本书中罗素被写成一个"有学问的 50 岁上下枯燥无味的从男爵,讲起话来总是妙语连珠,沙哑着嗓子拿别人开心"。菲利普·莫雷尔被写成一个走进花园时"像梅瑞狄斯笔下的人物,心里怀念着迪斯累利,浪漫地大步向前走着",带来一股子"下议院的风气……内政大臣说什么,他和罗迪斯想什么同时对首相也说什么"。为什么他们都否认劳伦斯有幽默感呢?是因为劳伦斯在书中写了他们让他们为难吗?

劳伦斯讽刺得最厉害的人是菲利普·赫塞尔廷及其同事们,从而无情地嘲弄了常去布鲁斯伯里区①皇家咖啡馆的那批文人。劳伦斯如此尖刻地对待赫塞尔廷，一方面是出于对离他而去的朋友的一种反击，但主要原因还是赫塞尔廷和朋友们坐在咖啡馆里一边读劳伦斯《爱情诗集》中的诗一边模仿、嘲弄劳伦斯。当时，凯瑟琳·曼斯菲尔德从自己的座位上站起身说要看看这本诗集，赫塞尔廷就把书小心翼翼地递给了她，她拿上书二话没说就走出了咖啡馆。赫塞尔廷的朋友们都否认发生过这件事，可米德尔顿·默里却证明这是真的，他现在还有这本《爱情诗集》呢。米歇尔·阿伦当时就和赫塞尔廷坐一桌，当我问到他这个问题时，他允许我抄录一段他的日记：

> 当时，赫塞尔廷带着嘲讽的口吻——天啊，简直是比嘲讽还厉害的恶毒口吻朗读劳伦斯的《爱情诗集》。其实，1915 年到 1916 年间——我太年轻，也许说不准——劳伦斯对赫塞尔廷评价极高。可后来菲利普却自轻自贱了，弄得劳伦斯也看不起他了。你一定还记得海塞坦的背景吧——富农的儿子，一个招人误解的家伙。

关于这事儿就说这些吧，不过需要补充的是，当《恋爱中的女人》出版后，所有的"受害者"中只有赫塞尔廷一人威胁说要以诽谤罪控告劳伦斯，并让他赔款 50 英镑（他曾荒谬地试图要求"纯洁同盟"查禁这本小说，未遂）。

进行人身攻击的讽刺小说中通常总有那么一个人物（男人或女人，视作者的性别而定）不可思议地与其他的人物不同：没有受到对他人的那种罪恶的、挫败的和滑稽的刻画。可《恋爱中的女人》则明显地不属

---

① 伦敦的文化区，聚集了一大批作家、学者和艺术家。

于这类小说,在这部小说中没有一个人不受到讽刺的,而以劳伦斯为原型的伯金受到的嘲讽则更多、更深刻。作者知道伯金是怎样疯狂的人,于是书中出现了这样一个场面:赫麦妮一气之下拿起一大块青金石朝他的头打去,他用一部四开本的修昔底德的著作挡开了石头。伯金来到了树林里脱光衣服赤身在报春花上翻滚了一阵,头脑恢复了平静后给赫麦妮写信说:

我要到城里去——我现在不想回布莱德里。当然喽,我不希望你把打了我这事儿放在心上。你就对别人说是我情绪不好造成的。你打我,是很对的——我知道你想打我,就这么了结了吧。

这一切都是极富有特色的,能表明劳伦斯确实准备按自己的信念办事:忠实于一时的冲动,是生活的本质,这种忠实不应该受到挫折。从某种意义上说,这好像是一种令人起敬的教旨,也是对所有民主的社会暴政的一种逃避,当然,这也有它冒险的一面。假设,赫麦妮在一时的"冲动"下把伯金打得太厉害,把他的脑壳打碎了,怎么办? 这桩逸事是很有些启发意义的,它表明当他的怨恨之情和疯狂的愤怒消失之后,他是极愿意忘却甚至原谅他在朋友中引起的诅咒和混乱的。他对他的受害者们并没抱有绝对的敌意——至少在他描写他们之前他不是这样的。

他跟弗里达的关系似乎也常常是这样的。他觉得没有弗里达就不行,没有她他就活不下去,其原因之一是,弗里达是除了他的母亲以外唯一敢于顶撞他的人,她跟他对骂对打、争论起来用各种不老实的诡辩术激怒他,但从来对他没有恶意,相反,她一直爱着他,除开母亲以外,只有弗里达能这样对他。像弗里达这样的女人,他就是在任何杂志上登上 10 年寻人广告也找不到第二个。

在《恋爱中的女人》中，劳伦斯对自己进行了无情的嘲讽。在《湖中岛》这一章中，记叙了他和弗里达之间发生的一场很长的争吵，在此，他有意识地暴露了他那令人厌烦的唠叨习惯和他的混账的执拗脾气。他告诉我们，伯金有着"奇特的、令人满意的生活速度"。但是……"同时，他又可笑地埋没自己，去当什么世界的救主和主日学校的教师——最呆板的一种学究"。这句话再一次展示了劳伦斯在社交上的拙笨无能——在赫麦妮的那群令人压抑的知识分子堆里，伯金"在别人看来是毫无光彩的，简直没人拿他当回事"。

女人们习惯上爱教训弗里达这位天才的妻子，指出她的缺点（特别是她们第一次和劳伦斯夫妇见面时），那口气意味着这种友谊的帮助会使他们的情况大大改善的。很明显，奥托琳·莫雷尔就是这样的人，但是，当劳伦斯把她写进小说时，劳伦斯让她说出的话表明他对自己的性格有着极强的意识：

> 他瘦弱，极需要人好好照顾。可他性情多变，对自己没有信心——要帮助他，那得非常耐心，非常理解他不可。我简直没法说要让他高兴起来你得受多大罪。他时常过着极度紧张的精神生活，其反应是，他不稳定，没常性——他时而倦怠，时而又会恢复常态。我简直没法告诉你这都是些什么反应，没法告诉你这都是些什么样的痛苦。他今天肯定的、喜欢的东西，过不多久就会一气之下翻脸不认。他从没个常性，真是太可怕了。

这话说得太对了，后来我们逐渐地认识了他的性格，我们的发现和这些话说的是一致的。但是有一点要说的是，我们应该慎重，不应该过分地注意他的这些不足之处从而忘记了他那"惊人的活力"和"紧张的精神生活"。

在《出游》一章中,写进了他与弗里达的一场口角,这一架吵得他心神不宁、伤心不已。尽管绞尽脑汁反驳弗里达,他还是得承认弗里达对他的指责是正确的:

> 他知道她基本上是对的。他知道自己变态了,一方面过于精神化,另一方面又堕落得出奇。他知道,他的精神化是伴随着一个堕落的过程形成的,这种堕落就是一种通过自我毁灭获得的享乐。

然后是和解。厄秀拉哭着走了,伯金从泥里把自己送给厄秀拉的礼物——戒指拾了出来,刚才厄秀拉把戒指扔到了他脸上。他拾起了戒指,并不是出于什么人的情感,而是因为他不忍心看着"美好现实的礼物"躺在污泥里,这描写是多么富有特征性啊。可不一会儿,厄秀拉又回来了:

> "看,我给你采来的花儿多好看!"她带着渴望把一束褐红色的石楠花捧到他面前。他看到了那一簇彩色的花冠和那纤细的树枝般的花梗,还看到了她的手,那是一双绝妙、过分敏感的手儿。"美啊!"他说着,目光从花儿那里移到她脸上,接过了花。一切又变得简单,简单极了。

"美啊!"当他还是个孩子时,每当他给母亲带回一些小礼物、母亲要爱抚他时,母亲总要说这句话。对他来说,这个字眼儿有着弗里达所不知道的意蕴,那意味着一种无限的温柔,这一点弗里达可以感觉出来但她不能完全理解。劳伦斯说这句话时,已经把那种难忘的母爱转给了弗里达。

这本书是一部揭示内心自我的书,但从世俗的角度说,是一部放肆嘲讽的著作。当劳伦斯快要写完这本小说时,征兵的命令来了。面对这种形势,他令人吃惊地换了一副面孔,像在杂耍戏园里装出的那种勇敢精神写了一封轻松愉快的信给凯瑟琳·卡斯威尔:

> 我要去,看看是否会被选中入伍。如果我一定要成为一名士兵的话,那我就会来一通哒哒哒地地地! 躲避自己的命运是没用的,我再也不为此烦恼了。不管怎样,我现在更愿意当兵,不愿意当老师。

可现实并不那么简单,不那么令人轻松。在去波德敏(康沃尔的主要城市)的火车上,其他新兵"不停地唱着歌,或者像夜里的狗那样嚎叫",那忧伤的、旋律都不和谐的"歌曲"表达了那个英雄时期里的情绪。劳伦斯看到,这些新兵"是痛苦、绝望的,不过仍然很有男子气:很沉静,但并不倦怠,也没有被吓怕了"。凭着他敏锐的观察,他发现车上有个人跟别人大不一样,"就听到他一个人胡言乱语、练贫嘴"。他笑话劳伦斯的络腮胡须,还吹牛说他是从加拿大远道而来应征入伍的——好像人家多么需要他! 不错,他是加拿大人,不过他是个逃兵,在警察未发现他之前归队的,这些劳伦斯是不可能知道的。

在波德敏,他发现军营"像监狱",军营里的饭食"令人恶心",不过士兵们还是"不错的伙计"。这地方太像监狱了,让他想起了在雷丁监狱中的奥斯卡·伍尔德。当他脱衣入睡时,别人都看到了他那破旧的内衣裤,他感到一阵难堪,他太穷了,买不起新的。那天晚上,躺在硬板床上他翻来覆去难以入睡，周围的人，有的在梦中发出呻吟，还有的"歇斯底里般地咳嗽着"，这些声音吵得他一夜未眠。起床号响过后，借来一块肥皂匆匆洗了个冷水澡，吃了顿"令人恶心的早餐"后，上士命令大家整理内务。由于劳伦斯长着络腮胡子，所以人们都叫他"老爹"。因为他被认为是上年岁的人，所以就免去了他的打扫劳务。体检后，劳伦斯由于不合格而被免除了服兵役的义务，不过他被命令自愿参加民间的服务组织，劳伦斯拒绝这样做。其余的人对他很"忌妒"，他们认为（他自己这样假设）他不该这样受特别照顾，因为他"不是个劳动者"。

回家后的那个晚上，他跟弗里达坐在壁炉前聊天。他看着自己的旧法兰绒裤子说："如果我看到我穿上了咔叽裤我就会死的，不过他们不会让我穿咔叽服的。"他这种说法就是强调他希望永远不会服兵役，但他又因为自己是个患肺病的废人被拒绝服兵役而感到气愤。对于征兵的必要性他并不是不知道，尽管他也许会说他惧怕自己被塑造成军人的模样，但他决不愿意表示反对服兵役。有时他会醉心于为"民族的重要性"而工作这个想法，因为他意识到如果他这样做了，那他自己的处境就会好一些，他那些"在伦敦的有影响的朋友们"的处境也会好些，否则他劳伦斯会"在这遥远的地方常写一些让他们烦恼的杂文，他是他们的眼中钉、肉中刺"。他充分意识到，对那些有亲戚在前线的人来说，让他们读到自己的高论，说什么"这壕沟和机器之战是对生命本身的亵渎"，可能是一种"小小的快慰"吧。他知道并不是每个人都能免除服兵役的义务，像他这样坐在遥远的康沃尔谴责战争的，一想到正在参战的人他甚至都"感到一种令人郁闷的痛苦"。在波德敏的经历尽管不算什么，却让他大为不安：

这种军国主义宣布了我们所拥护的一切的破灭，是对人的生存的嘲讽。我深感不安。到处都有精神上的危机感，太可怕了。

在给另一个人的信中他写道：

> 你说得太对了，我尊重个人的自由，个人的自由比什么都重
> 要。要一个民族干什么？还不是要保证每个个人最大限度的自
> 由？

很明显，他从来没有问过这样的问题：当一个民族都失去了自由的
时候，个人的自由从何谈起？他被拒绝参军后不几天，他被一个人的阵
亡消息震惊了，这个人的家里曾给过劳伦斯一些恩惠，1915 年 10 月，
《英国评论》曾发表过他的小说《英格兰，我的英格兰》，这篇小说是对
这个人和他一家的残酷嘲讽，小说的发表让这家人感到恼火和伤心。
现在，正如他那富于预言性的小说所宣布的那样，这位丈夫和父亲阵亡
了，为此劳伦斯首先感到的是强烈的、良心受到谴责后的痛苦：

> 听到 X 的死讯，我很是不安。我不知道他会死。我真希望那
> 篇小说如石沉大海永不发表。也许 Y 不会被这篇讨厌的小说所伤
> 害——这一点最要紧。

可叹的是，他并不能就此放弃了那篇小说，他的另一面自我不会因
羞愧感而默不作声。他不会降下他的文学之船上的海盗旗①，除非他
预先谴责他的大部分作品包括他后期的小说。对弗里达，他曾咬紧牙

---

① 劳伦斯的著作常因被禁而出海盗版（即非法翻印）。

关不说他爱她,现在,就是这个人的死也不会让他懊悔。他甚至感到必须再写上几句附言:

　　不,我不希望我没有写那篇小说,从长远的观点看问题,这样做是有益的,难道不是吗?

九

那年夏天和秋天来拉纳尼姆的人是几位安详的妇人:凯瑟琳·卡斯威尔、伊薇·洛和都丽·雷德福德。她们真诚地仰慕劳伦斯、喜欢劳伦斯,但一点儿也不希望帮弗里达做点什么事儿,这些朋友只是来做几天客,并不是来这里"一辈子",她们看到劳伦斯兴高采烈、精力旺盛的样子很是满意,并不因他的偏见同他争吵。凯瑟琳·卡斯威尔说得对,和劳伦斯轻松地和平共处的重要因素是做一件很简单的事:悄声静气地帮助干家务活。

可是,即使没有跟一些不谨慎或不幸运的来访者发生争吵,他仍然常常和弗里达吵闹不休。这些争吵仍然是她的孩子们这个不愉快的话题引起的。按官方规定,她仍然不能看望孩子们——想想看,这种让人们永远分离的法律是什么样的法律! 她只能苦痛地躲在伦敦街头偷偷看孩子们几眼。现在,她又想见见孩子们了,可是,她没有钱看不成孩子不算,劳伦斯还对她的想法深怀妒忌。劳伦斯认为弗里达简直变态了,跟他生活了四年了她还爱她的孩子们,想她的孩子们。他认为他比她的孩子们对她来说更为重要,有孩子不管怎么说也是个错误。他在给凯瑟琳·卡斯威尔的信中这样写道:

有孩子就要牵扯着过去，要从过去的追溯中寻找满足，可满足是不存在于过去中的。你应该为自己没有孩子而感到高兴：孩子已成了磕磕绊绊的累赘了。世上孩子不少，可没有希望。如果女人可以带来希望，那她们就确实是母亲。未来不在孩子们身上。是真理，这新的被领悟到的希望创造了春天。

也许是他通常那种变态性的废话叨叨起来没完没了，也许是因为别的原因，他激怒了弗里达。大怒之下，弗里达像《恋爱中的女人》里的赫麦妮一样抓起东西照他的头砸去——是汤盘而不是《恋爱中的女人》里那块高贵的青金石。这场战争一完他们之间就恢复了平静，这场长久的争吵以弗里达的胜利而告结束——她离家去看望孩子们。

不幸的是，当她不在时，初冬的天气让劳伦斯染上了疾病。在 10 月份他就抱怨说他很痛苦，他的健康"糟透了"。两周后他对他的代理人说："我疲倦死了，老感到痛苦、拮据，身体老是不健康。"长篇小说要么受禁，要么停印，他的短篇小说不受欢迎，他的"哲学"没有市场，这残酷的战争年代简直使他难以靠什么生存下去。他偶尔在杂志上发表点什么，出了一本旧诗集，意大利游记也出版了。可不能靠这些活着，他主要还是靠"不稳定的借贷"为主——他向品克、妹妹阿达、美国的埃米·罗威尔和英国的朋友们都借过债。他再一次渴望到他一无所知的美国去，到"遥远的西部群山中去"，他幻想着，从那儿"可以看到远处的太平洋"。

此时，另一种完全出乎意料的迫害正降临到他的头上。1916 年年底，战争的延长和敌方潜水艇的胜利使英国当局更愿意听信法国人的重复警告：在英国有敌方的间谍。英国官方由开始的不肯轻信变得过于轻信这些话，于是仔细搜寻真正间谍的工作开始了（他们常悄悄地逮一些间谍），可做这项工作的人却似乎是些没有头脑、毫无经验的人。劳伦斯对军事和海军一无所知、不屑一顾，可是他却遭到了德国人的逮捕，德国人怀疑他是英国间谍，而后英国人又怀疑他是德国间谍，这是一件最最悖乎常情的事。

首先是一位警察奉军队命令抱着歉意来到劳伦斯住的村舍鉴别他的身份。想想这种情况吧，弗里达的父亲曾是德军的正规军官，她的叔叔菲迪南德在所有的参考书中都被列为在中国扩大了德国影响的人，她在空军中的表兄做过很著名的"飞行表演"，可是为什么她这位德国贵族竟和一个一文不名、其文学信誉并不可信的前小学教员一起住在一所遥远的村舍里，俯视着大西洋中来往于布里斯托尔之间的航船呢？他是否在德国住过，有没有德国亲戚？他们是不是仍然通过瑞士与德国通信？

这些都是事实，不过，他们似乎怀疑他是德国人，这当然不对。劳伦斯被这种怀疑搞得极为恼火，不过他根本无意去消除他们的怀疑，无论对当局还是对康沃尔的居民他都采取这种态度。他实际上走入了另一个极端，他公开发表反战言论，嘲讽报界的宣传，还挑衅般地唱德国民歌。有一次，劳伦斯夫妇上街买东西，回来的路上被几个穿咔叽服的人拦住，要检查他们的货篮。其中一个坚持说篮子里有一块方东西一定是一架照相机，其实那不过是一磅盐罢了。这几个人走出去才几步，弗里达就嘲笑说："可怜的，清白无辜的盐啊！"劳伦斯"气得够呛"。还有一次，弗里达在悬崖上奔跑起来，颈上的白围巾在风中飞扬着，劳伦斯不得不冲她大叫："停下来，停下来，你这个傻瓜！你不懂吗，他们会认为你是在向敌人发讯号呢！"注意，他本能地说"敌人"二字，一个德国人或一个间谍是不会这样说的呀。

劳伦斯传

1916年圣诞节时,又一个打击落到他头上。劳伦斯夫妇有两个美国客人,其中一位叫罗伯特·蒙德西尔(他后来成了劳伦斯在美国的代理人)。在一个大雨滂沱的夜晚,一位警察来检查他们的身份证。蒙德西尔回到伦敦后(据劳伦斯说)"遭到逮捕,被带到了伦敦警察厅刑事部,在那儿他被剥光衣服检查,衣服被他们拿走了"。蒙德西尔获释后被送回美国。就这样,英国精明的谍报机关把一个反对德国的美国人改造得不那么倾向于英国了。蒙德西尔被怀疑的唯一根据是他准备同劳伦斯夫妇聚一聚。这个事件让劳伦斯义愤填膺。不久后他写信给凯瑟琳·卡斯威尔,尽管信中没提这事,但他却流露出了自己的情绪:

> 我们似乎都很沮丧、潦倒。我自己深深感到像一只被猎狗和农夫围困着的狐狸,他们也许并不知道这儿有一只狐狸,可他们都在无意识中逼近了这只狐狸。我正重新申请批准去纽约的签证。

他这是在犯傻。一个有间谍嫌疑的人能被允许去美国吗(中立国)?人家怀疑他在美国有一批同伙。他如果明智,就应该带着弗里达去伦敦,问问马什或莫雷尔怎么才能证明他是无辜的。可他没这样做,因为此时他既感到颓唐又有一种挑战心理,他觉得原先的朋友们都疏远了。《恋爱中的女人》被所有的出版商拒绝了;他知道他的"哲学"是没有市场的,尽管新诗集《看,我们闯过来了!》出版了,可根据以往的经验,他对这部诗集也不抱多大的希望。1916年间,他没在杂志上发表什么东西,只是到了年底才在芝加哥的《诗》杂志上发表诗歌,同时《英国评论》重新发表他的散文。在那些日子里,他确实没有心思写东西,他深感压抑和迫害。1917年1月,他夹着装有他的护照的邮包去"村里的小邮局",一路上看到田野里"覆盖着一层薄薄的雪,像银子一样",

散落在荒原的巨大砾石上，此时他感到异常痛苦。

在冬天郁悒的大地上走过，他感到"就像一个幽灵在死亡的奇异土地上穿行"，"好像他离开了自己的祖国，这就像死了一样"。当然，这些情感上的痛苦都是徒劳无用的。他是那么深深地爱着英格兰，可他却要离它而去，他是被迫离开英国的，这让他痛苦，可痛苦是没有用的。外交部扣了他的护照，对他的申请不屑一答。

特里格森的局势越变越坏。官方对劳伦斯夫妇的怀疑加深了，周围邻居们的怀疑更加深了官方的疑心。他们往烟囱的漏缝上涂沥青或是弗里达晒衣物时，都会被怀疑是在向德国的潜艇发讯号。比较友好的邻居们对劳伦斯发出暗示和警告，但他对此置若罔闻，他仍然天真地幻想他是有公民权的人。那个春天对他来说"是个奇特的间歇"，从外表上看，他忙于在花园里种花草，同时在伏案写作《和平的真相》。可他心里却感到好像"天真的塌下来了"，他想以此宽慰自己，天一塌战争很快就会结束了。他还想，"如果我们在这里待下去的话，我也会当一个农夫的"。有时他希望去布道，去滔滔不绝地讲话，就像"每个星期天维多利亚公园里进行和平示威的人们那样"。可有时他又会陷入别种情绪中：

> 我躺在悬崖边，仰望着纯净天空上的海鸥和雄鹰。在这温暖的夏日里，鸽子在喁喁细语。我不知道我是谁、我在何方。我得了梦游症或是迷睡症了。

4月份，弗里达去看望孩子们，他一个人留了下来，"在极坏的心绪中搏斗着，没了头脑，没了思想，没了理解力，不清楚自己的存在，病得要死"。他没有弗里达在身边就受不了，心情很不愉快，干脆回中部地区老家去看看。回来路过伦敦时,他"突然病倒了",他把病因归咎于"大伦敦的恶劣影响"。柯特连斯基帮他治疗,照看了他两天。当他"病恹恹地"回到赞诺时,他发现弗里达也正"卧病不起"。

这段时间里,他们双方的日子都不好过,穷困、失败和怀疑包围着他们,似乎战争的苦难没完没了。在绝望中,劳伦斯变得心灰意冷,开始像一个农夫那样过日子了。他和一名叫威廉·亨利的农夫交上了朋友,在《袋鼠》中驴唇不对马嘴地给这个人虚构了一个名字叫"约翰·托马斯",(弗洛伊德的信徒们,走开!)这位农夫帮他耕地,并在地里种上了蔬菜。劳伦斯喜欢亨利的家,这个家庭让他忆起了过去在海格斯农场上度过的幸福时光。他、亨利及他的朋友们一起干活,一起聊天,这使得他在单纯农民的生活中愈陷愈深。他晚上常常把弗里达一个人留在家中而去和威廉·亨利待在一起,很明显,他对亨利产生了一种神秘感觉上的"血脉兄弟"之情。"在那些日子里,"弗里达轻率地写道,"劳伦斯似乎讨厌我,可能是因为我有点德国味儿的缘故。"其实根本不是那么一回事,而是因为威廉·亨利暂时更有吸引力。

尽管身陷于这些事情之中,他仍然与公共事业保持着联系。说到他与其他年轻伙伴们的关系,阿斯奎斯的声望下降对他是一大打击。可能是因为他开始厌恶康沃尔了,他对于凯尔特人罗伊德·乔治①统治英国表示气愤。他甚至充满激情地说:"所有的犹太人和凯尔特人,即使他们拥护英国的事业,也是在给古老伟大的英格兰带来最后的耻辱。"

尽管这样,劳伦斯仍然没有失去在四季的变幻中寻找快乐的能力。

_____

① 罗伊德·乔治,1916—1922 年间的英国首相。

1917年的夏日临近了,他看到金雀花"燃烧着一片黄色的火苗儿",而山楂花则"像白色的烟儿一样"弥漫在峡谷中。太阳似乎从天上滚落,夕阳如同"黄金的洪流",他欣喜若狂,感到此时如果他"看到天使展翅向我们飞来,是不会震惊的"。花园的工作做完了,做得非常好,他对默里吹嘘夸奖自己种的三色堇、倒挂金钟和一畦一畦的菠菜、豌豆和大豆。他们不久后就恢复了通信联系,尽管从劳伦斯这方面说,他对默里不像以前那么亲切、那么信任了。他对默里说:"现在最让我感兴趣的是哲学,而不是长篇小说或短篇小说。你在这儿和在美洛时对我够讨厌的吧。"

他很明白,这种"哲学"只能让他赚一点小钱或干脆一个大子儿也不赚,但他仍然准备把这个责任转移到更高地位的人们身上去——"我不必为此烦心,大人先生们会有办法的。"他思索着奇异的象征物,为奇特的情绪所笼罩,他比以往任何时候都更加受到古老的康沃尔风光和"精明、狡猾的凯尔特人"的影响。有时,这些似乎让他超越了理性的王国。奇怪的是,又是《和平的真相》(如同在格里特汉时蛇的事件一样)似乎扰乱了他的头脑。他把这篇文章又写了一遍。他在给凯瑟琳·卡斯威尔的信中说,当"我突然感到自己要发疯、失去理智时,我就停止写作"。他的经历太不愉快了,所以谈了些别的事情后,他又补充说:"我相信这场战争就要结束了。我怀疑我是否发疯了。"

疯也好,不疯也好,反正他仍然毫不掩饰地表露出自己对这场战争的"义愤与对抗"。爱德华·马什在执行公务的时候抽空给他送来了《乔治诗集》的支票并希望他"鼓舞"起来,劳伦斯说他"真想在那些统治我们的傻瓜的鼻子底下挥舞起手枪来",这话中有话,直指"趋炎附势者们"。他对劳动者也用这种口吻说话,鼓励他们仇恨服兵役。一次一条轮船在离岸后被水雷炸毁了,有人狡猾地提出疑问,要把劳伦斯牵扯进去。一气之下,他更加不管不顾,天一黑就大唱德国歌曲,虽然他知道,或自以为知道,那些"岸边瞭望哨"就埋伏在外面,希望办他个叛国罪呢。

很明显,如果他有时在家和弗里达一起唱德国歌曲,他就不可能每晚都和威廉·亨利在一起了。可是当威廉·亨利说他注意到劳伦斯又恢复了一个劳动者的面貌时,劳伦斯感到那既是赞誉又是"斥责",因为他并没有放弃知识上的追求。他一边在田间劳动,一边在家里写他的论文,这就是论文集《美国文学研究》。他总希望战争就要结束了,以此来振奋自己,那样他就可以到美国去,用这些论文去开讲座。至于写书,他认为"如今写作似乎都是劳而无功的"。

他们并没有完全与这大千世界失去联系。这里曾来过一批"食草的神秘主义者,他们要么节食,要么吃荨麻",当然也吃劳伦斯家的食品,这些人"在圣·埃维斯傻得要死"。可能,劳伦斯是通过他们才了解到《揭开面纱的伊西斯》及其他类似的神秘主义书籍,他肯定从头至尾读了这些书,但他并不认为这些书"很好"。后来,赫塞尔廷的一位朋友来了,住在较近的地方,他叫塞西尔·葛雷,是搞音乐的。葛雷向他们介绍了赫布里底群岛的歌曲,对此劳伦斯大为激动。葛雷的住地离劳伦斯家有一段路程,这种居住的优越性启发了劳伦斯,所以,后来他要恢复拉纳尼姆时,他甚至把卡斯威尔夫妇这样亲密的朋友都安排在"一里半路"远的地方。赫塞尔廷草草完婚,但婚姻并不愉快,于是他又回到了康沃尔,有一段时间内"恢复了与劳伦斯的友好关系",不过他并不知道劳伦斯在《恋爱中的女人》中讽刺了他,直到该书出版前葛雷读了书稿告诉了他,他才知道。奇怪的是,正是葛雷在无意之中使劳伦斯周围所形成的怀疑和仇恨气氛达到高潮,产生突变。

葛雷曾邀请劳伦斯夫妇到他的住处（他给这栋房子起名为"波西格兰"）过周末，晚饭以后（据劳伦斯说）"气氛有点不对劲儿"，他于是开始"自己一支又一支地哼起德国民歌来，唱歌的样子表明他恼了，根本不是在唱歌，而是在挑衅"。葛雷终于受不了了，他请劳伦斯不要唱下去了。就在"这紧张、恼怒的寂静中"敲门声响了，"一名上校带着三个令人讨厌的家伙"闯了进来，他们说这屋子里一扇上面的窗子中透出了光线。看来楼梯平台上有一面窗户没挂窗帘，看屋人进卧室时手持蜡烛从那儿走过，光就是从那儿透出去的。这种解释没有被接受。这么一件小事汇报上去竟被说成是破坏战争期间的灯火管制制度，葛雷被训斥了一顿，还被罚款 20 英镑。

就这样他们终于找到了指控劳伦斯的具体证据。很明显，没过几天，劳伦斯夫妇不在家的时候，住所就被搜查了。第二天一早，家里又来了一个军官、两个侦探和一个警察。笔记本和论文等都被没收了，劳伦斯接到了军队的"负责"当局发布的命令，命令他们夫妇三日内离开康沃尔，禁止他们在康沃尔的任何地方停留并强制他们在到达新地点的 24 小时之内向警方报告。

离开康沃尔之前，劳伦斯"点燃了一把大火把他的所有旧手稿都烧掉了"。当时失去的都是些什么，也许我们永远也不会知道了，不过我们可以很自然地推断出，在这次焚稿中失去的有他保留的那本《山羊与指南针》及《和平的真相》里遗失的那几章和一些诗稿。这次作品的损失，是驱逐令所产生的必然后果，正像弗里达对我们说过的那样，它"永远改变了劳伦斯身上的某些东西"。五年后回忆起这件事时，劳伦斯感到非常痛苦，"不禁震惊得浑身颤抖起来"。

他们乘夜车去了伦敦，车上挤满了休假的士兵，这些人号叫着唱着劳伦斯去波德敏的路上听过的那种讨厌的"战争歌曲"，此时他认为

"一种苦涩的嘲讽情绪"代替了伤感。劳伦斯坐在火车里，"感到他已经被杀死了：僵硬、苍白、处于一种死亡状态中。他对什么事都总是这样认为的——社会、爱情和朋友。这是他信仰上的一种最严重的死亡"。就是对《虹》的不公正的迫害也没有像这件事那样地使他受到教训，使他认识到在自己的国家里是怎么样地受到敌视，他的敌人又是怎样毫不留情地要毁灭他。

他们没几个钱，住不起旅馆，吃不起饭馆，在拥挤的战时伦敦物价上涨时期更是如此。特利·雷德福德给他们发来一封电报说替他们找到了一个临时栖身之地，这位雷德福德知道一点英国的自由是怎么回事，亲眼看到威廉·莫利斯因讲演而遭逮捕。可对劳伦斯来说，"住在别人家中就像在监狱中那么痛苦"。于是，他急切地要自己设法在别的地方找出路：

> 一位英国朋友(他是个诗人，在部队中服役)的美国太太，提出把她在麦克兰堡广场的房子让出来，这位美国女人可真慷慨。人家也没有钱，可她却抛手把房子让给劳伦斯夫妇去住，连房子里的食物和燃料都统统相施。(这对夫妇就是奥尔丁顿和他的美国妻子、著名诗人 H.D。译者注)

劳伦斯夫妇独自在这座房子里住了几个星期后，那位"在部队中服役的诗人"却毫不为人考虑，决定回来休长假。这样一来，他们就得搬家，先是搬到伯爵宫街葛雷亲戚的一所住宅里，圣诞节后又和劳伦斯的妹妹一起搬到特利·雷德福德在伯克郡的村舍中。可能在这段令人烦恼的时间内，劳伦斯写了些东西——他仍然有一种神奇的力量使自己超脱一切——至于写了些什么，无从得知。起初劳伦斯对伦敦很反感，发现这座城市不过充斥着一些"现象,太可怕了,像一些狐猴,那是死人罪恶的灵魂"。可大大出乎他意料的是,他发现这里仍然有他的崇拜者和朋友,他们尽力帮他的忙,尽管他们无法阻止特务们对劳伦斯的骚扰。为此,劳伦斯开始感到"令人奇怪地充满了活力和生气",甚至伦敦人似乎也"出人意料地对他产生了新反响"。

现在,他再也不着急返回康沃尔了,不过此时在他的朋友艾德博士的影响下(艾德的影响是很明显的),他计划把拉纳尼姆迁移到安第斯山脉中去,计划中包括了这样一批水火不相容的人:"弗里达和我,艾德夫妇,威廉·亨利和葛雷,也许还有希尔达·奥尔丁顿①,柯特连斯基,科特和朵拉西·约克。"葛雷听说他为这次远征贡献了 1000 英镑,一定会感到喜悦。那位"在部队服役的诗人"只好留下来,继续干他的肮脏勾当,毫无希望得到拯救了。

劳伦斯确实不喜欢军队,对于军队的特殊生活方式也毫无兴趣。记得大战期间在伦敦,他搬家时不雇出租车运他的行李,我要出钱帮他雇,他也不允许。那时我正处在进退维谷的境遇中:公报上就要发表成为军官候补生了,对丧心病狂的军队规章稍有违反之处,就会遭到灭顶之灾的。当时,在街上拖着行李袋走路被认为是"对一名军官和绅士来说是极不相称的举动……"我真怕碰上个助理宪兵队长之类的人,一路上心惊胆战,可劳伦斯对此竟毫无察觉。

因为某种原因,他对于情报局的人跟踪他感到怒不可遏,可是在战争期间,对于他这样一位有间谍嫌疑的人来说,除了情报局的人还能有别的人跟踪他吗? 他还算幸运,后来没再让人家拘留审问。有人认为

---

① 即著名意象派女诗人黑尔达·杜希利特尔(Hilda Doolittle, 1886—1961),奥尔丁顿的妻子。

情报局的审问不过是劳伦斯患"歇斯底里症"时臆造出来的"故事"——罗伯特·尼科尔斯在报刊上发表的这些话显然是没有做过任何查证的。我确信这种审问确实有的，因为我见过一位侦探并同他进行过长谈。因为我穿着军装，所以我同他处得很好（他身着便衣不过脚上却穿着军靴）。我几乎都快让他信服我的话，承认跟踪和审问劳伦斯是个错误了，可不幸的是，这时我们竟糊里糊涂地谈起了文学批评，意见没有达到一致。葛雷有一次也见到了几个这样的"跟踪者"，并且随口把这事告诉了劳伦斯，于是劳伦斯立即发现"整个伦敦都笼罩着恐怖气氛，如同沙皇统治下的人民，没人敢开口说话"。

现在事过境迁，我们可以很容易地把这个间谍案看得微不足道，在一场大战的大动乱期间，这种不公正的待遇对于个人来说是不可避免的。可是，劳伦斯不可能这样看问题，他过分看重自身的价值，意识不到他的案子对于军队来说不过是例行公事，不过是一些小人耍的一点卑微的伎俩。他意识不到这一点，因此他感到怒不可遏，谩骂了一通："我不许他们诋毁我，我蔑视他们。他们是食腐肉、肮脏的下等暴民，像吃死人肉的豺一样。我恨不得杀死他们，毁灭他们，成千上万地杀死他们。"可还有一次他生起气来却说："这实在有点太过分了。"这些说法主要取决于这位多变的劳伦斯写的时候是什么样的一种情绪。

《亚伦的藜杖》的前几章（尽管拖到 1922 年 4 月才发表）虚构了在伦敦这几个月的情形，写的都是些较轻松愉快的事，凡是帮助过劳伦斯的人都在此被毫不留情地嘲讽了一通。圣诞节后，劳伦斯夫妇在约克郡的"修道院"度过了极端贫困的四个月。他们太穷了，每顿饭几乎只喝燕麦粥。当然，劳伦斯此时很乐意地接受了一位做高级律师的朋友蒙第·舍曼捐赠的 10 英镑，而且，如果能得到皇家文学基金会的帮助的话他也会接受的。他试图将他的"战争诗"汇成一个小册子出版，以此换点钱;这本诗集几经拖延,到战后才得以出版。那么他说的那本"像《克兰福德》①一样毫无瑕疵"的小说是哪一本呢？到 1918 年 3 月他已经写完了这部书中的 150 页了,这只能是《亚伦的藜杖》的第一稿,这一稿是"在赤贫的乌云笼罩下"写成的。同样,以后他的一些关于美国文学的论文也是在贫困中写成的。

出于某种原因,拉纳尼姆又从"安第斯山脉"迁到了更容易进入的意大利,不过这次人员的组成有了削减和变更,除了必要的"弗里达和我"以外,只剩下了"你、葛雷、柯特连斯基、坎贝尔或随便你喜欢的什么人(这里的'你'指舍曼)"。他们准备在海边弄一套房子,"划船、晒日光浴、聊天,像鸟儿一样痛痛快快玩一气"。他觉得"我们想怎么着就怎么着"。有时他感到战争会"永远打下去",有时他又会说"这种特殊战争"马上就要结束了。这些想法并没给他鼓多少劲——"人们是无法改变的,也不会因为大批死人就可以解决问题。"所以,唯一要做的事就是"自得其乐地混一天算一天"。

一般来说,春天一到,他的情绪就会马上开朗起来。从他的书信集中我注意到,当我写信告诉他我又重返前线时,他对此反应很平静。不错,他对他的通信人(另一个被免除服兵役者)说:"忍受这里的空虚比忍受那里的拥挤和压力要难多了。"他相信我是"乐意去前线的"。他当时正在读吉本的著作,对此很满意,因为"皇帝们都毫无例外是坏人"(事实并不尽如此)。同时他还在读一本神秘主义方面的书,这本书吸引了他,不过那是一本"很令人生厌的书"。这种良好情绪不过是表面上的现象,他内心的感觉与之完全相反:

---

① 英国盖斯凯尔夫人(1810—1865)的小说,写克兰福德镇上居民生活的喜剧性小说。

我的灵魂，或者，叫它什么都行，感到负载着最阴郁、最凶恶的
"脾气"，这是一种恶魔般的电流，我感到超负荷了。

十

　　雷德福德一家 1918 年 5 月份需要用自己在伯克郡的房子，于是，到哪儿去住又成了劳伦斯夫妇的一个问题。也许正是因为军队仍禁止他去康沃尔他才越想去那儿，不过他妹妹阿达——在他遇到所有这些麻烦、遭到这些说不清道不明的污辱的过程中一直站在他一边的妹妹——在德比郡的米德尔顿找到了一座平房，负责借给他居住。他已经开始喜欢上这座被称为"修道院"的房子了，尽管军队的砍伐者们在以很快的速度砍伐这儿的树木做坑道的地板和支柱。一想到要离开这里他就感到遗憾。临走的那个星期天晚上，他进行了一次长距离的散步，边走边采撷大朵大朵的郁金香，"这花儿的芬芳的确是造物主的直接旨意——如同上帝把自己的气息吹送到亚当口中一样"。在林中，他还遇到了一具猫头鹰的死尸，"这温暖的褐色东西，柔软又可爱"，对他来说具有一种难以名状的象征意义。

　　来到米德尔顿，但见这套平房坐落在"黑色中部地区陡峭的深谷边缘上，俯瞰着黛色的层峦叠嶂"。他把这里比作英格兰的肚脐，这里离他的老家太近了,他感到自己就像奥维德来到了色雷斯①那样,"迷茫、新奇、离群索居"。其实他正掐算着时间,希望战争突然停止,试图从被赶出康沃尔和被侦探跟踪带来的愤慨情绪中恢复过来。只要战争仍在进行,他就无法工作,他仍然主要靠"不稳定的借贷"生活,时而给杂志上写些东西补贴补贴。他花了不少时间和精力搞他的"哲学",可这些并没有发表的希望——事实是,大多数这类作品是在他死后才得以发表的。他深知他的"哲学"未能被大众懂得,就是那些受过哲学教育的专业人员也未能领会;他曾天真地对唐纳德·卡斯威尔表达了自己的渴望心情,向他发出呼吁:

> 我希望你能读一读我留给凯瑟琳②的论文。你会说我是在重复我自己的话,说我不懂真正的哲学术语,我的用语太空洞,是空洞的自我;所以你别再写信给我谈那些了,我早知道了,那些东西让我生气。不管怎样,你还是读读这些论文吧,看看能否从中发现点什么。

1918 年 8 月,劳伦斯有一段时间是和卡斯威尔夫妇在迪安森林中度过的,在卡斯威尔先生的建议下,劳伦斯为《泰晤士报》的教育增刊写了一些很有权威性的文章(这些文章可以在《凤凰全集》中读到),不过这家杂志谨慎地谢绝刊登他的文章。他一边写《欧洲运动发展史》(这个题目让人不愉快),一边"作了些诗",这些诗在《诗刊》杂志上发表了。最有起色的是,他写完了关于美国文学的论文,这些论文已开始

---

① 色雷斯,爱琴海北岸一地区,分属于希腊和土耳其两国。
② 唐纳德·卡斯威尔的妻子。

在《英国评论》上发表,同时他终于重作冯妇,由写论文和搞"哲学"研究转到写小说上来了。从这时起,他开始喜爱写中篇小说了(或者说是短长篇或长短篇),已开始了《狐》的写作。此时他写的另外一篇真正的短小说是《冬孔雀》,是受了一场梦和一场大雪的启发写成的。他梦见一只鸟落在地上,"是一只幼小的孔雀,全身发绿,太可爱了",它不住地叫着,突然一个女人从村舍里跑出来把这只鸟夺走了,还说这没什么。他的小说就由此而生。

另一篇小说《盲人》是他在迪安森林中生活时构思出来的,据卡斯威尔夫人说是这样的,不过她没有说这篇小说是不是受到了真人真事的启发才写成的。卡斯威尔夫人对劳伦斯夫妇初来时的描述,让我们看到了战争和劳伦斯的敌手的阴谋把这夫妇二人弄得一贫如洗的窘态。弗里达穿的布上衣尽管款式很不错,可衣料却是很廉价的。劳伦斯光脚穿着一双绳底鞋,戴一顶破旧的巴拿马帽,上身穿一件红绿条相间的旧夹克衫,下身着一件旧法兰绒裤子。上衣和裤子穿的年头太久,洗的次数太多,已经皱皱巴巴的了,手腕和脚腕都露在外面。劳伦斯还兴致勃勃地告诉人家说这条裤子是他唯一的裤子了,他不得不晚上睡前洗一下,希望第二天一早能干。当农村的人们对劳伦斯的尊容大吃一惊时,劳伦斯感到一种贵族式的不悦心情。

这次假期劳伦斯过得很愉快,环境的变换和朋友的陪伴对他来说是件好事。卡斯威尔夫妇那时只知道他在外界遇到的一些麻烦事,而对于他战争期间感情上经历的大起大落却很少知晓,因此和劳伦斯告别时他们对他充满了希望。可是他回到米德尔顿不久就又遭到一次新的打击。在 9 月 11 日他生日那天,他接到了要他去体检的最新通知,于是他发现"自己的中部地区"比康沃尔和伦敦更残酷,这里的"官僚"更令人难以容忍。医疗检查站里的道德气氛让人"难以形容,充满了寡廉鲜耻、嘲弄讥讽的味道"。有一位膀大腰圆的矿工在他们面前显得笨拙、无所适从,这些人就偷偷地拿人家开心。劳伦斯说他曾患过肺炎和肺结核,那医生转过身去,好一会儿才不耐烦地说:"知道了。你想说什么呢?"劳伦斯讲了他的情况,还讲了患肺炎的日期。然后,那人"用嘲讽、怀疑的腔调"说:"哪个医生说你患了肺结核? 把他的名字告诉我。"随后,他们又让劳伦斯找另一个人,这人"是个医师助理,傻瓜一个"。他让劳伦斯叉开双腿,弯下腰全身保持不动,在这期间,周围的绅士们大开他的玩笑。"他们脱得他一丝不挂,开他的玩笑……他诅咒他们,恨得他咬牙切齿。"

他们把他定为"适合非军事性的服务工作",这样,他知道,他们就可以"把他抓起来投入军营里的厕所中去"。他写信对辛茜娅·阿斯奎斯说道:"他们的爪子摸了我,把我气得要死。我再也不跟他们打交道了,这帮肮脏家伙。"一气之下,他决定不再留在德比郡的军事区内,"也不会向他们报告自己的情况了,连个影儿也不再露了。"在绝望中,他们夫妇打点行装又回到了"修道院"村舍。

值得庆幸的是,几周以后大战就停止了。不过,1918 年秋天的最后这几个星期可是难熬的。"几乎没有什么东西吃",不过他们不在乎这个。他和弗里达独处一隅,"过得美妙、愉快"。他们时常走进秋天的森林中"捡栗子、采撷越橘"。

黄昏时分,伐木工人走后,劳伦斯"背上一条麻袋去捡没有烧光的树枝,收集伐倒的圆木周围那大堆大堆的金黄色木屑。这些黄色橡木屑,雪片似的散发着清香。暮色苍茫中他和穷老乡们一起来干这活儿,此时他比这些老乡还要穷呢。不过,干这些活儿让他感到很高兴——他可以看到在他的棚底下点燃的大堆的木屑,掘一掘花园的地,在深秋里烧掉废物,或者在茫茫的灌木林中漫游,来到遥远的旧英国小村落里——这地方仍然像莎士比亚时代的老样子,也像哈代笔下的森林地带"。

他的收入仍然很不稳定,于是他想通过辛茜娅·阿斯奎斯在教育部找个工作,希望大臣 H.A.L.费希尔可能知道一点文人的事并愿意帮助一位"天才";可是,他白跑了一趟伦敦,一无所获——也不算白跑,他见到了凯瑟琳·曼斯菲尔德,在她面前他依然故我:

> "劳伦斯和弗里达到城里来了。"她在 1918 年 10 月给朵拉西·布莱特的信中说,"弗里达卧病不起,不过我见到劳伦斯几次——至少在我看来,他也有喜事儿。我喜欢他,他仍像以前一样兴高采烈、逗人发笑,他欢笑,说这说那,对未来充满热情、寄托着欢乐,那时我们要变成'流浪汉了'——我们简直就没有议论过什么人。我们总是谈着果栗、郁金香和林中篝火之类的事儿,而他那阴郁的自我不存在了。啊,他真可爱,他渴望、充满激情地渴望生活——人们喜欢就喜欢他这一点。"

两星期后大战结束了。晚上,他和弗里达在一起唱起了德国民歌,唱着唱着弗里达就哭了。他们感到似乎是在陷阱和钟摆上生活了许多年一样,现在他们总算及时逃脱了。算得上"及时"吗?"和平是多么奇怪呀",他写道,又哀伤地加上一句——"这是和平吗?"

现在,劳伦斯不顾弗里达的反对,坚持要离开还算舒适的伯克郡的村舍到狂风怒吼、萧瑟荒凉的德比郡去。饱尝了贫困的艰辛,习惯于防止"可怕的浪费"的劳伦斯,由于付不起两地的房租,不得不坚持回到原地。当他们在"修道院"村舍里过得安定舒服的时候,弗里达很固执,坚决不愿意离开伦敦,他和弗里达之间的平静气氛就被打破了;这俩人简直是犯傻。

感情上奇特的变化,使得他对仍与他保持联系的几个人时而和好时而反感。现在,因为这样或那样的原因,他对所有或者说几乎所有的人都加以嘲讽并弃之不理,这些人中包括默里和凯瑟琳·曼斯菲尔德。在1917年年末,他甚至写道:"恐怕我再也不能相信默里了。"可现在他却又希望恢复他们之间的密切关系了。可能,这说明了为什么他对凯瑟琳·曼斯菲尔德一直很有魅力,他是在利用她来与默里重归于好,他给她的一封信可以说明这一点:

> 我非常相信,男人之间有一种友谊,彼此忠诚相守,始终不渝。可是我现在既没有见过也没有和谁结下这种友谊。同样,我相信男人与女人之间、女人与女人之间也有这种友谊,如同婚姻的缔结一样地永恒而深刻。请原谅我突然陷入了教条之中。请把这封信给杰克①看看,我这番话是特别对他说的。

很明显,这是他那种"骡子般的倔强性情"又一次让他寻求"血脉兄弟",激起了他那不可磨灭的欲望——寻找一个对他俯首帖耳的信徒。劳伦斯在这种复活了的欲望指使下,在信后又加上了几条附言,其中一条这样写道:"你和杰克能来这儿过圣诞节吗?"他们没有来;不是因为凯瑟琳·曼斯菲尔德病情太重就是因为他们对这类热情的邀请提高了警惕,去劳伦斯那儿是要挤住在那令人压抑的小农舍里的。尽管遭到了谢绝,劳伦斯仍然给她写了迷人的信,还送给她一只黄色的碗,对此她自己做了一只圣诞礼品包作为回赠。

---

① 杰克指米德尔顿·默里。

"理发师剪了我的头发,"他在一封信中说,"把我的头发刮秃了,剃掉了我的胡子,把我弄得看上去像个犯人。紧接着我就感冒了。这魔鬼还在身上,朋友,得坚强些啊。"岂止是感冒,这是肺部发炎的一种症状。他在"寒冷的风雪天里"到户外去,病情更为加重了。现在他可以庆幸的是他没有被一种职业缠住,尽管他抱怨一再拖延,迟迟不能离开污辱他的英格兰,抱怨自己 33 岁了仍然不能靠写作维持最起码的生活水准。

1918 年至 1919 年的冬天异常寒冷多雪。他真不该到这遥远的北方来过冬,"患重病卧床不起——我一生中从来没像现在这样深陷在泥潭中不能自拔"。疾病快要把他拖垮了,弗里达警觉了,忙把他送到他姐姐家去,在那儿他可以感到温暖舒适些,也可以得到较好的照料。可是他刚一好就坚持要出来到雪天里转转。有一段话可以证明,他从来不失去一次欣赏世间美景的良机:

> 昨天我出门去真正地散了散步——我患感冒一直卧床不起。我和我侄女一起爬上了光秃秃的山顶。去看一看雪地上的各种脚印儿是多么妙啊——山腰上一长串兔子的脚印蜿蜒远去,美极了;野兔子的足迹则是深深的;一只小巧机灵的狐狸正在翻越一道墙;鸟儿在跳跃;一只山鸡美妙地款步前行;斑尾林鸽身躯笨重,成群结队地行动,黄鼠狼在雪地上跳跃留下的印迹就像一长串浆果穿成的项链;还有奇特精巧的田鼠和鼹鼠的足迹——雪山上是野生动物的世界,它包围着你,多么奇妙啊。

这段话选自他给凯瑟琳·曼斯菲尔德的一封信(1919 年 2 月),他知道凯瑟琳会被他信中可爱、精确的洞察和诗一样的感染力所迷住的。

　　　　　　　　　　　　　　　　　劳伦斯传

此时正值默里任《文学协会》杂志的主编,他上任后的第一件事就是写信向劳伦斯约稿。听到这个消息,劳伦斯竟小孩子似的感到大为惊喜,"主编"的约稿让他感到妄自尊大起来。他立即回信,信中不乏敬重和谦逊之词。他要求默里通知他到底让他写些什么,许诺说他将"尽力写得令人愉快并且带一点旧式风格",还说,如果他的名字太让人生厌、不讨人欢心的话,他可以用笔名写文章。

在这种施舍下发表的文章只有一篇,署名是"格兰图多"。很明显,这篇文章是在德比郡写的,当时一股迟来的暖流融化了冰雪,地面上露出了不少死于饥寒的鸟尸,那些幸存下来的鸟儿则迟疑地发出微弱的鸣啭。这种情形正与大战的情况相似,是一个半明半暗的象征,劳伦斯是不会放过它的。这篇文章写得很美,如此这般的段落比比皆是:

> 这无比漫长的冬日和严寒只是在昨天才结束,可我们似乎记不得了,回忆起来它就像是天地遥远的一片黑暗,就像夜间的一场梦那么假,当我们醒来时已是现实的早晨。我们体内身外激荡着的新的生命是自然真实的。我们知道曾有过冬天,漫长而恐怖的冬天;我们知道大地曾被窒息残害,知道生命之躯曾被撕碎散落田野。可这种回顾又说明什么呢? 它是我们身外的东西,它跟我们无关。我们现在是,似乎一直是这种纯粹创造中迅速涌动的美丽的清流。所有的残害和撕裂,对! 它曾降落在我们头上,包围了我们。它就像一场风暴,一场大雾从天而降,它缠绕着我们,就像蝙蝠飞进头发中那样令我们发疯。可它从来不是我们真正最内在的自我。我们内心深处一直远离它,我们一直是这清澈的泉水,先是沉静着,随后上涨,现在汩汩流泻而出。(《鸟语啁啾》)

也许这段话的全部意思对于当时一个不经意的读者来说是不太明了的。从表面上看,它是严冬过后对春天的礼赞,是对漫长而又艰苦的冰霜期过后的暖流表达的诗一般的感恩戴德之辞;其实它是在宣布劳伦斯摆脱了战争的毁灭和屠杀,他把自己看作是怒放的生命之花,是一股"银色透明的泉水"。尽管他许诺说要把文章"写得令人愉快并且带一点旧式风格",可实际上这段话是一种挑战!他送来的第二篇文章甚至连象征的面具都拿掉了,这篇文章遭到了默里和凯瑟琳·曼斯菲尔德的拒绝,他俩认为文章写得"充满怨恨,怒气冲冲"。弗里达说,他们的拒绝引起了一场"口角",可凯瑟琳·曼斯菲尔德在写给柯特连斯基的信中却把这当成一桩玩笑一笔勾销了。

劳伦斯写这篇"愉快并且带一点旧式风格"的说教式杂文时,正在读《圣芳济会的一朵小花》;可他真正的情绪是忧愤的,似乎"他的五脏六腑中有一个义愤填膺的孩子"一样,他不能再掩盖自己的情绪了。另外,他把默里推到一个进退维谷的境地,以此为乐。此时默里的处境可以从《亚伦的藜杖》中看得出来,他又一次被劳伦斯选中当"屈服"于劳伦斯这位大师的信徒。

可能,劳伦斯并没有预料到稿子会被退回,虽然他没有按照自己立下的诺言来写这篇稿子。默里到伯克郡的村舍里去看望他想要解说一下,劳伦斯却拒绝和解。默里发现,经过一个难熬的冬天,劳伦斯看上去(1919 年 5 月)仍然"显露出病态和萎靡不振";谈到工业化的英国时,他显得很忧郁,他称之为"像一股油腻腻的死水在慢慢溶化",并宣称唯一的希望在于"一个新的国家里新的生活"。对劳伦斯来说这当然是对的,他对自己在英国的生活太失望了,决定一拿到护照就永远离开英国。可对于默里这样一位几乎完全依靠英国的文学期刊编辑来说,这话就很难说有什么感染力。他们之间的分歧是严重的,从此,默里就从我们的记叙中消失了,直到 1923 年《阿岱尔菲》①杂志出版社成立时才重又出现。

　　劳伦斯写给凯瑟琳·曼斯菲尔德的最后一封信的最后一句话是:"我希望这对我们大家来说是春天。"北方的每一个冬天都侵害着他的肺部,他的肺病每年都犯一次,于是他总渴望春天的到来。不过,现在"春天"对他有一种新的象征意义,它意味着摆脱英格兰及其冷酷无情的官僚们。他干吗还要待在这里呢! 他们说他的作品是猥亵之作,因此而禁止发行这些作品,这是对他的污辱。他明明是个患痨病的人,可是,只因为他对统治集团没有阿谀奉承,他们就要让他去服兵役并且凌辱他。他们说他是间谍,以此为借口把他从家中赶了出来,可又不许他脱离他们的管辖范围。他所谓的莫逆之交拒绝发表他的一篇苍白无力的文学性文章。就因为这些,他干吗还要同这些人一起共处呢?

　　　　1915 年咱们得到护照那次没有彻底走开真是个大错误。一个人一定要让自己的旗帜飘扬着驶向新的去处。留在这儿试图重新开始实在没什么好处。我相信,我可以挣足够的钱供我在美国生活下去,太容易了。

　　当时广为人们谈论的诗人罗伯特·尼科尔斯刚从美国讲学回来,劳伦斯忙写信向他询问美国的情况。可是弗里达想要在去天涯海角之前先去见见她的家人,但仍然拿不到护照。不错,弗里达憎恨欧洲的暴政,渴望走得远远的——澳大利亚或美国,不过在走之前她一定要先见一见母亲和姐姐。可官僚们就是不发发善心允许劳伦斯出走,他们不

_____

① 阿岱尔菲是旧伦敦著名的文人住宅区,此处作为杂志名称。

允许劳伦斯在这个他们也生存着的世界上搬来搬去。在等待他们恩赐的时候，为了消磨时光，劳伦斯忙于为 S.S.柯特连斯基的译作写序言以及同道格拉斯·戈尔德林联系上演他的戏剧《一触即发》。

耽搁了一年左右以后，他们终于获得了护照，然后弗里达先行动身去巴登-巴登去看望她的家人。尽管劳伦斯在英国被认为是德国的间谍，可作为英国人他却不能在德国露面。所以，他变卖了他的书籍及其他财物，买了车票后就启程去了意大利，计划住在卡塞塔省一个叫皮西尼斯科的地方的阿布鲁奇村舍。

我碰巧成为他启程前最后见到他的人们中的一员。他从"修道院"村舍写信给我，表示把他的租房期给我使用，在战后你争我夺的特殊时期，这是一项很宝贵的馈赠。他约我在红狮广场的一位朋友家中见面，他也正要与那位朋友告别。当然，我没有意识到他此次出走是要移居国外，他的表情显示出他不过是去国外长期旅行一次。他坐在壁炉边他最喜欢的座位上，暖洋洋的，耸起双肩兴高采烈地聊着天。他很适度地揶揄我给《泰晤士报》撰稿，特别尖刻地讽刺我去过"诗词书店"——我不知道他为什么不喜欢哈罗德·蒙罗。不过总的来说，他还是老样子，友好、毫不做作，对于离别既没有怨恕也没有虚张声势。

我们 10 点钟离开朋友的家，我陪他去地铁车站。路程很短，不过我却亲眼看到他是怎样招来街上行人的敌视的——仅仅因为他的外表。我想，可能是因为他的胡子是红的才招人恨的。不过，他的面孔是有些"与众不同"，他那内在的优越感招来了人们的反感。人们在背后骂他，可他却置若罔闻。看到他那瘦高的身躯迈着坚实快速的步伐进入了灯火通明的白屋顶进站口我才松了一口气。

离开英国前最后一些日子里他的感受大都写进了《迷途的姑娘》

中《已婚女人》这一章。在《旅途》这一章中他在阿尔薇娜·霍顿①身上倾注了自己在横渡英吉利海峡的船上回首眺望渐渐消失的英国积雪的悬崖时心头掠过的情绪：

　　于是他们返回了船尾。阿尔薇娜的心突然紧紧地抽缩起来。船儿缓缓地行进着，可她却抓住了西西奥的胳膊，因为在背后，在灿烂的阳光背后是英格兰。在水一方，英格兰和铅灰色的、死尸般灰暗的悬崖及其丘陵上的白雪一起上升着。英格兰，像一口铅灰色的棺材一样缓缓地没入水中。她望着英格兰，既着迷又恐惧。似乎它这是在与阳光作对，不接受阳光的照耀，狭长、灰色的死尸，覆盖着的条条雪痕就像穿着尸衣。这就是英格兰！

---

　　① 《迷途的姑娘》中的人物。

第三部

世界的逐客

（1920—1930）

一

　　他苦苦爱恋着的祖国,像一具灰色的棺材一样没入了地平线。这幅图景对劳伦斯来说富有多种象征意义。这种经历同他过去所经过的精神上的死亡与再生是一样的。疾病好几次要夺走他的生命,可他又渐渐康复了。这种象征曾经变成可怕的现实:1915年他病在格里特汉,他似乎马上要死,或者就要发疯,他写道:

　　　　当我已经熄灭,熄灭
　　　　每一点灰烬都已消失后,我在这里
　　　　升起,在另一个世界上落脚
　　　　升起,完成了我的复活
　　　　升起,不是再生,而是升起,身体一如以往,
　　　　崭新,超越新的认知,超越生命……

　　在那个寒冷的冬日,他站在船上回首遥望祖国时,他的心经受了死的感觉。他总是敢于抛弃陈旧的生活,与死亡的过去一刀两断,像甩掉一个松松垮垮的包袱那样丢掉旧的生活,满怀渴望和好奇奔向新的生

活。过去在英国的五年让他吃了不少苦,这并不只是因为他命中注定要像布莱克一样陷入无休止的"精神斗争",甚至也不是因为他要靠"不稳定的借贷"过日子而感到的耻辱。让他受到伤害和侮辱难以忘却的是《虹》受到的遭遇以及与当权的走卒们发生的多次争吵。

就这样,他在向污辱了他的英国告别,他并不愤怒——那是以后的事,只是感到忧伤、茫然和屈辱。意识到自己的权威却要轻视和否认它只能给自己带来痛苦。此时,他们甚至不承认他是"一个天才,但是……"在另一方面,我们必须承认他本人也不清楚自己的力量何在。他太容易低估自己了,太低估自己作为一位伟大的艺术家的价值了。其实他对同伴的影响是逐渐在上升的,尽管这影响并不是直接的却是永恒的,因此他起到了弥赛亚①的作用,将自己的意志专断地加之于挑选的几个门徒之上。他的门徒们几乎总在背叛他,于是他就毫不留情地在写作中嘲讽他们以示惩罚。这种事情似乎从来没有使他引起警惕。有时,他肯定想象自己在为民族的命运指出一条实际的出路。他曾写到他希望自己取代洛依德·乔治②参加巴黎和会,自诩可以比洛依德·乔治干得更出色,这似乎并不是开玩笑。可是事实远非如此辉煌,他最后的十年实际上沦为一个流浪的知识分子,试图找到适合自己生存的地方,但总是不成功。

不错,在大战以后的许多年中,他基本上成了一个美国作家——在英国发表作品的重要性降低了。可是,他不能不是一个英国人,就像他不能不是一个白人一样。不论他做什么,不论他走到哪里,他都是一个"地地道道的英国人",一个富有挑衅性的英国人,一个"与世界作对甚

---

① 犹太人期望中的救世主。
② 英国首相,参加了第一次世界大战结束后的巴黎和平会议。

至与英国作对的英国人"。他夸大了他作为"社会自我"所遭到的挫折,夸大了他荒谬地称之为"野蛮十足的朝圣"途中的艰难。但是,他无法在任何地方扎下根来,确实是这样。这真应了雪莱的警句了,他是个"世界的逐客"。

他感到英国太乏味,死气沉沉的,艺术家的本能促使他在 1919 年 11 月出走了。他手头拮据,靠这点钱出远门看上去有点像发疯。但是,在短短几周之内他所经历的种种情况简直可以写几本书了。去皮西尼斯科的计划不是很冒失的,不过他忘记了一点,那就是,那不勒斯古王国的山村并不比伯克郡的农村更宁静舒适(五年中他都没感觉到这一点)。同时,他决定在佛罗伦萨或罗马等待弗里达来,此时,弗里达正冲破重重阻碍和国境线赶来与他相会。

出于某种原因,他发现巴黎是座"令人讨厌的城市",法国人"没有同情心"。在意大利北部的都灵,他认识了一些富有的英国人,和他们一起度过了两个晚上,这是些"非常奢侈但又很不错的人,不过……"在《亚伦的藜杖》中,他挪揄地重述了这段经历,引起这些主人的极大不快,他们说劳伦斯"违反了礼节",总算还没有把他说成是说空话的艺术家的典型。

有趣的是,这段短暂的经历竟然在《亚伦的藜杖》中占了 50 来页,写得很精彩。当劳伦斯走南闯北并被新鲜事物吸引的时候,他总能写出优秀的篇章来。特别要说的是,《迷途的姑娘》的结尾和《亚伦的藜杖》的一大部分都是以意大利为背景的,与其说是小说迫切要求这样不如说是因为劳伦斯自己此时刚刚回到意大利。如果此时他去了利比里亚或冰岛,他就会把自己小说中的人物带到那儿去的,毫无疑问,他照样会写得引人入胜。亚伦突然离开伦敦,唯一的原因就是他"感到心烦意乱"!在这种境况中,一位一文不名的失业音乐家就会离家出走,他自然要去意大利并且受到"极其富有的"英国人的招待。

诺曼·道格拉斯在一篇论述劳伦斯为马格努斯的书所写的前言的文章中极力对这种"违反礼节"表示道德上的义愤。当然,我们都知道,道格拉斯对微妙的道德细节是很敏感的。我相信,道格拉斯对劳伦斯所冒犯了的人并不认识,只是到他要为他那本不偏不倚的作品开始收集"证据"的时候他才知道了这些人,他的敏感性一定因劳伦斯的失礼而让他深感痛苦。我必须说我很欣赏这位一文不名但自恃清高的诗人的思想,他拒绝受"地位巩固、银行存款和权力"的影响而挺身维护"纯粹的自由"。劳伦斯甚至为自己轻微的让步而谴责自己。(他听从了女主人的意见,没有反驳她那种监护人似的指责,他独自站在"蓝绸缎装饰的卧室"中间,那些"尖刻的话在耳边回响","他只好自己对自己苦笑,聊以解嘲"。)那一刻他感到似乎:

> ……他把自己的面具扔到了地板上并把它砸得粉碎。他那写有真实自述的护照,他关于自己的那一套完整满意的想法突然变成了一块碎纸片,荒唐极了。他好不好有什么关系? 他的下巴长得是否端正又有什么关系?

劳伦斯从都灵来到了莱里西,在他和弗里达 1913 年 9 月住过的那座旅馆里过夜。他当然会见到费阿斯捷里诺的农民朋友们(不过埃里德已经去世了);也许他还会找到留在那里的笔记本和一些小物品。他从那儿又坐上火车,"在 11 月的一个黑暗、潮湿的冬夜"到达了佛罗伦萨。在科克家,他看到了道格拉斯给他写的一张条子,指引他住进一家俯瞰着阿诺河,收费低廉的膳宿公寓。住在同一所公寓的一位 40 岁左右的人,与道格拉斯有密切的关系,此公"红脸膛,很整洁,很机敏,就像一只麻雀涂上了颜色装扮成了青山雀一样"。这人就是莫利斯·马格努斯。

此时,弗里达正历尽艰辛冲破战后的混乱局面从巴登-巴登赶来佛罗伦萨,而她丈夫则住进了这所膳宿公寓,欣赏他的熟人们演出的喜剧。过了几年一贫如洗的农村生活后,劳伦斯在道格拉斯的陪伴中找到了一种很大的刺激,跟他在一起,"他就禁不住感到被他吸引了。当道格拉斯对别人而不是对自己(指劳伦斯)表现得有些刻毒时,还是很迷人的。他那时一定很漂亮,他天生庄重,方正健康的面孔上刮得干干净净"。没有谁比道格拉斯更能够给劳伦斯的拘谨态度和滔滔不绝的性习以致命的打击。接触过罗素和莫利斯的毫无生气的抽象派艺术后,道格拉斯的"治疗"就显得很有益了——他唯一的目的就是生活和享受生活。

马格努斯则与道格拉斯不同,他是一个吸引人的冒险家,但对别人的财富来说他具有很大的威胁。不过,他反对道格拉斯尖刻机智的犬儒主义,维护作为学校教师的劳伦斯的优良风范,这样劳伦斯就得被迫听他在酒馆里一边吃炖兔子喝托斯卡纳红酒一边毫不羞耻地大谈享乐主义。在令人压抑的战争年月里,劳伦斯这位冒险家和艺术家误入歧途,陷入了神学上的迷惘。现在,他通过道格拉斯又重新接触到了生活。

佛罗伦萨表面上没有受到战争的影响,离开了单调压抑的生活和丑恶的环境后,这里对劳伦斯来说无疑是美好、富有刺激性的。劳伦斯到佛罗伦萨后,正赶上一场雨,解除了为时已久的干旱,他有幸见到阿诺河水第一次显示出绿玉色,河水在古老的桥下静静地流淌着。他喜爱这座现代城市中的集市,漂亮的石子路上手推车嘎嘎作响,高大的托斯卡纳白牛拉着车,"亲热地肩并肩"慢慢地行进,马匹"背上盖着猩红的漂亮布,就像鲜艳的披巾一样"。

他太喜欢这一切了,当弗里达早晨4点终于到达佛罗伦萨后,他坚持要立即驱车带她去看一看月光下的佛罗伦萨。他对她说,他爱佛罗伦萨,因为你仍然可以看出它是具有真正古老文化传统的首都,因为它具有"天然的忧郁和紧张色彩",还因为它是"男人的城市"。诚然,广场上的大部分雕塑都是裸体男像。不过,也许这些雕像是为女人塑造的,就像巴黎的裸体女雕像是为男人们塑造的一样。但劳伦斯不这样认为,这种裸像肯定是男人为男人塑造的。他从前曾经毫不经意地否定了阿西济①、罗马和巴黎,现在他喜欢上了佛罗伦萨,恰恰因为他到此地的第一个早晨正赶上集市开集("全是男人",平时都是些男性农民来这里赶集),同时恰恰碰上的裸体雕塑全是男像。

可是他们为什么不在这里住下去呢? 可能是因为缺钱花他们才往南途经罗马(他们毫不犹豫地认为罗马"恶劣"而不予理睬)来到出租给他们的"农场"。比西尼斯科到底有多远,只能从劳伦斯自己的讲述中才能得知。一辆破旧不堪、东摇西晃的汽车载着他们在漫长的山路上颠簸前行,山上又黑又冷。到了一座"古旧、不加修整的集市乡镇"时,他们只好下了车。这里的建筑"都夹在高大的石崖中间"。他们买了些吃的,把行李都搭在驴背上就上路了。他们磕磕绊绊地在干涸的宽大石头河床上行进,穿过小溪上的独木桥后"攀上了人迹罕至的道路"。

最后,终于来到了比西尼斯科这块"原始得惊人"的地方。农场面积还算不小,不过一间房子被用来放置酿酒用的榨汁机,另一些房子用来贮藏葡萄酒和成垛成垛的橙黄色的玉米棒子。厨房很大也很空,房

---

① 意大利中部一城市,圣芳济在这里创立圣芳济修会。

顶是拱形的,地上铺着冰凉的石板,窗子上镶着铁条。白天,鸡群里里外外地蹿着,毛驴把粪便拉在门前的台阶上。他们不得不在一座"高大、熏得黑黑的平炉"上烧饭,燃料是木头。劳伦斯"一只脚敏捷地站在灰中"用一只旧铁管子来吹火。总共才有两只杯子,两个玻璃杯,一只碟子和一把茶匙。他们不得不"像吉卜赛人那样"蹲着吃饭。

真冷啊! 在阿卜拉吉①他们被雪山包围着,雪山顶"像地狱一样闪闪发光"。河水结冻了,冰冷的河水"苍白地,泛着冰碴"流淌着。空气都"散发着冰的气息"。他们离一个火车站有 15 英里远,离最近的商店也有一英里半的路程,甚至取信都得要劳伦斯蹒跚在"可咒的牧羊山坡上,走上 80 分钟才能到达被上帝遗忘的比西尼斯科村"。可弗里达竟蛮勇敢地说这样"有趣儿",于是劳伦斯严肃地考虑了一两天,打算购买一些生活必需品(他们已经丢掉了不少必需品),试图"定居"在这里了。这个地方实在太美了,甚至地方上人们的衣着都是美的——从男人们穿的凉鞋和"白色裹腿带"到女人们围的"细薄洋纱围腰",白裙子,长袖子,还有一个村子里女人戴的皱纹麻布头饰上那"奇特的图案",都是美的。所有这些都存在于一个未被破坏的野性的群山的背景下。

天啊,真是太原始了,这"寒冷的山区"。犹豫了几日后,他们逃到了那不勒斯,然后去了卡普里岛②。他们不过才经历了初冬,如果他们再坚持在比西尼斯科,劳伦斯非害一场大病不可。即便如此,要逃离这里还是很费事的。圣诞节前的星期六,下了一场大雪,星期一他们启程时不得不在凌晨 5 点起床,然后走五英里路去赶到卡西诺的汽车。

---

① 阿卜拉吉地区位于高山地区的亚平宁山系中。
② 那不勒斯海湾中的岛屿,风景区。

　　　　　　　　　　　　　劳伦斯传

他们赶上了从那不勒斯到卡普里岛下午的班船,可是刮起了暴风雪。这样,他们到天黑很久以后才到了卡普里岛的马里那·戈兰德,在那儿,所有的乘客都要下船改乘小划艇。在波涛汹涌的海面上,这只小艇"几乎跳上了"大船的甲板,然后又"跃回到可怕的黑暗湾流中,人们的那种呼号声甚至在意大利都找不到第二份儿"。他们不得不在离苏莲托不远的海面上抛锚过夜——"这些意大利人感到恶心了,天啊!"——直到红日初升时他们才到了卡普里岛,"像麻袋一样被扔进颠簸起伏的船中"。

可能是通过康普顿·麦肯齐①的热心帮助劳伦斯夫妇找到了一套配有家具的两间带厨房的房子,这套房子建在一座旧式房屋上,与教堂的拱顶遥遥相对。劳伦斯写道,就其自然美来说,卡普里是"世界上最美的地方",隔海眺望大陆和伊斯契亚岛一带,景色宜人。不幸的是,这块地方"到处都是些世界主义者","充满了恶意散布的丑闻"。这些太恶毒了,"就是斯维托尼斯②听了都会从脸上红到脚跟的"。

劳伦斯一到卡普里岛就给马格努斯写了信,对方也回了信。他为什么这样做,无法解释。马格努斯自然给了他回信,信中并没有直说要钱,他太有经验了,是借钱的老手了。他的信中口气很急切,劳伦斯不能不感到(人家正希望他能感觉到),这个人正"遇到金钱上的麻烦,手头拮据了"。现在,离开英国两个月后,他的经济和前景都大为改观了,他不像他以前所说的那样贫穷了。他离开英国时身上只有 9 英镑,在佛罗伦萨,他的钱又被偷过。可是在 1920 年年初,他卖掉了小说《虹》在美国的版权,同时又计划由马丁·塞克公司在英国出版几本书。他

---

① 劳伦斯的朋友,作家。
② 罗马帝国时期的历史学家,历史人物传记作家。

可以偿还品克的借款了(包括还班奈特的钱,我相信这一点),还掉这些钱后他还能剩 105 英镑。圣诞节的时候,埃米·罗威尔给他送来了 100 美元。凯瑟琳·卡斯威尔坚持从她获得的一项文学奖的 250 英镑中分出 50 英镑给劳伦斯。劳伦斯先是存着这笔钱,后来在 5 月 31 日那天一下全挥霍掉了。在关于马格努斯的文章中,劳伦斯宣称他"只有 60 英镑了",可他自己的日记却表明他还有 171 英镑存款,除此之外马丁·塞克还要付给他钱,他同塞克已经签订了好几项合同。

事实就是如此。可是,即便劳伦斯再富裕 10 倍甚至 20 倍,他也不应该把他辛辛苦苦挣来的钱送给马格努斯这样一个偶然结识的粗制滥造的作家。马格努斯文学上没一点可取之处,如果不是因为他和劳伦斯及道格拉斯有关系,他早被人忘到九霄云外去了。道格拉斯自己亲口对我们说,他在 1909 年认识了马格努斯,缘由是马格努斯前来向他借钱,这位不速之客那时已表现出了花言巧语的本事。以后的十年中,他仍然没改掉"借钱"的习惯。道格拉斯惯于刻毒地把比劳伦斯还穷的人称作"克里索斯①一样的富翁",故作怜悯地说他希望得到他们的收入"作自己的资本"。他可能无意识地导致马格努斯认为劳伦斯还算富有,不过是因为贪婪才勤俭节约的。的确,劳伦斯与麦肯齐这位红极一时的作家关系很好。我不能理解的是,劳伦斯这样一个非常节约、仔细、毫不浪费的人怎么会上了马格努斯一封求借信的圈套? 更让我不能理解的是,他不久后在蒙特·卡西诺的修道院拜访了马格努斯。马格努斯肯定对他有特殊的吸引力。

不管怎么说,马格努斯提出借钱,劳伦斯就借给了他 5 英镑——记住,此时劳伦斯才刚刚摆脱了"不稳定的借贷"状况——因为生病耽搁

---

① 公元前 6 世纪小亚细亚吕底亚国富有的国王。

了些日子,然后于 1920 年 2 月 19 日启程去班尼蒂克特①修道院。劳伦斯对那段逗留的描述很有名气。很明显,当时这处尚未被毁掉的宗教古迹给了他很深的印象:

> 我俯视着棕色原野上纵横的阡陌,山顶上橡树干枯了,四周都是乱石和丛生的灌木。远处的山上覆盖着白雪,在阳光下闪着绿色的光芒,似乎很近,仅仅一道水湾之隔。一切都那么安宁、充满阳光。过去——辉煌、暴戾恣睢的中世纪,血运旺盛、不可羁縻,生命燃烧着,充满了奇观和可怕的苦难——强烈地攫住了我的心,让我感到难以忍受。耽在修道院里眼看着这一切真让我痛苦:古老的农场上阉牛在缓慢地行走,黑色的猪在草丛里用鼻子拱土,一位和尚坐在墙上晒太阳,一位老得不能再老的人脚穿皮凉鞋、腿绑白裹腿布赶着一条毛驴慢慢地朝修道院的大门走来,慢慢地,那种无动于衷和不开化的样子跟中世纪的人一样。看着这些,还要意识到我是我本人,是现时代的孩子,真让我痛苦……在修道院中看着这些中世纪的东西像提索那斯②一样生而不死,痛苦地活着,这几乎是在伤害我的灵魂,几乎给我的灵魂留下了创伤。

当然,在蒙特·卡西诺修道院里感受到的这种中世纪的提索那斯式的痛苦是长不了的,它很快就被今天的文化和人道的科学所结束。困难的是将马格努斯及其金钱上的麻烦与劳伦斯在旧修道院里的神秘体验联系在一起。他被这周围见过的人们缠住了:

---

① 意大利修道士,创立福音会。
② 提索那斯:希腊神话中特洛伊王之子,受厄洛斯之宠,并被许以永远不死,但厄洛斯忘记为他求得不老之法,他终于日渐衰老,最后厄洛斯将他化为蚱蜢。

他们是修道院周围遗留下来的旧式农民，长着硬邦邦的小脑袋，脸上皱纹很深，头脑中空洞无物，说起话来像牛一样嗥叫，像蜥蜴一样生活在石堆里，盲目地抓到什么就做点什么。现在，他们与过去和未来都隔绝了，没有思想，没有持久的情绪，只有那种永恒的生的意志——这种生的意志让乌龟在春季复苏，甚至能让蚱蜢在11月的月夜里发出叫哨声。

这就是劳伦斯在修道院两天中思索和感觉的特点，由这富有诗意的思索转向马格努斯（他一直在那儿，想从劳伦斯那里"捞"点钱），就像从高山上荒唐地摔落下来一样。劳伦斯预见到了这一点，聪明地对付他；他把支票留在家里，只随身带了足够的意大利钞票。当他提出把可怜的20里拉送给马格努斯时，马格努斯当然拒绝了。

劳伦斯的日记本中有一段简短的日记："从蒙特·卡西诺归来"，这一天是2月21日。所以这个日期与《M.M.回忆录》①的前言中所写的有点出入，就像他的钱数上有出入一样。劳伦斯是两年以后才记下这些的，令人吃惊的倒不是他的这些小小的误差而是他这样准确、这样生动的记忆力。

甚至在去蒙特·卡西诺之前，劳伦斯就决定离开卡普里这只"盛着半生不熟的文学猫的炖锅"，并且询问着西西里岛的生活条件，月底劳伦斯夫妇乘船离开那不勒斯去巴勒莫，在那里他们乘火车沿着海岸去埃特纳火山和塔奥米那山。在东山脚下的城外，他们租了一套名为老喷泉的农房，以后两年中这里就是他们的大本营。

---

① 即莫利斯·马格努斯的回忆录。

二

在意大利的这一段时间,如同第一次一样,劳伦斯又开始了紧张的艺术创作,包括写出了他最富有独创性的诗集《鸟·兽·花》的前面一些诗。经过无数次延误后,劳伦斯终于收到了从德国寄来的未完成的《迷途的姑娘》的第一稿,从此他的创作与加尔尼亚诺阶段连起来了。《迷途的姑娘》是一部奇特的混合体小说。当他刚刚开始写《虹》的时候,他刻意模仿阿诺德、班奈特的笔法写《迷途的姑娘》,他想粗粗写完这本书赚钱,但没有写成功。在西西里岛,劳伦斯专心致志地重写《迷途的姑娘》,但是他无法消除这本书的缺陷。最后新写的部分是这本小说最优秀的篇章。

他写作速度相当快,7月已完成定稿。《亚伦的藜杖》是1918年开始写的,劳伦斯称之为平淡乏味,并于1921年春开始重写。这部小说是他的创作中最漫不经心地随意撰写的。像《迷途的姑娘》一样,小说由两个互不相关的部分组成。他从康沃尔被驱逐之后,曾受到伦敦不少人的帮助。小说的前半部是对这些人的讽刺性的描写;默里被描写成为吹笛手亚伦。劳伦斯—利莱对默里—亚伦的病大惊小怪,无疑是有对格里特汉那一段往事的追忆。当时默里一来就病倒了,劳伦斯执意要看护他。书中描写吉姆·布里克纳尔对利莱的嘲笑不胜愤怒,当胸打了他一拳。这实际上是劳伦斯在退隐村舍时发生的事。但亚伦一离开英国之后,他的冒险经历就是劳伦斯的经历,而亚伦起初并不鲜明的性格,亦与劳伦斯的性格越来越趋于一致。利莱和亚伦在一起的时候,就像一对双胞胎一样,显得与众不同。小说的末尾完全是自传性的,表明劳伦斯再一次转向"领袖"的梦想,并执意要左右默里,使他成为"顺从"的门徒。在下面这一段话里要求和暗示的意义就很清楚了:

> "人们都说需要自己的领袖",利莱对亚伦说,"那么,让他们的灵魂服从于更伟大的灵魂吧……你,亚伦,你也有服从的必要。你也迫切地需要服从于更崇高的灵魂,贡献你自己。你知道自己有这种需要。你知道这并不是爱。这是终生的服从。这你是知道的。但是你却以卵击石。或许你死也不肯屈服。那么,你就注定得死。这是你自己的事。"
>
> 停顿了好一会儿。然后亚伦抬起头来,盯着利莱的脸。他的脸色阴沉,一副茫然的表情,像一尊拜占庭的圣像。
>
> "那么,我该服从谁呢?"他问道。
>
> "你的灵魂会告诉你的。"另一方回答说。

在意大利这段时间(1919年12月至1922年2月),劳伦斯不但完成了几部小说,还写了《大海与撒丁岛》、《诺恩先生》(死后发表)、《无意识幻想曲》(其大部分是在巴伐利亚写成的),完成了"牛津版"的历史,为马格努斯著作写了长篇的《前言》《狐狸》《船长的布娃娃》《瓢虫》,短篇小说若干篇和一些诗歌,并且开始翻译西西里作家乔万尼·维加的作品。

一个作家,在这样短的时间内写出这么多的作品,即使是终日埋头写作,也应该说是相当可观的,何况劳伦斯夫妇在这一段时间里还经常外出观光旅行。毫无疑问,劳伦斯在船舱和旅店卧室写作跟在自己的书房里一样自在,因为他从不花费时间去细心推敲"情节"和"结构"。对他来说,故事或小说与诗歌一样,都是自发地萌发出来的。灵感对他说来就是存在的事实,灵感一旦消失,他的创作便立刻中止,如我们所知,他的大部分小说中都有过这种暂时中断的情况。然后,他又以白热化的创作激情继续写下去,或一气呵成,这种写作方法显然有其优点,但也有其缺点,其优点是作品自然、有力、富于热情,而其缺点则是作品往往失去平衡、不够完整、不够紧凑。

　　这些作品并非全都达到了他的最高水平,但总的说来,比起在不幸的战争年代所写的那些作品来,他的天才在这里得到了更充分的发挥。在那些年代,他不止一次地说过和写过:讽刺是文学表达唯一可取的方式。在 1920 年 2 月,他在给一位朋友的信中写道:"不,我不要讽刺。它只能使人们的心情枯竭。"但实际上,《亚伦的藜杖》就是一部讽刺性很强的作品。在后来的作品中,他所用的讽刺语言越来越恶毒尖刻。就整体而言,在西西里的这段时间是很惬意的,虽然可能比不上战前,也算相当不错了。的确,他最后急不可待地要离开欧洲,但那只是当他意识到《恋爱中的女人》多么让英国人反感时,才发生的。当赫塞尔廷开始以诽谤罪告讼时,用劳伦斯特有的口吻说是:"一个月之内我讨厌所有的人,尤其是英国的流氓,猪猡!"

　　芳坦纳·维契亚的周围环境非常优美。房子本身也比他们在英格兰勉强居住的房子好得多。这是一所"很漂亮的大房子",有几个优雅的房间和一个"很方便的厨房",坐落在陡坡上一个长着杏树和蔬菜的大菜园子里。1920 年春天,是他在英格兰六年之后第一次出国,"从杏树丛上我们自己的房子里俯瞰下面的海湾",这世界是多么可爱啊。劳伦斯夫妇面对爱奥尼亚海,遥望马格纳·格拉西亚山脉,"西拉大石和查里勃迪斯旋流",而北面的海峡则像"乳色玻璃那样闪耀着变幻不定的光彩","黎明时分,浩瀚的海面,一碧无际,太阳冉冉升起,光芒四射,像许多发亮的喇叭管"。劳伦斯"欣喜欲狂"。园子下面有许多绿莹莹的水池,用来灌溉那些香气袭人的柠檬和橘子树林。随着春天的来临他们发现了许多野花,有水仙花、银莲花、仙客来花,"黎明开花的仙客来,竖起耳朵,就像幼小娇嫩的小猫狗似的"。

4 月,劳伦斯夫妇与朋友贾塔斯夫妇结伴去了锡拉丘兹几天,看到大朵紫色的银莲花和血色的侧金莲花。在运行的火车上,看到"在有瘴气的地方神奇地长出苗壮嫩绿的"麦苗,劳伦斯再一次沉浸在"美妙,美妙的时光"中。他喜爱锡拉丘兹,"雅典的船队曾经到过那个圆形的港湾",在这个小小的渔港,小船的船头还绘着眼睛,凝视着滔滔海浪,就像希腊花瓶上画的一样;还有公元 3 世纪雅典人就描述过的彩漆的车辆,它们很早以前就享有盛名了;在现代西西里人群中,劳伦斯发现穿白袍的阿拉伯人与意大利人和"戴红帽,穿黑羊驼毛大衣"的土耳其人混杂在一起,在木槿树和石榴树下漫步,还有那些大教堂"墙上镶嵌着希腊式的大石柱"。

在这个幸福的春天里,战后第一个真正幸福的春天,他的新诗不断地涌出,日趋成熟:

> 无花果树,神奇的无花果树
> 厚实平滑的银制成
> 在南海空气中甜蜜闪亮的银制成——
> 闪闪发亮,却不透明——

厚实,滑润肌肤似的银,只是像

人的四肢一样迟钝,

具有生命之光,

裸露着光实,健康生命的暗光,

总是半明半暗,

温和像西香莲花瓣一样……

　　劳伦斯跟自己开玩笑说:"呵!这首抒情诗里藏着一条蛇。"当然,蛇又是指的——那是锡拉丘兹明媚的春天中一个煞风景的污点——马格努斯要求同情,要求帮助,要求保护,还要求钱,而且其数额远远超过了劳伦斯愿意给的。在马格努斯看来,这完全是一个悲剧性的错误——在修道院遇见劳伦斯之前,马格努斯一直住在安齐奥一家旅馆里,当然是最好的旅馆——并开了一张他在美国银行的支票。最最遗憾的是,那些健忘而粗心的人本应往他的账户上付钱,但没有这样做,结果他的支票被退了回来,而他却没有别的办法来付账单。当然,马格努斯是打算还账的,只要他的一些文章被美国的报纸接受了,他就会还这笔钱。但与此同时,旅馆的人们却等得不耐烦,报告了警察局——总之,马格努斯刚从一条小路逃离蒙特·卡西诺时,却把自己的包裹和财物都丢在那里。

　　他先跑到罗马,然后顺原路回来,直接去找在塔尔米纳的劳伦斯,却扑了个空。他在塔尔米纳等了几天,分文不名,却堂而皇之地住在一家最昂贵的旅馆里。他求劳伦斯支付他的住店费,然后把他接到自己家里,直到他卖文凑足去亚历山大城的路费;或者,另一种办法是,预先给他35英镑,以马格努斯的宝贵的手稿作为抵押,同时——还有一个小小的请求——劳伦斯是否愿意跑到蒙特·卡西诺去搬取马格努斯的行李? 除开费用和时间不算,这意味着乘那不勒斯的船去帕尔莫(还要返回),或者去勒佐乘坐慢得怕人的火车。

看来十分奇怪,马格努斯在十分窘迫的情况下求助的却是一个相当陌生的人,而不是他那些真正的朋友如诺曼·道格拉斯,他在对马格努斯的颂词中承认自己曾经从这个逃亡者那里得到许多实惠,而劳伦斯跟马格努斯只有 5 英镑的交道。劳伦斯辛辛苦苦挣来的钱总共有170 英镑,如果愿意花掉 50 英镑,可能就付清了马格努斯在西西里的费用和送他去亚历山大城的费用——在那里再做一遍同样的事。如果劳伦斯那年的净收入超过 300 英镑,那是值得惊奇的,何况那是自战争以来他第一次挣到钱。他一拿到钱就立刻还了债,给父亲和姐妹们以及弗里达的母亲(他们帮助过他)寄去了钱和礼物。他凭什么把一年收入的六分之一送给一个警察正在追缉的陌生人呢?

马格努斯说得头头是道,听起来似乎很有道理,但他一时说漏了嘴,使劳伦斯心中恍然,自己要真作了这样的牺牲,那简直就是个大傻瓜。他替马格努斯付了旅馆费,并给了他 100 里拉。此外,马格努斯由于劳伦斯的推荐挣得一张 7 几尼的英国支票,劳伦斯也换了意大利钱给他。就这样,马格努斯总算离开了此地,前往马耳他,上路后送来一纸洋溢着感激之情的短笺。劳伦斯再一次"松了一口气",希望从此摆脱掉他,"可是,事儿还没有完"。

那时碰巧小说家吉尔伯特·坎南的夫人玛丽·坎南也在塔尔米纳,很想访问马耳他。她显然不能单独前往,便恳求劳伦斯夫妇同行,并主动提出负担他们的全部费用,劳伦斯自觉不好回绝;他估计马格努斯已出发了一周,此时已在马耳他最好的旅馆安身。不用说,劳伦斯夫妇和玛丽·坎南并不指望住上这么好的旅馆的,但是当他们到达锡拉丘兹港的时候,发现轮船因海员罢工而停航,马格努斯仍然待在那里,流着眼泪乞求再替他支付一次锡拉丘兹最好的旅馆的账单。

于是,劳伦斯又一次替他付清了账单。可是,他们坐在二等舱里,却看见马格努斯在头等舱里跟一位皇家海军的军官在一起交谈,这引起弗里达和玛丽·坎南极度的厌恶和愤怒。下船时,马格努斯对那位军官和劳伦斯"放下架子点了点头"。事情就此完结了吧? 根本没有。罢工继续进行,迫使他们不得不延长在马耳他逗留的时间,劳伦斯极不明智地应邀与马格努斯共进午餐,还一起开车游览,马格努斯经修道士结识了两个马耳他人。这辆车就是他们中一个人的。两个马耳他人帮助马格努斯找到了一所房子,租给他家具,并给他预付了五六十英镑。

与此同时,劳伦斯回到了塔尔米纳,指望自己再也别看见马格努斯,和听见他的消息。

突然,11 月的一天,他收到一份马耳他报纸,上有一段文字用笔做了记号:

> 昨天,有人发现美国人莫利斯·马格努斯死在拉巴托房子里的床上,他身材魁梧,年富力强。床边放着一个装有毒药的药瓶。

为了安齐奥的那张支票,警察来找过他,他使诡计回到这所房子,吃了毒药,留下一张纸条:要求得到"第一流的安葬"。马格努斯将手稿全部遗赠给诺曼·道格拉斯,但他的债权人却把手稿扣了下来,拒绝把手稿托付给道格拉斯,而请求劳伦斯设法将手稿卖掉,偿还马格努斯的债务。在取得道格拉斯的书面许可以后,劳伦斯就这样做了,还写了一篇精彩的《序言》(尽管这篇《序言》不幸被马格努斯的书所埋没了)。这就是事情的始末,后来这件事经过诺曼·道格拉斯的巧妙改编,记述下来,却暗示由于劳伦斯的卑鄙、贪婪,使受屈的可怜的马格努斯命归黄泉。但劳伦斯在给《新政治家》杂志社的信中是这样答复这本小册子的:"至于道格拉斯先生,他必得费尽心机地为自己涂脂抹粉。"

三

　　关于马格努斯的奇妙故事,从头叙来直至其不幸的结局,是必要的。现在时间又要回到几个月以前。5月28日劳伦斯夫妇从马耳他返回塔尔米纳时,英国的旅游者已纷纷离去,但劳伦斯决定逗留下来,享受"可爱的炽热、明亮的太阳和海洋",以及从墨西拿海峡吹来的"凉爽的微风"。在西西里炎热的夏天里,他经常穿睡衣赤脚走路,赤身裸体地洗衣服或擦地板。

　　最热的一天,他出去打水,瞧见一条蛇溜过石槽,它:

　　　　……用它直直的嘴吸饮,
　　　　通过两排直直的牙床轻轻吸进那细长的身躯。

　　劳伦斯对蛇的美有极深的感觉,差不多可以说对它们的神秘生命有一种古老的崇敬。他想到这是条毒蛇,但它喝他的水,仍使他感到"光荣",尽管他总是有些怕它。在他身上总有两个自我,这两个自我彼此分裂,无休止地争斗! 在感到"光荣"的同时,他暗自思索,如果自己不是一个胆小鬼,就该杀死这条毒蛇。此刻,蛇喝足了水,"像神一样环顾四周,却对一切视而不见",慢慢地消失在一个洞穴里。这才使劳伦斯如梦方醒。他放下水罐,向这条蛇扔去"一块粗笨的木头",蛇"狼狈不堪地急速扭动着身子……闪电似的蠕动着"逃走了。于是,他的情绪急转直下:

> 我马上后悔了,
>
> 我想这个行为多么渺小,多么庸俗,多么卑劣。
>
> 我蔑视自己,蔑视我可憎的人类教育的声音。

没有必要挖掘这首诗,以至唾弃"可憎的人类教育"的自我解剖。这首诗甚至包含一种无意识的象征,这件事非常准确地描述了劳伦斯的为人——对于喝饮他的生命之泉的人们,他起初会有"光荣"之感,随后突然感到道德上的义愤,向他们扔去"笨重的木头"。

那年夏天,劳伦斯只身一人徘徊于意大利,陆续写了许多具有这种新的风格的诗歌。劳伦斯夫妇决定弗里达再自己回到德国,因为那里"仍然敌视外国人"。因此 8 月 2 日他们离开西西里"去安提科里"(现在的菲乌吉),直到 10 月 20 日才回到西西里。劳伦斯在罗马和佛罗伦萨逗留了一段时间,他在那里(更准确地说是在菲耶苏尔)写了《土耳其公鸡》和《乌龟》两首诗,这两首诗首次发表的时候,引起了很大的震动。现在看来,却十分简单而无害。

他显然打算用现有的钱,在意大利多看几个地方,他肯定也在科莫湖上的阿基格诺住过,"到那里的山冈湖泊游览实在太有趣了"。在此前后他去了威尼斯:

> 滑溜溜的城市,

> 恼人的绿，
>
> 这里的狗——老迈，长着古旧的眼睛，
>
> 内花园浓密的树叶里，
>
> 石榴像鲜艳的绿宝石
>
> 长着带刺的王冠。

听起来好像他"憎恶"威尼斯，但印象不会总是这样的；仅一年以后，他写信给朋友们说，他觉得威尼斯非常美丽，打算写一个关于威尼斯的故事或一本书。他肯定也访问了托斯卡纳的圣热伐西奥城的朋友们，他的一些神秘、可爱、极为反常的诗，如《石榴》《桃树》《欧楂树》《山梨与苹果》《无花果》《葡萄》等写于此地。

随后，10月弗里达回来与他相聚，他们一起返回西西里。西西里的深秋阴雨连绵。他写道，西西里"像养鱼池里的一块陆地——全是水——人们像螃蟹和深灰色的虾一样在缸底爬行"。他的描述使人想起阴雨蒙蒙的日本油画，人们都缩在蓑衣里。劳伦斯为了作画，临摹一张古老的意大利画，"钻研意大利历史"——这显然是他那写不完的历史书中额外的一章——在这种阴雨天里以此自娱。西西里的雨仍然滔滔而下，劳伦斯从他画着洛伦泽蒂的僧人的画看到淹在水里的花园中扭曲的杏树：

> 雨中湿漉漉的杏树，
>
> 如同顽强地长出地面的铁刺；
>
> 雨中漆黑的杏树干，
>
> 如同扭曲可怕的长出地面的铁器，
>
> 在西西里绿色的冬天厚厚的柔软的羽绒中

露出不能吃的野草，

弯曲的黝黝的杏树干，铁一般黑，爬满了山坡。

　　他能发现杏树奇异的美，这又特别地像广岛或长崎，他却感到困顿室内而烦躁。逃吧，逃吧！出走是"绝对必要的"，但上哪儿去？在他仍然犹疑不定的时候，雨突然停止，太阳出来了，西西里变得"那样宜人，那样有魅力"。干吗得离开"阳光明媚的爱奥尼亚海·卡拉布里亚，这块变幻不定的宝石，在阳光下像火红的琉璃；意大利和圣诞彩云尽收眼底……埃特纳火山，那个邪恶的女巫，她的皑皑白雪静静地伫立在苍天之下，那橘黄色的烟云袅袅上升"。这里多么美丽，但"又具有恶和美的电流产生的可怕的震颤"，住着"不可思议的西西里人，一种含着硫汞的魔鬼——但比"我们圣洁的人类"要好得多。

　　这段话准确地描述了他怀念"圣洁"英格兰的心情，因此，出走的必要性越来越绝对化了。他想到非洲，因为他正在读一位博学的德国人所著的书，这是一本十分令人信服的德文书，它结论性地证明了一个明显的荒谬论点。但这本书使他对非洲那个遥远、模糊、具有广阔的想象余地的"黑色文化"兴奋不已。突尼斯临近西西里，极为诱人。由于他想念非洲，显然他就得走相反的方向。不是回到那不勒斯、罗马、佛罗伦萨，因为这些地方"根本没什么可取的"，而是向西走，到撒丁岛去，他断定那个地方从来没有陷入"欧洲文明的罗网"里。

　　他就这样写出了那本他称为——或被人称为，神奇的小书——《大海与撒丁岛》。只有他才能在这样短的时间内有这么多的感受。也只有他能够用如此生动美妙的语言把这些感受描述出来，使其成为自己生命的一部分。大约300页的一本书六个星期之内写就，此书包含着两个可怜人的经历——并且是一本奇妙的书。千真万确，就这一点来说,真该引用全书,因为它真实准确地记述了劳伦斯与弗里达在一起大约10天的生活。当然,这是作为旅游者的生活,而非其家居生活,所以,书中外部的体验和外部世界的影响更加丰富得多。

把《大海与撒丁岛》压缩成为一篇简单的游记,是不恰当的;要抽取其中的段落,就好像砍下一个雕像的手指或耳朵来表明它的本质,同样地不可取。这本书活脱就是作者本人。有时候,某种经验使他预先感觉到,在1921年"我们的命运注定,就要到美帝国去了"。在下一页,诉说他们在一个冰凉的石头筑成的原始小客店里过夜的情形;小客店坐落在苍凉的山顶上,不沉稳的睡眠,被荒鸡的啼叫声所惊醒,"整个晚上——呀,在整个漆黑严寒的时刻里,这个魔鬼似的荒鸡都在魔鬼似的悲鸣!"随后,他们在寂静的西西里高原上乘公共汽车旅行。车停下来,让一个宗教的行列通过山路:

　　高山顶上的清晨一片寂静,我们站在这个世界的背脊上,右边的深谷里万籁俱寂。在这奇异的一瞬间,男人们断断续续唱起挽歌,女人则轻柔快速地回应着。接着又是男人的声音。白色衣服的人大部分是男人,不是女人。穿着长袍的牧师,旁边站着侍童,在领唱。他身后是一小簇个子高高不戴帽子的山民,他们的皮肤晒得黑黑的,都穿着金黄色的灯芯绒裤,肩上扛着一尊真人大小的帕多瓦的圣安托尼塑像,压得他们直不起身子来。在他们后面,是许多身着彩装的人,白色亚麻布的马裤松松垮垮几乎落到脚踝上,却不塞进黑色的绑腿里去。所以,在黑裙边的下面显得特别的白。黑色粗绒坎肩,剪得像晚礼服一样短,绒线帽乱七八糟地扣在头顶上。

　　男人队伍后面,有一点小小的间隔——随后是色彩艳丽的女人的楔形队伍。她们两人一排，一排紧跟着一排，都穿着鲜艳美丽的服装，轮到她们的时候，就漫不经心地唱几句。走在前面的是小女孩，她们两人一排，紧跟在穿着黑白相间的农民服装的高个男人后面。孩子们装着正经的、传统式的表情，穿着朱红色、白色和绿色的衣服——小女孩穿着垂至脚面的猩红色的长裙，裙底带有绿色的绲边；裙子上罩着白色的围裙，围裙的花边有翠绿色和杂色的：白围裙上面是镶有紫边的猩红色翻领子上衣，黑色的包头布从小小的下颏上交叉缠过，只把嘴唇留在外面，整个面部被黑色包裹起来，这些小姑娘真是妙不可言，优美、艳丽的服饰和黑色包头布使她们显得那样端庄，就像费拉斯奎兹公主一样笔挺，后面是年纪稍大一点的姑娘，再后面就是成年女人了。她们排得十分紧凑。身着镶有绿色绲边的朱红色长裙，走起路来五彩缤纷，轻柔地摆动，白围裙上鲜艳的杂绿色花边光艳夺目。白衬衣一直系到脖子上，咽喉处系着大金丝纽扣——两个联结在一起的金丝球。漂亮的白袖子从镶有猩红色、紫色和绿色花边的上衣里翻卷出来。她们渐渐地走近了，整个脸包在暗色的服装里。虽然嘴里仍然唱着和声，但所有的眼睛都在望着我们。

这一切他是看了多少时候才记下来的？只有 5 分钟？肯定不会有 10 分钟，因为即使是一个移动非常缓慢的宗教行列，也是很快就走过去消失的。在这么短的时间内，他不仅看到和记住了那移动着的各种绚丽的色彩，而且还精确地记住了那许多小孩、女人和男人漂亮服装的式样和种种细节。这一类事情他决不会做笔记的，不像令人厌烦的道格拉斯那样写得学究气十足，只是凭着自己精确的记忆和生动的想象力。这就赋予劳伦斯一种作为作家的独一无二的卓越天才，将他的生活经验不是化为一篇文字优美的作品,而是使读者同时分享一种升华的生活情趣。艺术家的设计即使对于最卑微的生活也能赋予一切细节以庄严、意义和美感。在纯粹的美学情感之下,还有一种深切感人的怀念之情,如在蒙特·卡西诺的那些段落中所表现出来的。

就凭这一本书就给予人们多么丰富的生活情趣——风景、黎明、古老的乡村街道、海边星光灿烂的夜空——几十幅这样美丽的画面。但我翻阅这本书,感到除了以上这一切之外,还有另外一种不同的情趣,同样生动地传达而使人感到喜悦。我想向那些认为劳伦斯——至少在他的作品中——没有幽默感的人推荐。下面这一段文字,说的是三个社会主义者在曼达斯乡村客店里喝汤的场面:

他们埋头喝汤,我从来没有在弥漫的水汽笼罩下,听到这么美妙的喝汤三重奏。他们津津有味地用羹匙喝着汤。那个邋遢的小家伙是男高音——他猛喝一口汤,发出吱吱的颤音,这种颤音不时地因吃卷心菜而中断,并使灯光为之跳动。戴黑帽子的是男中音,用羹匙吃汤时发出优雅、圆浑的声音。戴眼镜的是男低音,他会突然吞了一大口汤,发出低沉的声音。那个邋遢的小家伙发出的长颤音引导着这一切。突然,为了变化音律,他用一只手支起羹匙,嚼了满满的一大口面包,舌头顶着上颚哑哑咽下!

《大海与撒丁岛》中的那些描述,不能把它们当作一本文集中的各篇散文来读,而应该把它们当作生活世界的一部分来欣赏,这都是劳伦斯自己丰富生活中的瞬息时机。很久以前,我就写过,与劳伦斯在一起就像从普通的大气层到纯氧气中一样。一切都变得令人兴奋而生机勃勃。但是他——我们——为他的这种独一无二的自我意识却付出了重

大的代价:自我的对立,刚愎自用,自我毁灭,仇恨,被仇恨,自命不凡的
魔鬼。就在他撰写可爱的《大海与撒丁岛》散文集的同时,还在希望着
人们——哪怕是一个人——"服从"他,把他当作一位领袖、一位救世
主、一个老板;他沉浸在永远不能满足而又不断萌生的期望之中。他在
塔尔米纳遇见了纳尔逊·胡德先生,即书中西西里的布劳特公爵,劳伦
斯很快蔑视起他来——"如果我是西西里布劳特公爵,就一定会成为西
西里的独裁者,现在是第二个圣者出世的时候了。"

不过几个月以后,他的权力欲又转了个方向:

> 只要我知道怎么做,我真的想加入革命的社会主义者的行列。
> 我认为真刀真枪的斗争时代已经来临。这是我唯一关心的事:殊
> 死的斗争。我不关心政治,但我知道不久必须而且应该有一场殊
> 死的革命。

一年后或者一年多一点儿,他来到锡兰,很快对威尔士王子表现出
极大的鄙夷。他是在一次叫作"佛牙节"的火炬庆典晚会上见到威尔
士王子的。一个"苍白"的家伙,"看起来只是王子苍白的碎片"。本应
是"服从我"的座右铭,却变成了"我服从"。

> 但愿他们给我那三支羽毛;
> 把我变成亭子里的他,如同在高高在上和
> 孤独的胡椒盒子里,
> 站立着举起羽毛,世界之上的三支羽毛
> 对他们说:服从我,应该服从我,
> 我是众神之王。

劳伦斯传

据说拿破仑看见路易十六的时候,颇有同感;但他是一个果敢的人。作为艺术家的劳伦斯有着卓越的才能和品格,但因此他觉得自己应该具有另一种权力——成为一个实行家;一个统治者、救世主——这也许是他一生中最严重的错误吧。多年来,这种希望肯定一直在萦绕着他,而不可避免的挫败又使他发狂、愤怒。事实上,他误解了力量的性质。一个异乎寻常的人只要热切地希求改变和成就某种东西时,就会产生出力量,但劳伦斯的权力欲只是为了寻求新的感受,缺乏任何具有主宰性的稳固的目的,因而是飘忽不定的。要想做一个劳伦斯,而同时又想带着三支羽毛坐在大象背上,这是一种奇怪的自我贬损——他自甘堕落。

四

　　劳伦斯所有的计划似乎都总是处于不固定的状态。例如,1921年年初的几个月:2月14日他写了一个私人备忘录,决定继续在丰塔纳·梵契亚住一年;2月22日他写信给罗伯特·蒙特西尔,请他打听一下能否在美国找一个农场,并打电报告诉他对这个农场的意见;3月2日劳伦斯写信给另一位朋友,"我已计划去美国",显然那时他还没有打算走。

　　无论这些计划是不是认真的,都因德国来的一封电报而完全成为泡影。电报上说,弗里达的母亲病重,需要她立刻返回。甚至在他脾气最坏的时候,劳伦斯也不愿让弗里达离开他,这一次他试图说服她,这封电报是"一个圈套"。然而,弗里达悄悄地做好了出门的准备,劳伦斯陪她一起到巴勒莫,把她送上去那不勒斯的船。他返回的第二天郁郁不乐:"我坐在丰塔纳·梵契亚家里,只感到没有弗里达,这所房子空空荡荡的,实在难过。"

　　怎么办? 很显然,移居美国暂时是不可能的了。他坐在空荡荡的房子里,郁郁不乐地写完了《大海与撒丁岛》,然后,当他把书稿寄给他的代理人后,自觉再也无法忍受这种孤独,必须去德国找弗里达。但他

　　　　　　　　　　　　　　　　　劳伦斯传

并没有直接就去,不能让她过于明显地取得胜利,所以他去到"半文学猫的炖锅",卡普里岛,在那里跟两个美国画家阿克萨和厄尔·布劳斯特交上了朋友。通过他们,劳伦斯后来去了锡兰,因为布劳斯特对佛教极感兴趣,希望能用第一手资料加以研究,劳伦斯对此并非毫无保留,对他说:

"你难道在你自己的生存中当真不能安定下吗?你还是深深地探究中心——他的太阳神经丛吧。"

他有一个根深蒂固的习惯,就是在分别的时候,总要自动地给人家一种难受的训示,或者格言式的忠告,使厄尔感到困惑不解,劳伦斯口头上说是去罗马和佛罗伦萨,但几天后,(他后来承认)他"直接去了巴登-巴登",巴登-巴登当然是指弗里达。他发现他的"婆婆""更美丽,但是虚弱"(总是喜欢称她为"婆婆")。自她的丈夫去世后,她一直生活在路德维格·威廉养老院中,住在一个专为高级官员的穷寡妇建造的官邸里。劳伦斯对造访这些年迈的军官太太总是举止十分文雅。她们坚持叫他博士先生,"婆婆"整天提心吊胆,唯恐她们会发现和读了他的任何一本书。

她有点惯纵他,给他吃各种精致好吃的茶点,奇怪的是,当人们都以为德国人正挨饿的时候,劳伦斯却在信中写道,在埃伯斯坦堡小客店里,他们吃得怎样又便宜又丰盛。这个小客店"完全不同于塔尔米纳,还便宜得很——每人每天 35 马克——我们两人 70 马克——相当于 6 先令。上好的食品——上好的德国香肠和啤酒,上好的莱茵酒,很好掼的奶油,新上市的草莓,没有缺少香肠的极乐世界:没有! 没有!"

这封信是为了嘲笑布劳斯特夫妇,这对食素者和新进的佛教徒。在这封信上,他补充了一个极为诱人的,又有煽动性的附言:"呵! 奢侈的生活! 晚餐有芦笋(德国的,世界第一)、草莓、莱茵酒、烤猪肉! 你们有什么?"

默里评论《亚伦的藜杖》时,称赞劳伦斯的文章"恬静""愉悦",通向"平静、安谧的道路"以及"深厚持久的友谊",但劳伦斯在完成这部书的那些日子里的心情,与此恰恰相反。写完这本书的时候,他刚巧慷慨激昂地宣告过:"爱情根本不存在,只是一句空话。"并最后发誓,他打算"永远"不再"爱任何东西、一切东西或一切人"。他激动起来,接着声言,即使杀死所有的老虎,也杀不死老虎的灵魂,因为杀戮者总是沾染上被杀者的本性,正如"美国的白人会沾染上印第安人的本性一样"。劳伦斯争辩的方式如此激烈,既不"恬静",也没有"深厚的友谊"。

> 但关键是我不想让人们取代老虎。哦,就算每一只母老虎都生77只虎仔。但愿它们都长得身强力壮,身上的花纹像昼夜一样分明,就算每一只小老虎至少吃掉70个可怜的无羽毛的人类之鸟,然后,津津有味地舔食血红的肋肉。留给我,我的老虎;留给我,我的金钱豹;留给我,我的闪闪发光的眼镜蛇;但愿我也有毒牙利爪。我信仰愤怒,我要咬牙切齿,把懦夫的骨头咬得嘎嘎作响。我信仰恐惧和痛苦,哦,那么多的忧伤。

差不多刚好在这个时候(1921年5月)塞尔兹出版社在纽约出版了《精神分析与无意识》的第一版,这本书在纽约自然是十分不受欢迎的。但关于老虎的这一段天才的议论,并不是由于这本书的评论引起的(事实上,那时他尚未看到这些评论),而是因布劳斯特对佛教的赞扬而激发出来的,显然,那些日子里,劳伦斯写作的热情还是很好的。稍后,他在辩解所谓的《无意识幻想曲》中,才随心所欲地冷嘲热讽起来。他对社会科学的乌托邦（无数德国和英国的伤感主义者所喜爱）的幽默嘲笑，是再精彩不过了。他想象一个新型的德国人在暮色中"完美而安详"地睡去，在此关键时刻，"睡着的人被灌输了最有用、最富有启发性的梦，使年轻的公民们性格完美，使幸福的母亲心灵得到永久的启迪，认识到她对孩子，对我们伟大祖国新的义务"。30年前这是个笑话，现在却不是笑话了，成为养尊处优的官方小丑们正规的废话。

在那年的七八月间，劳伦斯夫妇去了奥地利，住在策尔湖滨，他们在那儿的湖里游泳、划船，还到山上漫游。如要了解那些漫游的经过，以及所有愉快和不愉快的详细情况，就得读一读《船长的布娃娃》的第十四章到结尾。当然，这篇故事里面融化着他的自传。但值得指出的是，书中的赫伯恩和汉纳尔从他们本身演化出来，不可思议地很快就变成劳伦斯和弗里达。他自己表现得极为执拗，刚愎自用；甚至在对弗里达大发脾气，并且越来越自命不凡。这还是他第一次在纸上自己承认。他写道：

"你是跟我一起来看冰川和山脉的。"他答道。

"是吗？那我是错了，你除了挑错，什么也干不了，甚至对上帝的山也要挑错。"

他的脸突然出现了阴沉的怒火。

"是的。"他说，"我恨它们，我恨它们。我恨它们的雪和它们的装腔作势。"

"装腔作势！"她笑道，"哦！连山也对你装假，是吗？"

"是的。"他说，"它们的高耸入云和峻峭都是作假的。我恨它们的峻峭。我讨厌人们神气活现地在山顶得意忘形的样子。我恨不能让他们都停滞在那里，在山顶上食冰活命，我再也不会让他们下山了,不会的。我恨这一切,告诉你:我恨。"

令人费解的是,在那一瞬间,他真的讨厌山,可差不多同时他又膜拜了山的壮丽和荒野的美:"巨大的冰川和雪野"直垂到"奇妙的蓝铃花上,又大又冷,泛着蓝光,像紫黑色的冰块一样",另外一些落在"一小簇一小簇淡蓝的小铃铛上,好像什么神奇的蛙在冰块上吹起的气泡",还有"许许多多淡蓝色的龙胆花",黄色的附子草和别的附子草看上去"蓝幽幽,蓝幽幽的"。可能他对山的作假所产生的憎恨都是因为弗里达跟她的德国朋友在一起玩得太开心和太快活,使他的大男子主义的醋意发作起来。他在给一位朋友的信中谈到策尔湖:"一切都令人十分舒畅、自在。但我仍然觉得透不过气来。弗里达喜欢这里,我一说要走,她就难过得不得了。但到底我还是走了。"

一次他妒火中烧,一赌气跑到湖边去钓鱼,并用自由诗的形式写道:

鱼啊鱼,

多么微不足道的小东西……

这是千真万确的,但这么重要的发现应该灌输给那些还有时间享受生活的年轻人,为什么要向那些无意识的鱼倾诉呢?那时,他似乎是钓到了一条鱼。有人告诉我,钓鱼是很有文学情趣的,而这大多是从那种一心钓鱼,自得其乐的钓鱼客的观点来说的。劳伦斯像一个小学生似的笨拙地从湖里钓到一条鱼,却立刻领悟到鱼的奥秘,因而沉思道:

我拿着长竿等待着,

　　　　　　　　　　　　劳伦斯传

突然从下面拖上一条金绿色、透明的鱼，

让它在我的头顶上飞旋一圈，

在空中划出一条弧线。

摘下鱼钩，它张着嘴，水顺着嘴角淌下，

眼睛恐惧地斜视着，

它那金红色、水淋淋、平滑如镜的眼睛，

鱼在我手中挣扎，吐着黏液，生命在悸动。

我的心在诅咒自己，

想到：我不是造物的尺度。

这不关我的事，这条鱼。

它的上帝站在我的上帝之外。

　　又是"惊奇感"，但在一条鱼身上发现生活世界的奥妙，远远胜过冗长烦人的凯尔特的传说，黑猪谷地和那些精心制作的神秘的诳话。

　　1921年夏天是多少年来——有人说是百年不遇的——最漫长最炎热的夏天。不管怎么说，这年的夏天特别长又特别热。劳伦斯夫妇都有肺病，过冷、过热、过累都可能会引起肺结核复发。考虑到这一点，人们大多会以为劳伦斯在雪山附近凉爽的湖边，为迟迟不退的热浪所震惊，也许他会继续留在那里，不管弗里达怎样在那里自寻快乐。"但是，并非如此！"正如他经常自夸的，他相信自己守纪律却不是自己控制，他不能抑制自己对那些金发碧眼、身着钉靴皮裤的英俊少年的嫉妒。

　　他想走，就走了。就在这个世纪最热的年头，最热的季节里，他拉着弗里达乘火车从策尔去了佛罗伦萨。漫长的旅途，在拥挤不堪的二等车厢里,杂乱得无法形容。他不无自怜地说,自己"给整个夏日旅行弄得筋疲力尽"。8月初,他们在阳光普照的佛罗伦萨的一套公寓里暂时休息了一段时间。在这套房间里可以俯瞰太阳晒得缩小了的阿诺河。他的卧室则是"巴迪大道上那个嘎嘎作响的大岩石上的一个玩具匣"。在佛罗伦萨他遇见了卡斯威尔夫妇,他们发现他"焦虑、冷漠甚至不耐烦"。他又一次讲要离开欧洲。

此后他们向南行进,"在罗马度过了可爱的一天"后,到了卡普里岛。在卡普里岛他见到布劳斯特夫妇,正准备离开此地,往东走,劳伦斯说要在锡兰与他们相会。这可不仅仅是出于探险的热望。这年夏天,劳伦斯的脾气越来越坏,动不动就发火,就像《船长的布娃娃》里那段对话所表现的一样。这主要是因为1921年6月《恋爱中的女人》在英国发表后,引起了一些冷漠的谴责和批评,对此他毫无思想准备。对于战争期间他那些最亲密朋友的讽刺性描写,引起了愤怒和惊愕。试看人们是怎样与他断绝通信往来的!另一批人则在《亚伦的藜杖》里受到摒弃,尤其是默里成为劳伦斯短篇小说艺术攻击的对象。被当作漫画人物的默里愤怒地攻击《恋爱中的女人》,在谈到小说中的人物时,他说道:"对于他们的命运我们完全无动于衷。"至于劳伦斯,"如果可能,他会对我们大家都施以酷刑,迫使我们承认他这个原生动物的神,他正是蓄意地、不断地、狂热地实现了淫秽这个词的确切含义"。

这不过是个开始。劳伦斯和弗里达于1921年9月13日抵达丰塔纳时,"风雨交加",他们发现了一大堆信件。那天晚上,除了默里的这篇贺词之外,他还读了一份刊名为《约翰·牛》的期刊,其上有几篇有关《恋爱中的女人》的评论文章,说《恋爱中的女人》是"一本应当由警察局查禁的书",是"对性堕落的令人作呕的研究,会导致青年走向不可言喻的灾难"。碰巧,这家期刊的编辑,一个叫霍雷肖·博顿利的人,已受到一系列法律诉讼的牵连,最终被判处劳役监禁。

事儿还多着呢! 随后又来了一封信是马丁·塞克写来的,他对这些评论有些担心,告诉他菲力普·赫塞尔廷扬言要以诽谤罪起诉(他得到 50 美元)。因为至少有六七个人和赫塞尔廷一样有理由起诉,塞克的担心也不是没理由的。随后,劳伦斯的文学代理人来了一封冷冰冰的信,说《亚伦的藜杖》"不能接受",这本书完全是诽谤。这就难怪劳伦斯会感到"不舒服和满腹怨恨"。邮差来了,却"没有"带来"一点好消息","自从我回来,就没有听到一句中听的话"。此后的"一个月"他"恨所有的人",他的"脾气坏透了",他"向所有的人写信都十分恶毒,结果邮差再也不来了"。甚至对来帮助他打扫房间的一个西西里的穷老太太,他也"大发其火",她"被吓得蹑手蹑脚地走来走去,像是有把匕首放在脖子上似的"。他咮咮地笑着说,连山羊都"不敢如期生小羊羔,怕我会突然袭击她"。当然,这不能归咎于他的与人为敌,而应归咎于这个世界上令人厌恶的成分。

这是一个流氓的世界,不折不扣的。流氓,猪猡,下流痞,臭马桶。去他妈的! 呸,呸,呸! 它们全冲着我的鼻子喷臭气。

他乖张的性情,对自己同胞的憎恨的程度甚至超过了卡莱尔①。那时,他怎么也不肯承认自己哪怕有一丁点儿可指责的地方。没有,绝对没有;他是一个受伤害的人。他一生都坚持《恋爱中的女人》是他最好最心爱的作品,其中包含了他对人类启示的精髓。然而,他又会突然一反常态,摒弃对那些流氓的刻骨仇恨,变得非常忧郁和哀伤起来:"在

---

① 卡莱尔(Thomas Carlyle)(1795—1881),苏格兰作家、历史学家及哲学家。

欧洲,我的心和灵魂都破碎了。线已断,一切都是徒劳的。"

几乎所有的老朋友都离去了,连劳伦斯受益最多的爱德华·加尼特也因他那封特别伤人的信断了交情。所以,他对新朋友格外依恋起来,他扬言"在 3 月以前"要跟布劳斯特夫妇搭伴去锡兰。他写信给布劳斯特夫妇,提出:"让我们在这些基督教国家的荒野里,并排地搭起帐篷来。让我们像洛特和亚伯拉罕一样,在火柱熄灭之前,离开这个天使的罪恶之地。"他自己也意识到这种说法未免有点过分激烈了,因而补充道:"不过,说正经的,让我们携起手来一同走向未来。"

这时,来了一封信,信上的建议恰好与离开欧洲的计划相吻合。一位有钱的美国女人,梅贝尔·道奇·斯特恩(现在称卢汉),读了《大海与撒丁岛》的部分内容(这本书已在 1921 年 10 月的《日晷》杂志上连续刊出)。由于厌倦了奢侈的时髦生活,她搬到那时的新墨西哥州僻远的陶斯小镇上。在那里她研究印第安人的生活,捍卫他们的事业,并建立一个艺术家的园地,颇为自得其乐。在《大海与撒丁岛》中她发现了劳伦斯独特的写作才能,立刻意识到如果能把他吸引到陶斯来,他一定能够,而且很可能愿意,把这个地方写得非常出色,无人能比。为此她写信邀请他到那里生活,她以美国人的慷慨向他提供一套新的泥砖砌成的房子,和几个正在建造的工作室公寓,以及全部家具。

劳伦斯于 1921 年 11 月 5 日收到这封信。在同月 2 日他写信给厄尔·布劳斯特说,他不在乎在哪里生活;无论哪个地方的人都是"残忍的猪猡——或者是冷酷的猪猡",而他引以自慰的是,在塔尔米纳"至少还有一块属于我自己的海洋和陆地空间"。但他对这里并没有多少依恋之情,如果有人邀他,他会"毫不迟疑"地涉水前去锡兰。他在 2 月 5 日的日记上简单地记着:"收到梅贝尔·道奇·斯特恩的信,邀请我们去新墨西哥——陶斯。我想去。"同一天,他给她写了一封热情洋溢的回信,近乎已经保证——但也不尽然——他会接受她的邀请,去陶斯。奇怪的是,在他原来的许多迁移计划中,已经想到过新墨西哥。他在 10 月份就写信给布劳斯特说:

> 我的计划是最终靠我自己的力量搞一个小农场,在墨西哥、新墨西哥、洛杉矶或英属哥伦比亚都行。我但愿离开人类聚居的地方——去过过隐士生活——这是最最有意义的。

但如果他果断地做出决定并毫不犹豫地付诸行动,那么劳伦斯就不成其为劳伦斯了。给梅贝尔·卢汉的信刚寄走,他的内心就犹豫起来,似乎陷于无休止的斗争之中。到底是经新奥尔良去陶斯以避开"可怕的纽约城",还是到锡兰去找布劳斯特夫妇呢? 或者——好主意! ——为什么不待在西西里不动呢? 远途迁移的路费很难筹措。他把大部分英国的版税都花在和弗里达一次又一次夏日旅游上面了;此时,他不知道是否美国方面还有应付给他的报酬。这个难题很快就解决了。在几个星期内,他听说在美国方面他可以得到将近 1500 美金,而英国又寄来了 100 英镑的詹姆斯·塔特·布莱克纪念奖,因为他的最差的小说《迷途的女人》被评为这一年的最佳小说。另外,还有从英国汇来的 50 英镑的其他收入款项。

除了他自己一贯的游移不定和近乎病态的自我怀疑的性情以外,实在没有什么理由阻止他实现他常说的脱离欧洲的计划了。作为一个作家,在长时间紧张的创作活动之后,有一段间歇的时间是十分自然的。他抓紧完成了《船长的布娃娃》和《瓢虫》,并开始将短篇小说汇集为单行本,题名为《英格兰,我的英格兰》,于 1922 年 10 月在美国出版。他一面进行这些工作,一面心里想还该做些什么呢。到圣诞节期间,他的肺病复发,但痊愈后仍未能对此做出决定。最后,他终于意识到自己这样游移不定是极为荒唐可笑的。但他在1922年1月18日写道:

> 我们已做好去新墨西哥的所有安排。但我们没有订票。我是不是该去锡兰? 我的上帝,我太可笑了,摇摆于东西方之间。

他确实是摇摆不定的,因为他在11月21日给梅贝尔·卢汉的信中说:"我坚持1月份到达陶斯的计划。"12月4日他又给她写信说:"我们去陶斯的计划不变。"1月18日给布劳斯特写过信后,他于24日写信给凯瑟琳·卡斯威尔说:

> 我又一次取消了我的计划。我对美国还感到有些畏缩。最终我是会去的,这是确定无疑的。但在去西方之前,我想先去东方:经东方去西方。

接着他告诉了她布劳斯特夫妇的情况,后面多半是自怜的心情——他"厌倦这个世界","希望像河流一样地平静下来"。值得一提的是,自《恋爱中的女人》出版后,他似乎再不想跟任何英国人建立亲密关系,抛弃了一切希望,转而想在美国人中交朋友。最后他的摇摆不定的意志的指针终于指向锡兰和布劳斯特夫妇一方。1月26日弗里达受意给梅贝尔·卢汉写了一封信,很得体地表达了不去陶斯的意思,信是这样写的:"我们本来是想直接到陶斯您处去的,但现在我们改了。"第二天,劳伦斯写了一封深表歉意的信,并进一步说明了原因:"我们推迟去陶斯,实在是太不像话了。但当我的脸转向西方的时

劳伦斯传

候,我肚子里的巴兰的驴子①却不肯移动。没办法,只好任它执拗地扭下去。我会来的,但要绕道而行。我正写信从那不勒斯预订 2 月26 日奥斯特莱的船票,去锡兰的科伦坡。"

---

① 巴兰的驴子:《圣经》故事,先知巴兰的预言不可靠,受到他的驴子的责备。

五.

　　尽管他那样三心二意,多么荒谬可笑,但对于一个稿酬不高的穷文
人来说,这是至关重要的一步。刚一做出决定,寄走买票的钱,他的情
绪就不可避免地突变了。他沮丧地坐在包装好的行李中,他写道:

　　　　我的心在颤抖,主要是因为痛楚——要离开家,离开友人和西
　　西里。漫游够了,我们会很快回来的。我不能说不,我什么事也说
　　不准的。今天走,也许明天就回来。

　　世上有过这样变幻不定的人吗? 有过这样不可救药、自寻烦恼的
人吗? 那时,他正要踏上多年来朝思暮想的旅程。这是多么幸运福气
的事儿啊,这要是发生在他在伊斯特伍德、克罗伊登和战争期间所熟识
的那些人的身上,他会非常羡慕和妒忌;可是此时他想着的却是马上
就回来,只觉得离别此地非常痛苦! 但当他平安地踏上“奥斯特莱”号
船的那一刻,他把所有噩梦、犹豫、烦恼的心境统统抛到九霄云外,又变
得十分快活起来。正如诺曼·道格拉斯精辟地指出的:“他是天生的性
格爽朗的人,充满了孩童般的好奇心。”可是这种性格经常受到挫折,或

　　　　　　　　　　　　　　　劳伦斯传

者说自己折磨自己,这是他身上最奇怪的一种特性。

他一旦摆脱了在英国自己造成的种种烦恼和纠纷,生活在新鲜而有趣的周围环境里,他就立即变得兴致勃勃、非常可爱了。这是他第一次航海旅行,他立刻对那个时代的英国大轮船良好的秩序、安静的气氛以及奢华的设备和服务态度,感到非常称心。他的精神过于敏感,肺又极为虚弱,本应多享受一点这种平静奢侈的生活,而尽量减少那种紧张的家务操作劳动,可他却一直坚持要用后者来锻炼自己。他盛赞"奥斯特莱"号客船,说它"富丽堂皇,舒适惬意、十分宽敞",尽管他嘴上没说,心里一定想着,所有这一切都纯粹是英国式的,因而感到十分激动。温和的海风和丰盛的佳肴,使他食欲大增;患肺结核的人食欲常常不佳。他免不了用清教徒的腔调说:"整天就是吃。"接着又大事赞扬这条船:"如此安稳、如此平静、如此文雅、如此整洁。"

一切都那样使人恬适,使人愉悦。他跟旅客们交朋友,跳舞,甚至调情。"没有一忽儿不高兴的时候。"他快活地说。如果对展现在他面前的美丽新奇的景色视而不见,不做记录,那劳伦斯就不成其为劳伦斯了。他爱地中海东部;克里特岛的远景使他神往;但当船抵达塞得港的时候,他的浪漫情趣更加激发起来。他看见"一小伙女人身着黑绉绸衣服蹒跚而行,长着一双女神般的眼睛",看见乞丐,背水的人,"坐小桌旁写信"的抄写员,一个读《古兰经》的老头,和在露天咖啡馆吸长管烟长着胡子的男人。

客船慢慢驶进苏伊士运河,劳伦斯从甲板上观看着两岸绵延的沙漠和苍茫落日,"像一把燃烧着粉红黛绿光芒的利剑"。第二天早晨醒来的时候,他们已进入红海:

> 西奈山在那里耸立,像风干的血迹那样的红,像一把出鞘的刀

那样锋利,那样不自然的锋利,像一把浸在血浆里,晒干很久的匕首一样,有些锈斑,像是人和失去的天堂之间某种可怕的东西总是矗立在那里。一切都是闪族人的味道,残酷、荒漠、嶙削。没有树木、没有草叶、没有生命:谋杀的意志、意念和理想似钢铁——铁的意念和理想。它们就这样耸立着,可怕的红海海岸,像没有空气的火炉那样灼热。奇怪地逃遁,痛苦。后面终于出现了耶路撒冷、希腊、罗马和欧洲,完成了,过去了——一个伟大的可怕的梦境。

随后他把视线和思路转向他周围的旅客,旅客中有许多澳大利亚人。仅凭这一点短暂的接触,劳伦斯便自诩为澳大利亚问题的权威,给意大利的一位朋友写信道:"澳大利亚是个不错的国家,充满生命和活力。"而且加上了一个建议,"如果你有什么具体打算,那么这个国家对你是再好不过了。"他总是喜欢邀请别人与他一起到很远的地方去,这是他的癖性,虽然他自己十分清楚,不出 48 小时,他会与他们反目成仇的。

他所说的"如果你有什么具体打算"这句话是很值得注意的,尤其你如果认识到他实际上想的是他自己。他这一次和过去诀别的长途旅行花去了他大部分的积蓄,他心里"有什么具体打算吗"? 是的,他想"离开欧洲",但那是相当模糊而消极的。其实,他想的不过是要离开欧洲,并无什么目的地,连陶斯也不是目的地。他无疑希望能在什么地方定居下来,找到某种适合于他的社会,虽然说他自己也很明白,他哀怜自己的"社会生活总是受到挫折",在很大程度上,完全是他咎由自取。没有哪个社会会去迎合任何个人的,尤其是像劳伦斯这样一个满怀偏见的刺猬。如果他当真想要和"人们"友好的话,他差不多在任何地方都可以做到,只要他愿意适应当地人的成见和风俗习惯就行。他从来没有打算这样做过,在陶斯也一样。他给梅贝尔·卢汉的信中谈到印第安人,就说了这些意味深长但预兆不好的话:"虽然我没看见陶斯,我却相信陶斯,也相信印第安人。但是他们也得相信我跟相信太阳一样,他们得负一半的责任。瞧着吧。"

你很难把这看作是其"适当的警告",因为梅贝尔·卢汉根本不知道什么拉纳尼姆,或者,他所梦想的那个无保留地服从他、听从他的社团。他要求印第安人像相信太阳神一样地相信他。可能,他想取代太阳神的位置。

"奥斯特莱"号客船继续航行,一天早晨一股芳香的肉桂味儿弥漫在空气中,科伦坡到了,他们看见布劳斯特正等着迎接他们。他一会儿便把他们带到了自己临时的家,那是"山冈上一座漂亮宽敞的平房,位于坎迪的山上,被一座椰子庄园环绕着"。很快传来了威尔士王子来访的消息,弄得全城沸沸扬扬,并举行了盛大的火炬仪式,劳伦斯希望自己能处在王子的位置上,让所有的人都为他服务。但劳伦斯很快就对锡兰感到厌倦了。气候潮湿闷热,这种气候对劳伦斯的健康和神经系统自然十分不利。劳伦斯开始嘲笑布劳斯特在帕利对佛教神秘教义的研究和探讨。劳伦斯对于佛教从来不费心去探讨一下,可是他即刻断言说:"我敏锐地感觉到佛教那种高明的道理多半是纸上空谈。"当他被邀访问锡兰的一些指导布劳斯特的学者时,他突然摇身一变成为一个典型的英帝国主义者。除了他自己,他不允许任何人对英国在东方的统治稍有微词。在锡兰还不到三个星期,他就给一位他偶然见到的英国人写信,显然想把他纳入自己的轨道:

　　我决定这个夏季返回英格兰。我确信最生动的生活的关键掌握在我们英格兰的英国人手中。我们最大的错误是没有依靠这个真正的生活关键团结起来——这是最最富有生命力的宗教——在英格兰团结起来,把这生命的火星传下去。

晚上,可以听到锡兰丛林中"非常喧闹的热带动物爬行的嚓嚓声和呼啸声",这些都给劳伦斯留下了深刻印象。许多年以后他曾问我,是否听到过热带丛林夜晚的喧闹声音,接着他就发出一连串可怕的吼叫,凄厉的呼啸,颤叫,号叫声,像动物"为残杀助威的"尖厉的啸声。只有在我亲身在热带生活过以后,才意识到他对所有这些混杂在一起的奇异声音模仿得多么神妙,简直不可思议。

锡兰的炎热使劳伦斯不喜欢这个地方。不幸的是那年锡兰特别热,而且他们这些人都多少带点疾病——当然,劳伦斯的病比别人都严重。人们一生病总要抱怨这个地方。从现实的角度考虑,劳伦斯立即转移到干燥和凉爽一些的地方,那个决定无疑是正确的。难道他真对佛教发生过兴趣吗?在塔尔米纳时,他犹豫不定,不知改变了多少次主意,他曾写信给布劳斯特说,他决意不去美国,并且大张其词:

> 到最最愚蠢最最混乱的地方去,究竟有什么好处?也许,那是真的,佛教是真正的现实事物的本来面目。而在美国则事物与本来面目完全不符。但是,将来——在哪里?

除了这封早期的信函以外,我找不到任何其他记录,说明劳伦斯曾经真正对佛教发生过兴趣,而这封信读起来也不过就像他无数的一闪即逝的怪念头之一而已。佛教主张静默、盲从、五行,甚至为了向涅槃迈近一步宁愿被饿虎吞掉,这与劳伦斯的思想相去甚远。他当时的血盟兄弟布劳斯特,却自觉地认真地研究些劳伦斯不知道的东西,就凭这一点就够劳伦斯嘲笑的了。

那么继续向前去澳大利亚吧！3月中旬劳伦斯夫妇已抵达科伦坡，并于4月底以前离开前往弗里曼特尔，和布劳斯特夫妇在一起生活，真如他们美好的回忆录中所说的那样和谐友好吗？不管怎样说，差不多四年以后他们才再度相逢，而在1923年他们有相当一段时间不通音讯。布劳斯特的一封信写错了日期，所以不是如他所说的四个月，而是七个月，没有通过信。

劳伦斯一到海上，就精神焕发了，这次他们乘坐的是"欧索瓦"号客轮。遗憾的是这次航行日记写得太少。4月30日离弗里曼特尔还有四天航程时，他写道：他们"在浩瀚的、蓝色波涛起伏的大海里的某个地方，飞鱼在浪花上腾跃，像带着翅膀的水滴一般；一位西班牙天主教神甫在钢琴上演奏肖邦的作品——非常优美——船在轻柔地滚动前进"。他继续写道，他不知道为什么要去澳大利亚，不知道到那里去干什么，他什么也不在意，只是希望那里比锡兰凉爽些。他承认自己对东方了解得很少，但他预言"大不列颠帝国在那里的势力正在迅速瓦解"，"现在我们快垮台了"。然而，这种凄凉的前景只是使他感到"英国处在全世界的对抗之中"；接着在信的结尾中说了句非常奇怪的话：乘奢华的邮船穿过印度洋，使他感到"像在阴影里的维吉尔①"。

他们在弗里曼特尔登岸，从那里出发，在珀斯附近的朋友处逗留，他们"走了很远很远，走进了那个稀奇古怪的迷茫的丛林中"——事实上，有16英里之长。在这里劳伦斯与莫利·斯金娜相遇，后来两人合作写了一本关于澳大利亚的小说《丛林中的男孩》。当然，劳伦斯没走得很远到澳大利亚西部，或者新南威尔士去观看真正的野生丛林。但

---

① 维吉尔(前70—前19)，古罗马诗人，其主要作品为史诗《伊尼特》。

凭着他那不可思议的敏捷的直觉,他立即觉察到澳大利亚"陌生、空旷、原始"的特征。他觉得这个国家极美但又有些令人心悸。在澳大利亚明亮的月光下,他在丛林中走了一两英里,夜晚的寂静和神秘使他感到恐惧。

事实上,那天晚上观看丛林时,他年轻时远在英国发过的月亮疯狂症又发作起来了。然而,他为了它的景色的美欣喜若狂而流下了热泪。"天空纯净,水晶般的纯净,可爱的淡蓝色;空气好极了,新鲜、清新;天宇高远。"他在"巨大的带电气的月光"下走着,碰到"一片高大赤裸的橘树丛,似乎闪耀着磷光",他突然被一种无可名状的对月亮和树丛的恐惧感所袭击,感到遇上了"精灵",因而"毛骨悚然,不寒而栗"。他虽然没有吓掉了魂,却感到这个"精灵"是"月光引出的",是"丛林中被惊醒的幽灵"。往回走的时候,他感到它"在看守和等待着",心中非常害怕,相信如果"它"需要"它"就会"伸出一只长长的黑手臂来抓住他"。

澳大利亚那出人意料的空旷和荒凉,使他产生了一种不可名状的恐惧感,就像洛基山上那只吓疯了的野猫突如其来地出现在他面前,使他感到一种超乎自然的恐惧感——不是害怕,而是敬畏。在喧嚷拥挤的欧洲,他渴望"过点隐居的生活"(那么一点儿?),但在广阔的澳大利亚西部可以有充分隐居的地方,他却把隐居生活忘到九霄云外去了。他常说要去这样的地方——美丽没有人迹的乡村,生活便宜,没人打扰,没人干涉,让他与原始的自然相互交流。可是两星期后,他却感到厌倦,而要离开这里了。值得注意的是,他选择居住,"过点隐居生活"的地方,大多是放荡不羁的艺术家们生活的中心,闲言碎语最多,如像佛罗伦萨、塔尔米纳、陶斯等地方。

他就这样逃走了,跑了三千多英里,来到悉尼。但在他抵达悉尼之前,就已后悔离开了澳大利亚西部。他孤零零地走在悉尼的街道上(因

劳伦斯传

为他没有向任何人出示他的那些引荐信），心里充满了"对欧洲、对西西里、对古老文明和真正人世间理解的强烈怀念之情"——正是那个他一心想逃离的欧洲、古旧的文明和人们。他到底想要什么？他那时所要的不是澳大利亚，他觉得澳大利亚"粗野、原始、自满"。那是"一个奇异的地方，从固有的观点来看，它的社会等于零，听天由命——我们在澳大利亚，你什么也不必操心"。然而，他并没走，可能他继续待在那儿无非是为等稿费，好完成他周游世界、绕道去陶斯的最后和最重要的一步。劳伦斯夫妇干脆从悉尼乘火车南行，从车窗里往外看，发现一个看得过去的地方，就下了车，租赁了一所平房。那个地方叫瑟罗尔，是一个小小的煤城——跑了一万三千多英里，躲开了丛林，只是为了在一个澳大利亚的伊斯特伍德住下来，这是多么奇怪啊！

他自己也意识到了这一点，因而在一封给珀斯附近朋友们的感谢信中说："请代我向高乐夫人问好，告诉她我同意她的意见，我是一个傻瓜。"这确实是个古怪的念头：断绝了一切社交活动，待在一个普普通通的小镇上，对于澳大利亚除了这个郊区以外其余都不屑一顾，但是，他看到的虽然不多，仅凭着他的直觉，他所感受到和记录的澳大利亚的神奇和奥秘，却比任何一个外国作家还要多。欣赏一下他的《袋鼠》诗：

纤细的袋鼠妈妈
坐在那里像兔子似的，只是更肥胖而笨重，
抬起她那美丽的细长脸，哦，
那面型比家兔或野兔都文雅优美得多，
抬起她的脸，啃一块圆圆的白色薄荷糖，
那是她喜欢吃的，敏感的袋鼠妈妈。

她那敏感的、细长的、纯粹的脸
她那圆圆对称的眼睛，那样黝黑，
大大的、平静的、冷漠的，见过
多少个寂静而空旷的澳大利亚黎明。

"多少个寂静而空旷的澳大利亚黎明！"他怎么会知道的——只凭他喂悉尼的袋鼠几粒薄荷糖，而且是在悉尼的动物园里，而不是在丛林中，怎么产生出这样悠久和遥远的感觉！

她仍然带着永恒的渴望心情翘望着！
她的眼睛多么圆，像澳大利亚的黑孩子
圆圆的、深不可测的、闪光的眼睛
可黑孩已灭绝了许多世纪！
她带着无法满足的心情渴望着。
多少个世纪都在盼望着什么
盼望着新的生命的信息，在那默默消失的南方土地上。

从这些观点看来，劳伦斯在瑟罗尔住的平房似乎在一个低处。房舍建得很坚固而宽敞，只是很脏乱，因为原来住的那家房客有 10 个孩子。清洁对劳伦斯来说，如对所有清教徒一样，是至关重要的，长久未修整的房子，对他这样当着勤杂女工的人看来，是十分麻烦的事。这个地方叫怀伍克，这是小地方郊区随便起的滑稽名字，劳伦斯在小说《袋鼠》中用了个更难听的名字叫托莱斯廷——也许带点开玩笑的意味，称之为托斯克鲁宾。不过后来，辛辛苦苦地刷了多少次地板以后，露出了漂亮的红柳桉木地板。劳伦斯和弗里达到花园休息休息，便看到太平洋翻着白浪的蓝色波涛,浪花是那样的大,那样的近,似乎每一次都会涌进屋里,而涛声隆隆听起来似乎无处不在。瑟罗尔是生活的好地方,商贩赶着马车送来需要的食物,在这些马车里,他们发现一种奇怪而漂亮的鱼;农场里的人满不在乎地慷慨赠送牛奶和黄油,除了这些生活必需的交往,他们谁也不接触。劳伦斯很高兴过这种生活,他说:"在我们周围好远好远见不到一个人,真是妙极了!"当时正值澳大利亚的冬天,但他们仍然可以天天洗澡。他沿海岸到乡间去散步,劳伦斯喜欢"洁净银白色的"橡胶树,"无比柔和的空气和蓝天","点缀着许多奇妙的小溪、沼泽、枯树、沙滩和蔚蓝的山冈"。这使他想起瑞士夏万山脉的风景,"远看似乎单调,但细看却能发现许多远近细微的差距、不同的层次和美妙的形态"。

他喜爱澳大利亚,喜爱她精巧的美,对此他怀有一种十分奇怪的、近乎心碎的强烈的爱——就像一个男人似醉似痴地爱恋着一个美丽的女人,但一开始却莫名其妙地感到必须要离开它,因而使他更感到心碎肠断。他深深地迷恋着这块土地,感谢它使他得到"解脱,从紧张的、压迫的气氛中解脱出来"。每天早晨,充分地欣赏西西里黎明的美景,太阳从爱奥尼亚海冉冉升起,射出一道道璀璨夺目的光芒。现在他发现了一种更加美妙的晨景:

这里的清晨有一种无法言喻的美,一轮红日从海上升起,它是那样的巨大,那样的不驯服,那样的高傲,升上柔和的天空,天空是那样的蓝,又是那样的柔弱,似乎说蓝色都显得太粗糙了,一种无比贞洁的颜色,人类是无法想象的。

劳伦斯的小说《袋鼠》中的许多篇幅,以及他为数不多的信件中,大部分都充满了对澳大利亚的回忆。澳大利亚使他心醉神迷;只有沙文主义者的庸俗观念,才会使外国人嘲笑劳伦斯不抓紧时间直接去"游览胜地陶斯",却"在澳大利亚浪费时间";他很快就喜欢上了澳大利亚人松散随便的态度,让他可以过独来独往的生活。他如果真心要满足他"社会自我"的要求,而逐渐适应另一个社会团体,那么,这个地方无疑是他进行这种尝试的理想场所。这里几乎没有他所憎恨的英国的等级观念和阶级仇恨,他痛苦地写过,"等级造成了一道鸿沟,隔断了最好的交流"。这也许只是为他的孤高傲岸的态度找个借口而已。他不承认这障碍是他自己形成的;他一贯相信在任何社会(不论有无阶级仇恨)中唯一适合于他的位置是在孤立的顶峰之上。

他并没有完全沉湎于澳大利亚。他刚刚为澳大利亚"持久的魅力"所吸引,刚刚说过"对于一个要从世界退隐的人来说,这是一个可爱的国家",就立即执拗地怀念起古老的欧洲来了,而这个欧洲正是他过去常常恶意咒骂的残破、没落、完蛋的欧洲,被血腥残杀和千百年的幽灵所窒息的欧洲。

"他心里不高兴,这一点无需有丝毫掩饰。他如饥似渴地怀念着欧洲:佛罗伦萨,乔托①的白色塔楼,罗马的品奇奥山,或者伯克郡的树林——天啊,英国的春天,光秃秃的榛子林丛下的报春花,梅花丛中的茅屋。他觉得为了回到英格兰,他可以抛弃一切。正当5月——5月底差不多到了风铃草开花的季节,嫩绿的叶子从树篱边上长出来。西西里的橄榄树下高高的玉米,伦敦桥和河上川流不息的船只,巴伐利亚的龙胆花和球形的黄花,阿尔卑斯山依然冰封雪盖,哦,上帝就在欧洲,可爱的,可爱的欧洲,他曾经恨透了它,肆意辱骂,说它是垂死的,腐朽的,

---

① 乔托(1266—1337),14世纪意大利画家,被尊为意大利第一艺术大师。

没落的。他自已是个傻瓜。他曾是那样气愤,声称欧洲是垂死的,自信他本人当然不是垂死的,而是蓬勃向上具有强大生命力的,正如美国人所说,其生命之强盛非欧洲所能容纳。算了,如果有人自己愿意当傻瓜,只好随他去吧。"

这是他一贯的做法,喜爱他已经离开了的地方和将要去的地方,讨厌自己所在的地方——等到已经远离那地方不能复返时,才对它产生强烈的怀念之情。即使澳大利亚没有等级观念,曾经使他着实喜欢,赞赏了一番,可这时候也不那么讨人喜欢了。

他给弗里达的姐姐写信说:"这是我所到过的最民主的地方。""可是民主我看得越多就越不喜欢它。民主就是把一切事物都降低到庸俗的水准,如工资、价格、电灯和抽水马桶,如此而已。你无法想象这里的生活有多么空洞,空洞,空洞,一无所有。他们的工资收入不低,穿着漂亮的皮靴,姑娘们都有长丝袜;他们骑着小马、乘着轻便马车(那种矮小的,一匹马拉的车)和汽车兜风;他们总是漫无目的而又毫无意义地干着。一切都显得那样空洞无物,让你简直受不了。他们身体健康,我觉得他们差不多都是低能儿。这就是一个新国家的生活对你的影响:它使你讲求实利,表面化,使你真正的内在生活和内在自我衰竭、死亡,就像许多机械动物一样,叮当作响地奔来跑去。但他们非常诚实、和善,十分胜任自己的工作。这里不需要锁门,没有人进来偷东西。这种表面的生活是极其自在的。但只此而已。这里最好的社会团体是属于店老板的——谁也不比谁更好一点,这是真正的民主。但它显得如此邋遢、破烂、没有根基和空虚,就像迷梦一样。然而,如果你有十几个人,或许一大块自己的土地,这个古怪的、没有觉醒的国家却是个绝妙的地方……"

如果他在澳大利亚当真有了十几个人和一大块土地,恐怕过不了多久他就会厌烦的！如果这是他对所有新国家,尤其是澳大利亚的感受,那么他为什么不立即返回他那"可爱的,可爱的欧洲"去呢？看来,正在他差不多要想走的时候,忽然一下子收到 14 封来自英国和欧洲的信。他"带着厌恶的心情"读了这些信之后,"恨不得让所有给他带信的邮船统统沉没,巴望整个欧洲都被洪水淹没,并且愿意做个小手术,把欧洲和一切与之有关的事情都从他的记忆里清除出去。对自己过去生活中结识的人们从来没有像现在这样地怀着满腔怨恨"。

在这一点上,正如亨利·詹姆斯可能会讲的,他确实就是这样的。

六

他自己曾经说过："我的上帝，我实在太可笑了，总是这样摇摆不定……"这是他自己说的，但是这种精力和情感的浪费是多么可悲啊！为什么如此苦恼地看待那瞬息即逝的情绪，并且用如此激烈的言辞去表达它呢？劳伦斯到底喜不喜欢澳大利亚，或者有没有唾弃欧洲，这与世界有什么关系呢？

是的，他确实是游移不定的；但如果认为他在澳大利亚的全部生活总是这样摇摆不定的，那就错了。在这种动摇不定的情绪之下，他差不多时时刻刻打算要去陶斯，他工作得也十分努力，小说《袋鼠》——或者差不多全部小说写于3月28日（劳伦斯夫妇抵达悉尼时）至6月3日期间。7月3日劳伦斯写了一个条子："差不多写完了《袋鼠》。"

这是一本奇怪的、引人入胜的、美丽而有刺激性的书，写作的"方式"非常随便，几乎超过了《亚伦的藜杖》。实际上，《袋鼠》是一本如《大海与撒丁岛》一样的游记，记述了劳伦斯和弗里达在澳大利亚的经历。他在这本书中插进了很长一段记述那时候他的婚姻冲突的最后阶段，并用长达两章的篇幅，满怀愤怒地描述了他战争期间的经历，以及一系列纯属虚构的社会和政治经历。据说许多年以后，澳大利亚果真发生了类似的情况,但事实上矿工与工会会员的争斗只是法西斯主义者与共产主义者之间的斗争,那是劳伦斯在意大利所见到的。劳伦斯夫妇在新南威尔士没有一个熟人,没人听说过他,也没人注意到他的到来。他对澳大利亚人的了解完全是根据他在船上所结识的人和在珀斯两星期之内所碰到的几个人。

令人费解的是,人们都认为他对原始人特别感兴趣,可他却几乎连提都没提起过当地的土著居民,而且根本不屑于了解他们。的确,要看一看澳洲土著人的狂欢节得长途跋涉,可能得花许多钱进入丛林,也许会真的遇到危险,这在美国印第安人的"旅游"庆祝仪式中是不会有的。然而,在澳大利亚的短暂居留却给他留下了深刻的印象。当驶往旧金山的客船离开悉尼码头的时候,他异常激动:

> 离开澳大利亚他感到心痛欲裂,这是个使人们爱得没法说的奇特的国家……再见,澳大利亚;再见,伟大的不列颠英帝国。再见!再见!最后的彩带被风吹去,像是斩断的情丝,割断的心弦。

事实上,告别"伟大的英帝国"未免为期过早,他们于 8 月 15 日抵达新西兰的惠灵顿。新西兰是凯瑟琳·曼斯菲尔德的故乡,劳伦斯给她寄去一张明信片——这是自从 1920 年 1 月以来,他与她的第一次通信联系。按默里的说法,1920 年 1 月劳伦斯给她写过一封"极为可恶、极不通人情"的信,为此默里扬言如再遇见劳伦斯,就要痛打他一顿。寄这张明信片无疑是为了做出和好的姿态——但太迟了,她已濒临死亡了。

从新西兰出发,他横渡太平洋,在拉罗通加岛和塔希提岛碰到一些拍电影的人。看来劳伦斯对这些大喝香槟、性行为极其放纵的人十分反感,他当面强烈地谴责他们,正如萨默塞特·毛姆的小说《雨》中的那位清教徒传教士一样;然而,这种斥责似乎纯属道德力量的浪费,那些道德败坏的人对此不过付之一笑而已。

劳伦斯夫妇抵达旧金山的时候,已经 9 月份了,登陆时他们仅剩下 25 美元——劳伦斯在航程中钱花得太多了。但他根本用不着为了经济拮据而发愁。实际上,他在最高级的旅店里订了一间客房,就打电话给他在纽约的代理人要钱,因为在他的代理人手里有一笔数目相当可观的钱。而且梅贝尔·卢汉把一切都安排妥了,随信函送来了火车票,信上说:"从旧金山起你们就是我的客人了。"这件事做得既大方又体面。她带着自己的印第安人司机托尼·卢汉驱车赶到火车站,迎接劳伦斯夫妇,又用汽车把他们接到圣菲,从那里走了一段在当时是很危险的路,抵达陶斯。到了那里,他们发现她已履行诺言,为他们提供了一所"新的非常漂亮的砖坯砌成的房子,安放着村里制作的家具,墨西哥人和那伐鹤人的地毯,一些漂亮可爱的水壶和锅罐"。劳伦斯非常满意。他觉得这所房子非常舒适,而且"风雅得体",他喜欢这里尽收眼底的沙漠"淡灰色的北美槽丛"的荒野,三英里外是"隆起的像一堆堆土色立方盒子"的印第安人村庄,村庄背后是层层山峦。

尽管长途的车船旅行仍使他感到"头晕和迷糊",而且从圣菲出来走的那段坎坷不平的山路使他感到"浑身像散了架一样",劳伦斯还是立刻乘汽车在崎岖的戈壁上颠簸五天,跑去参加了阿柏支族人的节日庆祝。他的心"同菲尼莫·库珀①一样燃热起来了"。劳伦斯喜欢跟印第安人在一起游戏,就像后来在陶斯很快就喜欢跟牛仔游戏一样;尽管他发现这些阿柏支族人有一种"憎恨水的迷信习俗",人们从来不洗

---

① 菲尼莫·库珀(1789—1851),美国小说家。

"身体或衣服",因而散发出"一股难以忍受的硫黄与人体的混合味",他对此感到震惊,很有反感。印第安人在庆祝会上又布置了相当凶猛的土著哨兵,以阻止白人闯入,这个发现也使他大吃一惊。

这些缺点都是微不足道的。尽管有这些缺点,而且他感到劳累,但,毫无疑问,他还是为这种场面感到"激动不已"。他们驱车行走了两天,穿过荒野和台地,驶下山谷,爬上分水岭,沿着小溪奔驰,傍晚抵达阿柏支族人的营地——"星罗棋布的印第安人的帐篷,圆锥形的帐顶,炊烟、拴着的马和披着毯子走动的人的侧影"。他喜欢"鼓声强弱的节奏",喜欢跳舞时发出的奇怪的蹉步声和叫喊声。

一群男人慢慢地从逐渐降落的夜幕中涌出来,每人手里拿着一根白杨树的嫩枝,按着鼓点加入到两排队列中去,把白杨嫩枝都向里举起,他们脸挨着脸,一齐张开嘴大声唱着歌,随着隆隆的鼓声和奇怪的回荡着的歌声,不断地都向前移动两脚,发出啪嗒、啪嗒、啪嗒、啪嗒的声响,伴随着啪嗒、啪嗒、啪嗒的脚步声,队伍一寸一寸地前进移向远处,从其他基瓦①来的应歌者大声唱着歌,在夜幕中沿着小路前进,他们脸挨着脸,手里的树枝都朝里举着,两脚啪嗒、啪嗒、啪嗒地拍打着土地,屁股微微撅起,脸对着脸,随着鼓点齐声呐喊,半是笑、半是嘲弄、半是胡闹、半是戏耍。嘻!嘻!嘻!嘻,阿喂喂!在黑夜里听到的只是奇怪的叫喊声和起伏的歌声,好像松树也突然粗野地唱起歌来。这简直是动物出现以前的声音,充满着生命胜利的信心,和对其他生命的戏耍,富有嘲笑和幽默的意味,伴随着啪嗒、啪嗒的节奏。

---

① 基瓦(Kiva)——印第安人举行宗教仪式以及开会等用的大圆屋。

劳伦斯传

与此同时,弗里达留在陶斯,如实地回答梅贝尔·卢汉提出的"许多问题",而且"像往常一样把自己的底全盘兜出来了",有什么底可兜呢?梅贝尔·卢汉自然想多了解她的这位古怪的客人。就在他还没有到这里之前,她早就从一位在英格兰认识他的姑娘那里得到过一份有关他的秘密报告。那位姑娘大概就是那一次在康沃尔过圣诞节警察来查询时和他们住在一起的埃斯瑟·安德鲁斯。她说:

> 他是我所见过的最富有吸引力的男人。我第一次与他见面时,他差不多不间断地谈了整整一个下午。他一开始就滔滔不绝,根本没想到对方是否与他有共鸣。他的谈话和他写的一样精彩,坦率。但稍稍碰到一点批评或者反对的意见时,他就会暴跳如雷。他很会骂人,决不饶过任何人。他跟每个人都争吵过。他说没有一个朋友没跟他吵过架。劳伦斯是一个清教徒,的确是这样,但是在理智上他十分反感这一点,常常奋全力与之斗争,结果把自己也毁了。然而他是世界上一切人之中最好心最善良的人,只是被内心的混乱搞得疲惫不堪。他心境不好或冲动的时候,便无法抑制。战争对他来说是极其可怕的,战争使他精神紧张,差一点儿要了他的命。

这是多么精确的写照啊,但是,弗里达肯定还能有所补充。当时,她并不知道他虽然看来精力充沛,实际上是多么脆弱,也不知道他的肺病对他的严重影响。但她很可能告诉了梅贝尔·卢汉,说他经常坐立不安,说他妒火中烧时怎样地怨天恨地,怎样不顾一切地争吵不休。她大概谈到了威廉·亨利。她觉得最没法解释而使人相信的是他常常有一种无法抑制的粗暴的权力欲望,这使她在澳大利亚最后时期的生活非常痛苦。他决心要消灭弗里达身上的"现代妇女"气息,使她彻底地"驯服和顺从",像神一般地崇拜她的夫君。他在《袋鼠》中以小说化的形式描述了这一点。这是在他们抵达陶斯前的几个星期所写的:

> 他是一个抱定决心的小魔鬼。他脑子里一旦有了什么念头,那么无论天堂、地狱还是哈丽雅特都没法打消它。现在他打定主意要当统治者和主人,并且一定要哈丽雅特承认他的这种地位。他要当统治者和主人,她必须做他的恭顺的奴仆。她必须要服从于他的神奇的男人和男性的力量,对他十分恭敬,甚至有几分敬畏,就像拜倒在伟大的赫尔米斯祭坛前的妇女一样。她必须信奉他的冒险事业,并将自己贡献给他的事业,要相信他的幻想,在地图上的世界之外有一块神秘的土地,在那里新生命将再度诞生。

当然读者可以提出异议,认为这段描写是从小说中摘录的,因此并非实情,但这部小说的这些场景纯属自传性的。毫无疑问,如他所述,劳伦斯曾喋喋不休地冲着弗里达"哇啦哇啦讲",她必须完全服从,抱着虔诚、敬畏的态度,信奉他神一般的使命。但她是怎样答复的呢?正如记述自己的观点一样,他十分坦率、公正无私地记述了她的观点:

> 她根本做不到。她不能相信他的幻想:在人们所知道的地方以外还有他的那块地方,那里的人比现在的人要好得多;她不相信这种论调。
>
> "那么你总该相信我吧。"他气急败坏地说。
>
> "我太了解你了。"她回答说。

　　　　　　　劳伦斯传

多么有力的反驳！她曾经多少相信过他会创造一个新的更为美好的世界来补偿她失去孩子的损失。但那样的日子一去不复返了。他也许仍然相信他是一个好得教人受不了的丈夫，一位伟大的艺术家，一位赋予生机的人，但她不愿意也无法相信他会成为一个救世主，一个男人们的领袖，或者她的统治者和主人：

> 他，统治者和主人！他为什么不能统治他自己的面包和黄油呢；明年也许他俩都要成为饿鬼了。他乱发脾气，不分好坏地乱交朋友，他连自己的主人都当不了。如果他天生是个统治的人，军队的将军，大钢厂的经理，使成千上万的男人都服从他——那么，是的，她也许会承认他在这场交易中的主人的地位，即使还不是统治者。然而，事实上，他是世界上最可怜最孤独的人，甚至连一条供他驱使的狗都没有。他孤独得在人群中连人都算不上，他除了她，一无所有。在人群中他就像个令人难以置信的生物——如像一只鸸鹋，像一只走在大街上或火车车厢里的鸸鹋一样。

这些话每一个字都是千真万确的；一个人能够这样准确地戳穿自己最珍视的伪装，并将它记录下来，如此无情地针砭自己，这实在是罕见的。一般也许明知道自己的缺点和愚蠢（或者其他任何名称也可以），可是，这些东西缠在身上，就无法摆脱。然而，在劳伦斯，尽管他这样毫不留情地嘲笑自己的刚愎、高傲和固执，可是，不定什么时候，他会转过身来把自己看成是一只凤凰，看成是理应受到顶礼膜拜的独一无二的统治者和主人：

哦,刹那间我就使这些无情的、倒霉的寄生虫,五体投地,向我
膜拜。

称我为君主和统治者。

从观看阿柏支族人的庆祝仪式回来后,他看到弗里达与梅贝尔·
卢汉在一起,他敏锐的直觉立刻告诉他,弗里达已经泄露了他的秘密。
弗里达太坦率,太老实了,对于一个老于世故的女人机巧的提问根本没
有防范或者对策,而且,有些情况比弗里达的"泄密"更使劳伦斯生气,
尤其是当时似乎是故意把他支使开的。

劳伦斯嘴上并不常说"噢,我的敌人写了一本书"这样的话——一
般专业作家很少这样说的——他的另一种说法或许是:"啊,让我把敌
人写进书里去。"不管怎么样,他立即着手根据梅贝尔·卢汉的生活和
经历写一部小说。为此,他每天上午都到她家,与她长谈。为了这事弗
里达自然有些妒忌。一个女人为劳伦斯作为作家的卓越才华和富有魅
力的性格所吸引,(往往听了劳伦斯诉说他的病情之后)觉得有必要告
诉弗里达怎样好好照顾他。这种情况在他们之间是常常有的,不足为
奇的。但是弗里达想到自己为他所做出的牺牲,她对他的忍让,觉得没
有人能够像她那样对待他,听到这种话自然怒不可遏了。这样,就免不
了一场争吵。有时有人来解了围,有时劳伦斯只好认输。不管怎么样,
劳伦斯总要说几句话表示感谢她:

女人都一样——霸道得很——完全不讲情理。弗里达,这就
是你的责任,防备着别的女人不要与我亲近。

这时的陶斯,看上去与他在英格兰常常想居住的地方不差分毫。

这地方临近洛矶山脉——实际上，就在洛矶山脉之中——虽然这里还看不见太平洋，这与他长期以来的期望有所不符，有一些友好的集体居住的印第安人向他讲述他们的习俗和礼仪，供他记录和学习。他还特别喜爱学着牛仔的样子，骑着梅贝尔·卢汉的马匹，驰骋在荒野上。劳伦斯学得很快——我相信他从来没摔下过马来——他炫耀自己的白色马裤、牛仔帽、蓝衬衫、白领带和墨西哥马鞍。他看上去真是"心满意足"了，其实，心里却正燃烧着对澳大利亚的思恋——"我还没有全身心地脱离开澳大利亚，我爱这个国家，它已成为我的一部分——真的爱它，澳大利亚。"

9月30日是圣杰罗尼莫节，这一天对集体居住的印第安人来说是个重要的日子。那些印第安人名义上是罗马天主教徒，但仍固守着某些泛神教的古老宗教仪式，也许比仍然保持基督教以前习俗的偏僻的南欧社团更有自觉意识。圣杰罗尼莫节舞蹈与阿柏支族人一样，让劳伦斯感到"激动"，"男人的狐狸皮在屁股上摆动，女人手持嘎嘎作响的播种器跟在后面。我永远也忘不了当时情景，舞蹈者专心致志地跳舞，如此寂静、安稳、永恒的节奏、肃穆，不停地跺脚，总是踩向地球的中心，与酒神节或基督教狂迷的向上倾向迥然不同"。

他相信自己在来到新墨西哥州之前从未有过这种"永恒宗教感情"。这种想法用他自己以前写过的东西就可以轻易地攻倒，这次使他"激奋"的原因并不是什么宗教感情，而是对原始巫术的兴趣。虽然他对这些印第安人舞蹈的反应如此强烈，但如果认为他愿意我们和他自己永久地回到原始"无知"的世界中去，那便是对他思想和感情的极大误解。他当时观看了舞蹈，聆听到古老的印第安人的吟诵，"声音清晰，气势磅礴，具有男子气魄，但又遥远而哀婉，像一个梦游者在吟诵，吟诵，吟诵"，因而产生他特有的一种感情，但他绝对没有加入吟诵或舞蹈的意念：

　　我知道这对我是不合适的,它的灵魂像最古老的岁月那样的悠久,它有自己的静谧的回声,以及自己的消沉和混合的遥远部落时期的领悟力。我无须再重复过去的生活。这个古老部落的生活纠缠着我们最朦胧的细胞组织,我们最炽热的血液来自古老的部落之火。我们的血液,我们的细胞组织仍然震颤地起着反应。但我,有意识的我已经离开那个时代,走过了漫长的道路。回顾过去,记忆中充满了可怕的流血,黑夜里一个个黑暗的面孔围绕着篝火的四周,一滴血在我和他们的血管里跳动。但我不想退回到他们那里去。噢,决不退回去。总是向前,再向前。

有些人总是说,劳伦斯希望我们倒退——退化到"原始时代的人","愚昧的人",退化到"原生动物",对于这种说法,必须最明确、最彻底地予以驳斥。

　　这段时间内,除了这些描述新的感观的生动的散文以外,他写的并不多。《袋鼠》的最后一章很快写完,但与梅贝尔·卢汉合作写一部新小说却只是在商讨之中,并写了一些零碎的笔记。大概在这段时间里,他写下了诗歌《新墨西哥的鹰》：

　　　　屹然直立,从杉树的毛茸中显出烧焦的苍白色,
　　　　屹然直立,神力从下面把他托起,
　　　　裹在羽毛中的鹰
　　　　在烧焦的苍白羽毛中,
　　　　在烤煳的黑色羽毛中,

在燃烧的火焰般的羽毛中；

镰刀扫过，镰刀从上面散落。

这不是他的得意之作，可是看来在十天之内弗里达与梅贝尔·卢汉的紧张关系，以及他对梅贝尔经济上的依赖已使他感到很难受很苦恼。他写道，这个地方最大的缺点是"生活在主人的羽翼之下"。他开始鼓起自己的意志力对抗"那个美国女人的意志"，经常对她刻薄地贬斥。

距陶斯约17英里有座大灰狼山，它位于圣克里斯托瓦尔贸易区上面。梅贝尔·卢汉在这里拥有170公顷未开垦的杂草丛生的土地，建有一个供她儿子打猎用的砖坯小屋，此外还有三四处牧场主的房子和棚屋。后来梅贝尔·卢汉把这笔财产给了弗里达，劳伦斯夫妇把这里称为基奥瓦牧场；作为酬谢，他勉强她接受了《儿子与情人》的手稿；但她又将它转送他人。劳伦斯坚持要从他称为陶斯的"漂亮房子"搬到这个偏僻的地方；因为梅贝尔·卢汉的地方别有他用，劳伦斯夫妇又从德尔蒙特的一个牧场主霍克处，租了另外两间砖坯小房。

自从离开锡兰后，劳伦斯好像还没有犯过肺病，并且精力充沛，可以骑马和做一般的家务。但是他的体力肯定无法在海拔八千英尺的洛矶山脉的小木屋里过冬，做繁重的劳动。这里最冷的季节有10到12个星期，冰封雪积。在此期间，如果没人帮助，劳伦斯大概连弗里达和他自己都照顾不了。幸运的是他找到了帮手。两个丹麦青年画家梅里尔特和戈兹奇，差不多就在这个时候乘一辆很旧的福特车来到陶斯。因为他们身无分文而且默默无闻，梅贝尔·卢汉的文化圈子里并不看重他们，劳伦斯却喜欢他们。经过短期的接触后，他主动提出把德尔蒙特的两间小屋让一间给他们，房租由他支付；他们则愿意帮他做一些伐木砍柴一类的重活作为交换。

这里的景色无论什么时候总是使劳伦斯为之赞赏,而在冰雪的覆盖下,更加无比的美丽。但除去这个最重要的因素之外,生活在这里却只是艰苦、简陋和单调。那段时间里他除了校对《船长的布娃娃》和《瓢虫》,他写的文学作品很少,他的创作似乎只有诗歌。可以断定《蓝樫鸟》是在洛博下雪时写的:

> 蓝樫鸟,头顶上有翎毛,
> 绕着雪中的小屋回旋。
> 如同一片蓝色金属在雪中飞跑,
> 什么也不理睬。

> 下雪后,每一天
> 蓝樫鸟都绕着小屋踱步,异常匆忙,啄食,
> 对我们全不理睬,
> 在雪中摆动着厚厚的黑色翎毛,好像阴沉地说:
> "我不理睬那些往外看的家伙。"

美洲豹的诗作于 1923 年 1 月,这诗既有劳伦斯的写作特色又有所启发。诗中描写了他们四个人骑马走进大灰狼山峡谷的时候,遇见几个陌生的墨西哥人,他们刚刚套住了"一只纤长的猫,像母狮子一样长着黄毛"。他们让劳伦斯观赏了这个漂亮的死兽,并抬起她的脸:

> 她那明亮的圆脸,像冰霜一样明亮,
> 她那圆圆的,好看的面型,长着两只死耳朵:

劳伦斯传

在她那绚丽如冰霜一样的脸上，有着鲜明、漂亮的深色条纹。

她绚丽如冰霜的脸上，长着精美的黑条纹，和一双美丽的死眼睛。

劳伦斯像亲兄弟一样哀悼这只美丽的死猫，因为他把它柔弱残酷的美看成自己的象征，而把人们对它蛮横的捕捉和杀害看成象征着他在人世间的命运。他把视线从这只死的美洲豹身上射向远方：

向着荒野上的黑暗，像一场虚幻的梦；

向着桑格累得克利斯托山上的雪，皮科里斯血的冰。

对面陡峭的雪岸上，绿树挺立在风雪中威严不动，像是一个圣诞节的玩具。

在这空旷的世界上，我觉得有我和美洲豹的一席之地。

在外面的世界上，我觉得我们也许可以轻而易举地舍弃一二百万个人。而丝毫不会想念他们。

然而，世界将有多大的缺陷，如果失去了那只脸若白霜，纤巧的黄色美洲豹。

从这首诗中可以看出，他是怎样把自己看成这个世界的叛逆者以及他用动物类比自己的习惯。据说，陶斯的印第安人有起动物绰号的习惯，有些白人和他们一起住的时间比一般的旅游者长一些，便给他们一个动物名字，作为绰号。他们给劳伦斯的绰号叫红狐狸，劳伦斯非常讨厌这个绰号。一提起狐狸人们会习惯地联想到被骑手和一大群狂吠的猎狗追逐着落荒而逃的猎物，而忘记它实际上具有一种野性的美——它柔滑火红的皮毛,亮闪闪的牙齿,它猛扑鸡雏时的矫健敏捷,它称得上是动物中的罗宾·汉。劳伦斯宁愿是只美洲豹、鹰,或者蛇也行,他有时兴奋地把自己看作一条能置人死命的漂亮的蝰蛇,人们可以赞赏它,但一碰它就有生命危险。

在此期间,红狐狸和那个不甘当印第安式老婆的女人,以及两个年轻的丹麦人,一起与洛矶山的冬天抗斗。大风雪把他们一连几天囚禁在小木屋里,没完没了地聊天,一首接一首地唱民歌,有时弗里达和劳伦斯吵得很凶——他被阴沉愤怒的魔爪所攫,而弗里达却不肯屈从于他。天气转晴的时候,三个男人有时在雪中散步,劳伦斯会巧立名目找许多借口停下来休息休息,因为他不愿承认年轻人体力比他好,走得比他快。有一天,两个青年人正往附近的一座山峰上攀登,回头看见劳伦斯远远地落在他们后面,一个孤零零的小黑点,怎么也跟不上他们。后来,他硬要教他们西班牙语,课上得十分古板乏味,用词和教学法都是老派过时的;弗里达不留情面的讥笑,让他教不下去。劳伦斯是那样莫名其妙地过分谨慎。一天,有个女画家从陶斯走了 17 英里来看望他们,他断然不允许睡在他和弗里达的小木屋中,而两个丹麦人却不愿把她拒之门外,使她在冰天雪地的夜晚再走 17 英里回陶斯。这使劳伦斯大发其火。

关于他的小母狗比波儿丝有一段奇特而痛苦的经历。它那时是劳伦斯的宠物——是他最好的惠特曼式动物诗中的女主角。按照惯例,诗中他把自己注入动物描写之中,甚至在小狗身上影射自己不该不加选择地乱交朋友的毛病,并以此作为对弗里达的严厉警告。借比波儿丝之口,他告诉弗里达,现在他要的不是性生活或"爱情",尤其是不要"爱情",而是要"忠诚! 忠心! 依恋! 太好了,我的小母狗。你对我忠诚,我会保护你的"。怎么保护? 保护她不落入"大牧狗"之手,因为她

劳伦斯传

的"性感"使这些"大牧狗"都追求她。

在这首诗里，很难说劳伦斯是故意证实弗里达说他连狗的主人都不配的讥笑，或者，他偶然爱上了这个小东西完全出于巧合。尽管诗歌《比波儿丝》中不乏幽默的情趣、细致的观察；但毫无疑问，劳伦斯确实想要做小母狗的统治者和主人，要她对他"完全地顺从和驯服"。同样毫无疑问的是，如果一个人想要建立这样一种荒唐无益的关系，只能以狗作为对象。不幸的是，劳伦斯在他的实验中，想要统治的，不仅仅是一只小母狗的品性，而是大自然的威严、神秘、不可变更的权益。比波儿丝不愿意在性生活方面受人保护，而且也不可能。

两个丹麦人比较讲求实际，看到这种情形，提议用皮带拴住狗监禁一段时间，认为这是正常的强制方式。但劳伦斯极力反对这种建议，用这些庸俗市侩的方式会抹杀比波儿丝的"忠诚、忠心、依恋"的价值。他坚信比波儿丝会自愿地服从他的天然统治者的地位。换句话说，他只要让她记住他不希望她与任何一条公狗结合就行了。"生育之母，人和神的情欲啊！"①一有机会，这只不忠诚的、可恶的、放荡自由的、忘恩负义的、堕落的母狗，就兴致勃勃地跟第一个来这里溜达的"大牧狗"私奔了。

比波儿丝外出在松林的时候，劳伦斯"心情悲观沉郁"，十分沮丧地大谈人兽混杂的恶果。她一回来就挨了她那怒不可遏的统治者和主人的一顿鞭打。第二天早晨，或者出于对他的畏惧，或者由于对牧狗的爱恋，她又一次逃到大森林里。这次回来的时候，她没敢回劳伦斯那里去，而是钻进丹麦人的小木屋，摇晃着尾巴乞求宽恕和收留，她当然如愿以偿。大概到了中午，劳伦斯突然闯进房子，气得脸色苍白，浑身

---

① 见罗马诗人维吉尔的史诗《埃涅阿斯纪》。

发抖。"原来你在这儿,你这肮脏虚伪的小母狗!"他把她从戈兹奇的膝头上打跑。他在后面追赶,打翻了几把椅子和桌子,一直追到深雪之中,抓住她,一边踢打,一边叫骂。盛怒之下,他已丧失理智,只想弄死她。

这一切发生得如此突如其来,如此令人难堪,把两个丹麦人惊得呆若木鸡。小狗惊怕痛楚的叫声,突然激得他们采取行动,梅里尔特冲过去,挡在劳伦斯和比波儿丝之间。怒不可遏的劳伦斯恨不得要杀人,要是有力气,他会杀死这条"虚伪肮脏的狗"和梅里尔特。他杀气腾腾地瞪着他们,但他没有武器,而且自知惹不起梅里尔特的两只拳头,在两人这样怒目对视的时候,比波儿丝一蹦一跳地逃往雪地中;她一逃走,两人便分开了。

经过这场差一点就要动手对打的场面之后,劳伦斯自然厌恶他的对手,恨不能马上找个机会冷酷无情地把他们赶走。但没有这两个丹麦人他在那里就生活不下去;要么回陶斯,低声下气地去求梅贝尔·卢汉;要么马上就走——可他能去哪里呢?相比之下他觉得还是与他们和解的好。他是个虚荣心极强的人,拉不下面子去赔礼道歉,甚至转弯抹角地提提那件事都受不了,只好给两个丹麦人"烤烤面包和一些精美的蛋糕",对他们"非常、非常之好"。

几天以后,寒冷的气候和艰苦的生活使他的肺病复发,他不得不卧床休息,像以往一样,他安慰大家说他"只是轻微的感冒",很快就会起床。比波儿丝一直在丹麦人那里。有一天她来了,并且像往常一样跳到劳伦斯的床上,终于又获得了主人的宠爱。多么富有讽刺意味的怪诞的插曲,小狗赢得了这场斗争的最后胜利,而且还生下了一窝小狗。

那年冬天,还发生了一件令他震惊的事,那是一件完全不同的事件。默里沉默了好一段时间以后,终于寄来了两封信:第一封信说凯瑟

琳·曼斯菲尔德已去了枫丹白露村的高特耶伏寓所;第二封信报告了
她的死讯。劳伦斯肯定没有领会第一封信的含义,所以第二封信使他
深受打击:

是的,在我们的生命中好像失去了什么。是的,我一直觉得我
心里有个维系的东西,现在这个维系断了,我只觉得恐惧。我觉得
船的停泊处已经失去了。我们以后会怎么样呢?凯瑟琳没有看到
下一个阶段或许也是幸运。当我回到英格兰的时候,我们还会联
合起来。过去的四年是一个艰难的历程。

"艰难的历程"是个非常奇怪的说法,但是像凯瑟琳·卡斯威尔那
样拿这句话来象征劳伦斯的一生,那确实太夸张了。他在战争期间吃
的苦,包括他痛恨的贫穷,比起千百万人的遭遇来,实在算不了什么。
而且这四年的所谓"艰难的历程"完全是出于他的自愿,其中包括他在
西西里最时髦的旅游区——塔尔米纳,一住就两三年,还到过马耳他、
撒丁岛、那不勒斯、卡普里岛、阿马尔菲、罗马、佛罗伦萨、威尼斯、巴伐
利亚、澳大利亚观光游览;乘豪华客轮横渡大洋,在锡兰和珀斯会朋友,
下榻于澳大利亚的太平洋海岸上一所宽敞的平房,和陶斯的一所"漂亮
的新房子"。劳伦斯夫妇在比西尼斯克雪山上住了 10 天,在洛博住了
10 个星期。

如果说历程的"艰难"在于劳伦斯的贫困,那我们只能回答说:他
20 年代的贫穷纯属想象。出于某种原因,劳伦斯给卡斯威尔夫妇写信
时,总是哭穷,总是说得比他实际上要穷得多。例如,他刚填过 1922 年
联邦所得税申报书之后几个星期,就对凯瑟琳·卡斯威尔抱怨说:"我
的富裕只是相对的,特别是因为德国有那么多的亲戚。"那一年,除了他

在英国大约有300英镑以及外文翻译的版税收入之外,单是在美国的收入就高达5439美元(扣除10%的代理人佣金和70美元联邦所得税)。应该说大多数人不但不会把这称之为"艰难的历程",反而会认为他们生活得着实令人羡慕呢。如果说,他过的完全是孤独的生活,或者说,由于他以吵架出名而到处成为"逐客"——那,肯定地说,是他咎由自取,怨不得别人的。

七

通过梅贝尔·卢汉,劳伦斯夫妇结识了威特·宾纳,一位有私产的美国佬,和他年轻的朋友威拉德,或者"马铃薯"约翰逊——西部小型期刊《笑马》的编辑,劳伦斯经常向这份杂志写稿。劳伦斯夫妇初抵圣菲时,因旅馆被烧毁,没有着落,是宾纳向他们伸出了热情之手。初访墨西哥城时安排他们与一位熟知这个国家的人同住,此人能够向他们介绍有关这个国家的情况。初到另外一个国家这样的帮助实在有用得很。也许在这里我无须提起宾纳和约翰逊这两个人逼真的"形象"出现在《羽蛇》(劳伦斯一部有关古老墨西哥的小说)的开头部分。1922年3月15日,"一个可恶的冰天雪地的日子",劳伦斯夫妇从隐居处下山来,19日赶到埃尔帕索,通往墨西哥边境的一个小镇。

但是,此时梅贝尔·卢汉怎么样呢?劳伦斯的西部之行和新生活毕竟在某种程度上多亏了她。如果相信梅里尔特的话,这时劳伦斯对她厌恶透了。劳伦斯在战争期间从不假装为和平主义者,常常恶狠狠地宣称有些人应该杀掉,并且说他愿意杀死他们——好像杀死那"一二百万德国人"以发泄他对1915年战争的愤慨。《袋鼠》中"小镇的一条街"这一章里,有个人物在暴乱中杀死了两三个人而欣喜若狂,而另一个人物,代表劳伦斯的,对此则默默地听着,毫无意见。

有一个冬天,在洛博山上,劳伦斯向两个丹麦人倾吐了他认为有必要杀人的想法,他激烈地宣称,他们三个人都"应该""杀死几个卑鄙下流的银行家、企业家、律师、战争贩子和各种阴谋家"。梅里尔特迟疑了一会儿后,假装十分心悦诚服。为了要摸清劳伦斯的意图,他提议说,既然现在机会难得,应当立即开始这种惩罚性的屠杀才是。劳伦斯毫不迟疑,立即欣然同意。梅里尔特接着问他,他打算拿谁开刀。

"他犹疑了一会儿,然后缓慢但狠狠地说:'我首先要杀梅贝尔。'"

尽管如此,他在离开陶斯之前,还和梅贝尔做了一次临别谈话。当然如果他怀有这种心情,这次谈话不可能多么和谐友好,尤其因为梅贝尔也许觉得他并没有按他们预约的完成他的任务。他在第一次访问期间,常常感到身体不适,或心情不佳,或二者兼而有之,这一点他自己也有所感觉,因而在 1924 年 2 月给她的信中写道:"只要我能以诚相待,开朗快活一些,1923 年就不会那么厌烦了。"

但是他写那段话时正渴望重返陶斯。1923 年 3 月他离开陶斯去新墨西哥时,他说不准是否还会重返陶斯,而且确实打算"8 月初"到英格兰,也许是为了履行与默里"再度取得联系"的诺言。实际上他在 1923 年至 1924 年冬季曾回英格兰做了一次极其短暂的停留,除此之外,他一直在墨西哥或新墨西哥住到 1925 年 9 月。

劳伦斯作为一个文学艺术家,以工作考虑,以墨西哥,而不以新墨西哥作为主要创作题材,那通常说来是十分正确的。墨西哥毕竟是原始文明的中心,早在离开欧洲之前他就对此很感兴趣。新墨西哥景色优美,但依我看来,比不上犹他、亚利桑那和加利福尼亚的一些地方!更无法与老墨西哥相比,那里有积雪盈巅的火山和变幻不定的气候,增加了瑰丽的色彩。圣菲确实比任何一个法国和英国的殖民地都要古

　　　　　　　劳伦斯传

老,但给人的印象却像是建于 1720 年的西班牙 16 世纪的砖坯城镇,更由于到处有着"欢迎您,旅游者"和"谢谢您,旅游者"的布告牌,更加深了这种印象。它显然早就不成其为阿兹台克文化的前哨了。

墨西哥之行是劳伦斯的最后一次"思想探险经历",在那里他获得了他的大型著作的最后灵感(除了他的"旅游之尾声"《查泰莱夫人的情人》之外)。墨西哥之行也是他最后一次尝试,要和其他一个社会认真地结合起来,而不是心血来潮地暂时停留。墨西哥之行以后,他放弃了他探索的历程,重又回返欧洲,主要是意大利,因为那里合乎他的口味,他的许多最好的作品都写作于此。一篇写于 1923 年秋的评论残稿充分地表明了他进入墨西哥时的心情,当时他正疲惫不堪地在戈兹奇的陪同下在墨西哥的边远地区旅行,弗里达没有同行,在这份残稿中,劳伦斯用清晰简洁的语言概括了他在意识到 1915 年战争的含义之后日益加深的幻灭感和失落感。那次战争使全世界走向了末日,但到底是什么样的末日? 他自己回答了这个问题:

> 民主的末日,解放和自由理想的末日,人人皆兄弟的末日,完人思想的末日,爱情至上信念的末日,也是人们所永远向往的和平、和谐、安宁、爱情和仁爱的终结。基督教的末日、耶稣教会的末日。作为纯粹知识的科学的末日,语言文字绝对权力的末日。末日,末日,末日。

实在说,自从劳伦斯于 1915 年在格里特汉重写《虹》的时候起(其间,精神上的激战使他几乎发疯失去理智),他的作品里,就包含着这种思想——虽然没有这样地露骨,这样地明确,这样对人们一切信念彻底地毁灭,但是这种思想确实是存在的。这种思想是对于他所认为死去的理想主义的彻底否定;那种理想主义激起他最深刻的反感和憎恨;至于人们谴责他违反传统的性观念的罪过,那不过是贬低他的一种便利而怯懦的方式罢了。

如果我们适当地将他身体健康失调和脾气反常等因素排除在外,我们就会认识到,这种思想正是他之所以焦躁不安、到处彷徨、一心想离开英格兰的关键所在。

按他自己的说法,英格兰正固守着死去的宗教、死去的理想和死去的社会形式。因此,他一心想寻找另外一种生活方式,去代替那种他认为完全腐烂的、毫无希望的生活方式。这在多大程度上是纯粹地出于个人的好恶、愤怒和反感,那就十分清楚了。但他一向强烈地预言第二次世界大战将于 1939 年爆发,所以自二战以后他的直觉比 1915 年甚至 1923 年的幻想成分就少得多了。不管是对还是错,在这里主要说明的一点是他相信这个观点,并且始终不渝地坚持着。

初次去墨西哥的经历,似乎使他感到沮丧和失望,但这可以归因于他身体的虚弱和旅途的疲劳。他乘坐"一列肮脏的普尔门式卧车离开埃尔帕索。火车在无边无际的荒野上"颠簸行驶,餐车供应的"残羹剩饭"索价极高,没有美国列车上"整洁漂亮的黑人侍者",侍候他们的是"衣着褴褛满脸麻斑的普尔门车童"。墨西哥最近刚经历了又一场摧毁性的"人民革命",另一场革命已迫在眉睫。奇怪的是,劳伦斯曾经一再宣称自己只对"死亡的革命"感兴趣,对资产阶级的安全感表现出极大的蔑视,现在却对墨西哥的现状抱有相当悲观的看法:

> 它的心脏里盘绕着一条响尾蛇,这就是新世界的民主。它一旦再抬起头来,会是一个危险的动物。同时,鸽子仍然在这条盘卷的蛇尾上搭窝,像石头一样永恒盘绕着的阿兹台克的响尾蛇。

劳伦斯抵达墨西哥城不久,宾纳和约翰逊就带他去看斗牛表演。他对斗牛憎恨,就像他憎恨那些半革命化的仇视白人无产阶级观众一样。劳伦斯反对和谴责斗牛的强烈程度甚至超过了那些一心要爱护动物的女教师。他十分恼恨墨西哥的小流氓把帽子掷进竞技场的行为,当他们淘气地往他和他的朋友身上投掷烂橘子和香蕉皮时,他简直怒不可遏了。后来,这伙流氓突然离开他们的低级座位,冲进较贵的预订座位,十分无礼地在劳伦斯和他的朋友周围转来转去,重重地把屁股蹲在他们的脚上。"我真的憎恨这些平民百姓。"

　　但这种憎恨和他看到古老的杀牛祭祀仪式时的厌恶心情相比,就算不得什么。这种祭祀仪式是从遥远的腓尼基的伊比利亚人和米诺斯的克里特岛人那里衍变来的。那头强健的公牛是性和太阳的象征。劳伦斯觉得那个斗牛士看上去像"太监或女人,穿着紧身裤子,屁股又肥又大,梳着几条辫子,脸上刮得干干净净"。看到公牛抵伤了几匹马,他再也坐不住了。当他在观众的喧闹声中站起来,怒气冲冲离去的时候,他声言斗牛既没有豪气也没有勇敢精神。它"不过是人摧残动物的表演……肮脏的小男孩残害苍蝇……讨厌鬼……一万次感谢上帝,看到斗牛我总算认识了什么是怯懦和下流"。

　　为满足弗里达的愿望,他们破例住进一家高级饭店,稍稍补偿她在冰天雪地的洛矶山上大雪封门的小木屋中过冬所受的艰苦。但这个愿望未能实现,因为劳伦斯觉得那些人看上去虚伪而不道德;所以他们躲进一家意大利的旅店。他应邀参加时髦的茶会,却对所有的来宾,不管是美国人还是英国人都极为反感,部分的原因是因为他们爱谈最近发生的革命。随后,他去看了一位(当时是)现代艺术家的壁画。这位艺术家独创的理论是"只有丑才是具有审美价值的"。劳伦斯认为他的绘画"丑恶、丑恶而没有一点愉悦或奇幻的意味",他讨厌它的粗俗愚蠢,"对社会主义的政治和祖国的狂热——呆板得像下等夜总会"。结果引起一场激烈的争吵,"艺术家"质问劳伦斯,是否像所有的外国人那样了解墨西哥的一切。劳伦斯非常出色地应付了这个局面:

"我了解我的感受;我要叫一辆出租车回家,我再也不想看这些愚蠢粗俗的壁画。"

必须记住,劳伦斯向来不喜欢大城市,对他那脆弱的神经来说,墨西哥甚至比那不勒斯还要喧闹,还要混乱。他心神不安地意识到酝酿着暴力革命的威胁。仅仅个把星期以前,他还在强烈地宣称要履行杀死银行家、企业家、律师等等的职责,但当他(似乎如愿以偿地)当真跟那些正在实施这项计划的人在一起时,却感到十分憎恶。他敏锐地领悟到一场横扫一切的革命随时可能发生。

所以他宣称立即去往欧洲,也许去往英格兰。然而,他又改变了主意,觉得可以去查巴拉湖,尽管宾纳和约翰逊编出了不少恐怖故事不断地劝阻他,说什么手拿大砍刀的歹徒谋杀旅店经理啦,农场主被乱刀砍死啦。这也许是促使他最后决定前往的原因——因为他不想让这两个美国纨绔诗人的想象吓倒一位来自诺丁汉郡的英国人。此外,要写一本有关墨西哥的小说,是不能以墨西哥城居民这样无味的材料作为依据的。因此他又乘火车旅行了一次,而且立即精神焕发,又在这个世界上活跃起来了。当火车停下来的时候,他看到:

"……人们一团一伙地站着,帽子歪戴在头上遮风,毛毡从双肩一直捂到眼睛,防止灰尘,像忧郁的幽灵一样纹丝不动地站着,只有一双眼睛露在黑毛毡和大帽檐之间;一群赶毛驴的人尘土飞扬地狂奔着,像魔鬼似的举着双臂,尖厉急促地喊叫着,禁止毛驴钻进火车车厢间的空当中去,狗不声不响地从车厢底下跑进跑出,脸上包着面巾的妇女,给他们送来用布包着的热乎乎的玉米饼,陶瓷杯盛的龙舌兰酒,抹着红红厚厚油腻酱汁的鸡块,或者橘子、香蕉、仙人掌果等等。因为灰尘太大,很少有人买这些食物,妇女把食物放到手臂下面,盖上蓝色的面巾,蒙上脸,一动不动地瞧着火车。

《羽蛇》大概在 1923 年 5 月初就动笔了,劳伦斯在他和弗里达于 5 月 2 日搬进了查巴拉湖畔的房子那一天简略地记着,5 月中旬他已写了不少,预计于 6 月底或 7 月初完成初稿。他在室外写这本书(只要可能,他总是这样的),"坐在湖边一棵胡椒树下"。他中断了两天,到湖上漫游。他们在途中发现了一间可以"永久居住的房子,不过没有租下来,因为新的革命迫在眉睫,人干吗要辛辛苦苦建造一所美好的房子,结果又使其毁于一旦呢"?除此之外,劳伦斯夫妇还与宾纳和约翰逊一起旅行到特奥蒂华坎去看金字塔。

然而,这部重要的未完成的手稿突然被丢在一边;我们看到劳伦斯夫妇正取道新奥尔良前往纽约!这次意外的旅行,可能是由于宾纳和约翰逊的离开和"革命"日益加强的威胁,但真正原因在于弗里达。尽管她喜欢他们到处流浪的生活,可是她不是艺术家,无法像他们那样以创作为生涯,对任何事情都感到有意义。这时,她对新墨西哥生活的艰苦和古老墨西哥的恐怖很是厌倦。在特奥蒂华坎她一想到"古老的牺牲品——将仍在颤动着的心奉献给太阳,让太阳去吸吮,她就不寒而栗";在暮色苍茫中看到"一条巨大的石蛇,周身绿色,盘卷一团,睁着一双大大的天蓝色的眼睛",她害怕极了,"跟着别人"拼命地跑。而且,她已很久没有见到她的孩子、母亲和姐妹们。她说她怀念英格兰的平静，希望夏天回到德文郡跟孩子们过一段时间。

但主要原因当然还在于劳伦斯和她本人之间统治权的斗争，劳伦斯仍然坚持向她"灌输、灌输、灌输"全面顺从和驯服的观念，而弗里达同样坚决地拒绝接受这种观念。像宾纳这样的美国人，对劳伦斯对她的态度和经常的辱骂感到十分气愤，鼓励她争取独立。宾纳说："如果你跟劳伦斯争吵，为什么你不首先打击他？"如果《羽蛇》中的材料可靠的话，劳伦斯想象的要求之大已开始飞跃达到了新的水平。他沉湎于一种意念：如果自己是即将来临的革命的领导者，他该做些什么。他认为这场革命的领袖必须联系着古代墨西哥诸神，尤其是蛇鸟神的复活，他想象的领导者就与这种神为同一体。在小说中凯特（即弗里达）屈服和表示崇拜；在实际生活中，弗里达坚持要去欧洲，无论他来或不来。

弗里达有什么理由、采取了什么策略来摆脱蛇鸟神的缠绕，没有什么记载可查；但是如果她认为劳伦斯会高高兴兴地跟她一起回欧洲而放弃他的小说和醉心于神的权威的狂想，那就错了，是低估了他的倔强性格。起初，她的决心似乎使他感到很吃惊，便跟她一起启程了；但旅途是漫长而曲折的。他们乘船从维拉克鲁斯到新奥尔良，然后，转乘火车到纽约。因天气酷热，他们搬到新泽西乡下，在拥挤的度假时节等待远洋客轮上的航位。

这使劳伦斯有时间促使他的"巴兰的驴子"不愿意去欧洲。弗里达设法给自己订了一张 8 月 17 日的船票。劳伦斯 7 日就曾写信给凯瑟琳·卡斯威尔说："我不会去欧洲的。发现我就是不想去——现在不想。以后再说吧。"他已有自己的计划，他给默里写信说："美国对我毫无意义。不过我还要往西走——我想去洛杉矶，进入山区；或许横渡太平洋。我想我回不了欧洲我是最伤心的。"他是最伤心的，也是最疯狂的。弗里达上船之前他们在码头上吵了一场,比以前任何一次都吵得凶狠,弗里达几乎相信他们之间的一切就此完结了。但如果她这时做出让步,那对她来说将是致命的,她可能会从此陷于"屈服顺从"的境地。在这个关键时刻她只有坚持出走,否则她将陷于长期斗争反抗的境地。劳伦斯不得不让她走,却执拗地不肯随她同行。到底哪一个会首先觉得孤寂难熬,那还得等着瞧;但他深信无论他在哪里她终究会回到他的身边来的——那就是他的胜利。

所以他狠狠地骂了她一顿,就让她一个人乘船走了;自己则向西经布法罗和芝加哥往洛杉矶游荡。他选择洛杉矶是因为两个丹麦人在那里。他们除了在山上为了比波儿丝的事儿差一点打起来以外,还没有大吵过。他已经决定原谅他们,因为他们还是对的。他们开着那辆老得可以进博物馆的福特车,在火车站接他,把他送到圣莫尼卡的米拉玛饭店下榻。劳伦斯居然在好莱坞出现,那是很奇怪的。但他在那里跟他在悉尼时一样没有引起人们多少注意。两个丹麦人有点为他担心,他们觉得他和在德尔蒙特的时候判若两人。离开了弗里达就使他"焦虑而孤独"。

这种郁悒的精神状态,似乎对他的外貌也有影响。几星期前在墨西哥拍的一张照片上他还是兴高采烈、面带微笑,穿着挺括,十分漂亮。可是在桑塔蒙尼卡悬崖小路上拍的一张快照,他的变化之大令人难以置信,丑陋、阴郁,他寒酸得就像一个可怜的乞丐,排着队等候领救济食品。

4月份的大部分时间他都在洛杉矶漫无目的地逛荡。他访问了圣巴巴拉,到隆波克去看了一次日食。他对加利福尼亚的看法是"一个古怪的地方——在某种意义上,它背弃了这个世界,而直视着空虚的太平洋。它绝对自私,非常空虚,却不虚假"。他很快就对它感到厌烦了,便说服戈兹奇陪他一起去墨西哥。他的想法是"寻找一个生活的地方。也许我会在那里找到一个小农场,在这个世界上打上一个木桩,一个新的中心点,一个新中心"。

当时确实有人在加利福尼亚湾免费提供他 6 到 8 公顷土地,如果他愿意加筑房屋的话。可是,这个流浪汉却没有在墨西哥找到他的中心,这并不奇怪。奇怪的是,这一次好像是劳伦斯一生中唯一的一次感到凄凉的旅行。在其他的情况下,他每到一个陌生的国家探险,总是高兴、激动,把一切都仔细观察,可是这一次却不然。他非常克制,甚至和戈兹奇都没有吵过一次,尽管戈兹奇一直在琢磨他的行动有点古怪并且做出同样古怪的结论,认为劳伦斯除了写作之外,应该找点旁的事儿干。他还说,没有了弗里达劳伦斯就什么也干不了,有时看上去精神有些失常。

他们从加利福尼亚出发,穿过索诺拉和锡那罗亚省,大约在 10 月中旬抵达哈利斯科的瓜达拉哈拉,此地离劳伦斯夫妇夏天匆忙离开的查帕拉湖不太远。劳伦斯觉得洛杉矶人满为患,车辆噪音太大,而索诺拉却是另一个极端,它"比查帕拉湖荒凉得多、空旷得多,更令人绝望。它使人感到被拒之门外"。这次旅行实际上是很艰苦的,对身体像劳伦斯这样差的人来说,实在是太艰苦了。

他们乘火车到达位于太平洋海岸的瓜伊墨斯,因为那里燥热、肮脏,便去了纳沃华,从那里出发参加了米纳斯·纽瓦斯,一位瑞士人开办的银矿,由于途中道路坎坷不平,劳伦斯"碰得到处都是伤痕"。他还去看了一座"巨大的野畜场"和几处"奇怪、荒凉、野蛮的地方,景色迷人但奇异而古怪"。在"灼灼的阳光和广阔无垠的炎热天空下",他们疲倦地穿过"渺无人烟的丘陵和山脉",来到"平坦而闪烁的海岸线,这里长着几棵高高的棕榈树,远处隐约地闪着深蓝色的海面,似乎不是在这个地球上的"。有时火车停在冷冷清清的车站上,车站里仅有几间破旧的土坯房,有时他们不得不换车,要整整等上一天才搭上下一辆车。最后,他们终于来到马萨特兰,这个地方热得让人受不了。往前走啊,走啊,他们走向海拔三千米的特皮克发,那里凉爽一些;他们乘一辆老掉牙的福特牌汽车走过 90 公里坑坑洼洼的道路,汽车摇晃颠簸得十分厉害,他们不得不一只手抓住座位,另一只手撑在车厢顶上;抵达目的地的时候,头痛欲裂。他们骑骡子赶了 9 个小时到达依克特兰,第二天又走了 6 个多小时抵达埃斯特拉兰的联轨点,从这儿筋疲力尽地登上去往瓜达拉哈拉的火车。

劳伦斯游历一个新国家时从来不注意选择最佳季节——我想他可能会觉得这样的小心是"资产阶级化"。所以,这一次,他在一个热带国家度过了最热的月份,这次艰苦的旅行,严重地损害了他的健康。令人吃惊的是,他居然支持了 6 个月,没有像大约 16 个月以后那样垮下来。旅途的劳累和弗里达的出走可能使他这次旅行中看到的都是阴暗的一面,这对他来说,是唯一的特殊情况。墨西哥好像成了一个完全不同的国家。他起初觉得,没有弗里达同行不愿去查帕拉,但后来却和戈兹奇一起去游览这个他过去十分赞赏的胜地。可是抵达那里后,劳伦斯发现查帕拉已面目全非,因而十分惊诧和懊悔。到底发生了什么情况?他对戈兹奇说:"不知怎么的,这地方现在对我来说好像是不真实的了。我也不知道为什么。"

尽管情绪波动,精神压抑,旅程艰苦疲乏,可他仍在继续写作。从 8 月 18 日到 11 月 22 日期间(上述几次旅行都包括在这时期内),劳伦斯从头至尾改写了莫利·斯金纳的澳大利亚小说《丛林中的男孩》。他们二人合作的观念很奇特——他采用她的情节、人物、插曲和她熟悉的材料,却完全按照自己喜欢的方式重新改写。

此外,他当时所用的笔记本(记有这部澳大利亚小说的人物表)里有许多随笔片断,其中有些后来被期刊选用,有些被抛弃,都是极有趣味的。

在此期间,弗里达怎么样啦?她显然没有屈服,他们在纽约又吵又骂地分手两个多月以后,弗里达竟还音信全无。他"猜想她一定是被德国吞没了"。可是,吞没她的并不是德国,而是英国的汉普斯特德,弗里达在那里租了一间小公寓,为的是那儿能看到她的孩子们。同时她还探望了劳伦斯的许多英国朋友和熟人,享受着一位名作家夫人的优越地位。这些人都只能算是乡巴佬,因为他们只局限于伦敦文学界的小圈子里,对欧洲所知甚少,对欧洲以外的广阔世界更一无所知。劳伦斯比他们敏感得多,他意识到世界上正在发生的变化以及世界各个部分的相对重要性。事实上,那些人压根儿就没有注意到这一点。他们认为劳伦斯陷落在"迷茫之中",彷徨在"歧途"中,徒劳无功地耗费时间和精力,当然,他们出于对他爱护的心情,盼望他能回来。

劳伦斯开始文学创作的时候,只是一个朴实的乡下人,第一部作品是乡土性的小说,这一点儿不假。但他后来的发展却十分迅速,尤其是1919年以后。奇怪的是20世纪有些作家在本国名声极大,在国外却很少有人知道,根本没人读他们的作品,这是一件稀奇的事。劳伦斯却恰恰相反,在英格兰他一本接一本地出书,纯粹是自得其乐,人们认为他才尽力竭了。然而,他们却不知道他正在迅速地成为一个有成就的世界作家。就在那个时候(1923年)他的作品在美国就比在英国流传得更广——1923年3月他签订了合同,在美国出版或再版他的七部早期作品和以后所有的作品。他的作品的许多语种的翻译本已经出版或正在编印,虽然他自己并没有作任何努力或策划。总之,他是一位世界作家,他的作品在国外比在国内流传更广,声誉更高。当时即将发表的

《鸟·兽·花》完全是在英格兰国外写成的,毫不涉及英国的题材;它至今仍是劳伦斯对诗歌最有创造性的贡献。有些人只把《新政治家》或《泰晤士报文学增刊》上的好评作为衡量名声的标准,这种人不可能懂得劳伦斯在广大人民中间已赢得了更广泛更持久的声望,而那些人根本就没听说过这两种刊物的存在。

劳伦斯自然比那些人更理解真情。不止一次有人写信劝他,"回家来,人们会原谅你的"。对此他尖刻地回答说:

> 虽然如你所说,英格兰也许会再一次领导世界,但无论如何,她总得先找到一条道路。她必须找回迷失的途径,而迷失的途径的终点就在这里,在墨西哥。

劳伦斯事实上是住在哈利斯科的瓜达拉哈拉地方的加西亚旅馆里,而不是在伦敦的俱乐部里。但是,劳伦斯在一种古怪的带有激愤、恼怒而又甜蜜的情绪中,却慢慢地准备要回英格兰了。这并不是因为那些人看得起他,劝他回到英格兰那个智慧与有世界影响的中心去,对他思想上产生了什么影响,而是因为他需要弗里达,同时也意识到她决不会"屈从他,尊敬他"。他知道,如果他需要她,那就得去找她。这场斗争完全是他一手制造的,出于他的荒唐的时代性错误,好像他生在一个比较原始的社会,两性处于彼此交战的状态。《虹》中安娜与威尔·布朗温之间奇怪、激烈又似乎毫无意义的斗争,有着他们之间这场斗争早期阶段的意味——这一章颇有意味地标题为"安娜胜利",但这场斗争又重新开始,这时已达到了危急的程度,对此有三种可能的解决方式。双方永久分离下去;她向他"屈服",到墨西哥找他;他咽下这口气,放下架子,到伦敦去找她,像11年前去德国找她那样。

劳伦斯逝世后,弗里达就他们之间的这场战斗写道:"我认为他是对的;我应该到墨西哥去见他;他不应当来欧洲;我们有时犯下了这样无法补救的错误。"

她忘记了返回墨西哥意味着她怎么样的"屈从"。但,在当时,她本能地只是想迫使他回到她身边来。他对于那个苦痛难受的事实感到很难以忍受,更加深了心情的乖张和愤懑。在瓜达拉哈拉时,戈兹奇非常惊恐地说:他得"尽量地躲开劳伦斯——他现在这个样子简直是疯了。你大概知道他的那种方式,老是耷拉着脑袋,胡子垂到胸口:你跟他说话,他就'嘻、嘻、嘻地'(不是笑),看到他这副样子,我后脊梁就出冷汗。我觉得他精神大概是有些失常了"。

戈兹奇认为劳伦斯意识到他面临着失去弗里达的危险,而没有她,他是活不下去的。显然,当他不再像疯子似的傻笑,跟他的丹麦朋友交谈的时候,他会情不自禁地谈论起自己当前的处境,越谈越急躁焦虑,戈兹奇说(确实如此),他"体力上、情感上和心理上都已不堪忍受负担"。他显然在努力准备面对最坏的可能性,但像往常一样,总是摇摆不定。戈兹奇在他们离开瓜达拉哈拉返回欧洲的前两天写道:

> 了解劳伦斯是不可能的,他有时似乎完全是个疯子,自己给自己为难。他过高地估计自己,认为凭着他的感觉就可以显示人们所想和所做的。在其他的时候,他却非常理智,好得无以复加。他怕弗里达躲着他;他说她可以在伦敦有一所房子,跟孩子们住在一起,然后他自己一个人去旅行。"过了多久她就会讨厌这种生活了",他咬着下嘴唇,急速地微微点着头说。事实上,他担心的是这种安排太中她意了。然而,尽管他胸襟博大,满怀好意,但他的想法太不切合实际,难以让人接受。

真是巧不可言,就在 1923 年 11 月 10 日戈兹奇写这信的同一天,劳伦斯气急败坏地给他的德国岳母写了一封信,表明他多么不愿意做出任何让步,一心只想跟弗里达重新开战,只要有一线成功的希望。这封信充满了好战的条顿民族的优越感,他或许认为这样会让她高兴(事实上,她不但具有德国人的特性,也同样具有法国人的特性),他实际上是在要求她站在自己一边,去反对她的女儿。他告诉她,他需要从女人那里汲取力量,"战斗的力量",而不是爱情——可憎的爱情:

"英格兰多么平静",弗里达写道。你今天要和平了,见鬼去吧!我不要和平。我要走遍全世界进行斗争。呸!呸!只有在坟墓中才会找到我的和平。首先,让我战斗,取得胜利。好吧,好吧,我的岳母,当我这个准英雄归来时,请为我做一个橡木花环,让城里的乐队在我窗下奏乐。

这位杰出的"准英雄"一个星期后已经到了墨西哥城前往寻找他那个迷途的妻子,那位妻子是那样讨厌地要求和平和爱情。11 月 22 日,他从维拉克鲁斯前往普利茅斯。这个时节离开一个炎热的国家到冬季潮湿、多雾、霜重的西北欧去并不合适。当他们驶近英吉利海峡时,天气已变得十分阴冷,将近 12 月份了。整整四年前,他站在海峡渡轮的甲板上,带着一颗破碎的心,回首眺望,看着英格兰白雪皑皑的峭壁,"像一个灰色棺材"渐渐地消失。现在,在 12 月份的黄昏,寒冷的暮色初临时,他站在船头凝视前方,回想着那一天:

四年前,在微微的冬雪中,我看着肯特死灰色的海岸,渐渐地消逝。四年之后,在地平线下,夕阳西坠,在寒冷封闭的天空的眼睑下,有一个隐约的星点,像是一个信息。这就是地角①的光。

---

① 　地角:在英格兰之西南端。

　　　　　　　　　　　　　　　劳伦斯传

八

可以预见,这次被迫返回英格兰仅仅达到一个重要目的——劳伦斯跟弗里达的和解。至于其他方面,不过是个可耻的失败,使有关的人都感到沮丧和惶惑。但在另一方面,却有个很显著的收获。由于离开了墨西哥,劳伦斯就避开了那里的政治扰乱和暴动,即预言中的"革命";这在想象中可能很有趣,很不坏,但是在可悲的现实中却并非如此。当然,像他那样性格敏感的人,这样猝然离开墨西哥是个不小的打击。他的《羽蛇》尚未完成,而且我们知道,劳伦斯的"魔鬼性格",他的"巴兰的驴子"是怎样精心地培育他的艺术家气质的。他对墨西哥和新墨西哥的需要仍然远远超过任何其他地方,因为这两个地方是他的艺术家性格所最需要的。不过,他这样突然地、意外地返回伦敦也自有它的好处。他现在用一种新的深邃的目光来观察英国和英国人民,给予他一种新的惊异的感觉:

> 在我看来,英格兰是这个帝国中一个真正的软弱点,一块腐朽的地方。如果人们确实需要从世界范围来思考,那么现在他们就必须这样做了。在这里,我们看到的不过是一个岛屿,比后园大不

了多少,可是上面挤满了人,这些人除了他们的后园以外,对外面的东西一概不知,可是他们自以为掌握着世界的命运,真是可怜而又好笑。这种矫饰的"优越感"近乎疯狂了。

这些可怜的"优越"的绅士,只会一味地责备美国人。英国人言谈中对美国人的怨恨,实在令人吃惊。而这只是因为这只西方的共和之鹰不愿为了别人的方便而去当一只鹈鹕罢了。它为什么要当鹈鹕呢?

弗里达荒谬地认为,生活在伦敦和积极参加《阿德尔菲》杂志的活动,会使劳伦斯得到"充实"。这种幻觉注定很快破灭了。不管劳伦斯在爱情关系方面怎样迁就她,他意识到她丝毫不了解作为艺术家的他。这里所提到的《阿德尔菲》杂志内容,大多根据那些观点偏狭的地区作家的错误认识和偏见。对此劳伦斯曾极为轻蔑无情地给以揭露。

他这次抵达英格兰的预兆不祥。我们还记得弗里达临行前他们两人在纽约的码头上吵得很凶。她和默里一起到伦敦火车站来接他,当他看到他们相处十分友好时,醋意油然而生。劳伦斯的妒忌和他的自我主义一样达到了登峰造极的地步,除了经他选择的偶然相识的熟人之外,他不能容忍弗里达有任何朋友。不出几天时间,他不可避免地"感冒"卧床了,卧室里的莫利斯壁纸、老式茶杯中的茶和满口英国腔的来访者,让他好不心烦。当然,像往常一样,他刚到一地就恨不得马上离开。到了伦敦他希望自己能回新墨西哥。

新墨西哥! 在他和梅贝尔·卢汉多次吵架和"1923 年那些糟糕事儿"之后的新墨西哥! 但那个地方发生了很大变化。她发觉当时不该对他的火暴脾气和辱骂那样当真,在瓜达拉哈拉给他写了一封"和解"的信。他像以往遇到这种情况一样,立即回了一封非常可爱的回信。

　　　　　　　　　　　　　劳伦斯传

这也许和他与弗里达永远分离的传闻有关,但他公开发表的通信表明,他们已经开始频繁的信件来往,在信中,梅贝尔·卢汉甚至答应"顺从"。劳伦斯劝告她"要在信任的基础上狂热地无所顾忌地服从,就像牧羊神那样无所顾忌,深深地信任自然之泉的源流;随后欢笑"。他在括号里草草地写道:"有一天我会来接受你的服从。"

但弗里达却不愿顺从,战斗仍在激烈进行,有一次升级为严重的危机。弗里达看来好像知道劳伦斯要怎么写《羽蛇》的未完成的部分:他把他的墨西哥领导者比作奎扎尔科特尔(墨西哥印第安人信奉的主神),而把自己比作墨西哥人。可能由于这件事,也可能是碰巧借题发挥,她当着别人的面责备他是一个乖戾的自我中心主义者,"把自己当作神"。大概因为这种说法确有道理,他大为恼火,便破口用德比郡方言骂她。——他似乎总是认为德比郡方言有什么特别的优点。看看她对此有什么反应,他开始摔茶杯、茶盘和装饰有烙画的茶壶,恶狠狠地威胁她说:

"当心,弗里达! 要是你再这样对我讲话,我要摔的就不是茶具,而是你的脑袋了。哦,对了,我会杀死你的。当心吧!"

带有烙画装饰的头形茶壶摔碎了,多么没出息的暴力! 只有那些吓得一声不吭的旁观者才感到心悸,弗里达和他自己都知道他是做不出这样的事的。他来了伦敦,已足以证明在心理上他是这场意志战争中的战败者。这一点他很清楚,但他想要蒙骗旁观者。他摔完了,弗里达平静地扫起碎片,扔进垃圾桶。不管怎样,他得出钱赔偿。

从这个观点看问题,从墨西哥到纽约,到洛杉矶,再从洛杉矶返回墨西哥去伦敦的长途旅行差不多纯属浪费。这次任性的旅行花了他多少血汗钱? 难以估计,但肯定很多钱是不该花的。不过,现在他在伦敦,与多年未见的英国朋友在一起,他眼前又一次出现了"拉纳尼姆"

的幻象,由他统治的"朋友殖民地"的梦想。用劳伦斯式的表达方式来说,他们为什么不在陶斯"一起生活"? 由于他与梅贝尔·卢汉暂时休战,陶斯已对他重新开放。他虚情假意地写信给她说:"要是我们在陶斯一起生活,那该多好啊。"他似乎并没有自己问问梅贝尔·卢汉是不是喜欢他从伦敦带来那帮形形色色的追随者。然后他是多么热衷于他的计划,他不仅忘记了"糟糕的 1923 年"中所发生的一切,甚至赞扬她的诗和托尼·卢汉的散文。他那样对加布里尔·邓南遮和萨默塞特·毛姆都嗤之以鼻的人竟然赞扬起来了!

经过初步的试探,劳伦斯决定要对那些受惊吓的受害者举行一次宴会,一方面庆祝他的成功,另一方面要开始恢复他那"拉纳尼姆"的美梦,为此,他选定皇家咖啡馆。许多人对劳伦斯的烹调手艺大加赞扬,实在是言过其实。他事实上只会做英国村舍口味的菜和几种德国和意大利小菜。他不晓得上好的法国菜,对酒一无所知——他很能够重现萨克雷所描写的那种庸俗透顶的吃法,在巴黎要一味浓味炖鱼和红葡萄酒在一起吃。

这个计划一开始兆头就不好。劳伦斯和柯特连斯基到皇家咖啡馆去订饭,饭店经理用怀疑的目光看了看他们,要他们交付押金,拒绝接受劳伦斯的支票。客人们当然或多或少地都是劳伦斯天才的崇拜者,并且差不多都是他的密友。他们是:玛丽·坎南、多萝西·布莱特、凯瑟琳·唐纳德·卡斯威尔、默里、格特莱和柯特连斯基。他和他们相识许多年了,在受迫害时期他们大部分人都忠实地站在他的一边。由于他的自我中心主义,从未考虑过虽然他们都崇拜他,但这并不意味着他们彼此喜欢或能在一起和睦相处。

这次仓促的请客一开始就让人觉察出某种紧张气氛。甚至有些客人彼此并不相识,劳伦斯本人显然从 1915 年以后还没见过布莱特。所以庆祝会一开始就很拘束、沉默。劳伦斯想打破这种英国人的缄默，便向他们劝酒，边劝酒边喝，自己也喝了很多。但酒不能使人们关系融洽，而只有融洽的友情才能使饮酒有意义。他们先是喝波尔多葡萄酒，后来换了葡萄酒。劳伦斯接受不了这后一种酒，直觉得头晕，便讲起西班牙语来。柯特连斯基荒唐可笑地讲了一阵话，碰碎了几个杯子，宣称："劳伦斯是一个伟大的人——这里没人知道他有多伟大——特别是，无论在这里或者任何别的地方没有一个女人能认识到劳伦斯的伟大。"这时，男主人公才逐渐意识到他一心只管宴会进行得顺利，酒喝得太多了，"一脸苍白可怕的病容"。他并没有向众人道歉，中止宴会，却执意要实现这次宴会的真实意图。他谈了自己与世界的斗争，末尾问大家哪个人愿意跟他一起返回新墨西哥，"过过那里的生活"。除了玛丽·坎南，他们一个个都表示愿意去，但除了多萝西·布莱特之外他们当中谁也不是真心想去。——默里动情地吻了劳伦斯，劳伦斯伸出一只手臂搂着他的脖子说："别背叛我。"对此默里回答说："我爱你，劳伦斯，但我不能保证不背叛你。"随后过了一分钟左右，默里的救世主朝前倾倒，趴在桌子上呕吐起来。

弗里达冷漠地坐在一边，丝毫没有介入。任凭布莱特和凯瑟琳·卡斯威尔竞争照料那位失去能力的东道主。后来默里和柯特连斯基热心地把醉得失去知觉的劳伦斯抬上一辆出租汽车，一直送到汉普斯特家里，让他睡在床上。劳伦斯在第二天对这段插曲的评论，由凯瑟琳·卡斯威尔记录如下："唉，凯瑟琳，我昨晚出了一次洋相。我们所有的人都有出差错的时候，只要我们首先承认，然后把它忘记了，就没事了。"

这场灾难性的，多少有点丢脸的事件过后，劳伦斯很乐意从英格兰逃到巴黎和巴登-巴登。但这时，一种新的、十分意外的忧虑却开始搅扰他了。这段时间，他所有的信件都涉及他的美国出版商，"倒霉的苏尔泽公司"，苏尔泽既不给他复信和电报，也不给劳伦斯往银行里付钱。事实上，忠实的苏尔泽公司因为出版了过多的蒙帕纳斯的美国人的作品，已陷入经济困难，不能支付劳伦斯应得的稿酬。但这并没有使劳伦斯陷于经济困难，反而让他有个极好的借口，对付那些他担心会来借钱的人。劳伦斯自己的记录表明，在那次回陶斯的昂贵的旅行之后，又买马，维修克瓦牧场大约花费了 500 美元。1924 年 10 月他银行余额在英国为 303 英镑，在美国为 2285 美元。

　　1924 年 3 月 15 日，劳伦斯夫妇再次远渡重洋去美国（这次乘的是"阿奎塔那"号），同行的有他的"拉纳尼姆"的新收的成员多萝西·布莱特。劳伦斯在给岳母的一封信中亲切地描述她为"头脑有些简单，但不坏"。我必须给她说句辩护的话：在陶斯，印第安人称她为："带着危险匕首的小姐。"因为她勇敢地带了一把自己的匕首。她是英国贵族伊舍子爵的女儿，所以劳伦斯在他的信中总是油滑地称她为"尊敬的多萝西·布莱特"，好像她是一位国会议员，而不是一位英国女士。由于耳聋，她戴了一个助听器。

　　其余的人只有默里声言他很快会随他们一起去，很可能真的打算这样做。劳伦斯已给梅贝尔·卢汉写信说："我倒希望默里不来陶斯。别太信他的话了。"但劳伦斯的要求实在太高了，因为那时《阿德尔菲》杂志办得很成功，而《阿德尔菲》是不可能在洛博编辑的。默里干吗去新墨西哥少拿不少的钱去干些打杂的活儿呢？而且，这两个朋友在至关紧要的问题上再一次意见相悖。劳伦斯认为生是死的一种形式，默里的观点也十分新颖——死是生的一种形式。

　　在纽约的码头上苏尔泽前来接他们三个人——劳伦斯、弗里达和布莱特。劳伦斯觉得，苏尔泽"看起来非常倒霉"——因为欠钱的缘故。他们"冒着风雪，坐上一辆出租车，被行李埋在下面，好不容易到了第一百号街上。纽约看起来糟透了"。苏尔泽夫妇还是盛情款待他们,带他们看戏,接着在华尔道夫饭店共进晚餐。不幸的是,费力不讨好,劳伦斯竟对这些有钱在华尔道夫饭店请客的坏人大发脾气。难道说苏尔泽带他去五角钱的自助餐厅才中他的意吗?

他们继续旅行,前往芝加哥,在那里拜访了《诗刊》的女编辑和一些作家,然后到陶斯,在陶斯大约住了六个星期。劳伦斯夫妇占据了梅贝尔·卢汉的一栋两层楼的住宅。布莱特住进附近一间工作室。他们在印第安人的保护下骑马慢跑,酝酿着与梅贝尔·卢汉的又一次争吵。时光就这样度过了。他们还野游到兰乔斯温泉里洗澡,布莱特觉得当水珠从头发和胡子上滴下来的时候,劳伦斯看上去"恶狠狠的,像牧羊神一样","一双眼睛闪着凶光"。

试想如果劳伦斯将皇家咖啡馆的满船移民都带来了,将会是怎样一番情形呢?幸运的是,尽管梅贝尔·卢汉认为布莱特是"一个神圣的俄国笨蛋",并且对她说什么都要带个"小"字的乔治王时代的习惯非常气恼,可她们毕竟都是女人,能够相互谅解。人们觉得劳伦斯很少或根本不曾设法调整和缓和这些复杂的关系。他显然没有意识到这一基本事实,当一个女人提出"顺从"的时候,她的意思是她要你的所作所为完全符合她的要求。

这样,一个欢快的早晨,梅贝尔·卢汉天真地说她觉得好极了。劳伦斯并没有微笑着说:"很好!"却皱起眉,发表了这样的妙论:"你认为身体健康,但不是。你认为天气很好,但不是。这只不过是放纵的自我意识,事实就是如此。这个自我意识是毁灭者,是引起一切麻烦的东西。"

可怜的人,过去的贫穷和苦难,使他得了可怕的肺病和神经的焦虑,只要能有健康的体魄他还有什么不能放弃的?虽然他装得好像对健康满不在乎的。

关于这段时间弗里达毫不在意地写道:"我们与梅贝尔·卢汉住在一起,但我们相处得并不很好。"然而,他们没法抱怨她不识人或者不慷慨,因为当时她把在洛博的 170 公顷的土地送给劳伦斯;劳伦斯不要,又执意将它送给弗里达。(我很想知道是否有哪位美国作家曾经得到过哪怕是半公顷的英国领土)这还是他想要的,他说过好多年,他想在洛矶山中有个小农场;这样慷慨的赠予是对他的激励。

事实上,他起初很高兴。看到那间破烂不堪的土坯房需要维修,经过一阵犹豫不决之后,劳伦斯开始大干起来。他请了印第安人来帮忙,还动土挖了一条灌溉渠,从大约一英里外的加丽那峡谷引水。他不顾自己的健康状况,过重的体力劳动使他劳累不堪,但这并不妨碍他欣赏大自然的美丽。每个地方的精神因素对劳伦斯来说常常比任何人都重要得多,他的克瓦牧场尤其是这样。这个农场对他有多重要,他爱它爱得多深,从他对它的多次描绘中可以看得出来。在他挖灌溉渠那段时间,他的诗意大发,达到了顶点:

> 每天清晨,我拿着一把镐,沿着牧场的水渠,朝峡谷走去,在洛矶山狂傲的静寂中,站在山脚下的丘陵上,隔着荒漠眺望远在亚利桑那州的蓝色群山,蓝得如玉髓矿石,山与山之间是长着艾灌丛的蓝灰色的荒漠,点缀着如晶体方块的房子,高耸巨大的圆形剧场,永不驯服的荒漠,东面环绕着庞大的桑格利·德·克利斯托山脉,生气勃勃地流向洛矶山的松林密布的山麓。多么壮丽的景色!只有黄褐色的鹰能够真正翱翔在这壮丽的景色之中。它有一种庄严而沉默的恐惧,和广大深远的意义,使它远远地超越了单纯的审美欣赏。从没见过这样纯净、强烈的光,带着一种近乎冷酷的庄严,

覆盖在这个空旷的向上倾斜的世界之上。每天早晨孤独地站在高傲博大的荒漠世界之上的松林中的人们,知道这里的景色是多么惊人的美,他们清楚无疑地知道白昼有怎样的威力。那里的白天就是这样地惊心动魄。不难理解阿兹台克人为什么把人们的心灵奉献给太阳。因为太阳不仅仅是炎热或灼热,根本不是的。它的光亮具有不容置疑的纯净和高傲的静谧,使人们愿意将心灵奉献于它。

这样的感受,极其独特感人的文字描写,并非毫无瑕疵,但它们具有特别强烈的情感,使我们得以领会劳伦斯伟大和卓越的才能。这些感情没有任何卑微和荒谬之处,确实具有他自己所说的那种"宗教"的意味。这和他的喧嚷争吵以及漫画式复仇性的文字形成最强烈的对照。这和它描述阿兹台克人和他们的死亡仪式所暗示的理论相比也形成强烈对照;因为其中表明他狂妄自大地把自己看作反基督教的救世主,一个能够改变整个人类世界的新的阿兹台克主神的化身。他是如此的渴望力量! 然而,他作为伟大艺术家的力量,只有在他忘记自身,忘记这种狂妄的野心,坦诚地面对"宇宙生活"而写作的时候,才能充分地显露出来。他奇妙地描述了这种奇异的情感,精神过敏的人们之间痛苦的关系,以及性欲的光明和黑暗面,他的讽刺性画像所表现的仇恨、报复和残酷心情,在文学作品中是无可比拟的。但是在美丽的大自然中,当他独自一人做着简单的体力劳动时,他的另一自我好像浮现出来,他会感觉到一种特有的巨大幸福感和欢愉的情绪,这是其他的人所不能或者很难体会到的。

洛矶山中的牧场并不是使劳伦斯感到精神振奋的唯一地方。在英格兰、西西里和澳大利亚甚至更强烈地唤起过他的这种心情,但是他总是把自己融化到这种壮丽的超越于常人体验的景色之中而感到喜悦。不过,在他复杂的、苦痛煎熬的性格里仍保留着英国工人的气质。这表现在他的喜爱体力劳动和修补房屋上,正像他看见他父亲做的一样。克瓦牧场还有许多他留下来的东西,但最动人的莫过于土坯房与苜蓿地之间的英国式小花园了,那棵劳伦斯崇敬的上百年的巨大古松遮掩着小花园。你可以在任何老式的英国村舍看到这种花园,连那开着花的茶藨子也不例外,而这样一座花园却出乎意料地坐落在荒凉的山坡上,高达八千英尺,比英格兰的最高点还高两倍。园中的蔬菜和鲜花与洛矶山上艳丽的异国色调的野花形成对照。这些野花有:印第安红花除虫菊、猩红的山梗菜、野向羽扇豆、色彩斑斓的耧斗菜和误称的风铃草。在花园上面耸立着那棵无比巨大的松树,看上去比任何欧洲松树都古老和高大,"像石柱般巨大的、带鳞片的苍铜色树干","冷漠地迎风屹立","风穿过树的缝隙瑟瑟作响,如同一个巨大的蛇窝"。后来他永远地离开这个牧场还带着痛惜的心情,怀念这棵松树。在从意大利的里维埃拉的信中写道:"如果我思念的话,我只怀念房前的这棵树,那棵遮天蔽日的大树,没人看到它绿色的树顶。"

有人说他"恨美国"那是多么的荒谬!确实,他恨工业化的美国,但他仇恨所有一切地方的工业主义,而且任何一个明智的人,也不可能受异国的民族主义的约束。但是,如果我们要了解那个山边他所拥有的美国田地对他具有多么重要的意义,可以读一读《圣莫尔》的最后15页,及最后一部散文《墨西哥早晨》,以及题名为《新墨西哥》《美国的牧神》《陶斯》的散文。对他来说,这一切使他感到狂喜,既热烈而又甜蜜,既有诱惑性而又令人震惊。有时他丰富的想象会产生出对孤独和幽灵的恐惧,对印第安人,甚至对灰熊的恐惧,其实这些东西在那里早已绝迹。可悲的是,他一方面生活在这种纯粹的愉悦之中,而另一方面却悲苦而刻毒,充满着报复性的仇恨。

说来奇怪,在新墨西哥这个地方,他的"拉纳尼姆"的梦想似乎要成为人间的现实了;他整天忙着建房、做木工、挖沟、灌溉、骑马、挤牛奶、烤面包和擦地板,写作和绘画。你也许认为这样的生活会导致古人所说的"无动于衷"的境界,对可怜的人类和他们的过错和烦恼都漠然处之。但是,正如奥尔德斯·赫胥黎所指出的,人在山林里过"隐士的生活",可能产生一种结果,孤独使他成为至高的权威——具体到劳伦斯,这往往意味着他变得特别苛刻和恶毒。

这种仇恨心情特别强烈地表现在几乎《圣莫尔》全书中,小说结尾与山岭所唤起的热情完全不同。布莱特曾描述,劳伦斯怎样坐在餐桌旁,忘了吃东西,眼睛里"闪烁着兴奋的光芒",读《圣莫尔》的部分稿子,常常大笑起来,只好时时停下笔来。《圣莫尔》中那个枣红色的大种马是劳伦斯最明显的象征,故事中它故意扑倒把骑手压在身下,又蛮横地在另一个人的脸上踢了一脚。劳伦斯读得"极为开心,极为得意",弗里达对他这种刻毒和残忍感到恐惧,并且当面指斥。但他并不理会她,继续格格笑着,津津有味地描写这个血肉模糊的骑手的惨状。

在这样的高山上,强烈的阳光下从事剧烈的体力劳动,再加上他创作中的精神激动和阵阵发作的仇恨心情,同时和布莱特、梅贝尔·卢汉的虚假关系,常常使他生气;这一切都必须付出应有的代价。在他朗读《圣莫尔》那些报复性的文字后没有几天,他像往常一样扭头吐痰时,吐了"一口鲜红的血"。尽管卧床不起,他还是不承认这是肺结核所致,弗里达来看他,问他什么时候请医生看病,他大发雷霆。

"你这是什么意思?干吗要找医生?好大胆!"

他对自己所患的疾病十分气恼,却又无能为力,感到悲伤,没法出气,便把用来做蛋杯的铁圈朝弗里达头上掷去,叫嚣道:"你知道我讨厌医生。你知道我不要他来看病，你不许背着我找他来。我不见他，不见。我要出去躲在艾灌丛里，他走了再出来。我会教训你的。"

当然，他根本无法忍受作为一个病人的自卑感。无法忍受医生再一次告诉他患了肺结核，他必须平心静气地躺在床上静养。从电话中得知他的病情，医生担心是肺炎重发。果真是那样的话，就得送劳伦斯去住院，所以他让威拉德·约翰逊先走一步，帮忙把他抬上汽车，再带了好几条毛毯赶来，以备病人回陶斯路上用。真到了医生面前，劳伦斯就很顺从地接受了检查。因为没有发现肺炎的症状，医生给了他一些一般性的指示，让他静卧，等待出血的肺部愈合。但医生一走，劳伦斯一定要用一种老式的汲器剂自己治疗，就像小时候母亲给他用过的一样，然后告诉弗里达怎么对旁人讲这套谎话："一切挺好。什么毛病也没有。肺的状况良好。不过是有点支气管炎——气管发炎。"

谁能说他这样做错了？甚至从医学的观点来看，只要他采取必要的身体预防措施，这对他心理健康可能是有益的。他对身体健康不够重视可能是由于他对此所知甚少，但更重要的是因为他本能地认为短命胜似半死不活地苟延残喘到 70 岁。患病期间他不可避免地陷入沮丧和绝望之中，可他总把这种情绪归咎于其他原因。他在给默里的信中写道："我不是告诉过你，我的父亲死于 9 月 10 日，我生日的前一天吗？秋天总是使我心绪恶劣，各种颜色乱七八糟。我想去南方，那里没有秋天，在那里寒冷不会像雪豹那样伺机向人猛扑过来。在北方，心脏是死的，冰凉的手指是死尸的手指。北方令人绝望！它的灵感的激素是临终圣餐舌头上的震颤。"

九

　　肺病的周期性发作一直使劳伦斯焦躁不安,尤其因为他总是把发病和由此而产生的沮丧心情归咎于他所居住的地方。尽管在牧场的生活安排比以前完善和舒适,他并不想在那里再过一个冬天——尤其是在没有丹麦人帮助的情况下。《羽蛇》不曾完稿,他还得回墨西哥。虽然在我的记述中他好像一直在迁移,但我并不认为劳伦斯过分地好动。为便于查考,我排列了一张自从他到克罗伊登以后的旅行详表(我认为是完整的,仅仅省略周末和短途旅行),其中实际旅行的次数比我想象的要少得多。他的确喜欢自由自在地周游世界,这是大部分人所望尘莫及的,但没有人能像他那样有效地利用旅行。在他活着的时候,成千上万富有的英国人跑的地方比他多得多,可他们除了使自己厌倦,别人厌恶以及浪费时机外,没有任何收获。

　　甚至在克瓦牧场的春季和夏季,尽管他们忙碌非凡,还患了一场疾病,他们至少还抽时间做了一次重要的短途旅行观光,必须予以记述。1924年8月梅贝尔·卢汉和托尼·卢汉驾车带劳伦斯夫妇一起穿过荒野去看霍比印第安人的蛇舞,这是一种非常著名的印第安人的宗教仪式,每年可吸引三千多名白人参观者。在这个泛神教的仪式上,一些印第安人嘴里叼着活的响尾蛇,最后两个所谓的"牧师"突然冲出来,把蛇带到荒野放生,不是作为仪式的贡品,就是作为给神报信的神圣使者。劳伦斯写了两篇几乎自相矛盾的文章,记述这次旅行和有趣的巫术活动。第一篇是为威拉德·约翰逊的《笑马》写的,其中劳伦斯开心地讽刺性地"揭穿"了整个事件的始末和挤在一起观看的旅游者:

> 骗人的把戏!西南部是美国白人的大游乐场。那些长着长发,披挂毛毡、陶器和笨拙的自制的小玩意儿的印第安人,是个绝妙的活玩具。比饲养兔子好玩,却同样没有危险。妙极了,真的,嘴里叼着蛇跳来跳去的。多好玩!哦!荒凉的西部有多好玩:迷人的土地。像在马戏场里似的:到处是沙石,涂着花脸的野人不住地叫着,喊着,就是这一切,来呀,小伙子们,好玩极了!

这种欢快的不尊敬的叙述长达数页,虽然这种描写对于见过西南部的人可能很感兴趣,但谁都明白虔诚的陶斯人对此会是十分反感的。劳伦斯对堕落的欧洲及令人厌恶的旧文化肆意嘲笑倒也无妨,但同样地嘲笑印第安人是不适当的。根据这个教条,他住在新墨西哥,与印第安人接近,解决了许多个人问题(即使不包括宇宙问题),并在具有放射性物质的兰乔斯温泉里洗澡。现在很难说劳伦斯是否对这种惩罚性的触犯别人感到后悔,或者是否——(可能性更大一些)——对卢汉夫妇出点儿怨气。无论如何,他确实改变了看法,写了一篇温和得多的文章,其中一些段落写得十分严肃和对蛇舞大加赞赏,显然有点儿不自然:

> 人,具有意识和意志的渺小的人,必须既要服从他生命的原

力，又要征服这些力量。人克服了恐惧，征服了这些蛇，教它们带着亲善、祈求和强力的信息返回大地。作为爱的射线回到最初太阳的黑暗的心脏中去。但它们也像人的智慧和勇气射出的利箭一样返回到大地最古老、最顽固的核心，那排外恶毒的心脏。在最初太阳的核心中（人们生命的源泉）有着响尾蛇一样毒的毒药，人必须制服这种毒药，必须控制它的效应……

如此等等。坦率地说，我觉得，这些都是虚假的。劳伦斯在写作中很少这样不诚实。我认为他为讨好奥托琳·莫雷尔而写得十分激动人心、十分"富有诗意"的关于加辛顿的诗篇是不够真实的。这里我想他这样做，也是出于相似的原因。

1924 年 10 月 11 日劳伦斯夫妇从山上的住处下来，启程前往墨西哥城，与他们同行的还有"那个布莱特"。因为这个国家处于无政府的状态，而且谣传有土匪，这火车上载有一货车身着伪装服的土匪，还有一些坐在车顶上。当墨西哥的印第安人登上火车的时候，布莱特（她可能读过 D.H.劳伦斯的作品）注意到："这些印第安人带着一种野性傲慢；发亮的褐色手臂和脖子从短小的背心上骄傲地袒露出来。"

显然，劳伦斯的健康和精神状态比平时还要坏，所以他这次觉得墨西哥城特别让人丧气。这座都城给他的印象是"破破烂烂、萧条冷清——没有商业活动——没有钱"（对一个写过"哦，爆发革命吧，某些人，不要金钱，而要永远丢弃金钱"的人，这种论调是多么奇怪）。弗里达患了感冒，他们应邀参加笔会俱乐部的一次晚会。"我们俩都感冒得吓人——不该来墨西哥城——寒冷，四处弥漫着流行性感冒和颓败的气息。"他与萨默塞特·毛姆会晤了一次。像大多数这种名人的会晤一样，这次会晤搞得很不满意。劳伦斯伤心地抱怨说："在这个该死的城市里每个人都在咳嗽、打喷嚏:天气太冷了,雪压在波波卡特佩尔火山顶上。况且这座城镇令人难过和沮丧。好像漏底的桶,讨人厌。"

英国副领事想了一个绝妙的办法,使劳伦斯夫妇从这种困境中解脱出来。副领事的兄弟是奥克萨卡的一位牧师。奥克萨卡是"墨西哥南方的一个小镇,海拔约五千英尺,气候宜人:阳光充足和玫瑰盛开"。因此,他们和布莱特一起前往那里,劳伦斯开始安心,快速写作《羽蛇》的最后部分。1924 年 11 月 18 日至 1925 年 1 月底之间,他大概已完成了这部小说,并写出了《墨西哥的早晨》的前面四篇散文。记入日记中最后一项账目(五年前在卡普里岛开始写的日记)这样写着:"1924 年 11 月 17 日:截止到 10 月 31 日大通银行存款结余 2004.00 美元。明天搬入理查德的房子。"

理查德是英国牧师,他为劳伦斯夫妇找的房子是所"很不坚实的土坯房,建在花园庭院的两条边线上"。院子里长有橘子和香蕉树,养着两只鹦鹉和一个名叫科拉斯敏的小狗。这所房子没有家具,但可以借到,他们很快就把房子布置得十分惬意了。劳伦斯和弗里达到市场上去买本地陶器,更重要的是毛毯——色彩鲜艳的羊毛毯——他们前年在查帕拉湖买过。他们"从喧闹、混乱、肮脏的野人手里找到了这些东西——一簇簇玫瑰和鲜艳的芙蓉花,羊毛毯,极漂亮的土著陶器、牛仔、鸟儿、蔬菜和吓人的吃的东西——包括捣碎的野蝉蛹"。

布莱特没跟他们住在一起。尽管她具有"拉纳尼姆"忠实追随者的身份,主人劳伦斯却让她住进一家旅店,甚至她想要几件好看的小玩意儿和甜食都不许她买。劳伦斯告诉她这些东西不是给她的,而是给印第安人的。(那么,为什么他自己买这些东西呢?)他让她买了一双墨西哥凉鞋,经过仔细嗅闻,证明这双凉鞋并不是按照墨西哥一般方法,在人粪便中浸泡而制成的。

劳伦斯传

在南方集镇里,市场通常是最活跃、最丰富多彩、最令人感兴趣的地方。每逢星期六印第安人都从乡下来到奥克萨卡市场,"男人像成行的白点点蜿蜒走过荒原上光秃秃的山丘,跟在黑乎乎走得很快的毛驴后面,女人骑在毛驴背的箩筐边上,不停地点着黑色的头"。毛驴驮马铃薯和葫芦、木炭和柴把,还有"两大网袋烧水的水罐"夹在小跑着的毛驴行列中,有缓慢而重载的牛车。集市是"一个大棚子",中间有一个水池,围着盛开的鲜花,"有一束束红、白、粉色的玫瑰,杂色的小麝香竹、罂粟花、几株飞燕草、柠檬、橙色的金盏花、百合花蕾、三色紫罗兰,还有几枝勿忘我草"。——只有从凉爽的山区来的花,没有太普通的热带花。

　　集市上摆着一排排的摊子,有些放着"鲜嫩的蔬菜",有些放着面包、奶酪、黄油、禽蛋、鸡、火鸡和肉。另外一个地方有艳丽的毛毯、土布和凉鞋,印第安人谈话的吵闹声压倒了一切,好像世上所有的幽灵都在彼此交谈——吵闹声有些像下雨,或者像风刮香蕉叶的声音,西班牙语中的萨帕特克"方言"的古怪嘶嘶声,和米克斯特卡斯语平静的旁白声。所有这一切都使劳伦斯激动不已,他迈着轻快的步子,连最细微的事物也逃不过他的眼睛和记忆。

　　这个集市上有一点让劳伦斯非常不喜欢。由于他的肺病缓慢而无情的打击,使他那张长着菲利普四世式的下颌的青年人的脸变得面目全非;像常见的肺病患者那样,虽然痛苦却要保持体面,因而扭曲得戴着假面具一般。这种容貌再加上他的胡子,难怪他在墨西哥不管走到哪儿,人们都要戏谑地小声说:"基督! 基督!"因为他在想象中总是想召唤并在某种程度上把自己化身为阿兹台克之神,因此这种戏谑特别使他烦恼。但在奥克萨卡居住还有其他更严重的麻烦:

一切都那样不稳定，真让人摸不着头脑。印第安人都是些古怪的小野人，而可怕的煽动者又给他们灌输了一点社会主义，一切事情都弄得一团糟。真是混乱不堪。我猜测美国人不可避免地将进行干涉。你知道吗？社会主义是个花花公子。它会把人搞得昏头昏脑！尤其是野蛮人。这里的社会主义是天大的笑话：只会带来危险。

虽然他生动的想象力对此可能有所夸大，但当时的局势确实有危险。奥克萨卡镇曾与外界隔绝过好几个月，这种事随时都可能再次发生，如果暴力活动使那条薄弱的铁路交通线中断。在墨西哥城的时候，劳伦斯非常不喜欢待在那里，他的愿望是"逃到乡下去，躲开所有的人"；可一到乡下，想到一旦再爆发"革命"他可能无法脱身，就吓得魂不附体——想"在这里再困上几年！太可怕了！"他听得许多人谣传，有一种搞不清的不治之症，据说会在边远山区传染人。白人居民暗示说，如果他和两位妇女出城去，那是很危险的，可能会遭人暗杀。

他没有被吓住，游览了米特拉的古迹，还和他的本地仆人罗萨林诺一起跑去看了几座山村，那里的印第安人害怕他的白色面孔和红胡子，把他当成某种不可思议的外国魔鬼，纷纷仓皇逃窜。劳伦斯发现自己在墨西哥有种不合情理的恐惧感。虽然《羽蛇》中的生动的散文描写和富有诗意的咒语，听起来极为美妙，但乏味的现实却没有那样吸引人。无论你到哪儿都摆脱不了那种悲惨的恐惧感，令人难受。几乎从一开始在奥克萨卡住下，劳伦斯就对他所说的"这个恶毒大陆的震荡"越来越反感了。

革命的精神甚至引起了一场小小的家庭冲突。弗里达不会很快地怀疑或憎恨什么人，只有当她妒火中烧的时候，才会逐渐形成劳伦斯所说的那种"态度"。显而易见,这次墨西哥之行,她一直在慢慢地对布莱特积聚着火气。在弗里达看来,布莱特对劳伦斯忠实得太过分了;一发生争执,她无一例外地总是站在劳伦斯一边,而且每天都和劳伦斯一起出去——他写,她画,把弗里达撇在一边,跟克拉斯敏小狗和几只鹦鹉一起玩。对弗里达来说,布莱特对劳伦斯的崇拜不过是"一种愚蠢的老习惯",她一点也不隐讳自己的感觉:

"布莱特,我讨厌你对劳伦斯的崇拜。没有一件事比这更使我讨厌的了,除非是你崇拜我。"

弗里达一开始就主张让布莱特和他们分开,住在旅店,所以差不多到了 1 月底的时候,她就开始跟劳伦斯念叨来念叨去,她不愿意让布莱特"生活在我们中间"。起初,劳伦斯大发雷霆,随后,像往常一样,还是弗里达如愿以偿:让布莱特返回墨西哥城。可能是为了向弗里达表白她别无他意,布莱特在一封信中提到她遇到一位船长,十分倾心于她。后来,她收到一封长长的复信,写信人十分恼火,信写得前言不搭后语,完全是一副训人的腔调:

> 我知道你的船长。他的蓝眼睛闪烁着生命的温暖火花,这双眼睛比一切高超的品质,更值得追求。他极明智地开着门。你干吗要冷笑?你并非超越于性欲之上,你永远不会的。其实,你是受性欲支配的。你喜欢眼睛里头脑里的性刺激,这是邪恶的、败坏的事情。你从船长那里得到那一点点生命的火花比这个悲惨星球上所有心灵的、典雅的和基督教的品质都更有价值。不,布莱特,我不需要你的友谊,对我来说,你的"友谊"背弃了我身上真正的男性的品质,使我厌恶。是的,是你牺牲了这一半去拉上另一半,使我厌恶。现在你不在这里我就好多了。我不再接受这类"微妙的

友谊",因为它伤害人的完整性。

就是这个劳伦斯,过去曾经对凯瑟琳·曼斯菲尔德强调说他信奉友谊,相信男人与男人、女人与女人、男人与女人之间有"像婚姻一样永恒的友谊",而现在竟说出了这样的话,这就是他给予一个对他绝对忠诚、始终不渝的女人的报酬,而过去他宣称她的忠诚对他是无比珍贵的。他竟把她撵走,让她只身前往在革命浪潮中动荡不安的墨西哥城。

就这样,在这所破旧的奥克萨卡房舍里,只剩下劳伦斯和弗里达,漂亮的院子,仆人罗萨林诺、小狗克拉斯敏和两只鹦鹉。如果说劳伦斯对布莱特的指责是不公允的,那封信写后不久,他就认识到他在《羽蛇》的赞美诗中所尽力唤起的那种导致死亡的威力。现在他发现恐怖和灾难也许是他的伊兹巴巴洛特斯、休兹洛普契特利斯和奎萨尔科特斯所促成的,发现他们完全准备要接受他作为人类的牺牲品了。

在奥克萨卡旅店的所有卧室里装有蚊帐,但在他自己的房间里,劳伦斯却拒不使用蚊帐。蚊帐根本不必要,不过是一种现代的时髦东西。要赶走蚊子,只要用被单一直拉到鼻子上面就行了。不幸的是,有一天晚上,劳伦斯把他那球茎状的鼻子露在了外面,第二天早晨发现上面全是蚊子咬的斑点。

奥克萨卡是疟疾流行区。我们还记得,劳伦斯一贯否认科学的有效性("所有科学家都是说谎的人"),但我不知道他是否会否认疟疾是通过感染的疟蚊叮咬传播的——没错,他有一封信似乎说疟疾是"由污浊的空气"引起的。我也不知道在可怕的墨西哥众神中哪个神把疟疾作为上天惩罚人们的工具。但可以肯定他在给布莱特写那封苛刻的信的时候,已身患重病,而且在不讲卫生的热带地区莴苣和所有做色拉的青菜往往都带有病菌,会让人生肠胃病。在身染疟疾躺倒病榻的同时,劳伦斯还受着墨西哥腹泻和痢疾神的折磨。对他身体要害的双重打击很快发展到了患有结核病的肺区。

如果一个人没有坚韧的体质,不蕴有强大的生命力,肯定谁也经不起这些疾病的联合夹攻。第一次给他看病的本地医生,见他病得这样厉害,非常担心这个长得像基督的外国人会死在他的手里,某些远方的,非常讨厌却极有权势的人物将会对他追究责任。一位英国军人传教士拿汤给他喝,并为他祷告,几位英国和美国居民也尽全力抢救他。

在一个闷热的晚上,一道锋利的闪电划破夜空,接着响起一阵阵雷声。刚到陶斯的时候,托尼·卢汉在一次暴风雨中说过:"白人说雷是云彼此碰撞的结果,但印第安人更明白是怎么回事。"听到这儿,劳伦斯"神经质地哧哧傻笑起来";但是这次墨西哥的暴风雨可不能轻视,因为它是地震的前兆。在隆隆响雷的短暂的间歇中,劳伦斯听到外面凄厉的狗吠声和受惊马匹混乱一团的嘶鸣声。随着一声突如其来的可怕的爆裂声,地震之神击中这座颤抖的城镇。在黑暗中劳伦斯和邻屋的弗里达听到并感到屋梁在摇晃的墙的座孔内上下震动,发出犹如许多马蹄踩踏的声音。弗里达吓得蹲到床底下,叫劳伦斯也这样做;但他身患重病无力移动。

在奥克萨卡这一连串的灾祸造成了他晚年生活的一切危机。它终结了漫游世界的生活,从而限制了他的一切体力活动。他过去虽是重病缠身却活得十分有勇气,活得充满希望。现在,无论他怎样对别人和自己隐瞒这一事实,他大概也知道自己是一个濒临死亡的人,不能指望活得很久了。

他一向过于相信自己的正确性和力量。他比别人更早猜测到旧欧洲的秩序必然崩溃,并且断言自己知道出路何在,"这条迷失的途径终点就在这里,在墨西哥","有意识的"生命必须服从"黑暗的无意识"的冲动。当他相当认真地玩弄复活墨西哥众神的观念时，他确实把这些神当作古老的被遗忘的无意识冲动和力量的象征。但现在这种探索失败了，死亡仪式的黑暗之神已降临在他的头上，用疟疾和痢疾折磨他，用惊雷、地震和恐惧打击他。

这是他最不幸的时候，悲痛中他骤然思念起英格兰来。他要马上"回家"，或者无论如何要尽快抵达维拉克鲁斯，从那里登船启程：

在墨西哥酷热、焦热、有限的太阳里，在干燥可怕的土地上，在满脸狐疑的土著人瞪圆的黑眼睛里，有什么样的东西使平常的日子对他失去了真实性，像一个大水泡一样破裂了，他似乎不安而恐惧地从裂缝中看到一个更大的白昼，更深的蓝色，另外一个太阳运转着，抖动着它深蓝色的翅膀。这也许是疟疾，也许是他自我发展的必然结果，也许是那些在墨西哥洪水时代以前留下来的漂亮、危险而惊诧的人。他病倒了。他觉得在他身体的中央，肚脐下面什么膜断裂了，一种把他和世界和时光连接起来的膜……他想回家。如果更明亮的白昼不远了，英格兰即便小一点，闭塞一点，过于雕琢一些，也无关紧要。他要回家，离开这些荒凉的国家，这里的人们想更明亮的白昼，想得要死；他要回家，回家他就能在太阳后面正眼看太阳，在更明亮的白昼里，回到他原来的自己。然而他还虚弱得不能回去。他躺在那里厌恶热带，听凭时光一天天过去。他的房门向院子开启着，院子里绿色的芭蕉树和长着奇怪树浆的高高的开花灌木丛从洒了水的地上升起，指向那一方异样的蓝色笼子——那是树荫浓重，香气袭人的小庭院上方的天空。

他自愿地、执拗地钻进了死亡的套索，要把他活着救出来可不是一

劳伦斯传

件容易的事。他们把他从这套房子搬到奥克萨卡的旅馆,这里人们可以更好地服侍看护他。过了好几天,他的身体才好一些,试着要乘火车完成去墨西哥城的240英里的缓慢曲折的旅行。但他实在太虚弱了,连这段旅程也不得不分作两次走。

正值热带的高温酷暑,劳伦斯夫妇独自住在路边的一个小小的铁路旅馆。看着劳伦斯,弗里达一直坚持的勇气和力量一下子全都垮了,因为她意识到他的真实病情。她"像个疯子一样"哭了整整一夜,一遍又一遍反复痛苦绝望地自言自语道:"他再也好不起来了,他病了,快死了。我所有的爱,所有的力量都不会使他复原了。"

在死亡和分离的巨大威胁之下,在孤独无援的灾难中,他们之间过去那种强烈的爱和温情冲破了愚蠢争斗的灰烬重又熊熊燃烧起来。劳伦斯曾经想过他一定会死,而弗里达会把他埋在奥克萨卡一个"丑陋的公墓里"。她对此一笑置之。但那天夜里,他似乎注定要死,几乎是注定了的,他说到"如果我死了,除了你我没有别的牵挂,什么也没有"时,她的心差不多都要碎了。

十

　　可是,"回家"对他来说并不像大病初愈时想象得那样容易。到墨西哥城去的时候是那样的艰难,而此刻要逃离墨西哥也不是那么容易。确实,住在都城的旅馆里要舒服得多,而且还有些朋友前来探望他,但医生们也够讨厌的了。他抱怨说,医生们让他受够了"各式各样的体检、验血"的苦头。

　　一天,弗里达出其不意地走进他的卧室,看到他和医生在里面。医生转过头来,直截了当地告诉她:"劳伦斯先生患有肺结核。"听到这话,劳伦斯看了看她,"那种眼神使人永远忘不了",她则再次尽全力安抚他。她想必早就晓得真情,尽管从牧场上咯血之后,他总是试图使她和别人相信自己并无肺结核病:"其实,不过是有点支气管炎罢了。"说得她还真有点信以为真了。然而现在,已不单单是她自己的预感和猜测,医生已郑重地向她宣告,劳伦斯将不久于人世了。在与她的交谈中,墨西哥城的这几位医生大概意识到劳伦斯巧妙地将自己的真实病情瞒过了她。他们不仅由一人出面当着劳伦斯的面将实情和盘托出,免得他过后抵赖,还全部出动,一起会见弗里达明确地告诉她:

　　"带他去牧场吧,这是他最后的机会了。他的肺结核已到了第三

劳伦斯传

期。顶多还能治一两年。"

然而,他比医生预测的两年要活得长一些,但也不过活了五年——可以说是一种奇迹,他在这个时期不但没有撂下笔来,而且直至临终之前仍然尽力地写作。但是远在病倒奥克萨卡以前,他似乎已感到自己以后不能再写那些耗费精力的长篇作品了。他承认后来"我觉得短时期里,我不会再写新的长篇小说了"。

1925年春天,他感到消沉倦怠,医生说他的病体已经受不起去英国的航海旅行,而且在北方肯定过不了当年的冬天;因此除了回牧场别无其他出路。乘普尔门式火车上路时,劳伦斯只剩下一把骨头,却偏偏在边境上被阻,"受到移民官员的刁难,他们以极为拙劣的手段制造各种麻烦"来阻止他进入美国境内。一个外国人,病到他这种情况,是不准入境的。后来经美国驻墨西哥城大使馆出面交涉,他们才得以通过。大家终于把他弄回他建在山腰上的住所,渐渐地他恢复了精力。梅贝尔·卢汉不在,布莱特被他支到山下的德尔蒙特去了;她在那儿收到了他一封怨气冲天的短信:

"我们勉强凑在一起生活没有什么好处——况且也凑不到一起。就我个人来说——渴求诚挚亲密友谊的愿望已荡然无存。相识就够了。我们最好各走各的路。共同一致的生活是一种不切实际的幻想,因为人的本性总是想分开的,把人们分离开来,并使得他们彼此对立。这似乎是人们主要的天性,尽管还没有普遍承认。联合起一个来反对另一个,毫无意义。"

他又一次否定了自己鼓吹数年的许多东西——这是他惯常的自我否定。不过抵达牧场时,他已心力交瘁,没有精力去和朋友们进行那种他所认为的友谊中必要的争吵。当然写给布莱特的这封信并不意味着他们永无再会之期。其实,在那段时间他信写得很少,写的内容也不大涉及这一段生活,因而要没有布莱特的这些短信,这个夏天的情景实在很难了解。

随着体力和精力的逐渐恢复,几星期前在墨西哥经历的恐惧和痛苦渐渐地在他记忆中淡化了,后来简直就像压根儿没有过那回事似的。他又开始以自己特有的热情豪兴来享受生活的乐趣。春天他刚到牧场时,虚弱得要费很大劲才勉强爬上马鞍。几个星期后,他可以像只猫一样轻捷地跳上马鞍,而且过去的那些活儿又一样不落地重新干起来,关于那些马啊,还有他编过许多故事的那条奶牛苏姗——劳伦斯每天早晨和傍晚要给奶牛挤奶,那牛喜欢跑出去藏在灌木丛里,所以劳伦斯得常常骑马或者徒步去寻她,追她。每每这种事情发生,劳伦斯就会戴上弗里达母亲送给他的小望远镜找寻她,嘴里骂着苏姗的执拗和顽劣的脾气("你这个鬼东西!"),在西西里,他也是这样骂他的母羊的。

他又能够揉面,在露天的烘炉上烤面包;又可以清除水渠灌溉田地和园子——劳动的时候,他喜欢让冰凉的山水从赤着的双脚上流过。他砍木头给母牛盖了牛棚。一天他射中一头刺猬,随后悔恨不已,就像那次他把一段"笨重的木头"扔到蛇身上一样;为这事他写了一篇很长很有意思的小品文。还有一次他花了好几个小时,从一只野狗的鼻子上捡刺猬刺。狗的鼻子已被刺得肿了起来。狗自然愿意永远待在他那儿,他用鞭子吓唬狗,想把狗轰走,不慎失手击中了受伤的狗鼻子,狗一路嗥叫着跑掉了,劳伦斯痛悔得面色苍白,浑身发抖。对着那田野风光他又一次沉醉在其美色之中:

> ……日光像一只巨大的雄鹰一样不停地轮转,像栖息在近处岩石上的鹰那样盘旋,它们盘旋在头顶的蓝天之中,旋转着它那发亮的、镶黑边图案的肚皮和翅膀在纯净的空气之中,像长着翅膀的

　　　　　　　劳伦斯传

天体。和它们一样,巨大的月光盘旋在广漠的旷野之上,掠过最远处尽头的山脉。

同过去一样,他一天又一天地眺望沙漠那边的里奥格朗德山谷,看远处村庄里的"褐色的砖房",有时看到"三十英里以外的远处山岩","层叠的山峦","当北边圆形科罗拉多山形成神秘莫测的巨块",火球一般的落日落在"一口浅浅的、沸腾的黑色大锅上"。

凝望着落日他赞叹道:"啊,真美,纯粹的美。"可是1925年夏天慢慢地过去了,他对"纯粹的美"的欣喜大概也越来越被痛苦和悔恨的阴影所笼罩。这并不是由于他对弗里达一时的温情蜜意似乎已经消失,又被旧日的斗争和紧张的关系所取代。他已习惯了这种斗争,甚至把它看作是夫妻生活中必不可少的一部分。不,他的悲哀并不是由于这些斗争而产生的,甚至也不是因为他觉得暂时偷生,离死期不远,而感到悲哀。尽管他对这方面避而不谈,而且后来又信心十足地写道要从欧洲返回牧场,但是他肯定已经意识到这是他在克瓦牧场的最后时期了。

为什么1925年秋天他离开了心爱的牧场,从此再也没有回去过?原因非常简单。不是出于什么"对美国的仇视",而仅仅是因为像他这样病入膏肓的人不可能再入美国国境,尤其因为他已经被截留过一次。出于同情,美国大使馆以治病救生为理由出面交涉使他得以入境,但他的签证有效期只有六个月,他一定晓得法律不允许给他再办一次签证。因而随着时间一天天消逝,看着落日映照荒漠和群山的壮丽景象,想到以后再也见不到这样的景象,心里一定感到非常悲哀。

签证的截止日期为1925年9月底,劳伦斯夫妇要赶在护照失效之前从纽约登上驶往南安普敦的海船——时隔六年,他真的差不多完成了环球旅行。当然,即使我们不考虑他那瞬息万变的脾气,我们也知道那个冬天将临的"家"绝不是像他在奥克萨卡病榻上所想象的那样安适。10 月份他从伦敦写信说:

> 在这里我有一种奇怪的似乎是异国的感觉,不过这一次我并没有生气,只是不动声色地好奇地观察着周围。它像一只鱼缸,人们都是在里面游来游去的鱼。毫无疑问,英格兰是个最最让人眼花缭乱的爱丽丝漫游的奇境般的国家。

他很想和过去那些古怪的朋友重新联合起来,可并没有成功。为了偿还很久以前为弗里达买外套借的 5 英镑,他弄巧成拙,伤了凯瑟琳·卡斯威尔——他最忠实而无私的一个崇拜者——的心。说也奇怪,虽然现在他满可以轻易地付出这笔钱来,卡斯威尔却不知怎么觉得他仍然像在战争年代那般艰苦的"举债"度日的时期一样拮据。尽管他的版税所得在 1925 年至 1928 年间有所下降,同时他收入的大部分都用于旅行,但他在 1925 年一年的收入大概仍可达到 1000 英镑。

1924 年 11 月至 12 月期间,他从奥克萨卡写给默里的信,话说得非常难听;他说他的一封信是发自肝脏的"小小怨气",说对过去的思念"从根本上败坏了他的大丈夫气质"。第二封信比这还要激烈,还要不客气。不过,这时默里已晓得劳伦斯今天写信痛骂朋友们,明天就会全都忘到脑后。两人约好再度会晤,劳伦斯没有向他道歉,却带来了"一兜非常好的水果"以表示悔意。可叹,这位朋友似乎命中注定要使彼此失望的。劳伦斯觉得没法把默里当成一个严肃的作家,并深为他伤感的基督教情调而叹息。"难道你非写耶稣不可吗?"劳伦斯单刀直入劈头问道,随即又补充说:"我对耶稣是越来越兴趣索然了。"

劳伦斯传

劳伦斯写的下面这个短注有助于我们理解他的作品，更为有趣："驾汽车游遍了我所熟知的德比郡。"这种驾汽车的旅行显然不止一次，但几乎可以肯定1925年秋天的这次就是《查泰莱夫人的情人》中所描写的康斯坦斯的那次旅行。那本小说的核心思想即萌生于他的这一次旅行，那种思想逐渐发展形成了那本20世纪争论最激烈的情欲小说，这也是劳伦斯写小说的一个特点。那一次旅行唤起了他对工业化丑恶面貌的极大愤慨，尤其因为长期以来他生活的地方，虽然有某些缺点，却并不是这样丑陋的，因此工业化的丑恶更使他感到触目惊心。旅行回来后他告诉凯瑟琳·卡斯威尔，"我童年的恐惧像使人窒息的洪水一般向我迎头卷来"。这就是他漫游多年之后，重访"故乡"的所见所感。

汽车穿过漫长、肮脏、迂回的特维沙尔山径吃力地往山上爬去，砖房都已发黑，屋顶黑色石板清晰的边沿闪闪发光，煤屑使泥土变成了黑色，人行道又湿又黑。阴郁的气息似乎深深地渗透了一切。全然没有天然的美，没有生命的愉悦，连鸟兽所有的爱美天性都不存在，人类的直观官能已完全泯灭，这一切都是那样触目惊心。杂货店一摞一摞的肥皂；蔬菜水果店的食用大黄和柠檬！帽店的奇形怪状的礼帽！车窗中闪过的一切都是丑陋的，丑陋、丑陋！接下来是电影院骗人的恐怖电影广告，画面未干的预告写的是：一个女人的爱情！新建的巨大的原始派教堂就其赤裸的砖墙和窗子上大块大块的绿色与木莓色的玻璃窗来说是够原始的了。再上面是韦斯利教堂，用黑砖建成，前面是一排铁栏杆和黑色灌木丛。还有那个自命不凡的公理会教堂，用土里土气的砂岩筑成，有个不太高的尖顶。紧挨教堂的新建校舍用的是昂贵的粉红色砖，用砂石铺成的操场围着铁栅栏,一切都显得端庄严肃,兼有教堂和监狱的味道。五年级的女学生在上唱歌课,刚刚练完拉—咪—多—拉,开始唱"乖孩子歌"了。想象不出还有什么比这更不像歌曲——自然优雅的歌曲。她们不过是大致地依照曲调怪声怪气地大喊大叫。她们与野人不同,因为野人有微妙的节奏,她们又不同于动物,因为动物的吼叫是有意义的。它不像地球上任何东西,却被称为歌唱……如果一个民族像钉子一样丧失活生生的直觉官能,如果只剩下奇怪的机械的吼叫和诡秘的意志力,这个民族会变成什么样呢?

他看到"家乡"的诧异和厌恶,还不仅仅是这些。看到大卡车装满去马特洛克郊游的谢菲尔德炼钢工人——三分像人七分像鬼,龇牙咧嘴,人形的渺小生物,他的心不禁"沉了下去"。他暗想:"唉! 人对人都做了些什么? 人们的领袖是怎样对待自己的同胞的?"他们将人贬降为非人;因为不存在什么同胞关系! 这不过是一场噩梦。

是这种景象驱使他去写作《查泰莱夫人的情人》的,设想通过男人与女人之间"一种新型的生殖感情"消弭世界的残缺和贫乏,使之无法存在。因为他的记忆和目光仍然流连于数不尽的地上美景之中,见到他儿时生长的"家乡"的鄙陋单调,不免感到震惊,感到厌恶、恶心和无名的仇恨,不忍正视这眼前的景象,就像小时候公共图书馆窗外的景色使他感到自卑和痛苦,在恐慌之中恨不能插翅飞出这个工业化妖怪的魔爪。他会不切实际地突发奇想,竟以为可以用言辞堆砌成一个新的世界。但是读者们不禁要自问,他究竟要的是什么? 这个问题的确没法回答,因为他一会儿东,一会儿西,连他自己也搞不清到底要怎样。

他的"务实"政治不外乎:你从王位上滚下来,我要上去。以权为中心,以赚钱为宗旨是最可鄙的。他是个贵族中的民主人士,民主人士中的贵族。他把自己看作至高无上的人类领袖。无产者能这样狂妄吗?他时而粗犷地宣称自己是矿工的儿子,时而声言自己是神的代言人——是与诸神等同的神。母亲狭隘的维多利亚式的道德观念和唯智主义化的解放思想在他的身上极为罕见地融合起来。别人的性行为和性习惯都是错的,唯独他自己是正确的。同一位有夫之妇私奔以后,竟然严肃地主张什么婚姻的不可侵犯的神圣性来了。

尽管他有许许多多的自相矛盾之处,但有一条他是坚信不疑的——即工业主义的实践奴役人类,贬低人的价值。在这一点上他显然师承罗斯金。问题不在于"改变制度",而代之以新式的经营管理和分配方法。工业产业主义、机器和看管机器的人都是祸害,必须彻底消除。有时他真的以为自己可以做到这一点:

> 瞧着吧! 我能不能把你们打倒,
> 把对你们的高谈阔论,
> 把你们笨拙的是与非的定论,
> 连同你们特有的一重重天堂,
> 统统拉下来,摔得粉碎,
>
> 瞧着吧! 你们的天塌不塌,
> 我的脑袋硬,
> 至少经得起这一摔。
>
> 瞧着吧! 当你们的天已塌下,
> 你们的世界已化成废墟,

我能不能在黑沉沉、光秃秃的无垠天空下行动。

雕成女像的石柱,苍白的脸。

在我活着的时候,

瞧,我是否主宰着黑暗和芸芸众生。

　　他就这样坚决不承认奥克萨卡的失败。对"故乡"的罪恶再一次感到震惊之后,便悄悄溜到巴登-巴登弗里达那里去了。在瑞士那几天过得并不愉快,随即他们在位于意大利里维埃拉旅游胜地的斯波特诺租了个别墅。在这里劳伦斯重新开始了写作。他将《查泰莱夫人的情人》留到以后再写,而写了短篇小说《处女与吉卜赛人》和《愉快的幽灵》,两部小说又重采用欧洲和英国题材,好像他没有经历过长期的流浪生活一样,尤其是《处女与吉卜赛人》,其写作的风格与其说是 1926 年的,倒不如说更像 1912 年的。

　　不过总体看来,他打算把繁重的创作放一放,休息一下,平心静气地享受一段作家们都不可缺少的休整。"像济慈那样为了说出心里话而摧毁自己,那真是把鸡蛋壳掺到煎蛋饼里。"他写信给默里说,"一句话,闭上嘴巴。让《阿德尔菲》见鬼去吧。我不在乎谁发表我的作品,谁不发表我的作品,在哪儿发表,怎样发表,什么时候发表和为什么发表。我将尽自己的所能赚钱养活自己。但是除了早晨 8 点至 10 点之间以及午夜时分我决不认真对待自己。不,不! 我已 40 岁了,我真的想好好地享受生活的乐趣。"

　　"不认真对待自己"就跟他突然转变为享乐主义一样,"从好的方面说",是一项新发明。当然这也许仅仅是对勤奋著书的默里的讥讽,不过,事实上,这时候他正一心想重视他过去的计划,买"一艘帆船"或

　　　　　　　　　　　　　　劳伦斯传

诸如此类别出心裁的小船,雇个船长,再雇两个船员驾驶那个神奇的玩意儿,到地中海去探险。他仍想认识世界上的美景,然而他知道如果要实现这一目的,而不突然发生意外,他一定得能够轻松地、毫不费劲地旅行才行。一回来他就跟布鲁斯特一家又联系上了,还出资 100 英镑邀他们乘船一起游览。

所有这些"享受生活乐趣"的如意计划,都注定要失败。冬天一来,他的"胸膈便肿痛起来",这真是件不可避免的憾事,不久他郁郁不乐地写道:

"我患流感,在床上躺了六天——尚未见到阳光。感冒引起支气管出血,像那次在牧场时一样,只是比那次还要糟。"

尽管他们在意大利过了不止一个冬天,却愚蠢至极地租赁了一座壁板薄薄的夏日别墅,连正经的取暖设备都没有。此外,他和弗里达之间长久以来的斗争又一次猛烈地爆发;这即使没有直接引起他的肺病复发,至少导致了它的恶化。下面是弗里达讲述的事件经过:

> 我女儿芭芭拉——现在已长大成人——来这里看我。她是第一次来我这儿。能和她在一起我真是乐不可支。我多少年的等待和对这些孩子的怀念终究没有白费。但是劳伦斯并不理会我的喜悦。一天吃晚饭的时候,他突然对芭比冒出一句:"别以为你母亲爱你。她谁也不爱,瞧她那副假惺惺的面孔吧。"接着就把半杯葡萄酒泼到我脸上。芭比是除我母亲和我之外唯一不怕他的人。她跳起来恨恨地冲他说:"你配不上我母亲,根本配不上。她和你就像鲜花插在牛粪上一样。"说完,我们母女二人都哭了。

接着弗里达的另一个女儿,爱尔茜也来了,劳伦斯妒火中烧,把妹妹阿达和一位朋友唤来同她们对抗。他还跟他们诉说弗里达对他怎么怎么不好,惹得几个女人动不动就大吵大闹。阿达不愧是劳伦斯的妹妹,她和颜悦色地对弗里达说:"我打心底里恨你。"有天夜里本来弗里达已同他和解了,听了阿达的话,劳伦斯便没让她进自己的房间。

"凄惨的一章!"劳伦斯是这样向布莱特描绘这种情景的。布莱特从新墨西哥随他同行而来,这时同布鲁斯特一家住在卡普里岛。这一章实在是过于冗长凄惨了,劳伦斯也开始对自己的所作所为感到不满,就把弗里达和她的女儿们丢在斯波特洛,自己跑到布鲁斯特那儿去了。显然他还没有摆脱驾汽车在中部地区平原旅行时留下的阴影。他对布莱特和其他人谈起他青少年时代,给他们描述了"一幅生动的、极为可怕的图景"——劳伦斯一家连"最基本的生活资料都无法保障"。他还怀着同样强烈的自怜之情跟布莱特抱怨弗里达对他多么不近人情:

> 布莱特说(她喜欢用过去现在时),"我们背靠着岩石,坐在树下。大海是深蓝色的,橄榄树摇摆着像银绿色的迷雾。我们默默地看了一会儿海和橄榄树,然后你开口,缓缓地把你来这儿的情由告诉了我。你疲惫地叹了口气"。
>
> "我对这一切都感到厌倦了,布莱特。"你说,"唉,我十分厌倦了。"
>
> "我晓得。"我说,"太可怕了。"

那不勒斯海湾似乎总是使英国诗人触景生悲,眼前的景色和当年引起雪莱哀叹的景色没什么两样。当时雪莱愿像个疲倦的孩子一样,躺下来痛哭,消磨自己忧患的一生。不过具体到劳伦斯(雪莱可能也一样),这是由于这一段时间里和妻子之间产生了隔阂。弗里达没法原谅他把自己关在门外和他对孩子们那种没完没了的愚蠢的妒意,多少年来这使她的生活极为苦痛。经过墨西哥那场争吵,她晓得这次他也一定会回来的。果然不出所料,过了一段时间,他认为火也发过了,也冷落了她一阵,算是惩罚过她了,再也忍不下去了,就送给她一件礼物以示歉意。

这是他的一幅画,画的是基督教《圣经》上的故事:一条鲸鱼正要吞下乔纳,上面还题了一句话:"是谁要吞下谁?"弗里达对这幅画不感兴趣,因为它和闯入的布莱特有关。在斯波特洛时,劳伦斯对弗里达很是无礼,因为她说他的画是"蹩脚的画"。"我一直在生气。"她说。她可能就写了那封据说使他非常伤心的信。

这是一个很滑稽而带有讽刺意味的场面,那两个被抛弃的孩子倒成了调解人,她们力劝弗里达叫劳伦斯回来。

"哎,劳伦斯太太,"她们说道,"理智一点吧,你已经嫁给他了,你就得顺着他呀!"因此劳伦斯随后就被告知可以回斯波特洛了,这样一来,布莱特又出问题了。布莱特是一个真正的"拉纳尼姆"的信徒,是从不会表示愤懑只知服从的女人。她从不使主人难堪,即使给她奖赏,她也不敢这样去做。劳伦斯与别人争吵时,布莱特总是站在他一边,即使劳伦斯难得有理,她也是如此。她已经跟随劳伦斯跋涉了 5000 英里,从伦敦到陶斯,从陶斯到奥克萨卡,然后又返回;跟着他从陶斯又走了 5000 英里来到卡普里。现在他叫她在去美国的移民册上登记,仍然去留在陶斯。

当然她不愿意这样做,她喜欢与劳伦斯厮守在一起,不愿独自一人住到洛矶山的棚屋去。她极力设法避免这种命运,尽管别人似乎好心地劝告她说:

"高兴起来,布莱特,为什么不学会忍受呢?不必为此烦恼。"而且,

"每株玫瑰都有刺的,布莱特,我可不信什么爱情或者友谊。"还说:"别那么痴心妄想了,布莱特,别痴心了。还是多想想远处吧。"

此时此刻的布莱特最受不了这种恶意的劝告,想什么"远处"啊!但是劳伦斯却不讲情面。所以,当她站在驶往那不勒斯的小船上回头看劳伦斯时,竟成了最后的一面。她望着他,"一个小小的身影,挥着她送给他的青绿色丝质围巾"。一种直觉好像在说:她再也见不到他了。

虽然他渴望回到弗里达身边,但是他并没有急匆匆地赶回去,失去自己的体面。他与两位品德端庄、年长的未婚女子为伴,"悠悠然向北旅行,经过罗马、佩鲁贾、阿西西、佛罗伦萨,然后到达拉文纳",最后回到斯波特洛。弗里达和两个女孩都"打扮得像过节一般",穿着最好的衣服去迎接他。"这下好了,"胜利者弗里达说道,"我们四个可以过安宁的日子了。"

十一

当他情绪极度低落的时候,劳伦斯就会采取一些冷酷的言语和行动。因此,在斯波特洛摔酒的丑恶场面就变成了最后的记忆。在这以后的生活中,虽然他病魔缠身,身体日益虚弱,但他却表现得更像大卫·加尼特所描述的大战前的劳伦斯。当然,他是一个讽刺作家,有时报复心很强,有时又很恶毒;他还表现得很固执,经常与他自己、他的朋友们甚至整个世界处于争执之中。

现在他又回到了他曾轻蔑地拒绝过的欧洲大陆,而且也许会永远待下去,他却惊讶地发现自己还是喜欢这个地方的。过去他曾说过欧洲对他是毫无希望的,现在他却在文章中称自己是个傻瓜——"并不是欧洲,而是我自己给自己套上了沉重的枷锁。"他甚至还发现漫步地中海滨对他的紧张的神经是一种极好的松散,能"使人们思想中的一些疙瘩慢慢松开来了"。数年来,他以一种近乎残忍的自我要求来约束和鞭策自己,过着一种"肉体、思想和道德超负荷工作"的生活。

他曾经在意大利生活得很愉快,并且写出了许多很好的作品。现在他找到了一幢房子,1928年年底以前他都生活在那儿。这幢叫作米兰达别墅的房子是一幢托斯卡纳式的乡村别墅,它坐落在距离佛罗伦萨约七英里的斯堪底西。斯堪底西是一个环境优美的村庄,小山丘上长满了松树和橄榄树。米兰达别墅建在一个葡萄园中,地窖里有制酒和储酒设备。意大利酒非常娇贵,只要输送短短的一段路,酒就会变味。因此,欢乐时期的意大利酿酒者们设计建筑了像米兰达别墅这样的乡村房屋以便充分地享受美酒佳酿。虽然劳伦斯夫妇住的上层不像别墅外观那样精致堂皇,但它对一个饮酒赋诗的诗人来说是最合适不过了。别墅表现了古意大利的建筑风格,许多房间围成一个正方形,都互相通联,如果把房门都打开的话,你可以在各个房间之间通行无阻。从屋顶装着玻璃的瞭望台可以看到四周优美的乡村景色,还可以看到阿尔诺谷中佛罗伦萨城的大圆屋顶。

在这儿,劳伦斯度过了 1926 年的春天和夏天,那是一种比较闲散的生活。他修改并缮打了由弗里达翻成德文的他的剧作《大卫》,生活过得"相当平静",经常穿着衬衫、长裤和便鞋外出散步,或者到河边野餐。这年夏天,他身体感觉很好,"虽然天气很热,但心情愉快"。过去在利古里亚时的生活帮助他放松了由于在美国过度工作和缺少休息而绷紧的神经,那种紧张情况几乎使他得了精神分裂症;现在托斯卡纳的生活又使他保持精神愉快。有一段时间,劳伦斯抛开了他心头严格的清教徒思想,摒弃了那种要为全世界负责的自我苛求。他不愿接受出版商示意要他再写一部小说的请求,宣称以后只写些"零零碎碎的东西"。他这样答复了纷至沓来的敦促:"我不愿意再这样匆匆忙忙地浪费我自己。让读者读我旧的小说去吧。"他在一封给朋友的信中写道:

在夏天真到来时,我往往对文学和出版失去兴趣。树上的蝉整天叫个不停,姑娘们唱着歌儿,挥镰割麦,下午一捆捆割好的麦子像在炎热中酣睡的人们一样躺着。除了偶尔动笔写一些小文章外,我不再写作。我不想再写任何形式或内容的书了。也许你会问为什么不再多写几本书呢?现有的书已够多的了,而读者实际上并不需要这么多的书。我又何必增加这种负担,白白浪费精力呢?因为写一本书要耗费许多心血。

一段时间内,劳伦斯似乎听取了医生的警告;那年夏天他过得很平静。其实,如果他想活得长久些,摆脱超负荷工作带来的负担——这种负担几乎使他发疯——他早就应该这么生活了。现在人们可以知道为什么1926年的劳伦斯温柔得令人感动。劳伦斯所喜爱的城市佛罗伦萨气候宜人,他在这附近平静地生活着,只和几位熟人聊天驱走寂寞,又不让太多的人来打扰他,只是从画画及其他爱好中寻求欢娱,不再自寻烦恼进行大型创作。

除了答复那些无法推诿的"事务"信件外,劳伦斯只与布莱特和罗尔甫·加迪纳通信,他与前者谈牧场,与后者谈他的青年组织。在给加迪纳的信中,劳伦斯写道:"我相信我俩都在担心,我担心的是那些可怕的运动,你担心的是我。"劳伦斯感受到北欧人的压力,在一个"着魔的瞬间"他写出了这样无聊的话:"拉丁人缺乏勇气并有一种内在的无助感。我们必须在北欧人身上才能看到真正的勇气和自我的责任感。"为什么劳伦斯撇不下这些自我负责和勇敢的北欧人呢?关于这个问题,还是先来看看劳伦斯对地中海周围人们的看法吧:

几个世纪以来,地中海周围的人们忍耐地在各自的国土上耕耘,他们堆起了一座座小山丘,在陡峭或平缓的山坡上筑起平整的梯田。人类的双手改造了绵延几千平方英里的意大利大地,或堆土成山,或劈山造田,或从大地取石砌成石墙。这一切简直像一盆生动的盆景。这是极其自然的意大利美的杰作,因为意大利人对硕果累累的大地怀有强烈的感情,他们根据需要规划了大地,却丝毫不破坏它。

托斯卡纳的夏末炎热迟早要来临的,但是,尽管炎热,劳伦斯原本可以带着这种思想在"蝉鸣"声中安静地一直住到收获葡萄的秋季。但是,他不愿再懒散下去。那年劳伦斯游兴颇高,他去巴登-巴登看望他岳母,又去伦敦。在伦敦,弗里达和她的孩子们住得很近,劳伦斯则去因弗内斯郡探望他的朋友,并与他姐姐和妹妹结伴去林肯郡的海岸。在那里,劳伦斯第一次见到大海,并且非常喜欢那儿。

他在给布莱特的信中写道:"我在这里很好,但我没写过一行字,也不知道何时动笔。不久我会干些其他事情。"

看起来,劳伦斯好像开始不安于闲散,他感到缺钱花。事实上,虽然劳伦斯想给别人一种印象——似乎他只靠不稳定的稿费收入生活,正像他在战时依靠借贷度日一样,可是,阿克莎·布鲁斯特却毫无恶意地披露了一件鲜为人知的事,那就是劳伦斯在美国有投资。当1928年10月的大衰退到来之际,劳伦斯坚持不要弗里达给他读华尔街股票市场的行情。阿克莎·布鲁斯特把它归结为劳伦斯对金钱淡漠。我则认为他不会傻到这个地步,他只是不愿意听到他(在美国)又损失了多少钱而生气罢了。但是这倒可以很好地说明为什么他主张不要闹革命而失去了所有的钱。

那年夏天劳伦斯谈吐生动有趣。他打算写一本书,这本叫作《伊特鲁里亚各地》的书直到他死后才得以出版。他从学术角度格外认真地准备材料,大量阅读了他的朋友从伦敦图书馆那边寄来的有关这一题材的书籍,并随身带着帕里克尔·杜卡迪的那本《古伊特鲁里亚》,这本书在当时被公认为是关于这一题材写得最好的书。当然,劳伦斯仍旧保持着他喜欢违背常情诡辩的旧习惯。在奥尔德斯·赫胥黎1926年出版的小说《两三个装饰音》中,对他作了恰当的描述,书中金汉姆的形象就是那个时期劳伦斯的写照:

> "我认为这一代的女人确实有一种恶毒的秉性。"大约两三天后,他用一种强调的口气对我说。"秉性恶毒。"他重复道,"非常恶毒。"在写作和讲话中反复运用同一个词是他的癖好,如果他喜欢某个词的发音,他会用它一辈子的。

> 我笑了。"得了,"我反驳说,"以凯瑟琳为例,你认为她特别凶恶吗?"

> "她不是这一代人。"金汉姆答道,"从精神上说,她不属于这一类人。"

> 我又笑了;与金汉姆辩论一向是很困难的。有时你觉得他已经走投无路了,你可以抡起逻辑的棍子来击垮他。可当你正要打下去时,他会凭借诡辩,突然发现缺口逃之夭夭。要证明他错误几乎是不可能的,理由很简单:他从不长期坚持某一理性立场,以避免被对方抓住把柄。

这是对劳伦斯设法回避争论的极好写照。当事实证明他错了的时候,他就设法脱逃,直接采用吹胡子瞪眼睛的方法,辅之以盛怒和武断来战胜对手。例如,皮特拉克是一个牧师,他的传记中提到,上帝最多赐给了他两个孩子。但是在一次辩论中,劳伦斯不管在场许多人的反对,坚持认为皮特拉克结过婚并有 12 个孩子。他甚至把他的论点印刷出来,其中"12"是斜体字,他只是要证明他不会因为几本参考书而放弃自己的立场观点。

我不知道劳伦斯是否读过那本以他为原型塑造了金汉姆的书,但有一点是肯定的,他并没有因此而对赫胥黎产生不满。虽然事隔两年之后,他对那本以他为素材塑造的叫作"拉比昂"的人物颇多恭维却不确切的《旋律与对位》一书采取了迥然不同的态度,但他和赫胥黎的友情一直很稳固。不管怎样,他俩于1926年秋重续了二人之间于1915年就建立的友谊,自此以后,他们就成了亲密无间的朋友。这种友情对劳伦斯甚为有益,因为赫胥黎风格迥异的思维方式补充并衬托了劳伦斯的思维方式。赫胥黎真挚地承认劳伦斯身上有一种区别于其他当代名人的"特性",他"具有超越的才能,而不是超越的地位"。赫胥黎的评价对劳伦斯来说至关重要,因为别人从来不给他那样的评价。

然而,劳伦斯永远不会把自己最好的方面显示给别人,除非有人能体会并尊敬他具有的这种"特性"。当他感受到这种不可名状的承认时,他会感到沉醉;而当这种承认不复存在时,他又会变得无所适从。难怪,他给高尔斯华绥的印象是"如死去一般",而实际上,他是他那个时代最充满活力的人。他经常很敏感地想象别人背叛了他的信任而变得暴怒,这种暴怒又会招致众人的指责。他应该冷静地处理与人的关系,而不应该都像挚友一样亲密。不幸的是,被吸引到他周围的都是一些与他一样特别敏感、感情用事的人;这样,他们之间就不可避免地会互相伤害。

重返欧洲是否使他摆脱了他的那种"权力情结"呢?确实,我们还听到他自诩为阿兹台克神,却再也听不到他要弗里达对他绝对"屈服和顺从"的要求。但是,劳伦斯无疑地为罗尔甫·加迪纳的领导观点和弗雷德里克·卡特的神秘理论所吸引。此外,他仍然时不时地倾泻对英国和美国中上层阶级的愤怒,虽然他的朋友和崇拜者都来自那个阶级。

1926 年夏的英格兰之行是劳伦斯最后一次还乡,以后他再没有回去。其中部分原因是他的疾病,他不能在冬天做任何旅行,更主要的是因为英国新闻界和英国官员猛烈抨击他的后期作品,如《查泰莱夫人的情人》和《三色紫罗兰》以及他的画展。当时可能有人认为自他 1925 年在墨西哥得病并经历了那么一番磨难之后,他的创作高峰已经过去。事实上,长期的休养使他的创作能力得到了恢复。除了上述作品外,劳伦斯在他生命的最后 50 个月中还创作了一系列作品,有《伊特鲁里亚各地》,重写的《诗集》、《死亡的人》和《启示录》,有许多长篇和短篇小说,有辩论的小册子,有杂文和诗体讽刺短文,有杰作《最后的诗》。其中最突出的要算他作为报纸的自由写稿者,竟也获得了意想不到的成功。

　　如果你认为《查泰莱夫人的情人》是一部长篇巨著,知道劳伦斯以认真态度三次修订了整本小说,了解到在创作过程中重病经常迫使他不得不放下笔来,那么你一定会同意那种看法,认为这本书对于一个垂死的人来说确实是件了不起的成就。更有甚者,他在这段时间内写的信大大超过他在欧洲以外地方旅行时所写的。直到他临死时,这些信还是极有见地和趣味浓厚的。有意义的是当劳伦斯返回欧洲时,他已无意于写人与人之间的关系了,相反,却对《羽蛇》一书所体现的死亡、葬礼及死亡后的生活兴趣盎然。眼下,他仿佛又跳回到了他以前那些书所刻画的环境和主题中去了。他于 1925 年至 1926 年间在斯波特洛写成的《处女与吉卜赛人》在风格上不同于他后期的作品,却与他在 1911 年至 1914 年间的作品极为相似。劳伦斯从未放弃过"性"这一人类行为内在动力的主题,很少有作家像他这样。他现在又把它作为一个重要主题,舍弃了他长时期来形成的思想,即两性间有冲突以及妇女必须服从男人,代之以一种更富有诗意、更纯洁的理论,他称为"男性生殖的温柔"的理论。

我曾经说过,劳伦斯动笔写《查泰莱夫人的情人》不是因为有"康斯坦斯"、"克利福特"和"麦勒斯"这些人物,而是源于他对"他"的英格兰中部丑陋诸郡的憎恶。那么,怎样来挽救?出路在哪里呢?他是怎样找到出路的呢?——通过对弗里达的爱。因此,通过最简单又非常有特点,甚至不能被称为推理的思索过程,劳伦斯得出结论:挽救只能通过男性生殖的温柔。虽然乍听起来很古怪,但它却是本书的真实注释,因为这本书使许多人感到困惑或愤怒,还有许多人充满感情,带着劳伦斯最厌恶的观点读了它。

不管如何,有一点是清楚的,劳伦斯于 1926 年 10 月,即他从英格兰返回不久,在斯堪底西动笔写这本书。从 10 月 6 日起,我和他们在一起住了一段日子。有幸的是,经过长时间的休养,那段时间的劳伦斯精力充沛,性情温柔。那时的他还没有被以后繁重的写作和该书出版后的轩然大波搞得神经紧张。实际上那时候的劳伦斯非常随和温柔,月初,我都怀疑他是否还决定写这本书。他在 9 日给代理人的信中说他"只想写些短篇小说及其他一些小文章",在提及米兰达别墅时他说"坐在宽敞的房间里什么事也不干,感觉太妙了"。

我有幸能在劳伦斯只愿"静静地坐着,什么事也不干"的时候与他在一起。其后不久,我写下了与劳伦斯一起在斯堪底西度过的一个下午。由于现在描述劳伦斯心情不佳的东西太多了,我愿引用一下我的记述,权且为劳伦斯作一番辩护。那天,妇女们都去佛罗伦萨了,我与他坐在别墅旁栗树下的折叠躺椅上。

正是 10 月,那天下午天气温暖,一片金黄,我们海阔天空地聊着。偶尔有一颗熟透的栗子从炸开的带刺的壳中掉下来,落入我们脚下的草丛中。我们的兴趣不在讲话,而在当地农家小孩身上。时不时有一个怕羞的赤脚小男孩摘了一串葡萄,偷偷地钻过矮树丛。这时劳伦斯就说:"瞧!又是一个。只装没看见。"小孩会像小动物一样蹑手蹑脚地溜过草坪,然后停下来盯着他看。过了一会儿,劳伦斯抬起头,装着十分惊讶地问:"你要干什么?""不干什么,劳伦斯先生。""你来。"随后小孩害羞地走到劳伦斯面前,递上葡萄。"你手上拿的是什么?""葡萄,劳伦斯先生。""是给我的吗?""是的,先生。""你叫什么名字?"接着就为弄懂小孩的名字颇费了一番周折。起先我们对"斯塔修"这个名字感到奇怪,继而恍然大悟,原来他叫"安那斯塔西奥"。每次,劳伦斯都拖着病体到屋里给小孩找出一块巧克力,如果碰巧没有巧克力就拿一块糖。他总是对他的慷慨大方向我解释一番(因为在盛产葡萄的地方葡萄很便宜,巧克力和糖却很贵),他说当地人家都很穷,小孩子的身体发育离不开糖。

十二

现在发行的《查泰莱夫人的情人》三个版本中最早的一个版本是
1927 年 2 月完成的。除此之外，劳伦斯还饶有兴致地作了一些画。他
在 1927 年 2 月 9 日给布莱特的信中写道：

> 小说差不多写完了。在缮打之前，我想暂时先放一放。我愿
> 和你在绘画上比个高低。我新近完成了一件精致的油画：夏娃趁
> 亚当与天使在大门口争执不休时偷偷地溜进伊甸园。

劳伦斯在那个月的 28 号给他的代理人寄了一份手稿，这是抨击高
尔斯华绥的手稿，现在很出名了。他在日记中记道，到 3 月 11 日他已
经完成了又一篇新的短篇小说《美丽贵妇》。劳伦斯过度劳累的第一
个后果是 2 月底患上了流感，3 月初又得了一次。对这他相当乐观地写
道："在这个月的最后两周内，我受流感的纠缠，不严重但挺烦人的。我
希望它能马上过去。"

圣诞节前夕，劳伦斯理所当然地停止了手头的工作，为附近农家和
他们的孩子们准备一个德一英式的圣诞庆祝晚会。这种庆祝活动在拉

丁语系国家几乎是没人知道的。意大利人觉得花钱买圣诞树滑稽可笑且不可思议。当弗里达天真地向他们的农民朋友彼埃特罗建议到佛罗伦萨的市场上去买一株圣诞树时,这位老兄感到十分震惊,又心疼这笔钱。买一棵松树? 不,我的圣母! 要棵松树还不容易,他说道:"我可以到牧师的松树林里给先生拔一棵来。"

不管怎样,松树是有了。在彼埃特罗的帮助下,劳伦斯夫妇立即用金色和银色纸头包裹松果,在树枝上挂上五彩缤纷的玩具和蜡烛。全村男女老幼 27 位都应邀而至。女人们品尝甜葡萄酒和饼干,男人们喝酒抽托斯卡纳雪茄,孩子们尽情地欢笑嬉闹。这些孩子从未看见过圣诞树,也从来没有一件玩具。可以想象当时那帮小家伙是如何小心翼翼地捧着那些廉价的木头玩具,又是怎样玩得连家也不想回了。

只有了解劳伦斯的人才能明白他多么喜爱这样招待客人,他完全能够周到地招待每一位客人,直到最终,使客人们都高高兴兴地回家。此时,你真可以把他想象成是古代某个神灵的后代,而不是一只专食心脏的蛇鹈。你又可以把他想象成是宙斯神或其他一些拉丁神话中小神灵的后代,如橄榄神、葡萄神或麦神等。他谦逊而不孤僻,和普通老百姓打成一片,和他们同欢乐,共命运。

1927 年 1 月,厄尔·布鲁斯特突然从印度回来了,跟他们在一起住了好几天,起劲地谈着他的经历,劳伦斯夫妇高兴地听着。劳伦斯和其他很多健谈的人不一样,只要他觉得别人是在真诚地谈着自己真实的经历,他总是一声不响,静静地听着。也许在他最后几年中,布鲁斯特夫妇和赫胥黎夫妇算是他最亲密的朋友了。这一方面因为他们两家经济地位比较优越,另一方面因为他们从来不干涉他的观点,也不跟他争论吵闹,使他不耐烦;总是欣赏他的怡悦心情和机智谈吐,而对他的严重错误缺点却从不计较。

3 月份弗里达到德国做了一次旅行,劳伦斯就与布鲁斯特夫妇待在一起。他与他们在拉维洛住了一阵子,然后和布鲁斯特一起游览了伊特鲁里亚的塞维特里、塔奎尼亚、伏尔西和伏尔特拉等几个古城镇。这是劳伦斯最后一次"思想历险"式的旅行,其规模与他的澳大利亚或墨西哥之行相比大为逊色! 这次旅行的札记形成了他最后一本游记。很明显《伊特鲁里亚各地》并不完整,因为纵然他还想去游览其他古迹,但流光消逝,他最后已无能为力了。事实上,在这本书中,劳伦斯已经全面记述了他想要表现的伊特鲁里亚的全部情况。劳伦斯最终认识到,虽然乔治·丹尼斯早在一个世纪以前就写出了一本英文经典著作《伊特鲁里亚的城镇与古墓》,但至今还没有人能比得上乔治·丹尼斯,更别说超过他了。

这本书也为富有同情心的读者提供了一条全面了解劳伦斯生活情况的途径。也许,书中确实记载了一些值得商榷的关于伊特鲁里亚居民的情况,但它毕竟生动地展示了劳伦斯在其生命最后几年中的生活。他对当时塔奎尼亚的兴趣不亚于他对专程来游览的两千多年前的彩画古墓的兴致,这一点也反映了他的一个特性。柳杰是一位年轻的德国人,他既是来自玛勒玛的牧民,又是一位憎恨考古学的考古学家。劳伦斯对他的兴趣绝不亚于他对拉斯·塔丘以及渔猎古墓的兴趣。劳伦斯对这位特别腼腆的柳杰作了如下的描述:

> 这孩子渐渐克服了怕羞的毛病,变得大胆而且敢于直言不讳。我对他说:"路面干了,太好了。""可是在 15 天前,"他说道,"你别想从这儿过。"那天下午我们从原路返回时,我说:"雨天我们只好骑马过这条路。"他回答道:"小推车也可以过。""总是这样吗?"我问道。"对。"他答道。他就是这么一个人,全部思维就由可能与不

可能构成。

这就是劳伦斯与别人相处的真实写照。因此,要预测他会对某事或某人做出何种反应几乎是不可能的。但对于柳杰这个人,劳伦斯忽略了两点:第一,意大利人在谈话中喜欢用假设的事来取悦外国精神病人;第二,那时的柳杰已经替劳伦斯安排好在玛勒玛村外山脚下买房一事。在那儿,他们可以骑马,可以"不择时令"地狩猎野猪,"因为没人会抓你"。

有趣的是,劳伦斯竟如此津津乐道他的那种不适宜的生活方式,正像他津津乐道任何能给他带来新鲜感的事情一样。柳杰希望能利用这位特别、"特别富有"的英国贵族对他的钟爱来脱离苦海,回到野性的玛勒玛那自由天地中去。这是一个意大利人都爱做的梦,劳伦斯能帮助他实现这个梦想,那真是再好不过了。

在游历伏尔特拉时,布鲁斯特指给劳伦斯看一家商店橱窗中的一个玩具蛋:一只正破壳而出的小公鸡。布鲁斯特说它象征了一个主题:脱逃的公鸡——耶稣复活的故事。劳伦斯也许从他的话中得到启发,一回到斯堪底西,他就动笔创作《死亡的人》。

当时,似乎没法阻止劳伦斯过量工作造成身心疲惫。虽然他曾保证在"7月份之前"不再写任何东西,但他还是在这期间完成了《查泰莱夫人的情人》的第二稿。弗里达患着重感冒从德国归来,劳伦斯也染上了疟疾。然而他还是完成了《查泰莱夫人的情人》第二稿、《死亡的人》和《伊特鲁里亚各地》,他坚持作画,甚至顶着炎热去探望住在花冠岩海岸的赫胥黎一家。他这样写道:"那个地方糟透了,平淡无奇。海上死一般沉寂,充满了海蜇的腥味。那儿有无数的别墅。赫胥黎一家待我们不错,他们有一个活泼可爱的孩子。"

哎！看样子他早把墨西哥和美国医生的警告抛到九霄云外去了。他总是不断工作、工作，直到他的神经片片破碎。一年前的他快活安逸，一年后，他却因为两个愚蠢而无足轻重的美国姑娘对布鲁斯特大发雷霆。此事值得一记，它说明了创作活动使劳伦斯的情绪又回到近于疯狂的状态：

真的，再没有比这些美国人更糟的了。他们抛弃了除自高自大和服饰以外的一切东西。昨天我与她们在一起时，一直在祷告，祷告，祷告。当布鲁斯特见到这两位目光短浅的女人时不禁惊叹道："天啊，她的手太可怕了！"她们从未听说过波提切利，她们称他波阿切利，用停顿代替了"t"这一音节；她们不知何为"文艺复兴"。我站在贵族广场上对她们说："瞧！那是米开朗琪罗的《大卫》"。她们问："是哪一个？边上那一个吗？"她们指的是班迪内利。随后，布鲁斯特又听她们说："那家伙手上拿着一块石头，我想他是个傻蛋。"也许她们是忸怩作态，但给人的印象太深刻了。她们几乎什么也看不上。简直就等于叫一只狗去观赏一幅画或一座雕像。她们文化素质极差，有如顽石。她们所能做到的是把男士称为"家伙"，而把女士叫作"娘们儿"。米开朗琪罗如果在天有灵，总有一天会看到美国白内障遮住了她们的视线，她们全瞎了。要不是这个"返祖性遗传"来得如此之快，我真的会把她们给杀了。纯粹是"间歇性遗传"。他们（美国人）一再遗传文化的排斥性，排斥性，排斥性，直到后来什么也没遗传下来。他们本身只是一具筋脉蠕动的、空的器皿。天哪，太吓人了！太可怕了！这是按旧规范装模作样寻求"自由"的恶果，它已经变成了恶习痼疾。然而，她俩都具备了做个好女人的本质……我宁可住到鬣狗窝里也不愿住到美国去。

一个身体强健的人也不能像他那样不停地苦干,消耗体力和精力,可劳伦斯就这样干了,自然要付出这样干的代价。1927 年的夏天,托斯卡纳暑热逼人。劳伦斯没有好好地休息,轻轻松松地生活,而是一如精力旺盛的人那样工作和四处走动。7 月,在一个炎热灼人的下午,劳伦斯到米兰达别墅的花园里采了一大篮子上好的桃子,他炫耀地拿给弗里达看。之后,他回到自己房里。过了一两分钟,弗里达听到他叫她,"声音里带着咯咯的响声"。她赶忙奔过去,发现他躺在床上,"用惊恐的眼光看着她,一缕鲜血正慢慢从他嘴里流出来"。

显然,劳伦斯因为在热天里劳累过度而咯血了。这是发作得最厉害的一次。消息传到佛罗伦萨,我们的朋友奥利奥里在意大利专家吉利奥里医生陪同下匆匆赶到。劳伦斯连续几天都处于危险期中,身体极为虚弱。天气很热,连冰牛奶也会在几小时内变质。他的坚韧意志又一次获得了胜利,元气慢慢恢复了。当他身体状况可以旅行时,弗里达把他"摇摇晃晃地"送到奥地利的卡恩坦。到这地步,劳伦斯还坚持认为他并未患肺结核。他写道:疾病来得"太令人懊恼了"。可懊恼什么呢? 他曾在布鲁斯特面前坦率地承认"咳嗽太讨厌,我真希望能有一套新的呼吸器官"。他被送到巴登-巴登。在那里,他很不情愿地同意去见了一位德国肺结核专家,"一个土豆泥般的温和的人"。

像以往每次咯血时一样,劳伦斯不喜欢那个使他发病的地方,虽然他于 1927 年 10 月回到了米兰达别墅,他现在更急于离开这个地方。"我最好永远离开意大利",他这样写道。他甚至异想天开地认为在英国的德文郡他会更幸福。"我感到该回家了。"过后他又改变主意。他想着要是能积攒到钱,他更愿意做一次海上旅行。他听说只要付 120

英镑就可以乘海运公司的船周游世界。乘客可以"在旧金山上岸再去游览一次陶斯"。但自这次咯血后，无论劳伦斯想干什么，或想去哪里，意大利对他来说，已经变得"愚蠢"且"无法挽救地死去了"。

患病期间，劳伦斯随心所欲地画一些"古罗马神话传说中农牧之神和古希腊神话中的仙女"的画像，借以自娱。为什么不能这样呢？他专心致志，也许是过分专心于重新修订 1928 年出版的《诗集》。他把这本诗集称为"对诗歌的冲击波"。劳伦斯，这个永不疲倦的文坛英雄，终于完成了《查泰莱夫人的情人》第三稿。一俟圣诞节到来，他又忙着为农家小孩准备圣诞树。到 1 月底，他已离开了"愚蠢"的意大利，和赫胥黎全家住到瑞士境内白雪皑皑的岱亚布利莱兹去了。

几经犹豫和踌躇，劳伦斯最后决定出版《查泰莱夫人的情人》。他对弗里达说："它只会再一次给我带来辱骂和仇恨。"表明他对未来的遭遇已有所准备。当时没有人料想到英国公众在性观念上竟是如此保守，某些官员的报复行为又使英国报纸歇斯底里地发作了一阵。

经过多次商量，劳伦斯有意通过奥利奥里发行 1000 册未经删订的全面版本，并同意国内书商对该书作一些删改以通过英国海关苛刻的检查。打好的书稿将送给英国的塞克和美国纽约的克诺弗。克诺弗好像非常喜欢这本书，并要他的助手们准备一份不要删节太多、能通过议会审查的版本，那些议员视"性"为洪水猛兽。塞克更为现实主义，他当即指出过多的删节会改变书的原意，破坏内在的诗意。他说对了。1932 年发行的版本已被改得面目全非，就像既没有丹麦王子又没有皇室家族和奥菲莉亚的《哈姆莱特》。

既然当时劳伦斯身体每况愈下，生命很难维持多久，心里又非常敏感，惧怕挫折和攻击，那么他为什么还要出版这本书呢？这一直是个谜。我听说过各种各样关于他出书动机的传闻。我认为有一点是清楚的，即在 1925—1928 年那段时间里，劳伦斯的知名度是降低，而不是提高了，他也许觉得有必要出版一些令人震惊的书来重新吸引公众的注意力。看到詹姆士·乔伊斯顶住世俗压力出版了《尤利西斯》，继而受到各方赞誉，劳伦斯可能认为如果他不出版自己那本对生活和性持有不同见解的书，他就显得十分胆小怕事了。也可能因为尽管劳伦斯当时收入颇丰，但他需要有这额外的 1000 英镑稿费作为地中海旅行的费用。当诺曼·道格拉斯询问劳伦斯的出版意图时，他回答说是"为了给年轻作家提供一点精神和勇气"。我知道他是从来不关心什么"年轻作家"的；我完全不相信这是他出版的意图。

唯一主要的原因是因为《查泰莱夫人的情人》反映了他晚年的思想。为什么要隐藏这些思想呢？如果它会像他预料的那样，引起争论，那他是不怕斗争的。他曾宣称，生活并不都是平静和欢乐，其中"百分之九十是冲击，冲击，冲击"。他对那些幼稚的要想"惊吓资产阶级"的行动不感兴趣，这在他强烈地反对安德烈·纪德的《伪币制造者》的话中可以看出来：

这显示了现代的一种心理状态，很有趣——但这种做法只是为了引起震惊——为了惊吓和罪恶的吹嘘——并不是真实的。

在他完成《羽蛇》和动笔写《查泰莱夫人的情人》之间，劳伦斯对生活和性的观念发生了变化。这次变化不像以前那样短暂无常，却持续了较长时间。当然，他特有的偏见并未消失，但也起了一些变化，那些无私捍卫女性贞操的卫道士，如福特·麦道克斯·休弗和罗伯特·林德之流，则对他早期描写性的作品进行了抨击，他们认为这些描写太逼真了，给人一种猥亵的感觉，影响了书的严肃性。战前，劳伦斯涉猎了当代德国文学,思想上发生了一些变化,那时,他把两性间的性关系看成是一种冲突,一场爱与恨的竞争。

大量事实说明,人类和猫相似,情人们在做爱前都有一番争执。劳伦斯一直诋毁其他人的爱情,说他们的爱是"精神恋爱",而实际上,长期以来他都是"精神恋爱"的杰出榜样,并且形成了一种救世的哲学。在战争中人们都有一种胜利的幻象,人们都知道劳伦斯有关性冲突的观点与德国人一致,即男人应该是胜利者,而女人则是牺牲者。但是,他没有估计到他的"布隆希尔达"(即弗里达),她总是成功地抵御住他的进攻。大概喜欢看到自己失败的蠢样,劳伦斯总是让她一次次获胜。他似乎喜欢这种惩罚,一次次地去迁就她。这种情况一直持续到在墨西哥和斯波特洛,她使他完全低头认输了。

即使他不能驾驭他妻子,他认为他还能领导世界——这种心理状态,我们已经看得很多了。但是,这种情况还在继续进行,当劳伦斯回到相对理智的欧洲时,他一直有领导的意愿,一直到后来才放弃了。他在给罗尔甫·加迪纳的信中伤感地写道:

> 恐怕我关于领导者和追随者的理论是错的。当一位领导者死去后,也许会产生改变了的、以温柔的交流为基础的新领导者。这种权力的相互交换关系已不存在了。当你深入到社会底层,接触到温和的创造性的社会蠕动时,你会发现那儿根本没有权力问题。确实,你可以暂时忘却意大利的法西斯主义,但略一细思,那种反对生活的虚假权力同样使人沮丧。

"沮丧"这个词不妥。当你被迫每天吃两顿"国产土豆",被迫对"所有外国人"说这只是因为土豆供过于求,你会怎么想? 我不想猜测分析劳伦斯所说的"温柔交流"的内在含义。但请注意这个新词"温柔"。它通常被劳伦斯用于"男性生殖的温柔"的词组中。这一词组来源于贵族妇人康妮愿为那位温柔的男性猎场看守人牺牲有地位、有知识的丈夫的名誉。不可否认这个词既有其崇高的一面,又有其滑稽可笑的一面。

劳伦斯那本描写上层贵妇人为了底层男人而抛弃丈夫的书虽然不免落入俗套,但却是他本人的一个胜利。他从阶级意识的观点出发,为此书感到非常的自豪。他不厌其烦地向我们介绍那些从猎场看守人、马车夫、吉卜赛人、矿工、印第安人和墨西哥人身上"寻求满足"的贵妇人。但是这最后一本书澄清了一个疑义。毫无疑问,劳伦斯揭示了婚姻的基本条件是两性间的肉体关系,这种关系远不是"丑恶的""不愉快的""不必要的"以及其他的片面的看法所形容的那样。他想写一首关于性的诗(以前曾写过这类诗),通过它来恢复这些古老的撒克逊词语的含义,这些词语经过几个世纪的演变,亵渎地、丑恶地压抑了受宗教困扰的几代人。不列颠博物馆图书馆里珍藏的一本15世纪的词典上用古英文写着这样纯洁无邪的词语:"奇妙,妇人之物"。在如今的报纸时代,这纯洁的内容能得到恢复吗?劳伦斯期待着。美国评论家贺拉斯·格列高里一直相信劳伦斯有如下的意图:

一俟《儿子与情人》一书完成,劳伦斯坚信他揭示了一个重要主题,一个将使他的对手陷于困境的主题。正如他的早期作品反映了成千上万不善于表达内心思想的年轻人各不相同的历史一样,查泰莱夫人的故事为千千万万通过正常性关系来解决这个世界性问题的人们提供了依据。这本书说出了不善于表达内心思想的人们不敢说的话,同时,使那些由四个英文字母组成的历史悠久的粗鄙词汇还其本来面目。它们像麦勒斯和他夫人一样实实在在地明确出现在小说中。英文小说不再受礼仪的压迫，不再隐羞耻于面纱、围脖和麻棉布之后。

只是把劳伦斯看作一位英文小说家是错误的。确实，他也像其他天才小说家一样采用了他那个时代盛行的写作方法和习惯，但他极少顾及"小说的艺术和技巧"。他经常指出一批乏味的作家完美地使用了这种"艺术和技巧"。正像他喜用松散的结构写诗一样，他也用松散的小说结构来陈述他的生活经验，表达他的思想。借助于一些 19 世纪盛行于德国的思想观点，他在他的小说中大量采用了这种方法。关于这点，甚至早在劳伦斯诞生以前，理查德·瓦格纳就记述了劳伦斯的信念和说教的依据，如下文：

> 艺术是一项直接的、富有生命力的活动，人的表现……艺术需要第一手和最真实的源泉，这一特性显示了艺术本身有把生活溶于艺术作品的要求，因为就是这种要求使生活中非理性的、根本的特点成为像生活必需品一样的理解和认识。

瓦格纳接着说，艺术是"一件雕塑自然的、真实的和纯洁的人类的天生的渴望"。它并不仅仅是"带来科学"的思维的产物，而是"非理性的深切要求"的产物。瓦格纳和劳伦斯都认为，所有伟大的创造都来源于非理性，"理性的思维只是破坏削弱了直接要求"。在斥责了"我们这个时代的奢侈、时髦和整个艺术体系"之后，瓦格纳用深奥的 19 世纪自由主义的语言宣称"非理性的要求只能来源于人民"。劳伦斯亦步其后尘。

劳伦斯是否读过瓦格纳的《未来的艺术作品》一书，或者只是间接地汲取了这种观点，这就不得而知了，但熟悉劳伦斯作品和生平的人都知道他是如何经过不断的变异、犹豫、自我矛盾转向坚信这些观点的。劳伦斯的《查泰莱夫人的情人》最全面地体现了瓦格纳的基本理论。当然劳伦斯超越并否定了瓦格纳，他抛弃了对待性的"正派的"态度，但那终究还是弗洛伊德所介绍的德国思想的修订。假装正经和拥有资财不再是社会的基础，而被看作是欺骗人的东西受到挑战和嘲弄。

　　在决定向无知的人们推出一本如此惊人的作品之前，劳伦斯也许预料到报章会向他倾泻种种污言秽语。可他没有预见到他引发了报纸上一场持久的论战，一直延续到他一生的终结。这场论战导致了他与他的老对手、英国的文化警察的又一次冲突，而这些警察有权决定什么是文学什么不是文学。塞克和克诺弗非常勉强地承认这本书有点超出了这个时代，他们并不愿意让他们的出版事业冒风险，受到那些被抑制的人的疯狂带来的危害。另一方面，劳伦斯作为一名经济轻骑兵生活在加莱海峡另一边安全的地方。但是，这毕竟是他的书，是他引发的论战，因此，他们说了祝他好运之类的话之后，便撇下他一个人去应付那场论战了。

　　劳伦斯丝毫不敢掉以轻心，轻率地对待那些事情。他说，当他与奥利奥里在佛罗伦萨共进午餐时，他们"把这本书稿交给了出版商"。那是多么重大的事情。诺曼·道格拉斯当时可能在场，因为劳伦斯在同一封信中写道："今天见到道格拉斯，他没什么变化，依旧关心他的耶路撒冷，爱喝'山地酒'。"在意大利出版一本英文书，除了一个极端激愤的作者之外，任何人都会觉得滑稽可笑的。那些排字工，甚至连印刷厂的主管弗朗赛西契尼，都对英语一窍不通。劳伦斯说，他们中有的人几乎就是文盲。在那时印刷大样的速度很慢，现在英国熟练的工人大约只需一半的时间就可印出来了。可在当时一点不奇怪，并且印刷错误多得令人发疯：

"我订正了 41 页大样，"他在给奥尔德斯·赫胥黎的信中写道，"这差不多相当于玛丽亚重打一遍字。亲爱的玛丽亚，我耐心地改正了你打字中出现的小错误。现在我又在修改一位佛罗伦萨印刷工的印刷错误。仅仅一个'不'字，他就错得五花八门。"

劳伦斯本打算在 4 月份离开米兰达别墅，因为那时他的租约也快到期了。按他以往的感情变化来说，他对他曾喜欢过的意大利现在显然已经厌倦了。当他每次走进他的卧室时，他总会想起那次咯血。无论如何，他坚信意大利使他不愉快，意大利毒害了他的身体。在法西斯统治下，外国侨民的生活也逐渐受到影响，这是不足为怪的。劳伦斯怎么能忍受这么长的时间，这对我来说一直是个谜。4 月，劳伦斯把画从墙上取下来，开始打点行装。但弗里达"看上去情绪低落"，因为她愿意住在这里。这样，劳伦斯突发慈悲，把画又给挂了上去，"并付了 6 个月的租金，因为他不愿为这闹得不愉快"。

1928 年对劳伦斯来说是一个"风暴和压迫的年头"。《伊特鲁里亚各地》中提到的，布鲁斯特在伏尔特拉向劳伦斯提起的故事被记录下来并最终以《脱逃的公鸡》为题刊登在《论坛》上，这本书在读者来信专栏里引起了一场为期 6 个月的争论。这场争论最后并未导致查禁。人们的看法是，对自由撰稿人来说，当时的美国比英国更自由，其根源可能在于著名律师莫里斯·恩斯特为他进行辩护，并取得胜利。英国没有也不可能有这样的护法勇士。显然，当时没有一家英国刊物敢刊登《脱逃的公鸡》，直到劳伦斯死后，才在 1931 年用了《死去了的人》这一比较庄重的题目刊登它的补充版。

米兰达别墅的 6 个月租金白付了。劳伦斯夫妇在那儿住了几乎不到一个月,他又变得烦躁不安,因此决定到瑞士去和布鲁斯特夫妇为伴。这两家在以后的几个月中一直住在一起。好像《脱逃的公鸡》和《查泰莱夫人的情人》两书还不够使人激动,劳伦斯又满怀信心地提议在多萝西·华伦的画廊举办他近期作品的个人画展。画展原定于1928年10月开幕,但由于种种原因,竟推迟至第二年的六七月间才接待参观者。他的这一决定使他一生的最后20个月陷于被激怒的老处女们所造成的困扰中。

十三

　　劳伦斯已经不喜欢意大利了，因此这个地方就变得令人生厌。他终于想起了朋友们的忠告：就他的健康状况，他应该离开托斯卡纳，那儿夏天的酷热和冬天的大雾不利于他的身体。而瑞士干燥的空气则对他的肺结核大有益处。他原来对瑞士抱有一种莫名其妙的厌恶心情，很可能是因为他在那儿容易想起侵蚀他肌体的肺结核。而关于他的病情，他向来是讳莫如深的。时至今日，他也只好去那儿了。

　　劳伦斯非常节俭，他最恨浪费。当他想到让米兰达别墅几个月空着，没人住，他就坐卧不安。他提议让布鲁斯特夫妇去住。了解劳伦斯的布鲁斯特夫妇却更愿意去陪伴劳伦斯而不去住他的别墅。他们到劳伦斯家吃午饭，发现劳伦斯穿了一件蓝色白扣子的巴伐利亚上衣，就像他在过去天气暖和时一样。蓝色上衣更衬托出了他的蓝眼睛。身为画家的布鲁斯特夫妇对挂在墙上的劳伦斯的绘画尤为感兴趣。阿克莎·布鲁斯特特别喜欢这些作品所具有的"敏感的色彩，写意的笔调，自然而富于表现力"。

　　正是在这次愉快的午餐上，布鲁斯特夫妇决定也去瑞士。几天以后，他们就启程了。除了"法国的阿尔卑斯山脉"以外，他们没有确切的

　　　　　　　　　　　　劳伦斯传

目的地。这是一次极为愉快的旅行。刚开始时他们打算随着兴致漫游一阵，愿在哪儿住多久就多久，如有兴趣，甚至可以在一个地方住上几个月，总之，干别人不能干的事情。在火车上，劳伦斯兴致勃勃。当车上旅客渐渐稀少时，他让弗里达和布鲁斯特夫妇高唱民歌。到达都灵以前，他们的情绪一直很活跃。

趁着劳伦斯兴致未减，他们又来到法国的尚贝里和埃克斯累班。"当时我们是多么幸福啊！"布鲁斯特夫妇是虔诚的素食主义者和佛教徒，他们只吃色拉。劳伦斯对他们进行了无情的嘲弄，他津津有味地大吃鲜鲑鱼和烤鸡。唉！阴影又尾随而来了。他们开车进了深山，发现了一座风景秀丽的村庄，并找到了一家地处僻静颇为理想的旅店。可店主告诉他们说，因为劳伦斯整天咳嗽，他们得于第二天早晨离开。限于法令，他们不能接纳肺结核病人。后来劳伦斯评价说："我从一开始就认为旅店主人有那么一点小家子气。"

到此，他们的漫游只得作罢。他们来到靠近韦维的一家旅店，那儿的人都认识他们，并且非常热情。充足的休息和精心的护理使劳伦斯的咳嗽大为好转。看到劳伦斯的健康情形渐入佳境，弗里达就去了她母亲那儿小住几日。但劳伦斯一刻都不愿离开她。如果有人认为劳伦斯不爱弗里达，那么他应该读一读阿克莎·布鲁斯特在当时写的札记：

在弗里达应该从巴登-巴登回来的那天，劳伦斯查阅了火车时刻表，觉得她应该早上 10 点钟到。但是没有等到她。他又接着等中午 12 点钟的那趟特快，仍旧没有。他匆匆吃了午饭，又跑回车站等下午 2 点 20 分的一班慢车，不一会儿他就垂头丧气地回来了。"她也许把护照给弄丢了，或者钱包不见了，因此就耽搁了。"我不知道他等了多少趟车，但 10 点钟的那趟车肯定是没有弗里达。我们想尽办法想逗他开心,但没有奏效。他总是这样,一刻也离不开弗里达。

7月,劳伦斯和弗里达离开了旅店,搬到阿尔卑斯山上一个叫作格斯泰格-贝-格斯泰特的地方。在那里他们租了一间农舍式的小屋。布鲁斯特夫妇住进了山下一家小旅店,也许地势较高,也许过度操劳,劳伦斯的健康因此受损,很快因咯血而躺倒了。他一边休养,一边忙于作画。至于写作,因为报章杂志给他优惠的稿费,他便带着自我嘲弄的心情写了些漂亮的小文章。在格斯泰格写作的一些作品,有的收集在他的《杂文集》里。

与此同时,在佛罗伦萨工作的奥利奥里和弗朗赛西契尼(也许应该这么说,奥利奥里是在佛罗伦萨,而弗朗赛西契尼和他手下一帮目不识丁的人在工作)克服了重重困难,出人意料地出版了《查泰莱夫人的情人》一书。到6月底,奥利奥里寄出了所有预订的书。当时正值夏季,奥利奥里又只有一位助手,因此,这一个月中每天只能寄出几本。就我来说,我那本书是在7月的第三个星期寄到的。

由于这本书并没有在英国印刷出版,而且书的作者又定居国外,因此对这本书的抨击就和当时对《虹》的抨击截然不同。自诩为心地纯洁的人们认为必要的法律起诉对于这本书是完全多余的,他们只要劳伦斯受到经济制裁和公众舆论谴责就够了。海关官员可以检查出入国境的书,邮政官员有权不接受任何猥亵投寄物,警察局就像乔恩森·希克斯一样,有权查禁(这些官员都被认为一眼就能够看出淫秽作品,因而得到信任)。当书发行时,那些无知的人毕竟掀不起大风大浪,倒是那些书商吓破了胆。他们取消订单,纷纷把书寄还佛罗伦萨,一共退了114本。处理这类事情非常简单,伊尼德·希尔顿把这些退书收集起来,我帮她把它们重新分送出去。

一直到1928年8月15日,所有在英国的预订者都收到了这本书。但是,劳伦斯还是有点不放心,他曾这样写道:"听说这书在英国遭到查禁,在美国也被禁止发行。"对劳伦斯来说,最糟糕的是他不能申请国际版权,只能听任非法书商偷偷出版此书,牟取暴利。当时,英美官员们大肆没收这本书并带回家给他们的夫人们看。偷印的书却非常畅销,其惊人的销售速度是劳伦斯从没遇见过的。

劳伦斯忧心如焚,他又咯血了,幸好是轻微的,但也说明了他的郁闷。有趣的是,在信中他闭口不提对《查泰莱夫人的情人》一书的查禁,一如他努力隐瞒他的肺病一样。在这非常时刻,只有很少的几位朋友站在他一边,值得一提的是他们中有赫胥黎和大卫·加纳特。

1928年9月,劳伦斯夫妇来到巴登-巴登,看望弗里达的母亲,布鲁斯特夫妇也一同前往。他们痛心地看到劳伦斯的身体每况愈下,就他的精力和生命力来说,他不应该衰颓得这么快。在一次驾车郊游中,劳伦斯率先打破沉默,告诉同伴他父亲和另一个人(他用X来代表这另一个人,但大家都知道他说的是诺曼·道格拉斯)是他所知道的仅有的一直追随生活乐趣的人。"他们只关心生活的乐趣,X不愿接受痛苦、疾病、贫困和丑陋。对X来说,世上没有战争,他也丝毫不理会打仗。当劳伦斯和弗里达穷困潦倒时,他完全没有察觉他们的窘困。"从诺曼·道格拉斯,劳伦斯又出人意外地转而赞扬起他父亲那更为露骨的享乐主义。他把他父亲和X归入"两个永不消沉的忠实于自己的快乐灵魂",他说其余的人(显然指他自己)"忧虑太多,听任自己陷入感情的泥潭而不能自拔"。虽然他说得为时已晚,但他当时却表现得非常理智。

这个变化来得太快太大了!过去,他常常怒气冲冲地指责道格拉斯的享乐主义,甚至连民主主义者宾纳也未能幸免,因为他只是陶醉于中国诗词和墨西哥的风尚。朋友们说他经常关心与己无关的事情,因而常常陷入困扰。虽然他不是世界的创造者,但他却觉得对世界负有责任,他认为他有义务为他人安排生活。他老是指责那些本来很愉快的人,要他们"无意识地生活",但他就不问问他自己,他怎么能做到有意识地达到无意识呢?

就说《查泰莱夫人的情人》吧,他竭力使他有意识的头脑从无意识的教徒思想中摆脱出来。但是他写这本书更多的是写性爱问题,是关于性的说教,而关于激情的欢乐和一个妇女感官的享乐则写得较少,因此,这本书的格调就降低了。很明显,这是一种"精神恋爱"。不管从哪方面来看(就像他经常指责别人的那样),当他写这本书时,他事实上已经——即使不完全地——丧失性功能了。然而,照他自己的说法,谁能比他更充分地享受生活呢?尽管他发明了不可胜数的自我折磨,谁能比他更懂得幸福的确切含义呢?劳伦斯就这样一直生活在自我矛盾中,他的多变的性情与我们常人的观念相悖,但他留下的就是他的怪诞,他的独特的性格,就像一朵有毒的玫瑰,粪土中的黄金,愚弄先知的驴子。他是一个典型的如英国人所形容的"一半天使一半白痴"。他曾这样说过他自己:

    一个亲吻和斗争的物体
    一支在阳光下闪烁的雨柱
    一股汩汩的血液
    一棵布满古铜色荆棘的玫瑰树
    一个是与否的混合体
    一条爱与恨的彩虹

一阵回旋的疾风

　　一个内心充满激情如瀑布的生灵

　　唉,可怜的劳伦斯! 1928 年的那个秋天,他不再像一股瀑布了,他的身体越来越虚弱,恢复得缓慢而且不可靠。愁怀难遣,他从瑞士给梅贝尔·卢汉写信,他当时十分疲惫,在信中也无意隐瞒任何东西了。他这样写道:"在这儿,我只是作画,或者在树林里闲逛,过着谁都无法忍受的日子。但是我希望我们能获得一些心理平衡,重新振作起来。我们这些可怜虫啊!"

　　巴登-巴登的天气很寒冷,难得有太阳。他们一伙人整天无所事事,他们饮泉水,聆听古沙尔音乐会的美妙乐曲。饭后,劳伦斯和他的"婆婆"(指弗里达)耐心地待了一会儿。他的神经老是绷得紧紧的,这就使他把满腔怒气倾泻到无辜的古沙尔音乐会的听众头上,觉得他们"面目可憎,灵魂肮脏"。他和其他人去看了一场电影,他觉得那电影"不诚实得令人作呕",他只得赶紧离开了。他事后解释说他厌恶极了。

　　劳伦斯那时写的信中流露出一种害怕人群的思想。恰巧我在波特克洛斯岛上借到了一所房子,这所叫"维吉"的房子非常漂亮且远离尘嚣,借用期为 10 月、11 月两个月,我认为劳伦斯夫妇也许觉得在那儿度过几星期能得到很好的休息。劳伦斯在他的一封信中透露出我们也许会待上一冬天,但是我的好心的法国朋友们只提供了两个月的时间。这显然是我错了,因为劳伦斯从来没有真正地想要完全脱离人群。但是,我当时替他们全部安排好了,我从那不勒斯坐船到马赛,在土伦与另一位朋友见面,和劳伦斯夫妇或在土伦或在海边小城耶尔见面。正如我可能预期到的,他们并没能如期而至。当时弗里达正忙于搬出米兰达别墅和另外一些事情。我现在非常后悔我从波特克洛斯岛给劳伦斯拍电报并预付他的复电费所花的钱（他的回电永远是"等候弗里达"），因为我发现他在给别人写信时，只是淡淡地提到"根本没有我的人影"！

没有弗里达陪着，劳伦斯绝对不会到岛上去的。他与他姐姐在勒拉旺杜等候弗里达，一半的时间他与赫胥黎夫妇在一起。因为弗里达搬出米兰达别墅花了很长时间，所以劳伦斯一行人比原先约定时间晚了两星期才到达波特克洛斯岛。

"维吉"只是一座小小的碉堡，或者说是一个瞭望台（建于拿破仑三世统治时期）。经过整修，它变得格外舒适。不论过去和现在，整个波特克洛斯岛都是国家重点文物，在所有地中海小岛中，它是保存最完好的一个。除了"维吉"，还有一座和卡普里一样大的小岛，岛上只有一个小小的渔村，一座旅馆和一幢住宅。在我写这本书的时候，这幢屋子已毁于猛烈的炮火。另外，岛上遍地皆是地中海松树、芳香的薰衣草、迷迭香以及其他各种芳草，岛上还有欧洲大陆上已经消失的奇花异卉。站在"维吉"的城墙上放眼远眺，向东可以看见80英里以外的阿尔卑斯山顶的皑皑白雪，向西可以看到30或40英里以外夜幕下的土伦城灯火闪烁。欧洲大陆上的岛屿和山峦，气象万千，但是黎明和落日的美景，它们是无法与这儿相媲美的；其他任何地方也找不到像这里那样无边的宁静和孤寂。

可怜的劳伦斯！他实在太虚弱了，无力享受如此美丽而且不受尘世喧扰的景色。这地方更甚于他在新墨西哥州的大牧场，因为这是曾经在托尔米纳使他怀着激情想念的地中海美景，而且更加清新更加淳朴。劳伦斯极其伤心地发现他来得太迟了，他不得不在床上或在躺椅上消磨光阴，他太虚弱了，只能走到吊桥以外几码远的地方，甚至无力登上镶嵌着玻璃的瞭望台。更为不幸的是弗里达回来时患了严重感冒,很快劳伦斯也传染上了,在他读完了寄给他的《查泰莱夫人的情人》书评后,他又一次咯血了。每天晚上,听着他沉重的咳嗽声,我感到了一种以前从未意识到的责任感;怎样游过十英里风狂浪涌的大海,请一个医生来?怎样安全地把他送走?只有那时,我才意识到他病得有多重,他的痛苦有多深,有时他又陷于妒忌的心情中,他妒忌甚至仇恨普通的健康人。他原有的机智现在变成了痛苦的怨恨,他变得非常孤独,他极其依赖弗里达,同时又不可理喻地妒忌她。

当然,像以往一样的愉快时光还是有的,那时劳伦斯又变得非常温柔,令人感动。他给我们讲故事,或者读他的滑稽模拟作品或者模仿别人引我们发笑。有一阵弗里达觉得她应该在家庭洗衣日活动中放松一下由于日夜护理病人而绷得紧紧的神经,我们不可避免地注意到这样一位性爱天才小说家的妻子穿着极其简朴的内衣,既是一位非常端庄的女尼,又是一个郁郁不乐的打杂女佣。

劳伦斯病得太虚弱了,他只能写一些非正规的小文章,从赫胥黎的《针锋相对》到一本新的法文书《阿蒂勒》,他抓住任何题材作为他的《三色堇》中一个诗篇的主题。

正是在"维吉"时,劳伦斯收到了一大信封关于《查泰莱夫人的情人》的英国剪报。为什么竟然有人为这本书写书评?为什么劳伦斯在英国的代理人会寄给他这些无用的废纸呢?我一直未能弄明白。我从来没有读到过任何像这样令人作呕的谩骂,粗俗又虚伪。下面是摘录的一些句子:"尽其可能倾泻邪恶;法国色情文学的阴沟;淫猥;腐蚀头脑简单的人;头脑有问题;文学的藏污纳垢之地;猥亵的灵感;这个大胡子的色情狂;受到堕落书商和英国颓废派欢迎的书;英国文学史上最下流的一本书,有毒的天才。"等等诸如此类的话。虽然它的一个编辑伯托姆莱因犯一系列欺骗罪将要服七年监禁劳役,《英国人》杂志还是希望劳伦斯被"驱逐出所有的社交圈子,当然除了他那帮堕落的同伙"之外。而且,更为好笑的是它对"目前没有一项能够彻底并且长期放逐劳伦斯的法律"而颇感遗憾。令人不解的是,如此野蛮和恶毒的语言竟然能得到发表,并且丝毫不受谴责,更没有一条法律来保护艺术家们不受这帮流氓的污辱,真是咄咄怪事。

　　那时最令我吃惊的是,劳伦斯竟然为这些谩骂所烦恼,而我们这些人则对之不屑一顾。也许他是不愿意让他的姐妹们读到它们。除此以外,正巧赫胥黎写的《针锋相对》一书问世了,这本书被美国每月一书俱乐部选中,我们都为他的成功感到高兴,也许不适当地过分表达了我们的喜悦心情。我们压根没想到劳伦斯可能会因他朋友应得的成功而感到不高兴。但是,他自然地会把赫胥黎的书受好评与他自己的书受到粗暴羞辱作对比。在给赫胥黎的信中,他竭力想表示公正和友好,但字里行间都流露出一种嫉妒。他要我记住他的话:一年之内赫胥黎准会进疯人院。更有甚者,弗里达不慎透露出她非常喜欢我正写的书。唉? 如果说我陪伴这位有名的善妒的人是迫于无奈,谁会感到惊讶呢?

　　让劳伦斯平安回到内陆也不是一件易事。我们好说歹说,总算说服他来到港口,并且请他在旅馆吃了一顿饭以增强体力。不幸的是,海面上刮起了寒冷的西北风,海水上涨的速度只有地中海才有,我们在一艘敞篷的小游艇上度过了几个小时。上船之前,我们准备了大量的淡水,一直到小船引擎发生故障之前,我们都还平安。小船在大浪中漂向海中,面对风暴我们束手无策,只能听天由命。十分钟以后,引擎修好了,我们也总算把他安全地送到了土伦的一家旅店。当我们作最后告别时,他握住我的手说了一句简短的话:"要有耐心守住你的灵魂。"这句话一直使我困惑不解,我一点不明白他为什么要说这句话。

十四

　　1928 年到 1929 年的那个冬天,劳伦斯夫妇是在班多尔度过的,那是个异常寒冷多风暴的冬季。班多尔是个靠近土伦的小镇,有 2000 至 3000 居民。除了地理位置之外,它比波特克洛斯岛上僻静的"维吉"更适合于一个病人。正是在班多尔,他创作了《启示录》和《最后的诗篇》。一开始,他断断续续地继续创作《三色堇》,为奥利奥里翻译赖斯卡的作品《马纳医生的故事》,为报纸写文章。既然他又变成了"阴沟"和"毒害头脑的反常的人",那么,他为报纸写的文章无疑又变成"热门"了。

　　他的"声名狼藉"又给他带来了一些朋友的来信,那些朋友已好久失去联系了。奥托琳·莫雷尔因为在异国他乡的加辛顿遭到指责备觉伤心,她写了一封非常感伤的信给劳伦斯。作为答复,他给她写了一封说教的信,而她仍然"咳嗽着看《查泰莱夫人的情人》"。默里写信给劳伦斯问到《虹》的第一版本,他随便写了一句"你和我失去了它,都很惦记着",这句话触发了劳伦斯,使他写了《三色堇》中的一首诗:

　　　　有个人写信给我说:我们失去了它,

你和我。

我们本来有许多互相投合之处;

但是我们失去了它。

而我只能回答说:

失之毫厘,差之千里,

我的先生!

劳伦斯的病人生活,范围越来越狭窄,越来越平淡。因为他还是想都不愿想疗养院,所以只能住在地中海边一家法国式小旅店中,也许算是他最理想的冬眠场所。弗里达不用干任何家务活,就全力以赴地干这样一种特殊的默默无闻的护理工作,这是他唯一允许她干的工作,也只有她才能胜任的。劳伦斯意兴索然地写道:班多尔是个"沉闷的小地方",在那儿他唯一的享受是晴朗的冬日,站在海边观看日出。他发现生活平静舒适,直到寒冷的冬天来临,在他看来把所有的东西都变成了"黑暗和寒冷"。

如果一个地方非常单调,那么就需要外来的刺激。劳伦斯画展的预告吸引了一位澳大利亚印刷商斯蒂文森,斯蒂文森创办了范弗洛利出版公司。他来到班多尔看望劳伦斯,说他旨在办"一家新的、没有林塞染指过的出版物的出版社",他给它取名为曼德雷克,准备开始出版一本劳伦斯绘画复制品的画册。劳伦斯对这一设想能否实现颇感怀疑,但他最终还是听从了斯蒂文森的劝告,为他的画册写了极为有趣的《引言》。这本书在 6 个月以后就发行了,果然大为成功。劳伦斯这样记述道:"我听说已有三百本每本十几尼的正规版本和 10 本每本五十几尼精装皮面的日本版本被预订出去了。真是个疯狂的世界!我可能从这本书中赚到 500 英镑,还不错。"在这一点上,他大概得感谢内政大臣和伦敦警察局,他们为他做了大量的宣传,吸引了许多高尚的人对他的注意。

1929年1月,英国文学史上发生了一件不同寻常却也是意料之中的事情。一位享有国际声誉的英国作家从国外邮寄了一个挂号的、封印的邮包到英国,被英国官员截获,打开检查并扣押了下来。当时事实上扣押了两份,都是劳伦斯从班多尔寄出的。第一份寄于1月7日,是《三色堇》的手稿;第二份是一个星期后发出的,是为他那本画册写的《引言》。扣押的理由当然是检查"淫猥作品"。最后他们不得不退还这两本手稿,因为未能在《引言》里发现任何东西淫猥,只发现在《三色堇》中有几行"无聊之至"的话,"无聊之至"是劳伦斯轻蔑地说的,由威尔金森领导的劳工党在下院就这件事情提出质询,没有得出什么结果,只是做出了一个古怪的决定,说内政大臣并没有,或者更公正地说,当时还没有"寻求文学方面的意见以决定是不是淫秽作品"。政府的主要理由是,只要内政大臣认为一本书应该受审查,那这本书就得在出版之前受审查,因此,劳伦斯不能出版《三色堇》中在审查时被删掉的"无聊"的部分。面对这样的一种对于文学的干涉,几乎没有一位大学教授或知名作家提出异议。

看来劳伦斯的观点是正确的,他认为"法律是可悲的东西,它的判决与生活毫不相关"。但如果政府官员的目的是要禁止劳伦斯作品的发行销售,那他们是错定了,因为,事实上,英语读者一向愿意花钱购买被认为是淫猥的书。——这是不是一个可悲的事实,可能有不同的看法。读者可能还记得,劳伦斯的《爱情诗集》,没有这种推荐,只售出了100本。他后来选了其中14首诗的片段(原诗集有200多首)委托斯蒂文森印刷并发行,总共印了500本正规版本,另加50本精装皮面的日本版本,以后销往欧洲各地的都是这个版本。为预约者印刷的版本立刻就卖完，为此，斯蒂文森还能再付劳伦斯另外500英镑的版税。

但是，政府官员们又想出新招来压制劳伦斯了。拖延了很长一段时间，劳伦斯的个人画展终于在伦敦华伦美术馆开幕了，斯蒂文森也正好同时出版了他的彩色画复制品画册。他的画受到了猛烈的抨击，抨击不仅来自那些认为裸体画是伤风败俗的人——因为它们不是作为静物画创作的——还来自许多曾发表过艺术评论的"专家"。奥古斯特斯·约翰非常愿意支持这些画，因为这些画肯定会转而对劳伦斯有利。

无论如何，画展成功极了，尤其是一位从未举办过画展的画家个人作品展览，更是一次不同凡响的成功。从6月14日到7月15日，共售出12000多张门票。势所必然，这个不容否认的成功使劳伦斯的敌人们大为光火。报上又出现了一些特别卑鄙而且竭尽捏造之能事的抨击。那位内政大臣"并没有寻求文学方面的意见以决定是不是淫秽作品"，自然不会把禁令下到支持他们一伙的那些可厌的报纸上。他们一声令下，华伦美术馆就响起了警察们大皮靴的橐橐声；他们取走了13幅劳伦斯的画，4本斯蒂文森出版的画册，还有一本威廉·布莱克的复制画的画册。当他们被告知威廉·布莱克已死了一百年了，他们就撤销了对他的控诉。

主要负责这次画展的菲利普·特洛特和他夫人很快被米德法官传唤到庭，米德法官要他们"陈述理由"为什么这些书和画不应该被焚毁。1929年8月29日的这次法庭诉讼进行得异乎寻常的荒唐。在以前查禁过《虹》的官员马斯克特又出现在法庭上，指责劳伦斯的画是"粗糙，可憎，丑陋不堪入目，淫邪"。这些是他的评论，虽然没有人查证过马斯克特是否学过艺术。为了反击这个站不住脚的指责，劳伦斯的诉讼代理人建议请真正的艺术家来定夺，他们是威廉·奥本、奥格斯塔斯·约翰、安格纽和其他一些人。他们拒绝出庭，说了下面这一段不可言喻的话：

> 至于它们是不是艺术品，这是无关紧要的。这是我无法决定
> 的次要问题。世界上最杰出的画也许是淫秽的。

上帝啊！但是为什么米德法官允许检察当局发表与美学毫无联系
的指责，说什么劳伦斯的画"粗糙、丑陋不堪"呢？很明显，事实上这不
是一个法庭审判，而是一个事先已经做出的结论。《查泰莱夫人的情
人》之所以被查禁，是因为书中的裸体太诱人了；而这些画被查禁，是因
为把裸体表现得"粗糙和丑陋"。

理所当然，劳伦斯得不停地与报纸抗争，忙着攻击他的敌人；在他
的辩论小册子中，我们认为像《色情与淫秽》《我与快乐的罗吉的小冲
突》和《关于查泰莱夫人的情人》之类的讽刺散文写得尤为有趣。他的
诗作《荨麻》和《三色堇》续篇，流露出他的痛苦，尽管有些篇章非常有
趣。从他的朋友里斯·戴维斯那儿得到启发，劳伦斯写下了一首四行
诗：

> 不久以前，我看到一个奇景：
> 百合花般纯洁的伦敦警察具有处女的秉性，
> 当他们见到劳伦斯的裸体画时
> 气愤得几乎晕过去。

下面这首诗说得很中要害：

> 啊，真遗憾！啊！难道你不认为

自由的土地上找不到

　　一株无花果树!

我的故乡没有无花果树;

想要找一片无花果树叶;①

　　竟然没法得到,

我画中只好不用无花果树叶;

这就是争论的焦点。

纯洁无瑕的警察们来了

害羞得用手遮住脸,

他们把这些伤风败俗的东西

　　送进监狱里,使它见不到阳光。

米德先生,那朵很老很老的百合花

说:"粗俗! 可憎! 丑陋!"

——我虽愚笨,也知道

他指的是警察官员们的面孔,

这下他可说对了……

　　这一系列压抑的事件使人悲哀地想起庸俗主义的复活,也揭示了一个奇怪的现实,即政府机关支持内政官员的宗教角色。这里,人们不禁要问:劳伦斯不惜耗费生命中最后几个月的时间进行的这场抗争的结局如何? 当我们发现《三色堇》及其续篇和《荨麻》中全部作品几达五百篇时,我们不能不祈愿他把他的全部精力花在其他更好的工作上去。在写到这场斗争时,贺拉斯·格列格里说:"生活在今天的小说家

---

① 裸体塑像上遮蔽阴部的叶状物。

(或诗人)们没有一个人认为有必要继续进行这场长达半个世纪的英国文学史上争取性自由的斗争。"虽然我不敢苟同他的这个观点，但在美国也许是对的，可在英国则不尽然。

医学和心理学专家以及一些写科学的作家，都已争取到了自由，但艺术家和诗人们则没有。因为这场关于《查泰莱夫人的情人》的论战，蒙托克在伦敦被判6个月监禁，他还想要印行维尔莱恩诗集的翻译本。当写作这本书时，一位澳洲小说家被判徒刑缓期执行。而报界对这本英国小说的抨击却没有取得成效。真正令人沮丧的现象并不都来自政府官员，而是出现在大学知识分子中间，当一位新作家出现时，他们关心的不是他是不是个天才，而是他是否正派。只要这种教会经院派的抨击继续盛行，人们不能不感到劳伦斯虽然赢了一次战役，却输了整个战争。

有这么一些人热衷于钻劳伦斯不能保护自己版权的空子，发行非法偷印的《查泰莱夫人的情人》。劳伦斯于1929年3月到巴黎，与有关人士协商，试图发行一个售价比非法翻印本低的正式版本来解决这个问题。巴黎的协商不仅牵涉到《查泰莱夫人的情人》一书，而且还涉及小说《太阳》被侵犯版权，黑太阳出版社出版《逃亡的公鸡》合订本以及其他一系列涉及他在美国的出版物等问题。

令人遗憾的是劳伦斯没有一个值得信赖的人可以委派去处理这些事情。这些烦琐的事情搅得他恼怒、烦躁、情绪低落，特别是这次巴黎之行，变幻莫测的天气又使他不可避免地患了预兆不祥的"流感"。他病得很重，甚至传说他马上就要死了，然而他又恢复了健康。出于某种原因，他决定来一次长途旅行，到马略尔卡岛去，而不回班多尔。当时他身体虚弱，每旅行一小段路程之后总要停下来休养。在这趟旅行中，他相应地在图卢兹和巴塞罗那做了休养。他渴望回到陶斯，布莱特和梅贝尔·卢汉在那儿等着他;但是,即便他能奇迹般地搞到签证,他的病躯也不堪长途旅行的跋涉和劳顿。对他来说,世界的魅力正日渐消失。当他筋疲力尽地到达马略尔卡岛时,他发现"他对此毫不在意"。充足的休息,恬静的环境,加上良好的饮食,使他再一次回到生活中,享受世界的美。下面这段文字记述了劳伦斯仿佛又回到了精力旺盛的年代:

　　昨天我们驱车来到瓦尔德玛沙修道院,在那里肖邦感到极快活了,而乔治·桑却不喜欢那个地方。修道院外的景色迷人,山脚下的平原忽隐忽现。花园里丛丛玫瑰吐蕊怒放,芳香四溢。院内一片洁白,鸦雀无声。我们在大海的北岸山上野餐,这是我见到过的最蓝、最蓝的大海,不似孔雀和珠宝般坚硬,却像山雀的羽毛般柔软。实在太迷人了。四周没有人家,只有橄榄树和几只山羊。湛蓝的大海波光闪烁,往北延伸。随后,我们到了索勒。那儿的空气中弥漫着浓郁的橘香。人在其中宛如一只蜜蜂。在返回途中,我们在一个摩尔人的花园里滞留。园中,棕榈树影倒映在圆形水池里,簇簇鲜艳的玫瑰在阳光下怒放,黄色的茉莉花落英缤纷,使泥土也多得金黄耀眼。夜莺歌声嘹亮,在寂静中回荡,这种精灵般的摩尔人曾经居住过的地方有一种奇怪的寂静,有点神秘,但那时却显得可爱,就像生活突然暂时停止了一般。

　　生活的暂停——不会再有了,因为仅仅一两个星期以后,劳伦斯就在抱怨"支气管炎跟我过不去,把我折腾得虚汗淋漓"。显然他的代理人曾提到过巴黎的流言,因为劳伦斯在文章中流露出"现在不能死的愿望"。要是他能静静地住在马略尔卡岛上,那对他的身体肯定是最好不

427　　　　　　　　　　　　　　　　　　　　　劳伦斯传

过了。但和以往一样,他不喜欢那个使他得病的地方,特别是在疟疾病复发之后。6月份,我们发现他在花岗岩海岸(比萨附近)和赫胥黎一家住得很近,弗里达去看望她母亲了。劳伦斯在那儿又病了,别人用车把他从他的寓所送到了佛罗伦萨奥利奥里的公寓。这次得的是他在渥克萨卡曾得过的胃功能紊乱症,意大利人把这病隐讳地称为"紊乱";当然肺病也来了。听到他的画被控诉的传闻,劳伦斯的病情更加重了,奥利奥里为劳伦斯的极度虚弱而忧心如焚。奥利奥里后来追述说,劳伦斯的头和手软弱地挂在床边上,活像一幅传统的耶稣殉难图。

奥利奥里担心劳伦斯会死去,就给弗里达拍了一个电报。当劳伦斯得知弗里达就要来时,他马上恢复了元气。弗里达的电报说,她马上就动身赶来。接到她的电报,奥利奥里漫不经心地问道:"她到了会说些什么?"劳伦斯指着一盒别人送给他的上好的桃子说:"她会说'多可爱的桃子',然后大吃一通。"后来,她果然如此。

当劳伦斯的身体状况又可以旅行时,弗里达把他带到德国。在那儿,他们最隆重的事就是庆祝弗里达的50岁生日。在生日宴会上,他们大谈鲑鱼和肥鸭,痛饮波乐酒,但由于在场的9个人中有5位年逾七旬,所以宴会不很欢闹。"宴会很好,"劳伦斯揶揄地说,"可这些德国人太抑郁了,使我感到很空虚。桌上摆有漂亮的玫瑰花。我担心四大盒巧克力会给弗里达带来什么样的作用。"处于那些高大强健的德国人之中,劳伦斯并不开心,因为一位专家正在给他治疗耳背的毛病,另一位肺病专家也正在对他进行治疗。对这位肺病专家的诊断和嘱咐,劳伦斯一如既往,采取断章取义的方法对付着。但就是在巴登-巴登,他放弃了长期不懈的斗争,最终承认自己正走向死亡。从此,他开始写有关死亡这个主题的诗歌:

并非每个人家里都藏有龙胆花

在柔和的九月,在冷漠、惨淡的米迦勒节。

巴伐利亚的龙胆花,又大又黑,就是黑,

像火炬一般冒着冥王灰暗的幽蓝青烟把白昼变成了黑夜。

龙胆花带有螺纹,像火炬一样,它们黑色的火光

忧伤地化成小点点,融于昼日的光亮之中,

黑暗的花炬冒着青烟,冥王的目光黑幽幽,

冥府大厅里黑色灯盏闪着深蓝色的火舌,

散发出黑暗,散发出幽暗,而德墨特尔女神的灯盏

却发出摇曳的光亮,

来指点我,指点我迷径。

给我一枝龙胆花,给我一支火炬

我握着这束花的蓝色叉状花炬,引导我自己

走下这黑暗愈来愈深沉的阶梯,在这儿,蓝色的花朵

更加深了蓝色的情调,

这儿,甚至冥后也刚刚从霜冻的九月来到

一个看不见的黑暗凝重的王国

冥后自己只是一个空洞的声音

或者是一朵深深地蜷缩在冥王胳膊黑暗处的

黑色花朵,它为冥王浓郁的黑暗所穿透,

黑暗火炬的光辉,把黑暗洒向迷途的新娘和她的忧郁。

　　　　　　　　劳伦斯传

十五

毫无疑问,劳伦斯1929年9月从北方南下到地中海边时,已是一个垂死的人了。他自己心里明白这一点,弗里达和他的朋友们都感觉到这一点。现在他已病入膏肓,无法考虑再找一个新的地方,所以他只好回到熟悉的班多尔,租下波·索赖尔别墅。对清教徒般的劳伦斯来说,这是个奇特的住处——一个为了避人耳目的私恋同居而建筑装修的"香巢",紫红色的墙壁,金框架的镜子,集中取暖设备及精心设计的管道装置。一切墨西哥的毛毯和伊特鲁里亚的织锦都比得上这些巴黎式的装饰。

但作为补偿,那些织物在冬天可以御寒。从别墅里眺望地中海,景色迷人。迷人的景色激发劳伦斯写了他的"最后的诗歌":

> 大海永远不会死亡,也不会衰老
> 永远是那么湛蓝,每天清晨
> 掀起汹涌的波涛
> 推助狄俄尼索斯神纤长的小黑船航行,那船上
> 葡萄藤攀缘桅杆而上,海豚在水面上跳跃。

现在他一个人睡觉时,窗帘高高地卷起,这样在失眠时,他可以眺望夜空及满天的星辰,欣赏色彩斑斓的朝霞。每天早晨,劳伦斯从阵阵的咳嗽中缓过气来时,弗里达才能获准进入他的房间。"太阳升起时就来",他对她说。每天早晨当弗里达走进他的房间时,她都能察觉到劳伦斯为又获得一天来再看一眼地中海的美丽景色而感激涕零的心情。弗里达再一次孩子般地迷信于他那几乎神奇的毅力,恳求他好转起来。"什么都繁荣旺盛,"她极度渴望地说,"植物、猫和金鱼都这样,为什么你不能呢?"他把目光移到她身上,哀婉地说:"我要恢复,我要恢复,我希望我能恢复。"接着,他以一种悲怆和失意的口吻问道:"为什么?唉,为什么我们过去老吵架呢?"她尽力地要安慰他,自责地说:"我们过去都是那个样,脾气太暴躁,怎能不吵呢?"

朋友们来陪伴他。厄尔·布鲁斯特每天用橄榄油替他按摩身子。弗里达看到"曾经是那么强壮、坦诚和敏捷"的他现在变得"如此衰弱不堪",感到绝望和痛楚。过去,当病榻上的劳伦斯得知她要来时,马上就能穿衣从床上坐起来,当她来到他面前时,他几乎如常人一般;现在弗里达也失去了对他的那种影响了。劳伦斯十分悲伤地说:"我以前坚信你有预测我未来的本领,但现在你却好像什么也不知道了。"

有时他从床上硬撑起来,叫他们开车带他出去逛一圈,但现在每次都以劳伦斯的极度疲乏告终:

> 假如,今晚我的灵魂找到她的安息
> 在睡眠中,逐渐被湮没,
> 而到清晨我却像初绽的花蕾般醒来

劳伦斯传

那么,我就再度被上帝施浸礼,而得新生。

假如,随着时光的流逝,在月亮的阴影中
我的精神日渐暗淡而离我而去,然后疲软的奇怪的朦胧
弥漫在我的行动、思想和言语中
那么,我知道我仍在与
上帝结伴漫步,当月亮隐藏在黑影中时我们紧密相连。

假如,当深秋来临之时
我为落叶,为风暴吹折的树干而痛苦
为忧虑、消亡和苦恼而痛苦
然后感觉到在我的灵魂、精神和嘴唇的周围
不断包围的深厚阴影的柔软,
这柔软是那么的甜蜜,使人头晕目眩,或者说更像一首
低缓、悲凉的歌
一首比夜莺的歌声更忧郁的歌,唱啊,唱,唱到冬、夏至,
唱到短暂的日期、冗长的岁月和凝重的阴影沉寂之时
那么,我会知道我的生命仍在与
黑暗的地球同步运行,沉浸于
地球的间歇和再生的湮没之中。

假如,在生命的变迁过程中
我身患顽症,陷于痛苦
我的手腕仿佛被折断,心脏仿佛已经停止跳动
力量完全消失,我的一生

仅仅是生命的残余。

但是,在一切之中,仍然有可爱的被遗忘的片断和再生的片
断,
　　枯萎的枝干上冬天的花朵是那么奇异、苍老,但是新奇的鲜花
　　我生命中从未开放过的鲜花向我绽开笑脸。

　　那么,我一定会知道我的命运
　　还掌握在不可知的上帝手中,
　　他正把我弄得支离破碎
　　然后在一个崭新的早晨赋予我,一个全新的人。

　　日日夜夜的煎熬并没使他的勇气退缩。"在那些备受病痛折磨的
日子里,"弗里达说,"他的生活从未变得忧忧郁郁、枯燥乏味或悲惨凄
凉。劳伦斯生命的最后几个月具有玫瑰般的落日的光彩。"他继续写
信,甚至计划办一份小杂志刊登驳斥那些伦敦的蠢材的讽刺文章。他
重读摩法特翻译的《圣经》,写下了《启示录》的文章。人们或许记得,
对劳伦斯来说,宗教永远是主观的,是人类灵魂的反射。这样,我们就
可以把他的诸如《上帝之手》《接吻礼》《上帝的祈祷》之类的诗歌与他
对布鲁斯特说的话联系起来。他对布鲁斯特说,或许他犯了一个错误,
"丢失了上帝的象征"。

　　最重要的是要和活生生的上帝在一起,
　　成为生命的上帝的大厦中的一个生灵。

但他的"生命的上帝"指什么呢？不可能指正宗的基督上帝，因为那时他正在阅读吉尔伯特·莫雷的《希腊宗教的五个历史过程》，试图澄清该书错误地陈述的、对古巴比伦和古埃及象征主义模糊的启示的信仰。自然而然地，他的思想触及死亡，有时表现出对迫害他的人的强烈的愤懑：

> 我被击败，被疼痛打翻在地
> 我被今天丑恶的世界灵魂所击败。
> 但我仍然坚信生活是愉悦的
> 是幸福的
> 正像大海中小小的浪涛
> 反射着晨曦，洋溢着快乐
> 以此来表明它是永不枯竭的。

他还再一次认为有必要对工业化，对"人的身体和精神的机械化"提出抗议：

> ……人们坐在机器的间隙里
> 坐在飞转的轮子之间，在神化了的轮子中
> 迷迷糊糊地坐着，感到不动的东西在动，
> 不走的东西在走
> 不存在的东西存在着：
> 也就是，他们坐着，是邪恶的，受制于恶魔，
> 灰色的魔鬼，他们无路可走，没有光亮
> 也没有黑暗

无家可归，什么地方都没有家。

　　他再一次被"邪恶的世界灵魂"的想法所困扰，这些想法对他发生了不可估量的影响。但目前他忘却了其他所有的主题，他的关于古代神灵的梦想，关于克里特人以及40个世纪以前就能航行于地中海的底灵斯人的幻想，他对清晨和傍晚、太阳和月亮、龙胆花、天竺葵以及木樨草的挚爱，对机械化生活的丑恶世界的灰暗色调的哀叹——所有这些主题都在死亡的影响下消失了。关于死亡，他引用了一首古埃及象征主义的诗《灵舟》来安慰自己，并以此作准备：

　　　　应该走啦，应该对我们自己，
　　　　说永别，然后从消亡的自我中寻找一条出路。

　　1930年年初他以诗的形式给布莱特写了一封信："我躺在床上，重病在身，与工作和任何事情都无缘，这一切都是为了治愈气管炎——今年冬天发得很厉害。"有一次，他的7位朋友在比·利维奇旅馆里陪伴他，圣诞节以后不久，他妹妹阿达也来了。那是一次很痛苦的会面。她显然看出他正步步走向生命的终点，出于人之常情，她掩饰不住内心的悲痛，尽管他要她控制自己，不要悲伤。劳伦斯觉得很难用言语表达，就给她写了一封信：

　　　　今天下午你走后，我感到心情很沉重——主要是因为看到你好像很痛苦，而我却不知该说什么该做什么。别伤心——即便真的伤心，你至少也要认识到这是由于我们内在发生的变化，是感情的变化，是我们发现的任何值得和不值得的事物的整体变化。构成人生命的因素变得无足轻重了,整个情况是可悲的。我可以这样跟你说,在这最后的三年中,我耳闻目睹的一切——实际上是在遭罪。

他继续试图安慰她,安慰他自己,或者说他们两个。他在信中乐观地写道:他们希望通过苦难换取的"新的状况",在几年之内,他们就能赢得一种"新的幸福",脱离旧生活——"耐心,我们将重新开始。在太阳上的某个地方。"因此,他给她写信,假托一些不可能的事。然而,在记录他内心秘密的笔记本上,他写道:

> 我的灵魂已经经历了漫长、艰辛的日子
> 她疲劳了,
> 她需要解脱。

英格兰的老朋友们都求他去看病,听从摩兰医生的劝告。摩兰医生是一位以医治肺结核病出名的年轻内科医生。他从英格兰赶来为劳伦斯做检查,他建议劳伦斯立即搬到戛纳附近旺斯地方的阿达·阿斯特拉疗养院里去。对劳伦斯来说,这个建议无异于更进一步证实了自己已接近死亡。劳伦斯过去曾经因征兵而吓得惊惶退避,此时要去屈从即便是最宽容的医院的规章制度,那就无异于宣告他生命动力的失败。那么,他为什么还是去了呢? 也许他太疲惫了,实在无法抵御,也许他想减除弗里达护理的劳瘁。

旅途非常艰辛,先是乘汽车,再换乘火车,然后又是转乘汽车,就是没人想到去租一辆救护车。他对疗养院里的医生们说,他确信自己刚出生两周就患上了支气管炎,拖了这么久才入院治疗,看来治愈的希望不大。但他周围还有许多朋友,他们给他送水果、仙客来和风信子。H.G.威尔斯来看他了,亚迦·康也来了。美国雕塑家约·大卫森为劳伦斯塑了一个相当理想化的人头模型。

劳伦斯很痛苦,其他病友也为劳伦斯的病情感到痛苦。劳伦斯敏感的神经终于又生出了强烈的反感。他在最后一封信的最后写道:"这地方一点儿也不好。"尽管如此,他还是在那里休养了一个月,随后觉得再也忍受不了那地方,坚决要求把他送到别的地方去。3月1日,弗里达请人把他送到附近的一个小别墅里。

从疗养院走到出租车只有一小段路,却累坏了劳伦斯;他要弗里达睡在他身旁的长沙发椅上,这样他一醒来就可以看到她。第二天是一个星期天,劳伦斯吃了一点食物。弗里达给他朗读《哥伦布传》中的章节,这本书劳伦斯在疗养院时就已经开始阅读了。他不停地说:"别离开我,别走开。"大约5点钟,他好像痛苦不堪。他说:"我必须量体温,我已有神志昏迷的征兆。把温度计给我。"弗里达再也控制不住眼泪,但劳伦斯却以清醒、坚定的声音要她别哭。他要吗啡,因此赫胥黎急匆匆去找医生来给他注射吗啡。

他迷迷糊糊地说:"抓紧我,抓紧我。我不知道我在哪里。我不知道我的手在何处。我在哪里?"吗啡注射过后,他感到轻松一些,说:"我现在好了。只要能出汗我就会好得多。我现在好了。"弗里达坐在床沿,一边抓着他的脚踝使他平静下来,一边不知不觉地回答着他最后的祈祷:

> 把月亮搁在我脚边,
> 把我的脚放在新月上,就像上帝一般!
> 噢,让我的脚踝沐浴在月光之中,这样我可以

劳伦斯传

稳稳地穿着月光的鞋,双足明亮而又清凉地走向我的目的地。

当晚 10 点钟,劳伦斯停止了呼吸。

十六

劳伦斯的十位朋友设法及时赶到旺斯为他送葬。他的棺材上撒着苍兰花、紫罗兰、含羞草和报春花。没举行葬礼,也没有什么悼词。当劳伦斯的棺木被放入墓穴时,弗里达平静地说:"再见了,洛伦佐。"

在劳伦斯墓正面的一堵墙上,弗里达请他们用班多尔海滩上的缤纷的鹅卵石镶嵌出象征劳伦斯的图案———一只凤凰。一两年后,劳伦斯的遗骸被迁移到陶斯,葬在他牧场后面的洛矶山脉山坡上的一个小纪念教堂里。他的墓地松树成荫。这是一个劳伦斯希冀的"平静的、被遗忘的地方",夏日里,蜜蜂在花丛中嗡嗡飞舞,樫鸟嘹亮地鸣叫着,风吹过松树的针叶沙沙作响,到了午后雷声阵阵,冬天里,白雪覆盖,万籁俱寂,偶尔传过一两声鹰的尖叫声,隆冬时分,在闪烁的星光下,从遥远的地方传来郊狼的嗥叫。

劳伦斯死后,他的书被他的第一个出版商威廉·海纳曼接收过去。海纳曼还出版了劳伦斯的《书信集》,劳伦斯死后发表的作品以及大量未发表的或未收集成册的杂录,取名为《凤凰》。统一版本的劳伦斯的所有作品一直在印刷,直到战争使之成了不可能,但材料困难一经克服,这些作品又重新发行。在那些公认劳伦斯为优秀作家的国家里,情形几乎也都是这样。在意大利,一个完整的全新版本正在酝酿之中。

介绍劳伦斯的文章已经不胜枚举。最近的一本书目提要上列举的关于大卫·赫伯特·劳伦斯的书、论文和文章已逾600种。劳伦斯死后的短短数年中出版的有关他的个人回忆录,大大超过了自拜伦勋爵以后的任何一位英国作家。同为英格兰人的贵族和平民都遭受同胞们的报复性迫害,在国外赢得的文学声誉都大大超出国内的声誉。他们的遭遇是如此相似,真是咄咄怪事。我们当中那些了解并还记得劳伦斯的人感到他的影响是永生的。正如在他生命最后一年里所写的一样:

人最热切地追求的是生活的完整和谐调,而不是"灵魂"的孤独的自我拯救。人首先要得到肉体满足,因为现在,这一次也仅仅是只此一次,他是一个强壮有力、有血有肉的人。对人来说,最大的奇迹是活着。不管那些未降生的和已死亡的人了解到些什么,他们是不懂得美的,不懂得以肉体形式活着的美妙。死者或许可以照看未来,但此时此地,肉体中的生命优美是属于我们的,一次性地属于我们。我们应该为我们活着,为我们拥有肉体,为我们作为活的人体化了的宇宙的一部分而欢欣鼓舞。正如我的眼睛属于我的身体一样,我属于太阳;我属于我双足所彻底了解的大地,我的血液属于大海。我的灵魂知道我属于人类,我的灵魂是伟大的人类灵魂的一个有机部分,正如我的精神是我的祖国的一部分。